社交网络中用户行为研究：
积极与消极双重视角

卢新元 著

国家社会科学基金一般项目"用户消极使用行为对社交网络平台的作用机理及管理策略研究"（编号：19BGL267）资助

科学出版社

北 京

内 容 简 介

社交网络3.0有着"通过社群间的情感流动，连接人与人，并将信息、资源链接起来，形成利益共同体"的特征。这意味着用户不需要主动花费大量精力去获取所需资源，其所处的圈子和使用的平台会自动推送用户感兴趣的资源。用户根据信任程度、影响力大小等情感的、非理性的要素进行筛选，决定是否采纳信息及继续使用该社交网络平台，同时与其他用户建立联系。用户的情感因素和使用行为会对社交网络平台的经营、管理、创新活动产生巨大的影响，要弄清用户使用行为到底是好是坏，如何采取策略规避用户的消极行为，以及如何制定激励措施鼓励积极行为，是值得关注和研究的问题。因此，本书综合运用定性与定量多种研究方法，从积极行为和消极行为双重视角深入系统地分析了社交网络中用户行为的表现形式、影响因素、作用机理、演化模型等，并提出社交网络平台的管理策略。

本书可供从事社交网络运营的相关工作人员，以及从事在线用户行为分析、知识管理与管理创新等领域的研究者、高等院校师生等人员参考使用。

图书在版编目（CIP）数据

社交网络中用户行为研究：积极与消极双重视角 / 卢新元著. -- 北京：科学出版社，2025.3. -- ISBN 978-7-03-080214-9

Ⅰ.C912.3

中国国家版本馆CIP数据核字第202441GY97号

责任编辑：魏　祎／责任校对：贾娜娜
责任印制：张　伟／封面设计：有道文化

科 学 出 版 社 出版
北京东黄城根北街16号
邮政编码：100717
http://www.sciencep.com

北京中科印刷有限公司印刷
科学出版社发行　各地新华书店经销
*
2025年3月第 一 版　开本：720×1000 B5
2025年3月第一次印刷　印张：19 1/4
字数：388 000

定价：236.00元
（如有印装质量问题，我社负责调换）

作 者 简 介

卢新元，华中师范大学信息管理学院教授、博士生导师，湖北省电子商务研究中心主任，湖北省电子商务学会副会长，湖北省数据治理与智能决策研究中心副主任，湖北省系统工程学会理事，中国优选法统筹法与经济数学研究会计算机模拟分会理事，中国系统工程学会信息系统工程专业委员会理事，美国佐治亚州立大学（Georgia State University）访问学者。目前主要从事知识管理与智能服务、信息系统与社交媒体、决策理论与方法等领域的教学与研究工作。主持国家自然科学基金面上项目 2 项，国家社会科学基金一般项目 1 项、重点项目 1 项，中央高校基本科研业务费项目 5 项；在国内外学术期刊上发表论文 70 多篇，出版学术专著与教材 5 部。

前　言

随着互联网技术的飞速发展，社交网络已经成为人们日常生活中不可或缺的一部分。社交网络以前所未有的速度在全球范围内普及，成为连接人与人、传递信息与资源的重要桥梁。从早期的即时通信软件到如今的综合型社交平台，如微信、微博、小红书、知乎、YouTube、Facebook 等，这些平台不仅提供了丰富的交流方式，还融入了电子商务、知识分享、娱乐休闲等多种功能，极大地丰富了用户的网络生活。然而，社交网络的快速发展也带来了一系列新的挑战和问题，如信息过载、隐私泄露、网络欺凌等，这些问题对用户的心理和行为产生了深远影响。

社交网络是一种允许个体在网络环境中通过虚拟的社会结构与关系进行互动的平台。这些平台通过提供用户个人主页、好友列表、即时消息、分享状态、照片、视频等功能，使用户能够与他人建立联系、分享信息、交流思想和情感。社交网络的核心特征包括用户参与、社交互动、内容生成与共享，以及基于网络的关系建立。社交网络中的用户行为复杂多样，既包括积极的知识共享、持续使用、购买等正面行为，也涵盖潜水、知识隐藏、转移使用等消极行为。这些行为不仅反映了用户的心理需求、社交动机和信息处理能力，还受到平台设计、社交环境、技术特性等多种因素的影响。在此背景下，深入研究社交网络中的用户行为，揭示其内在规律和影响因素，对于促进社交网络平台的健康发展、优化用户体验、提升平台价值具有重要意义。本书从积极和消极两种视角出发，全面系统地探讨了社交网络中的用户行为。通过融合管理学、行为科学、心理学等多个学科的理论和方法，本书丰富和发展了社交网络用户行为研究的理论体系，为后续研究提供了重要的理论支撑。同时，本书的研究成果对于社交网络平台的运营者和管理者具有重要的参考价值。通过揭示用户行为的内在规律和影响因素，平台可以更加精准地把握用户需求，优化产品设计和服务流程，提升用户体验和平台价值。

本书共 18 章，系统探讨社交网络用户行为。

第 1~3 章为概述。第 1 章绪论，阐述研究背景、目的、意义、内容及文献评述。第 2 章定义社交网络用户行为的基本概念、类型及特征。第 3 章以微博热门话题为例，融合传染病模型、用户信任与遗忘机制，构建信息传播模型，探究社交网络中信息的传播规律。

第 4~12 章深入探讨社交网络中用户积极行为。第 4 章从构型视角分析影响用户知识共享行为的条件变量。第 5 章构建在线健康社区中医生与患者知识共享行为的演化博弈模型，分析影响知识共享的因素。第6章以小红书为例，基于知识转移过程模型，构建知识共享过程对用户购买行为的影响模型。第7章从组织承诺视角，探究用户参与对继续使用意愿的作用机制。第8章分析良性嫉妒与恶意嫉妒对用户持续使用意愿的影响。第9章整合知识付费平台特点，采用定性比较分析方法，探究导致用户高知识付费意愿的联动因素。第10章分析在线知识付费平台中用户行为与平台策略的演化过程，揭示用户付费意愿的影响机理。第11章结合社会比较理论与消费者行为理论，探讨上行与下行社会比较对用户消费行为的影响。第12章根据电商导购平台特点，探讨在线商品推荐质量对消费者决策及忠诚度的影响。

第13~18章研究社交网络中用户消极行为。第13章定义用户不持续使用、暂时退出等消极行为，分析其时间特性与演化规律。第14章采用元分析方法，从内部和外部两个角度分析用户倦怠行为的影响因素，揭示用户倦怠行为的前因。第15章界定用户摇摆行为，利用半结构化访谈与扎根理论方法，构建用户摇摆行为影响因素模型。第16章以知乎为例，从组态视角探究个人-环境匹配理论框架下用户知识隐藏行为的影响因素。第17章基于最优匹配理论与社会支持理论，构建信息效价与社会支持匹配对潜水用户满意度及参与意向的影响模型。第18章结合角色压力理论与"认知—情感—意愿"框架，整合"自我"与"关系"路径，构建角色压力影响信息暂避意愿的双中介模型。

本书得到国家社会科学基金一般项目"用户消极使用行为对社交网络平台的作用机理及管理策略研究"（项目编号：19BGL267）的支持。

本书凝聚了课题组全体成员的智慧与汗水，是团队协作与不懈努力的结晶。项目主持人卢新元负责本书的组织、撰写与统稿等工作，孟华、卢泉、张恒、王雪霖、陈泽茵、任芳芳、吴锐屏、郭婉、王一洲、张进澳、郑文清、王佳、王凯扬、段雅芳、徐安琪等参与本书整理工作，孟华还参与了统稿工作，全书由卢新元进行修改和定稿，卢新元和孟华承担了本书的校对工作。任何学术成果的取得都离不开前人智慧的启迪与引领。在本书的撰写过程中，作者广泛参考了国内外最新的研究成果，力求站在巨人的肩膀上，探索新知。在此，作者向所有在参考文献中提及的专家学者表示诚挚的感谢，正是他们卓越的研究成果为本书奠定了坚实的基础，提供了宝贵的理论依据和科学方法。同时，特别感谢为本书出版付出辛勤努力的编辑团队。他们用专业的眼光和敬业的态度，对本书进行了精心策划与编排，使本书得以以更加完美的面貌呈现在读者面前。由于作者水平有限，本书难免存在不足之处，敬请读者进行批评指正。

卢新元

2025年3月 于武汉桂子山

目 录

第一篇 概 述

第1章 绪论 ··· 3
  1.1 研究背景 ··· 3
  1.2 研究目的及意义 ··· 4
  1.3 研究内容 ··· 6
  1.4 研究评述 ·· 12

第2章 社交网络中用户行为的基本概念与类型 ······················ 19
  2.1 社交网络的概念与特征 ·· 19
  2.2 社交网络的分类 ··· 23
  2.3 社交网络中用户行为的概念与表现 ····························· 29
  2.4 本章小结 ·· 36

第3章 社交网络中信息传播模型与演化规律研究 ·················· 37
  3.1 社交网络中的信息传播 ·· 37
  3.2 模型构建 ·· 38
  3.3 模拟仿真实验 ·· 42
  3.4 实证分析 ·· 49
  3.5 结论与展望 ··· 52
  3.6 本章小结 ·· 53

第二篇 社交网络中用户积极行为研究

第4章 社交网络中用户知识共享行为构型研究 ····················· 57
  4.1 用户知识共享行为 ·· 57
  4.2 研究方法 ·· 58
  4.3 数据分析结果 ·· 61
  4.4 研究结论 ·· 65
  4.5 本章小结 ·· 66

第5章 社交网络中用户知识共享行为演化博弈研究 ··············· 67
  5.1 模型构建 ·· 67
  5.2 仿真分析 ·· 72

  5.3 结论与管理启示 ·· 78
  5.4 讨论与展望 ·· 80
  5.5 本章小结 ·· 80
第6章 社交网络中知识共享对用户购买行为的影响 ·· 81
  6.1 理论基础与研究假设 ·· 81
  6.2 数据分析 ·· 86
  6.3 结论与意义 ·· 93
  6.4 本章小结 ·· 94
第7章 社交网络中用户参与对继续使用意愿的影响 ·· 95
  7.1 社交网络中用户参与行为 ·· 95
  7.2 研究假设 ·· 96
  7.3 数据收集与测量 ·· 99
  7.4 数据分析 ·· 100
  7.5 结论与启示 ·· 107
  7.6 本章小结 ·· 109
第8章 社交网络中嫉妒情绪对用户持续使用的影响 ·· 110
  8.1 社交网络中的嫉妒情绪 ·· 110
  8.2 模型构建 ·· 111
  8.3 数据收集和分析 ·· 114
  8.4 结论与启示 ·· 119
  8.5 本章小结 ·· 121
第9章 社交网络中用户知识付费意愿联动效应研究 ·· 122
  9.1 用户知识付费意愿的影响因素 ·· 122
  9.2 模型构建 ·· 124
  9.3 研究方法与数据处理 ·· 125
  9.4 数据分析及结果讨论 ·· 127
  9.5 结论与展望 ·· 131
  9.6 本章小结 ·· 133
第10章 社交网络中用户知识付费意愿演化博弈研究 ·· 134
  10.1 演化博弈模型构建 ·· 134
  10.2 仿真分析 ·· 139
  10.3 管理启示 ·· 145
  10.4 结论与展望 ·· 146
  10.5 本章小结 ·· 147

目 录

第 11 章 社交网络中社会比较对用户消费行为的影响 ……… 148
- 11.1 用户消费行为 ……… 148
- 11.2 研究假设 ……… 150
- 11.3 实验一 ……… 153
- 11.4 实验二 ……… 155
- 11.5 实验三 ……… 157
- 11.6 研究结论与启示 ……… 159
- 11.7 本章小结 ……… 161

第 12 章 社交网络中信息推荐对用户购买决策的影响 ……… 163
- 12.1 理论基础与研究模型 ……… 163
- 12.2 研究方法 ……… 169
- 12.3 数据处理与分析 ……… 170
- 12.4 研究结论 ……… 173
- 12.5 本章小结 ……… 175

第三篇 社交网络中用户消极行为研究

第 13 章 社交网络中用户消极使用行为规律研究 ……… 179
- 13.1 用户消极使用行为 ……… 179
- 13.2 研究设计 ……… 180
- 13.3 数据分析与处理 ……… 182
- 13.4 结果讨论 ……… 189
- 13.5 本章小结 ……… 192

第 14 章 社交网络中用户倦怠行为的影响因素研究 ……… 193
- 14.1 用户倦怠行为 ……… 193
- 14.2 研究假设 ……… 194
- 14.3 研究设计 ……… 197
- 14.4 研究过程 ……… 199
- 14.5 研究结论 ……… 202
- 14.6 本章小结 ……… 204

第 15 章 社交网络中用户摇摆行为的影响因素研究 ……… 205
- 15.1 用户摇摆行为 ……… 205
- 15.2 研究设计 ……… 207
- 15.3 模型构建与阐释 ……… 213
- 15.4 管理启示 ……… 216
- 15.5 讨论 ……… 218

15.6　本章小结 ·· 218
第16章　社交网络中用户知识隐藏行为的影响因素研究 ··············· 219
  16.1　用户知识隐藏行为 ·· 219
  16.2　理论基础与模型设定 ··· 220
  16.3　数据收集 ·· 223
  16.4　知识隐藏行为定性比较分析结果 ··· 225
  16.5　研究结论 ·· 229
  16.6　本章小结 ·· 229
第17章　社交网络中社会支持对用户潜水行为的影响 ···················· 231
  17.1　用户潜水行为 ··· 231
  17.2　理论基础与研究假设 ··· 231
  17.3　研究设计 ·· 236
  17.4　研究结果 ·· 238
  17.5　研究结论 ·· 243
  17.6　本章小结 ·· 244
第18章　社交网络中角色压力对用户信息暂避行为的影响 ············ 245
  18.1　用户信息暂避行为 ·· 245
  18.2　研究假设与理论模型 ··· 247
  18.3　研究设计 ·· 250
  18.4　数据分析与结果 ·· 251
  18.5　研究结论与讨论 ·· 257
  18.6　本章小结 ·· 259

参考文献 ··· 260

第一篇 概述

社交网络（social networking sites，SNSs）作为一种新兴的社交媒体形式，具有多样性、互动性和实时性等特点，其平台功能包括信息发布、社交互动、知识分享等，为用户提供了丰富的交流方式。根据功能的不同，社交网络可分为即时通信类、电子商务类、兴趣交友类、媒体分享类、知识分享类和实用工具类等。用户在这些平台上的行为包括积极行为和消极行为，这些行为不仅反映了用户的兴趣和需求，也影响了社交网络平台的运营效果。

本篇通过文献综述，评述了国内外关于社交网络用户行为研究的概况和发展趋势。在此基础上，探讨了社交网络的概念、特征、分类以及用户行为的概念与表现。为了深入研究社交网络中的信息传播机制，本篇构建了社交网络中信息传播模型，并通过模拟仿真实验分析了不同参数对信息传播的影响，并结合实证分析，进一步验证了模型的有效性和实用性。本篇为后文的研究奠定了理论基础。

第1章 绪　　论

1.1　研　究　背　景

　　Wellman（1997）曾预言过"当计算机连接人类时，就是社交网络"。但那时，是计算机服从人类的意志，还是人类被动接受计算机的指令却是 Wellman（1997）不曾言及的。现如今，科技的迅速发展以及生产能力的不断提高使得社交网络渐渐从全方面渗透进人们的日常生活之中，社交网络也成为现代化社会的必然产物，诸如微信（WeChat）、微博、Instagram、Facebook[①]等形式的社交工具成为人与人之间沟通交流必不可少的一部分。社交网络平台和移动终端服务的不断发展，让人们可以不受地域、时间的限制随时随地使用网络，随之而来的是各类移动社交软件的广泛出现，在移动设备上查看社交好友的动态，并与其分享内容、照片、随笔等已成为现代人生活的一部分。一方面，社交网络给人们带来了很多便利，人们可以随时随地获取到最新、最丰富的资讯信息；另一方面，信息的生产和传播满足用户多元信息需求的同时，带来了信息爆炸的现象以及诸多难题，其中尤以信息泛滥、信息超载、信息浪费和信息疾病最为明显。巨大的信息量和人有限的处理能力之间存在的鸿沟，往往给人造成巨大的心理压力，使人产生焦虑、消极、麻木、被动等负面情绪，长期积累形成信息疾病，进而给社交类应用的深度使用带来了一些负面效应。

　　社交网络作为维系人类社会中社会关系和传播信息的一种重要载体，必然会刺激用户在对自身需求、情感态度、平台技术等进行综合衡量估测的基础上采取某些行为，如采纳行为、持续使用行为、群体互动行为、消极使用行为等。这些行为又将反过来影响社交网络平台，使得社交网络做出新的改变，进而再一次刺激用户行为。关于用户行为的研究成为众多学者持续关注探讨的热点话题，然而，国内外学者大多数都对用户持续使用行为等积极角度投入了高度关注，对用户行为的消极角度缺乏足够的重视。现在看来，社交网络其实是一把双刃剑，在为用户带来益处的同时，也刺激了用户产生厌倦、苦恼、逃离等负面情绪，这种情绪可能导致用户出现不持续使用行为甚至是退出行为。Lee 等（2016）认为用户持续增加的需求导致了社交网络服务疲劳，从而导致身体和心理的紧张。李力和丁

[①] 本书部分软件名官方未提供标准中文译名，故保留了英文名称。

宁（2015）从移动社交类应用的生命周期出发，系统梳理了国内外对移动社交类应用的接受、使用、转移、退出等行为的研究，发现在用户接受意愿、满意度、使用动机等方面的研究已趋向成熟，但对移动社交类应用用户的转移、退出等消极行为的研究仍处于起步阶段。用户消极行为的演化规律分析是行为特征研究的一个方面，吸引了包括信息行为学、社会心理学、人类行为学等众多学科的共同关注，用户在社交网络平台中的信息行为已成为网络用户行为研究的重要部分。由此可见，对社交网络平台中用户消极行为规律的研究具有重要意义和潜在价值。

Facebook 发表研究称，如果只是在社交平台上看新闻，但不与任何人交流或者发布新东西的话，这样被动的使用方法会带来心理上的负面影响，而解决的方法则是更加"积极使用"Facebook。该研究显示：用户"积极使用"Facebook 可以改善心情、提升幸福感。这里的"积极使用"被定义为主动和好友分享信息，发布动态和互相评论，一起回忆过去的互动等内容。在国内，"佛系"一词遍布网络，"佛系"一词本意是看破红尘、消极无为、看淡世事的生活方式。社交网络用户在交互过程中频繁使用"佛系"相关网络短语，并且随之诞生大量相关表情包。这在一定程度上标志着一种新的网络亚文化兴起，同时也表明了在当前社交网络用户中，既有积极主动的用户，也有以消极被动对待事物的用户。

用户的消极行为既是用户刻意为之，也是无奈之举。在社交 3.0 时代的今天，用户积极主动获取到的信息、资源不一定是真实的，大部分非专业用户当然愿意从情感上被动地相信、选择所处的网络结构中那些符合自己认知轨迹的大 V 用户及其生成的信息内容。因此，消极使用的用户虽然在对于平台的直接影响上，拉低了平台的活跃度，增加了平台靠数据拉融资的竞争力，但是从间接上看，消极用户为广大意见领袖发布广告、吸引粉丝提供了一个良好的土壤，侧面帮助平台从广告主手中赚得大量营销收入。由此看出，用户消极行为具有双刃剑效应，这种行为对社交网络平台既具有负面的影响，也有正面的影响，是一个值得关注与研究的热点问题。

1.2 研究目的及意义

1.2.1 研究目的

目前国内外的学者在社交网络平台、用户采纳、用户持续使用等方面做了大量的研究。具体表现在以下方面：一是在社交网络平台中，对用户的行为的特征、产生的动机、用户采纳、持续性使用，以及满意度等方面做了大量的研究；二是在对社交网络平台的研究中，对平台自身的管理策略，以及用户与平台之间的交互关注较多。

以上这些研究成果为后期的相关研究奠定了坚实的理论基础。但是随着环境的变化，以及用户群体的不断扩大，社交类应用平台的广泛使用也带来了一些负面效应，用户行为发生了较大的转变，同时也存在较大的差异性，即并非所有的用户都积极参与所有的社交平台，用户也不是时刻都是一种积极的持续使用行为，学者也开始关注用户行为的这一转变，主要包括用户的不使用或部分使用、转移或退出行为，即用户消极行为，目前国内外对社交网络中用户消极行为的研究较少。因此，该领域的研究还有待进一步完善，具体表现在以下方面。

其一，对社交网络平台中用户消极行为的研究有待进一步完善，尤其缺乏从情感偏差的视角对用户消极行为的研究。已有研究重点关注用户在社交网络中的采纳、持续使用等行为，以及这些行为的影响因素。现如今的社交网络中用户呈现出一种倦怠情绪，由于同类应用的大量出现、移情成本低等特性使得网络环境和用户特征每时每刻都发生着变化，用户基于隐私考虑、信息过载等原因不再愿意持续使用或关闭部分功能使用社交网络。而且从前文综述来看，学者较少从人格、情感等角度刻画用户的这一行为模式，在大数据方法和技术日趋成熟的今天，有必要采用新方法、新思路，从情感角度出发，对社交网络中用户行为进行深入分析和研究。

其二，不同环境下，社交网络平台的应对机制也会不同。因此，随着用户行为的转变，对用户与社交网络平台的作用机理的研究有待进一步地丰富，尤其是用户行为变化对平台自身的影响和管理策略需进一步深入研究。用户需求和行为的变化使得现有的社交网络环境发生了改变，而层出不穷的各式应用的出现也对用户行为和用户体验产生了影响。在这一相互作用的背景下，对社交网络中用户行为的研究已从传统的满意度、持续使用等积极行为转变为消极行为的研究，同时也对社交网络平台的现有的管理模式，以及具体的反馈、激励等机制提出了挑战。本书从当前互联网与社交网络的发展趋势出发，结合社交网络、用户交互行为、管理创新等多个领域的相关知识与原理，研究社交网络用户的积极行为与消极行为的影响，并在此基础上为社交网络平台应对这两种用户行为制定相应的管理策略。具体目标如下：①归纳整理现在关于社交网络平台中用户行为的研究，分析用户行为的特征、表现形式、产生原因等；②从情感偏差的视角出发，构建用户行为对平台用户以及对平台本身的交互过程模型与作用机理，并对用户交互行为的影响因素及演化规律进行分析；③重点探讨用户行为对社交网络平台管理模式的影响，从而制定出应对用户消极使用行为的激励机制与管理策略。

1.2.2 研究意义

（1）理论意义。大量研究表明，情感因素对用户行为具有重要影响，而以往管理学研究强调用户积极接受和采纳的影响因素，行为科学研究主要是研究人的行为规律、动机、偏好等，心理学研究则探究造成用户倦怠的形成机制。本书试图融合管理学、行为科学、心理学等多个学科的研究视角，将用户消极使用看作一种常见的行为模式，既分析如何在管理机制设计上激励用户从消极使用转变为积极使用，又关注如何从心理学视角上识别复杂的用户情绪，以确保用户持续参与及忠诚度。

这种融合视角能够继承管理学、行为科学、心理学中前人的研究成果，又打破了各学科关注问题的局限，具有一定的学术价值。

（2）实践意义。网络社群在发展中与各产业链形成了更加稳定的合作模式，网络社群服务逐渐兴起，腾讯是中国最大的互联网综合服务提供商之一，构建了基于微信和QQ的社群生态体系，已经覆盖了中国90%以上的网民，然而由于用户逐渐产生消极行为，微信也逐步推出了诸如朋友圈三天可见等功能来适应这种用户行为转变。社交网络平台具有巨大的发展前景，用户的情感因素和行为模式（包括积极行为和消极行为）会对社交网络平台的经营、管理、创新活动产生巨大的影响。要弄清社交网络中用户行为模式的经济效果，促进用户积极行为，规避用户消极行为，这就对平台的管理策略、应对机制提出了新的要求。通过研究用户行为对用户交互及平台绩效的影响，对现有社交网络平台的经营及商业模式做出优化和改进，并进一步提出社交网络平台在未来发展规划中对消极使用行为的应对机制和管理策略。

1.3 研究内容

社交网络中用户行为的研究涉及的方面多种多样，具有系统性、复杂性的特点。本书在结合国内外相关研究的基础上，综合运用了扎根理论、定性比较分析（qualitative comparative analysis，QCA）法、结构方程模型（structural equation model，SEM）、演化模型、实验研究法、模糊集定性比较分析（fuzzy-set qualitative comparative analysis，fsQCA）等多种研究方法，从积极行为、消极行为的视角入手，对社交网络中用户行为进行了全面的分析。本书共分为18章，其中第1章介绍本书研究背景、目的及意义，总述本书研究内容并评述相关研究，第2~3章介绍社交网络中用户行为的基本概念与类型以及社交网络中信息传播模型与演化规律，第4~12章探究社交网络中用户积极行为，第13~18章研究社交网络中用户消极行为。具体内容如下。

第1章首先介绍本书的研究背景、目的及意义；其次具体介绍本书各个章节的研究内容，最后对社交网络中用户行为领域内的相关研究进行总结和评述。

第2章主要介绍社交网络的概念、特征及分类，对社交网络中用户积极行为和消极行为的概念及表现进行介绍和总结。

第 3 章借鉴以往研究成果，应用传染病模型，同时纳入用户信任与遗忘机制，构建具有饱和接触率的微博热门话题传播网络。以微博热门话题"某某涉学术造假"为例，探究在线社交网络信息传播过程中，信息发布者、信息接收者、信息质量、信息传播媒介等对信息传播过程的影响机理，同时在传播预测模型中融入用户信任与遗忘机制，使网络传播过程与实际情况更贴切。从完整的信息传播网络组成部分即用户、信息和媒体三个角度进行分析，以此更好地预测网络信息的传播过程。实验过程通过仿真实验验证该模型的合理性与可行性，并对模型的稳定性以及中间的影响因素进行研究，最后通过实际数据对模型进行验证。

第 4 章综合已有的文献，结合虚拟社区的特点，以众包社区为例，从构型视角出发，整体分析多个条件变量（conditional variables）对社交网络用户知识共享的影响。研究表明，高程度知识共享为：在有管理员进行引导的社区，可通过圈币奖励与沉没成本（时间或金钱）引导社区成员进行高程度的知识共享；已有金钱投入的社区成员，可通过圈币奖励与在线时长来引导其进行高程度的知识共享。低程度知识共享为：在缺乏管理员引导的社区，社区成员难以获得高程度的知识共享；在时间投入与圈币奖励存在，而金钱投入不存在的情况下，较难获得高程度的知识共享。该章有利于虚拟社区对社区成员的知识共享行为进行引导，以提高社区成员的个人能力，进而提高社区运营绩效。

第 5 章介绍与其他一般的社交网络相比，在线健康社区有一个较大的特点：在线健康社区有两类不同的用户——医生和患者，二者在社区中进行知识共享时存在异同。在线健康社区中知识共享行为主要可能发生在患者与患者之间以及患者与医生之间。依据演化博弈理论方法建立在线健康社区两类用户知识共享行为演化博弈模型，通过对模型的求解，以及使用 MATLAB 对模型的仿真模拟，分析影响在线健康社区两类用户知识共享的因素。首先，用户积极参与知识共享的前提是用户能通过知识共享获得除知识收益以外正的期望收益；其次，患者的情感支持收益、互惠利他、共享成本、隐私顾虑、给予医生的奖励和社区患者数量占比以及医生的声誉收益、执行成本等是影响用户知识共享演化博弈的关键因素；最后，基于研究结论具体给出在线健康社区运营管理建议。

第 6 章介绍利用社交网络可以分享商业信息和购物体验，社交网络在商业中体现出独特的优势，越来越多的社交网络开始构建"社区+电商"的新型商业模式。该章基于社交网络中知识共享的视角，以小红书这一社区型电商平台为例，分析其内部运行机制，构建了小红书中知识共享过程对用户购买行为的影响因素模型，并以小红书的用户为调查对象，通过问卷数据进行实证分析。结果显示，在社交网络中，可把用户之间的知识共享分成知识的产生、交互、整合和反馈四个阶段，其中用户互动、感知风险、信任和信息接收者的专业能力等因素对用户购买有积极影响；而知识共享过程又通过知识共享内容和程度的中介作用进一步影响社交网络用户的购买意愿，其中知识共享内容对其影响更大。最后，根据研究结论给出新型的社交网络在实际运营过程中的一些管理对策。

第 7 章基于组织承诺的视角，引入情感承诺和持续承诺作为中介变量，构建"用户参与—组织承诺—使用意愿"的理论路径，探究了社交网络用户参与对继续使用意愿的作用机理。通过获取来自微博的 183 份问卷数据，采用 PLS-SEM（partial least squares structural equation modeling，偏最小二乘法结构方程模型）方法对研究模型进行了检验。结果表明：社交网络用户的潜水行为和贡献行为均积极正向影响情感承诺和持续承诺；承诺在用户参与和继续使用意愿之间发挥部分中介作用；通过进一步的模糊集定性比较分析发现，贡献行为与情感承诺对后续使用意愿的影响最为显著。这证实了社交网络用户参与可以作为承诺的前因，与前人的研究结合起来，表明用户参与和承诺存在交互效应。研究结论给社会化网络服务平台提供了参考，帮助平台厘清了情感承诺和持续承诺在用户使用过程中的作用，突出了贡献行为的重要影响，对平台如何提升用户持续性具有一定的借鉴意义。

第 8 章介绍嫉妒无处不在，其拥有消极、积极的两面性，即良性嫉妒和恶意嫉妒，这种双刃剑效应在各种社交网络中的影响越来越受学者的关注。首先根据运动社交平台的特征探讨影响不同嫉妒产生的前因，其次根据社会比较理论及相关研究作为理论基础构建不同类型的嫉妒通过两条路径去影响用户的持续使用意愿的理论模型，最后通过对 163 份线下收集的问卷进行分析，揭示了运动社交平台用户嫉妒对平台持续使用意愿的影响机制。研究发现，用户感知控制感的程度影响了两种不同嫉妒的产生，恶意嫉妒负向影响感知享乐感，继而影响持续使用意愿，而良性嫉妒通过两条子路径正向影响持续使用意愿。本书探讨了嫉妒情绪对用户持续使用意愿的作用机理并拓展了嫉妒相关领域的研究，为平台发展提供一定的借鉴。

第 9 章介绍知识付费是社交网络平台发展的趋势，也是用户和平台的需求所衍生的一种平台运营模式。根据知识付费平台的特点，整合已有潜在影响知识付费意愿的因素，引入模糊集定性比较分析法，从全面和统一的观点，探究导致不同领域的用户高知识付费意愿的联动组合因素，进一步分析差异化的用户在知识付费中的不同体现。通过 Python 工具，对知乎平台上职场、健康和法律领域的付费咨询板块中差异化用户的数据进行分析。研究表明，平台用户的高付费意愿是多个组合因素协同作用的结果，不同领域的用户付费意愿的影响因素组合不同，组合中的部分因素可进行相互替代，知识付费平台应针对不同领域的用户采用不同的管理策略。

第 10 章介绍在线知识付费平台中用户和平台策略选择是动态变化的，在不完全信息的条件下，用户是有限理性的，用户很难找到最优的策略，平台的策略则需根据用户的变化来调整。用户和平台的策略的选择是一个不断重复的、动态变化的，并最后趋于一种稳定的状态的过程。该章考虑了用户的价值感知和身份的二重性，并将这种情况纳入了演化博弈模型建模分析之中，在此基础上得出用户付费意愿的影响机理。从价值感知的二元属性角度出发，利用演化博弈模型分析了在线知识付费平台和用户的行为演化的过程，发现了一系列影响用户付费意愿的因素。用户的感知利得对于用户的付费意愿有正向的影响，而用户的感知利失则会减少用户的付费意愿。该章认为平台在着力提高产品和服务质量的同时，还应该加强对知识产权的保护，并制定合理的定价政策和投放政策。用户的身份也具有二元属性，用户既是知识的生产者，也是知识的消费者。用户作为知识生产者时，其付费意愿比较高。

第11章介绍基于社交网络情境，结合社会比较理论与消费者行为理论，将上行社会比较与下行社会比较纳入整合框架，通过组间实验和组内实验相结合的形式，通过三个实验系统探究了社会比较对消费的社会性影响。实验一检验了社会比较对社会性消费的主效应，并探索情感的中介作用。实验二进一步检验实验一的研究结论，分析并探讨反事实思维在社会比较对情感控制中的影响，同时通过改变消费偏好的测量方式、样本结构以增强实验的外部效度与稳定性。实验三将上行社会比较和下行社会比较两种刺激同时作用于被试者，通过组内实验进一步梳理社会比较、反事实思维、情感与社会性消费的影响机制。研究发现，一方面上行社会比较与炫耀性消费和从众性消费呈正相关，同时上行社会比较通过自卑感的中介作用影响炫耀性消费和从众性消费，反事实思维则对上行社会比较和自卑感具有中介作用；另一方面，下行社会比较与炫耀性消费和稀缺性消费呈正相关，且反事实思维和幸福感在下行社会比较对消费的影响中存在遮掩效应。

第12章介绍社交网络的普遍使用导致了电商导购平台的出现，电商导购平台是社交电商的一种形式。电商导购平台中充斥着大量的用户生成内容（user generated content，UGC），将消费者相互连接在一起，发现、分享和推荐商品，网站和消费者共同创建了整个推荐服务。电商导购平台根据消费者过去的购买行为以及其他类似消费者的偏好来进行推荐，消费者则是依据他们对商品的亲身体验做出推荐。该章根据电商导购平台在线商品推荐质量的主要设计特点，探讨电商导购平台在消费者决策中所扮演的角色及其对消费者群体忠诚度的影响。根据双因素理论，构建在线商品推荐对顾客忠诚度影响因素的研究模型，通过调查问卷的方式采集379份有效问卷，运用偏最小二乘法对研究模型和假设进行验证。结果表明，顾客商品筛选成本和决策质量显著影响顾客忠诚度；商品筛选成本与推荐准确性和推荐新颖性呈负相关，与信息不实和信息过载呈正相关；商品评估成本与推荐新颖性呈负相关，与信息不实和信息过载呈正相关；决策质量与推荐准确性和推荐新颖性呈正相关，与信息不实和信息过载呈负相关。顾客商品筛选成本受到抑制因素的影响大于促进因素，商品评估成本和决策质量受到促进因素的影响大于抑制因素。

第 13 章将社交网络平台中用户表现出的不持续使用、暂时退出、减少使用、间歇性中辍等行为统称为消极使用行为，对用户行为整体过程中用户间歇性中辍后再次使用这种消极使用行为进行研究，并结合对其时间特性和演化规律的分析，系统探究社交网络平台中用户消极使用行为的规律。通过对社交网络平台中的用户信息行为进行时间序列、使用频次和时间间隔的分析，将用户行为分成初步接触—频繁使用—减少使用—间歇性中辍—再次使用或者彻底退出这几个阶段，并将其当作一个完整的用户行为过程，重点针对用户使用频次的下降过程，即用户减少使用或间歇性中辍行为进行分析。选取知乎作为数据获取平台，爬取用户信息行为中发表文章、回答问题、提问和参与知乎 Live（即知乎推出的实时语音问答产品）活动的公开时间数据，进行时间序列、使用频次和时间间隔分析。在个体和群体层面，用户行为具有相似的规律，多数用户行为时间间隔服从幂指数为 2~3 的幂律分布，时间序列和使用频次表现出弱阵发性和周期性。对社交网络平台来说，用户在后使用阶段可能会再次使用，也可能停止使用，需要制定针对性的措施，引导用户继续使用和深度创作。用户在社交网络平台中的流动性决定了平台需要根据用户行为特征，研究用户的行为变化轨迹和演化规律，从而更好地运营和管理。

第 14 章介绍了现有大量文献对社交网络用户倦怠行为的影响因素进行了研究，但存在影响强度、影响方向或者统计显著性上的差异，并未达到较为一致的结论。该章借助元分析方法对相关实证研究成果进行文献定量综述分析，主要探讨以下两大问题：第一，哪些因素影响了社交网络中用户的倦怠行为，这些因素是如何影响用户倦怠行为的；第二，哪些调节因素影响了用户倦怠行为，这些因素是如何对用户倦怠行为进行调节的。通过解决上述问题，区分各类影响因素的相对重要性，得出了用户倦怠行为与各类影响因素之间较为精确的效应值以及相关关系强度，并根据相关关系强度判断标准对各类影响因素的重要程度进行了划分。这在一定程度上不仅能够反映社交网络用户倦怠行为的成因，也能更合理地表明并预测用户心理、行为的动态变化过程，从而促使社交网络运营服务商解决相应问题，为社交网络的长远可持续发展提供一定的理论指导。

第 15 章介绍了当前各种社交网络平台呈现出爆炸式增长状态，可供用户选择和使用的平台数量增多。用户会出于各种原因同时使用多个社交网络平台，通过不断地比较和调整，利用平台之间的差异来管理社交关系，将多社交网络平台环境视为一个整体，在这些平台之间进行摇摆使用。该章旨在回答以下问题：社交网络用户的摇摆行为如何界定？哪些因素会导致社交网络用户产生摇摆行为？基于对已有文献的整理和分析，对用户摇摆行为进行界定。同时，基于扎根理论，利用半结构化访谈来收集社交网络用户摇摆行为的相关数据资料，通过对数据资料进行编码分析来确定摇摆行为的影响因素。研究发现，平台因素、用户因素、社交因素和情境因素会对用户摇摆行为有一定的影响。基于扎根分析的结果，构建了用户摇摆行为影响因素模型，为众多社交网络平台如何在多社交网络平台环境下，提高平台服务质量，优化用户使用体验，进一步扩大平台用户群体规模提出了相关建议，同时，可以为相互竞争的社交网络平台如何实现共同发展提供借鉴和参考。

第 16 章主要介绍用户知识隐藏行为不仅会造成问答社区中许多问题都得不到及时、满意的回答，也不利于个体间知识的产生，会对社区的持续健康发展造成严重的不良影响。问答社区作为具有社交功能的知识服务平台，其用户的行为产生机制更加复杂，具有因果复杂性的特征。因此，相较于采用传统的方法研究变量的净效应，该章使用定性比较分析方法来研究前因变量的组态效应能够更好地理解用户的知识隐藏行为。以目前中国活跃度较高的知乎为研究平台，从组态的视角出发，以个人-环境匹配理论为基本框架，探究价值观一致性、人际相似性、外部需求匹配、内部需求匹配与能力匹配这五个变量对知识隐藏行为的协同影响。采用问卷调查的方式获得研究数据，并运用基于模糊集定性比较分析法对数据进行分析，探究知识隐藏行为的组合影响因素，进而提出减少用户知识隐藏行为的建议，这对丰富社会化问答社区用户行为的相关理论、加强社区与用户的联系以及引导用户进行知识共享具有重要意义。

第 17 章主要介绍现有关于社会支持的研究都集中在直接参与社会支持互动的两个方面：寻求支持者和支持提供者。但是，第三方观察者对支持性互动的评估在社会支持研究中也很重要。该章从潜水者（即第三方观察者）[①]视角出发，研究社会支持因素对用户参与问答知识分享行为的作用。基于最优匹配理论框架，结合社会支持理论，探讨问答社区中的问答信息效价与社会支持的匹配如何影响潜水受试者的满意度，进而影响其参与表现，并探究信息效价与社会支持是否具有交互效应并对潜水受试者的参与体验产生差异性影响。该章构建了提问信息效价与回答社会支持之间的匹配对潜水者的平台满意度和参与意向的影响模型，采用 2（信息效价：积极 vs 负面）×2（社会支持：情感 vs 信息）组间实验验证社会支持在信息效价影响过程的调节作用以及用户感知（即感知有用性、感知支持感和感知敏感性）的中介效应。研究表明，潜水者（lurker）对社会支持互动的看法在很大程度上取决于所提供的支持是否与寻求支持者的需求相匹配，情感支持倾向于对积极信息产生更高水平的感知有用性和感知敏感性且有更高的满意度和参与意愿，而信息支持则对负面信息产生类似的作用。

第 18 章社交网络中多元的社交关系意味着用户扮演的角色不尽相同，随着线上社交需求逐渐丰富，多重角色之间碰撞带来的角色压力也日益凸显，信息暂避

---

① 本书研究的潜水者，是现实社会第三方观察者在社交网络中的映射。

是用户普遍采取的应对角色压力的主动性策略和适应性手段。该章基于角色压力的相关研究，结合"认知—情感—意愿"（cognition-affect-conation，CAC）框架，整合"自我"和"关系"两条情感路径，构建了角色压力影响信息暂避意愿的有调节的双中介模型。"自我"路径体现了用户想要逃离压力源的情感倾向，反映了用户经过一定的内心休整后从压力中恢复过来的心理过程；"关系"路径体现了用户基于对双方关系的积极预期和认知，产生寻求社会支持的情感倾向的社会过程。整合结构方程模型与必要条件分析（necessary condition analysis，NCA）的混合方法，分析 359 份微信用户的调查数据，结果表明：心理脱离和印象管理动机在角色压力和信息暂避意愿之间起中介作用；认知需要负向调节心理脱离对信息暂避意愿的影响。本书丰富与拓展了信息暂避的相关研究，加深了对社交网络用户行为模式的理解。

1.4 研究评述

1.4.1 社交网络中用户使用行为研究

由于社交网络在近年来发生了许多变化，社交网络平台用户行为的研究也进入了新的阶段。杨善林等（2015）指出，目前社交网络用户行为的研究主要分为两个思路：一是将社交网络作为一种技术，来探讨用户对社交网络的采纳与接受；二是将社交网络作为一种平台和环境，对其中的用户个体与群体间的一系列互动进行分析和预测，并将现阶段相关的研究划分为用户采纳与持续使用行为、个体使用行为、群体互动行为三个大的范畴，如图 1-1 所示。

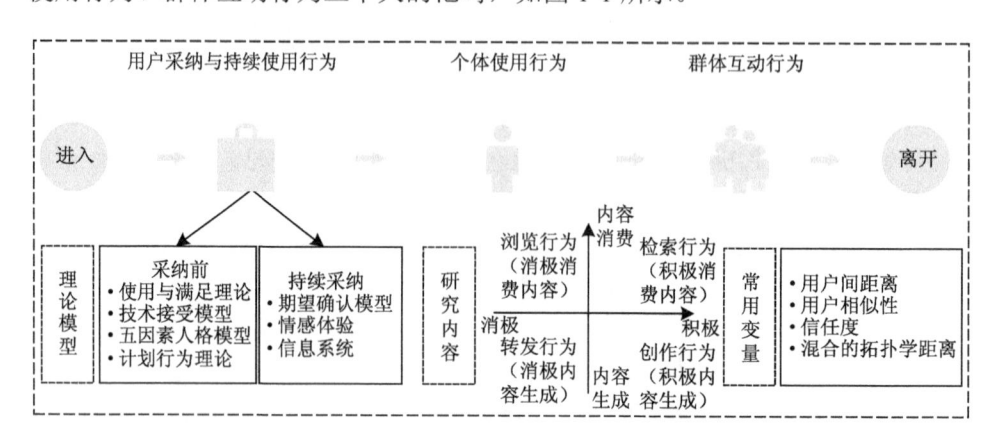

图 1-1 社交网络中的用户行为研究

资料来源：Cheung 和 Lee（2010）；Bhattacherjee（2001）

技术接受模型英文全称为 technology acceptance model，简称 TAM

然而，用户对社交网络的使用并非一如既往的接受。随着各种相似应用的不断出现以及社交平台功能的推新，如微信提供朋友圈仅三天可见的选择，社交类应用的广泛使用也带来了一些负面效应，随之而来的是用户的消极使用行为，学者也开始关注用户行为的这一转变。

目前国内外对社交网络中用户消极使用行为的研究较少，部分学者认为用户态度、情绪因素会导致认知和行为的变化。李常洪等（2014）研究认为消极情绪对认知活动有一定影响。刘鲁川等（2017）探讨社交网络用户倦怠的影响因素及其与消极使用行为间的交互关系，构建社交网络倦怠影响因素及消极使用行为的模型，该文中将不持续使用行为统称为消极使用行为。文凤华等（2014）探讨积极和消极两种不同情绪特征下的投资者行为特点，并考察投资者情绪特征对股票价格行为的非对称影响，结果表明：正面情绪和情绪的向上变动都对股票收益有显著的正向影响，而负面情绪和情绪的向下变动对其影响并不明显。Chen 等（2013）研究表示在消费者中，修复信任的策略能够有效地构建积极情绪。负面事件的产生会对消费者的情绪产生负面影响，积极情绪会显著影响消费者信任的重建，说明积极情绪是信任修复的重要中介。Lu 和 Wang（2008）研究网络游戏成瘾在在线满意和忠诚度之间的作用关系，该研究结果在一定程度上解释了为什么人们在不满意的情况下仍然忠于网络游戏。Tsang 等（2004）研究表明，消费者通常对手机广告持消极态度，除非他们明确同意通过手机短信接收广告，即消费者态度和消费者行为之间有直接联系。Taylor 和 Friedman（2015）研究表示，相对于快乐或中性情绪，悲伤情绪中的个体更倾向于选择表达快乐的音乐。一些研究表明，悲伤会促使对快乐音乐的选择性接触，而其他研究则暗示着相反的结果。一些学者研究积极和消极情感因素导致的后果的对应关系。Lindebaum 和 Jordan（2012）试图提出一种新的研究方法，将积极情绪和积极产出、消极情绪和消极产出这种简单的联系重新概念化，根据上下文的不同，将其转化为不对称关系。比如，离散的负面情绪可以产生积极的结果，我们要研究积极或消极的条件适用于不同的个人优势和个人特征的差异。Sonnentag 和 Starzyk（2015）基于双协调观点，说明积极影响和消极影响皆有利于积极主动的工作行为，消极影响在组织环境中可能是有价值的，因为它有助于形成积极主动行为的不同组成部分。

也有学者认为情感因素对行为的作用过程和结果不容忽视，情感刺激由潜意识和外在控制因素导致。情感过程开始于个体接触到刺激源的时刻，这种刺激将会导致个体在潜意识中完成情感的构建、感受到表达的过程，从中产生心理的变化。情感过程同样受到许多控制因素的影响，个体在不同情景下会对刺激进行有选择性的适应，并进而了解到经验规则和展现规则。同潜意识中产生的表现线索一道，这种内外的影响将会通过个体形成的态度来塑造并影响个体的行为。具体如图 1-2 所示。

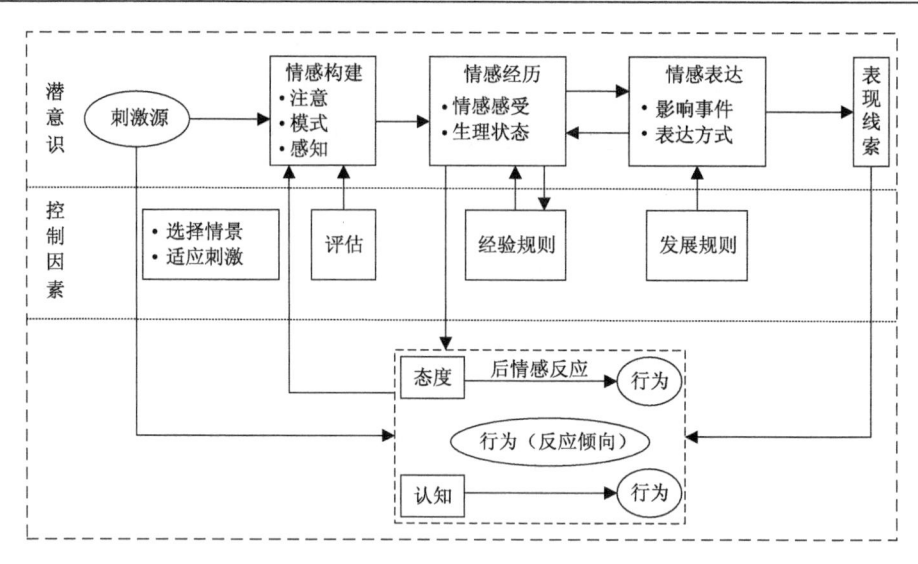

图 1-2　情感因素对行为的作用过程

资料来源：Elfenbein（2007）

椭圆代表外部可见，矩形代表内部经验

陈昊等（2016）基于"认知—情感—行为意愿"研究范式，探讨用户的认知因素和情感响应在用户持续使用移动社交网络意愿中的作用机理，发现情感响应在个人认知与持续使用意愿间起完全中介作用。Garaus 等（2017）研究显示，情感数字信号内容创造积极情感，并能增加冲动购物和商店忠诚度。Stieglitz 和 Dang-Xuan（2013）研究社交网络中情绪与信息传播和用户信息共享之间的关系。根据对推文数据的分析，发现情感上受到指责的消息更容易被转发，传播更快。

可见，情感因素在用户行为中有很重要的作用，学界对消极使用行为的研究尚在进行中，也未有公认的定义。已有研究大多采用问卷调查的方式，研究成果的深度以及研究方法略显不足。本书拟从情感视角出发，利用交叉学科的优势和方法，深入研究社交网络中用户行为。

1.4.2　用户行为与社交网络平台交互作用研究

随着国内外社交网络中用户行为研究的不断深入，社交网络平台与用户行为之间的相互影响、相互关系等的研究也日益成为许多学者关注的重点。方文侃和周涛（2017）指出，社会化商务是传统电子商务与社会化媒体技术融合的结果，显著特征是用户通过频繁的社会交互构建了较复杂的社会关系网络，进而对其行为和决策产生影响，而这种交互包括人人交互和人机交互。

1. 用户持续使用行为与平台的相互作用

肖璇等（2017）着眼于社会影响理论视角，利用病毒动力学模型进行仿真，发现短期内注册用户转化为持续使用用户的时间长短只会影响其数量达到均衡的时间，但不影响均衡数量，运营商的平台设计和管理政策应注重差异性和自身建设。Yen（2016）研究表明社交网络平台应该通过与顾客建立密切的关系来努力维持忠诚度。陈昊等（2016）研究情感响应在个人认知与用户持续使用意愿之间的完全中介作用时，认为社交网络平台应关注用户的情感体验、信息安全和用户产生消极情感的诱因。洪红和徐迪（2015）认为为提高用户黏性，平台需不断完善核心社交服务功能并强化应用的边缘功能，提供良好的用户体验，增强移动社交应用的网络外部性。金晓玲等（2013）运用实证研究认为，在网上问答社区的设计和管理中，应充分考虑以积分等级为代表的激励机制和以声誉提升为典型的分享绩效，并通过用户细分来减少运营成本和提高工作效率。

王高山等（2014）通过实证研究发现，电子服务质量直接影响用户的持续使用行为。Xiao 和 Wang（2016）认为社交网络运营商可以创建一个社会化的环境来增强互动和保持现有用户的积极参与。Huang 和 Chen（2018）认为管理者应鼓励粉丝参与品牌共同创造价值的活动来促进互动。Hsu 等（2014）结合技术接受模型、计划行为理论（theory of planned behavior）、期望不确定模型和流动理论，表明应努力提高平台易用性，在改善社交网站的互动性、内容、导航和响应能力的同时，提高趣味性和用户的满意度，或者通过意见领袖或其他当前用户的网络获得新用户。Guan 等（2018）从一个知名的中国社会问答社区收集用户的活动数据进行分析来确定影响用户参与，尤其是知识贡献的因素，研究认为社交网络平台应将交互的结果展现给所有的社区成员，并加强用户之间基于身份的信任关系，增加用户持续的知识贡献行为。方文侃和周涛（2017）的研究发现用户对社区成员的信任通过信任转移作用于其对社区的信任，企业需要促进人人交互，建立用户对社区成员的信任，还要加强社交应用基础开发，提升人机交互的用户感知，增进用户对社区的信任。

2. 用户信息行为与平台的相互作用

用户在社交网络平台中的信息行为主要包括搜索和浏览（易成和周密，2017），具体如信息共享，上传或浏览微博、动态、视频等。Cheon 等（2015）发现，如果社交网络用户认识到他们可以控制网络及其重要性，那么共享信息时即使存在关系惯性，用户也不会减少。Vilnai-Yavetz 和 Levina（2018）考察了用户在社交网络上共享商业内容的动机。刘百灵等（2017）、Osatuyi 等（2018）、Celebi（2015）等研究发现当用户知道如何协调披露边界时，会在社交网络上自我披露更多信息，隐私政策对信任有显著的正向影响，而经历过隐私违规的用户则会遵循不同的隐私协调规则，有更高的自我披露倾向，通过对此类用户进行认真的判别，来鼓励个人信息的复原和持续分享。施亮和鲁耀斌（2014）、单子丹和陈晓利（2017）的研究结果表明，不同微博平台用户对服务提供者和社交对象的期望不同，微博服务方应根据用户特征设计和改进内容提供与关系服务模式，更好地调动用户参与积极性，用户应根据自身需求选择相应的平台，更好地在参与过程中受益。

3. 用户商业行为与平台的相互作用

用户在社交网络平台中的商业行为主要表现为通过社交网络平台进行购物、从事金融交易等，即商家/企业以社交网络平台为销售平台/媒介，在此情形下商家和消费者同为平台用户。

刘百灵等（2017）研究指出移动服务商要与用户加强沟通，建立信任关系，提供如会员、优惠券等奖励，提高用户对分配公平的感知和购物的愉悦感。Sashi（2012）研究认为顾客参与可将顾客变成粉丝，社交网络平台应通过鼓励粉丝间的联系和互动来提高相互满意度，粉丝则通过联系和互动实现非客户的转化，并重启客户参与周期。Susarla 等（2016）认为活跃的内容提供商应积极与其好友和订阅者群体进行互动，增强受众的敏感度，利用 YouTube 进行促销活动的广告商和营销商应当激发那些易受影响的受众群体的积极性。Okazaki 等（2015）和 Lee 等（2016）的研究表明，Facebook 中点赞（like）可以社交化消费者的购物体验并引发社交销售，X 中的消费者则可以转发与品牌相关的评论以获得更快反馈，改善他们未来的消费体验，社交商务提供商应最大限度利用平台社交功能进行受众的消费行为转化。

Chen 等（2017）、Gvili 和 Levy（2016）研究认为 eWOM（electronic word-of-mouth，网络口碑）反映了公司在社交网络上与公众建立的关系的质量。Hussain 等（2018）根据信息采纳模型，研究认为口碑资源的可信度对于食品采购来说更高，从业者应该让其策略具有可信性，经理需要监控其官方信息平台，保证平台信息的有用性，并为消费者提供令人满意的、有益的和独特的体验。

He 等（2016）和 Sul 等（2017）发现在金融服务行业，X 数据可用作检测股市新兴趋势的宝贵信息来源，可通过用户/企业推文的负面情绪来预测公司股价。企业可部署社交网络监控和分析工具，监控网站上自己以及竞争对手的客户情绪，最大限度从这些数据中获得有价值的见解及竞争优势。

1.4.3 社交网络平台的运营和管理策略

李雷等（2016）研究网络环境下平台企业的运营策略时，通过关键节点将平台企业生命周期曲线划分为六个阶段——初创期、真空期、爆发期、成熟期、不确定期、二次爆发期和新一轮生命周期，每个阶段应有不同的运营策略。Yen（2016）研究认为应根据用户性别差异为产生消极行为或情绪的用户提出不同的应对策略。本节在借鉴李雷等（2016）和 Yen（2016）的研究基础上，从平台对于用户在线内容生成行为、用户的广告行为、用户使用行为、用户隐私行为和用户活跃度五个方面的管理策略着手依次阐述。

（1）用户在线内容生成行为管理策略方面。张安淇和陈敬良（2015）研究认为，应创新社会化媒体管理，重视"羊群效应"，加强对领袖意见的管理。Kwon 和 Gruzd（2017）基于模仿和社会传染理论（mimicry and social contagion theory）研究人际咒骂作为传染的"社交互动"机制，认为当用户在 YouTube 上参与政治事件时，平台应该在在线讨论的初始阶段提前关注和干预意见领袖。施佳烨等（2016）则认为专业媒体作为平台用户在利用社会化媒体平台搜集、发布信息时，应提高生产优质新闻的能力，引导用户对事件的看法。

（2）用户的广告行为管理策略方面。易成和周密（2017）的研究表明，赋予跳过控制权会让他们对广告品牌的印象更深刻，好感更强；而强制搜索信息的用户观看广告更能保证他们对广告的注意力和品牌印象。进一步地，Nettelhorst 等（2017）认为在线广告商应在消费者有机会控制广告时，限制向消费者所提供的功能/内容选项数量。Jacques 等（2015）研究表明具有差异化背景的广告和内容结果会导致较低的广告点击率。

（3）用户使用行为管理策略方面。朱鹏等（2017）探索用户微信学术信息检索习惯及意图的影响因素，结果表明，微信学术信息检索系统的设计应考虑便捷易用性、检索策略是否缺失、语音检索功能是否待完善、检索返回资源的可用性、检索结果中的信息安全性。

（4）用户隐私行为的应对策略方面。朱慧等（2014）基于威胁规避行为动机视角，发现移动商务应用提供商应树立安全可靠的品牌形象，并通过各种有效隐私保护措施，提高用户保护隐私的自我效能。Amos 等（2014）和 Cavusoglu 等（2016）研究认为微博获取个人信息需加强用户的隐私设置和选择。

（5）用户活跃度管理策略方面。Cheon 等（2015）认为可通过分散用户建立关系的方式保持用户的稳定参与。Chen 等（2014）的研究认为可以增强用户在社交网络中的主动行为，提高用户活跃度。冉晓斌等（2017）从网络外部性的角度认为平台应引导用户之间产生更多、更深的联系，并针对不同特征用户细分激励政策，提高用户活跃度。

1.4.4 对国内外相关研究的总体评述

目前国内外的学者在社交网络平台、用户采纳、用户持续使用等方面做了大量的研究。具体表现在以下方面：①在社交网络平台中，在用户的行为的特征、产生的动机、用户采纳、持续性使用，以及满意度等方面作了大量的研究；②在对社交网络平台的研究中，对平台自身的管理策略，以及用户与平台之间的交互关注较多。

以上这些研究成果为后期的相关研究奠定了坚实的理论基础。但是随着环境的变化，以及用户群体的不断扩大，社交类应用平台的广泛使用也带来了一些负面效应，用户行为发生了较大的转变，同时也存在较大的差异性，即并非所有的用户都积极参与所有的社交平台，用户也不是时刻都积极地持续使用，学者也开始关注用户行为的这一转变，主要包括用户的不使用或部分使用、转移或退出行为，即用户消极使用行为，目前国内外对社交网络中用户消极使用行为的研究较少。因此，该领域的研究还有待进一步完善，具体表现在以下方面。

（1）对社交网络平台中用户消极行为的研究有待进一步完善，尤其缺乏从情感偏差的视角对用户消极使用行为进行的研究。已有研究重点关注用户在社交网络中的采纳、持续使用等行为，以及这些行为的影响因素。现如今的社交网络中用户呈现出一种倦怠情绪，同类应用的大量出现、移情成本低等特性使得网络环境和用户特征每时每刻都发生着变化，用户基于隐私考虑、信息过载等原因不再愿意持续使用或关闭部分功能使用社交网络。而且从前文综述来看，学者较少从人格、情感等角度刻画用户的这一行为模式，在大数据方法和技术日趋成熟的今天，有必要采用新方法、新思路，从情感角度出发，对社交网络中用户这种消极使用行为进行深入分析和研究。

（2）不同环境下，社交网络平台的应对机制也会不同。因此，随着用户行为的转变，对用户与社交网络平台的作用机理的研究有待进一步丰富，尤其是用户这一使用行为变化对平台自身的影响和管理策略需进一步深入研究。用户需求和行为的变化使得现有的社交网络环境发生了改变，而层出不穷的各式应用的出现也对用户行为和用户体验产生了影响。在这一相互作用的背景下，对社交网络中用户行为的研究已从传统的满意度、持续使用研究转变为用户消极使用行为的研究，同时也对社交网络平台的现有的管理模式，以及具体的反馈、激励等机制提出了挑战。

第 2 章 社交网络中用户行为的基本概念与类型

2.1 社交网络的概念与特征

2.1.1 社交网络的概念

社交网络，这一名词最早起源于美国，是用来称呼一些专门协助用户搭建社会性网络的服务产品（艾瑞咨询，2016）。人类的社会交往由来已久，原先的社会交往多靠血缘、地缘以及学习和工作的缘分等传统纽带将人们连接在一起。进入互联网时代，所有个体都可以使用计算机或移动终端通过社交网络平台随时随地进行交流信息、传递资料、开展讨论、交友等社交活动，社交的范围得到前所未有的扩大。目前，社交网络已经成为人们生活、工作和学习过程中不可或缺的社会交往工具，并且在商业、娱乐等领域的作用不断扩大。因此，互联网时代，社交网络成为人们工作生活必备的工具。

社交网络属于社会性网络服务，专指旨在帮助人们建立社会性网络的互联网应用服务。它突破了传统人际交往的时空界限，已发展成为各类拥有相同兴趣与活动人群的在线社区。通常，社交网络平台可以通过聊天、影音、群组等多种方式扩大用户之间的交流和沟通（Lee et al., 2016），这是社交网络分享信息的新型方式。一些社交网络网站有上百万的用户，对于他们而言，社交网络平台是日常生活的必备工具。

综上，社交网络是指通过社交网络连接两边或者多边的客户群所形成的一类特有平台（杨善林等，2015），这样的平台是把两个或者多个不同的用户群体联系在一起形成的完整网络，并建立了有助于促进双方或多方交易的基础架构和规则。因此，本书认为凡是拥有社交服务或功能的数字平台，均属于社交网络。从这个角度来看，Facebook、微信、微博、知乎、淘宝、哔哩哔哩、抖音、什么值得买等平台都属于社交网络。

2.1.2 社交网络的变迁

社交网络是基于网络的一项服务，其允许个体在封闭系统内建立公开或半公开的个人文档，并清晰地列出与个体有关联的用户；在此基础上，个体可以浏览自己以及关联用户的相关信息。社交网络源自网络社交，而网络社交的起点是电子邮件，再逐渐发展成现在形形色色的社交工具如直播平台、短视频平台等，社交网络从早期的 1.0 时代已悄然进入现在的社交 3.0 时代。社交 1.0 时代以 2002 年腾讯 QQ 群首创群聊形态为代表，是以互联网人群聚集、信息互通传递为核心目的，主要以熟人之间沟通交流为主，信息只是被用来接收和传递；社交 2.0 时代则是基于兴趣的陌生人社群，在熟人社交之外，陌生成为常态，人与人之间的互动更加显现，品牌号召力日益增强，人们不再仅仅是被动地接收信息，还可以自己创造信息，UGC 成为常态。在 2015 年 8 月召开的首届中国互联网移动社群大会上，腾讯宣布社群已进入了 3.0 时代。社交 3.0 时代，社群以"连接一切"为目标，不仅仅是人的聚合，更是连接信息、服务、内容和商品的载体。开放化和共享化更加凸显，品牌和客户可以直接相连，新的商业模式随时可能出现。2021 年，元宇宙风靡全球，元宇宙与社交媒体的融合场景开始落地并蓬勃发展，虽然目前在技术上和场景上还处于初级阶段，但各大机构已经开始构思和打造元宇宙社交平台。社交元宇宙开启了社交 4.0 时代，实现用户从二维到三维的社交体验及数字化的社交关系。

社交 1.0 到社交 4.0 的变迁，不存在特别明确的界定和区分，它们之间也会产生交叉，从现有国内外研究成果来看，关于社交 2.0 和社交 3.0 的研究较多，代表为有关 Facebook、Twitter、Instagram 的国外研究，以及以微博、微信、知乎为对象的国内研究。由于社交 4.0 时代才刚起步，因此有关研究还比较缺乏。本节总结社交网络变迁如表 2-1 所示。

表 2-1 社交网络的变迁

时代	特征	代表平台
社交 1.0	人群聚集与信息互通	博客、论坛、留言板、邮箱应用
社交 2.0	相同兴趣的人联系更加紧密	Facebook、Twitter、微博、微信
社交 3.0	进入移动时代，连接所有资源	Twitch、Instagram、斗鱼、知乎、百万英雄
社交 4.0	身临其境的虚拟世界，即社交元宇宙	Horizon Worlds、Decentraland、Soul、啫喱

资料来源：整理于艾瑞咨询（2016）、Lee 等（2016）和 Wang 等（2023）的研究

2.1.3 社交网络的特点

社交网络通常采用实名制的形式，并根据用户娱乐需求的方向不断发展，具有以下三方面特征。

1. 互动性

社交网络具有互动性（Cheung and Lee，2010）。可以说，社交网络的互动性是其核心特性之一。互动性为用户提供了更加丰富、便捷和个性化的社交体验。

社交网络的互动性体现在以下几个方面。

首先,用户可以通过社交网络与其他用户进行交流与沟通(Bhattacherjee, 2001)。通过聊天、评论、点赞等功能,用户可以迅速表达自己的观点和情感,与好友、关注者或其他用户进行实时互动。这种交流方式突破了传统社交的时空限制,让人们无论身处何地都能保持联系,分享生活中的点滴。社交网络的互动性还体现在内容的共创和分享上。用户可以通过发布状态、照片、视频等内容,展示自己的生活和兴趣。同时,其他用户可以对这些内容进行点赞、评论和转发,进一步丰富和扩展了内容的传播范围。这种共创和分享的过程不仅增加了用户之间的互动,也促进了信息的流通和文化的传播。

其次,社交网络具有扩展社交范围的功能,用户在平台中根据现实人际关系而建立的关系网(李常洪等,2014),用户范围包括现实朋友及网络好友等多种身份。在社交网络中,用户可以加入各种兴趣小组、社群或圈子,与具有相同兴趣和爱好的人进行深度交流和互动。这种基于共同兴趣和价值观的社交方式,有助于增强用户的归属感和认同感,形成紧密的社交网络。社交网络平台提供了非好友之间的互动功能(刘鲁川等,2017),促进了虚拟社区的形成和发展。

最后,社交网络为拥有相似爱好的使用者提供了具有针对性的互动服务(文凤华等,2014)。社交网络扩大了用户交流范围。通过对用户行为的分析和挖掘,社交网络平台能够精准地推荐感兴趣的内容、好友和群组,让用户能够更轻松地找到志同道合的伙伴,享受更加个性化的社交体验。同时,用户还可以根据自己的喜好和需求,定制专属的社交界面和功能,满足个性化需求。

2. 多样性

社交网络的多样性不仅使得社交网络能够满足不同用户的需求和兴趣,还促进了信息的传播和文化的交流,为人们的生产生活带来了更多的便利和乐趣。社交网络的多样性体现在多个层面,这不仅指社交网络的形式和功能繁多,还包括在用户群体、应用场景、地域覆盖等方面的广泛性和差异性(Hu et al., 2021)。

首先,从社交网络的形式和功能来看,它们展现出了极大的多样性。有的社交网络注重个人分享和表达,如微博、微信朋友圈等,用户可以发布自己的状态、心情、照片等,与好友进行互动。有的则更加专注于职业发展和行业交流,如领英(LinkedIn),用户可以在这里建立职业人脉,分享行业资讯。还有的社交网络以兴趣为导向,聚集了具有相同爱好的人群,如豆瓣、知乎等,用户可以在这里发现新的兴趣点,参与讨论和分享。

其次,用户群体的多样性也是社交网络的一个重要特征(Chen, 2011; Lin and Dutta, 2017)。不同的社交网络吸引了不同年龄、性别、职业、文化背景的用户。例如,年轻人可能更喜欢使用抖音、快手等短视频社交平台,而中老年人则可能更倾向于使用微信等通信类社交应用。这种用户群体的多样性使得社交网络能够满足不同用户的需求和兴趣。

再次，社交网络的应用场景也十分广泛。无论是在日常生活、工作学习还是休闲娱乐中，我们都可以看到社交网络的身影。比如，在工作中，人们可以利用社交网络进行团队协作、项目沟通；在学习中，学生可以通过社交网络获取学习资源、交流学习心得；在休闲娱乐时，人们可以在社交网络平台上观看直播、参与游戏等。

最后，社交网络平台的地域覆盖也非常广泛。随着全球化的推进和互联网技术的发展，社交网络平台已经打破了地域限制，让全世界的人们都可以互相交流和连接。不同国家和地区的用户可以在社交网络平台上分享自己的文化、风俗和故事，增进彼此的了解和友谊。

3. 病毒式传播

社交网络平台作为现代信息交流的重要平台，其影响力日益凸显。它不仅是人们进行社交活动的场所，更是信息的集散地，承载着大量的信息流动。当我们谈论社交网络的病毒式传播时，我们实际上是在讨论信息在社交网络中的高速、广泛传播的特性，这种特性与病毒在生物体中的传播方式具有一定的相似性，因此被称为病毒式传播。

病毒式传播是基于口碑传播，使信息根据网络化关系呈现出病毒式传播的特征（Chen et al.，2013）。社交网络的病毒式传播主要体现在信息传播和平台推广，其发展及拓展的途径主要是好友或非好友之间的强或弱社交关系（Lu and Wang，2008）。社交网络的兴起以及各种社交网络平台的快速发展给信息的传播方式带来了极大变化，信息在社交网络中传播的速度和扩散范围达到了前所未有的程度。

社交网络具有广泛的用户基础和高度连通性。这些特点使得信息一旦在社交网络上发布，就能迅速被大量的用户接收和传播。这种传播方式不依赖于传统的媒介或渠道，而是通过用户之间的社交关系进行扩散（刘小洋等，2019），从而实现了信息的快速传播。此外，社交网络的病毒式传播还体现在信息的复制和再传播过程中。就像病毒在生物体中的复制和传播一样，信息在社交网络中也会被用户不断地复制、转发和分享，从而实现了信息的指数级增长。这种传播方式不仅扩大了信息的影响范围，还增强了信息的传播效果。社交网络的病毒式传播还受到多种因素的影响（王筱莉等，2015）。例如，信息的内容、发布者的影响力、用户的兴趣和行为习惯等都会对信息的传播速度和范围产生影响。因此，要想实现信息的有效传播，就需要深入了解这些因素，并制定相应的传播策略。

2.1.4 社交网络的功能

社交网络采用移动和基于 Web（world wide web，万维网）的技术来创建高度互动的平台，个人和社区通过该平台共享、共同创建、讨论和修改用户生成的内容。目前，社交网络存在丰富多样的生态，其范围和功能各不相同。Kietzmann 等（2011）研究了由七个社交网络平台功能块组成的蜂窝框架，其中包含社交网络的七大功能，身份、对话、共享、存在、关系、名声、群组，如表 2-2 所示。

表 2-2 社交网络平台的功能

功能	功能描述
身份（identity）	身份功能指的是用户展示个人信息的程度，如姓名、性别、年龄、职业和住址等个人信息。身份功能和隐私保护之间的平衡是社交网络平台需要考虑的重点
对话（conversation）	对话功能指的是用户在社交网络中与其他用户通信的程度。在社交网络环境中用户可以进行大量和多样化的对话
共享（sharing）	共享功能指的是用户通过移动社交网络平台交换、传播及接收各种内容的程度。例如，在朋友圈分享自己的生活状态，或者针对某个话题发表自己的看法
存在（presence）	存在功能指的是用户可以知道其他用户是否可以访问以及访问程度，用户在虚拟或现实环境中的情况，如在线或隐身、微博显示的位置信息
关系（relationship）	关系功能指的是用户通过移动社交网络与其他用户彼此相关的程度，这种关系决定了用户间是简单地列为好友或粉丝，还是存在深入的交流和共享
名声（reputation）	名声功能指的是用户可以在社交网络环境中识别他人（包括他们自己）的地位的能力。多数情况下，名声涉及信任问题。同时，在社交网络上，名声不仅指用户，还包括用户生成的内容
群组（groups）	群组功能指的是用户形成社区和子社区的能力，个人可以对他们的联系人进行排序，并将他们的好友、朋友、关注者或粉丝放入不同的自我创建的组中（如 X 好友列表）。在线群组可以类似于现实中的俱乐部：向任何人开放、关闭都需要进行批准或仅限邀请。例如，Facebook 和 Flickr 都有群组，管理员负责管理群组，批准申请人并邀请其他人加入。群组功能方便了用户对其社交关系的管理

2.2 社交网络的分类

对于社交网络的具体分类问题，目前国内外学者按照不同的标准提出不同的观点，还没有完全达成共识。国外主要的分类包括：Hagel（1999）按照社交网络成员目的不同，将社交网络分为交易社交网络、兴趣社交网络、幻想社交网络和关系社交网络四种类型。Dholakia 等（2004）提出把社交网络分为网络型虚拟社交网络和群体型虚拟社交网络。以上分类方式都是从宏观广义的角度进行的，以下从微观层面对主要社交网络网站进行分类。

2.2.1 即时通信类社交网络

即时通信类社交网络是一种实时交流工具,主要是为用户提供一种平台服务,内容信息丰富,涉及范围比较广,综合性较强。代表性的即时通信类社交网络有 Facebook、QQ、微信、陌陌、Soul 等。百合网、世纪佳缘网、珍爱网等婚恋交友平台也属于此类社交网络。另外,针对某一地域人群提供交友服务平台,如同城交友的社交网站,为某一地区人群提供线上交流和线下交友服务。

以微信为代表的即时通信社交网络,其本质是基于移动互联网,以即时通信为主且兼具商务、娱乐、媒体及信息处理能力的社交类通信。在用户数量快速增长的情况下,此类社交网络平台成为一个综合性的社交生态平台。将社交圈分为熟人、陌生人两个层面的交际圈,帮助用户精准分配社交精力。微信通过增加支付、公众号以及开发接口等功能,具备了良好的连接性,向其他商家开放接口,为各类商家提供了聚集的平台。功能上的拓展使其能够满足用户多元化的需求,不仅聚集了大量用户,而且增强了用户黏性。庞大的用户群体保证了微信生态系统的活力,也具备了商业价值转换的潜力。海量用户带来的大数据能为企业产品提供精准、即时、动态决策的依据。微信形成以平台为基础,以服务、内容等为核心的商业生态圈,成为一款平台级社交应用产品。

微信平台盈利模式主要包括以下几点。①广告收益。微信在用户朋友圈精准投放广告,不仅对广告进行有效推广,而且使得用户能够与广告投放者进行互动。②平台服务收益。开发者或者商家申请公众号,包括订阅号、服务号和企业号,微信与公众平台上的企业或者自媒体进行利润分成。③通过提供游戏资源,用户对游戏付费使平台实现盈利。微信平台上的游戏包含腾讯自主研发的游戏、腾讯与其他游戏厂商联合运营的游戏、由腾讯代理的游戏。④与其他电商平台合作的利润分成,如微信与京东达成合作,在微信上导入京东购物,面向用户售卖产品以实现商业变现。⑤增值服务。微信通过向公众平台开放认证及接口,如小程序,以付费增值服务的方式创造经济效益。⑥电商服务。微信的"扫一扫"、微信支付等功能支持了 O2O(online to offline,线上线下商务)的电商模式,不仅为用户提供了更好的服务体验,而且将线上服务与线下服务密切关联起来。

2.2.2 电子商务类社交网络

此类社交网络本质是社交流量和电商交易的结合,通过各类社交平台聚集流量,再以电商的模式将流量变现,最具典型的代表是拼多多。拼多多基于微信等社交媒介进行商品传播、分享,抓住用户的心理特质,通过激励政策鼓励个人在好友圈进行商品推广,吸引更多的朋友加入进来。拼多多通过砍价和抢红包活动触达用户社交圈流量,引流至拼多多平台内。拼多多通过推出朋友砍价和抢现金红包等活动，引导用户将链接发给朋友，获得更多新用户。拼多多还设有砍价记录、砍成攻略、砍成晒单等模块，用户除了获得现金奖励外还可以体验到"炫耀成绩"的成就感，进一步加强用户社交属性，加强平台社交圈的打造。

拼多多依靠"社群+电商"的模式，通过用户在社交网络的交互，一方面用户在社交网络中找到兴趣相投与需求类似的"伙伴"，交流团购信息，另一方面商家通过社交网络构建社群，及时推送商品信息并接受用户反馈。通过"社群+电商"的模式加强用户的归属感、参与感和主体感，强化用户情感联结，使得用户与用户、用户与商家的联结更为紧密，不仅有利于提升用户对品牌的黏性、忠诚度及信任度，而且可以帮助平台开发潜在用户。拼多多的收入主要来自以下两个方面：首先平台广告收入，商家及品牌方支付的广告费。其次佣金收入，主要来自商家及品牌方入驻平台的保证金。

2.2.3 兴趣交友类社交网络

这类社交网络通过用户分享内容，将有共同兴趣爱好的用户汇集起来，形成具有共同话题的小圈子。例如，虾米音乐网、网易云音乐等音乐社交平台，其目标受众是针对音乐爱好者，属于音乐垂直社区，用户不仅可以通过该网站了解目前音乐流行的新动向，而且可以根据自己的喜好加入不同的"圈子"。兴趣社交的兴起可以追溯到论坛还是主流社交平台的时期。当时诸如天涯等论坛就凭借着五花八门的主题版块，以及层出不穷的高质量帖子，受到了诸多用户的青睐，并且成为社交 1.0 时代的代表之一。但随着移动互联网时代的来临，以微博为代表的信息流内容展现形式，则使得兴趣社交步入了新的阶段。微博、腾讯空间（Qzone）、X 等博客平台提供了用户发布和关注服务,通过用户之间关注关系形成社交网络。

尽管只是网络社交行业中的一个细分领域，但兴趣社交依旧具备流量聚集的优势。虎扑围绕体育赛事资讯+社区发展，在观看赛事、报道之外，用户在平台上进行相关的观点交流。用户可以选择自己感兴趣的圈子进行分享与交流，提升用户社交体验。

首先，用户将虎扑上的赛事资讯通过微信、QQ、微博等渠道进行社会化分享，提高了平台曝光率。其次，虎扑构建了相应的任务体系和奖励机制，通过增强用户参与，提高用户积极性和黏性。再次，用户还可以在虎扑平台购买体育运动装备。最后，虎扑通过举办一系列赛事等方式开展线下推广活动，达到品牌宣传的目的。在盈利模式上，虎扑为用户提供免费服务的同时也提供互动娱乐的增值服务，其收入来源主要包括用户在线充值和购买虚拟币，同时收取品牌方广告费。此外，虎扑积极发展电商业务，推出专属导购平台"识货"APP，充分利用体育装备讨论专区促进交易，实现流量变现。

2.2.4 媒体分享类社交网络

这类社交网络主要用于用户发布、共享和检索媒体资源，如视频、图片等，还提供交友服务，吸引了大量用户。人人参与，随时记录生活。用户从信息的接收者转变为信息的创造者和传播者。基于用户规模和高频使用的优势，极大调动了用户创作和观看的积极性，具有较强的社交属性。较大的视频分享平台，如 YouTube、哔哩哔哩、抖音、快手等，用户可以随时随地获取发生在世界各地的趣味视频，以最快速度吸引受众碎片化时间内的注意力。典型的以图片分享为主的社交类网络，如 Instagram、Pinterest、图虫网、美图社区等，通过对照片的分享，寻找爱好、兴趣相同的同道中人。以哔哩哔哩平台为例，分析媒体分享类社交网络的管理模式。

哔哩哔哩是目前较成功的媒体分享类社交网络，哔哩哔哩的成功得益于其运营模式。哔哩哔哩将二次元文化与弹幕文化结合为用户带来独特的娱乐体验，符合年轻人群体的喜好，满足了年轻用户的精神需求，而年轻人是主流消费群体，得年轻人者得天下。同时，哔哩哔哩鼓励用户创作，奖励丰厚，极大地刺激了用户的创作热情，也吸引了大批用户入驻，使得内容由原来的二次元限制扩展到更多层面。哔哩哔哩通过开辟大量新的分区，鼓励不同类型的内容投稿。哔哩哔哩成为 UGC 与 PGC（professional generated content，专业生产内容）并重的综合类网络视频平台。此外，哔哩哔哩还强调了用户属性和社区属性，营造了包容、宽松、开放的社区文化氛围，增强了用户在平台社区的认同感和归属感，提升了用户的忠诚度。哔哩哔哩收入以广告和游戏代理为主。基于强大的用户黏性，哔哩哔哩与游戏、影视、文学、动漫、社交、电商等联动加深。此外，用户付费和会员制度也成为哔哩哔哩重要的收入来源。

2.2.5 知识分享类社交网络

这类社交网络中用户通过学习、分享、经验交流形成社交网络，代表性的平台有知乎、百度贴吧、百度知道等网络问答社区以及豆瓣、小红书等内容分享社区。百度贴吧有着各种兴趣频道和话题热榜，用户通过发布帖子，其他用户通过留言，达到交友的目的。知乎是网络问答社区，用户在此分享知识、经验和见解。豆瓣立足于书影音，是以讨论、评论为内容的 UGC 社区，帮助用户发现、分享图书、电影、音乐、同城活动等信息。小红书是专门让用户自发分享好物的平台，用户在小红书平台上，可以把自己认为好用的物品，写成"种草笔记"分享给网友，让其他用户发现更多好物。小红书因优质的种草内容，通过口碑效应和流量裂变等方式，成为国内首屈一指的内容分享社区。

知识分享类社交网络是基于社交网络的问答平台,用户基于紧密的社交关联,围绕复杂、有深度的话题展开问答，强调知识和经验分享而非信息分享。知乎是在社交 3.0 时代最具代表性的知识问答平台。UGC 模式下，用户生产信息是互联网时代的发展趋势，用户更加看重交互式体验，互动成为知识流通的主题，知乎的管理模式正好迎合了受众的这一需求，使其成为最受欢迎的媒体平台之一。

作为高质量的问答社区，知乎是一个以内容为主的平台，拥有海量丰富的专业知识问答。知乎运营模式离不开内容营销，内容驱动用户行为，具体包括内容筛选、内容创作、内容消费这三个方面。从内容的产出到内容"种草"、再到内容的转化，知乎搭建了全链路"种草"模型，被"种草"的用户可以直接跳转京东、淘宝等电商店铺进行购买，整个转化路径大大缩短。知乎的主要盈利模式是通过广告获取收益，同时电子书和实体书的销售也是其收入来源。

2.2.6 实用工具类社交网络

实用工具类社交网络根据各个群体及行业的特征提供个性化的精准服务，为用户提供解决方案，如智联招聘、前程无忧、58 同城、LinkedIn 等平台，让用户结识并维护他们在商业交往中的联系人。平台提供招聘信息，在满足用户的社交需求的同时进行职位缺额的公布，使求职者与雇主在互动过程中即可完成招聘。社交招聘在时效性、成功率等方面具备更明显的优势。此外，如汽车之家、懂车帝、易车等平台致力于为用户提供最全的汽车资讯和全面优化的选车工具，打造看车、选车、买车的一站式服务平台。用户通过文字、图片分享用车经验，随时随地与车友交流。同时用户可以找到更为专业的信息，满足了用户多元化、深度化的即时社交互动需求。

工具性平台在为用户提供专业化的信息服务的同时加上了社交功能，能更好地满足用户的心理需求。社交功能意味着产品营销能力的提升和用户黏性的增强。代表性的案例是汽车之家，汽车之家创立之初旨在通过建立产品库，使用户能够进行汽车配置参数的对比。之后，用户产生了对试驾和评测需求，于是汽车之家开始做试驾和评测的原创文章，随之搭建了汽车论坛。如今，汽车之家已成为以汽车服务为主题的社交平台。因此，本书以汽车之家为例，分析实用工具类社交网络的管理模式。

汽车之家凭借专业丰富的媒体内容吸引了众多汽车相关用户，借助用户服务和经销商服务为主要利润增长点，确立了"广告+导购+拓展交易"的商业服务模式。一是广告服务模式，向用户推送汽车品牌的广告；二是导购服务模式，通过大数据分析使用需求，将用户信息精准推送至汽车经销商或 4S[①]店；三是拓展交

---

① 4S 指的是四个英文单词的首写字母，分别是整车销售（sale）、零配件（sparepart）、售后服务（service）、信息反馈（survey）。

易服务模式，开展汽车用品电商。汽车之家的收入来源，主要包括广告收入、会员付费、电商等。盈利模式以广告为主，营销增值为辅。

上述不同类型的社交网络平台所提供的服务之间有互补和重叠之处，如抖音、小红书等平台通过社交互动、用户自生内容等手段来辅助商品的购买和销售行为，这使得对于社交网络的分类很难给出精确的划分。此外，按照运营模式不同，社交网络还可以分为：综合型社交网站、门户型社交网站、垂直型社交网站、电信型社交网站。按照运营目标不同，社交网络又可以分为：教育类、娱乐类、社区联系类、情感联系类、商务广告类、政府平台类。本书整理了国内较为热门的10个社交网络平台的情况，如表2-3所示。

表2-3　国内十大社交网络平台

平台	平台介绍	产品/功能定位	盈利模式
微信	微信是腾讯于2011年推出的一款为智能终端提供即时通信服务的应用程序，通过网络发送免费语音短信、视频、图片和文字，提供公众平台、朋友圈、消息推送等功能。此外，微信还发布了企业版，用于企业内部的即时沟通	主打熟人圈的社交网络。针对用户利用碎片化时间进行便捷通信，满足成年用户对简洁高效沟通和个人隐私保护的需求	一是广告收益；二是通过公众号、小程序认证获利；三是微信零钱金融运作投资等方式盈利
抖音	抖音上线于2016年，字节跳动旗下产品，是一款音乐创意短视频社交软件，以"记录美好生活"为口号，用户可以通过选择歌曲、原创特效和滤镜，拍摄音乐短视频，形成自己的作品，也可找到涵盖生活妙招、美食做法、旅行攻略、科技知识、新闻时事、同城资讯等各种实用内容	是一个面向全年龄的短视频社区平台。产品的定位是音乐创意短视频社交软件	一是广告收益；二是与电商平台合作分成；三是内容收费，如直播打赏；四是产品营销收益，如直播带货
QQ	QQ是腾讯在1999年开发的一款即时通信软件，可支持在线聊天、视频电话、文件传输、共享文件、网络硬盘、自定义面板、QQ邮箱等多种功能，并可与移动通信终端等多种通信方式相连，已经覆盖了Windows、macOS、Linux等多种主流操作系统	针对年轻用户喜欢表达个性、乐于接受各种新鲜玩法、想要寻求更多关注而提出的，满足年轻用户对社交趣味性和娱乐性的需求	一是广告收益；二是会员付费；三是产品营销收入，通过网游入驻、玩家虚拟道具购买等获得盈利
微博	微博[①]始于2009年，为国内较大的娱乐休闲生活服务信息分享和交流平台，媒体监控和跟踪突发消息的重要来源，是一个基于用户关系的信息分享、传播以及获取信息的微型博客服务类网站，用户可以通过网页、WAP（wireless application protocol，无线应用协议）页面、手机客户端、手机短信、彩信发布消息或上传图片，现已成为公众表达自我的个性平台	致力于为大众提供娱乐休闲生活服务的信息分享和交流平台，媒体监控和跟踪突发消息的重要来源，公众表达自我的个性平台	一是广告收益；二是与电商平台合作分成；三是内容收费，如问答打赏；四是增值服务，如会员付费
快手	快手诞生于2011年，最初是一款用来制作、分享GIF格式图片的手机应用，2012年转型为短视频社区，成为用户记录和分享生产、生活的平台，2013年推出短视频社交平台，2018年开始发展电商业。它是较大的短视频分享社区，专注于记录和分享大家生活的技术驱动型平台	围绕着"发现真实有趣的世界"理念，打造视频分享社区。专注于为用户打造"简单、好用"的使用体验，提供"好玩、有趣"的短视频	一是广告收益；二是与电商平台合作分成；三是内容收费，如直播打赏；四是产品营销收益，如直播带货

续表

平台	平台介绍	产品/功能定位	盈利模式
哔哩哔哩	哔哩哔哩创建于2009年,现为国内知名的视频弹幕网站,是中国年轻一代高度聚集的综合性文化社区和视频平台,构建了产生优质内容的生态系统,提供移动游戏、直播、付费内容、广告、漫画、电商等商业化产品服务。哔哩哔哩93%的视频播放量都来自专业用户创作的视频（professional user generated video，PUGV）	涵盖生活、游戏、时尚、知识、音乐等数千个品类和圈层,引领流行文化的风潮,并向电竞、虚拟偶像等前沿领域开展布局	主要依靠视频网站带动用户流量,通过移动游戏、直播打赏、广告及会员业务等手段实现流量变现
小红书	创办于2013年,颇受现代年轻人欢迎的生活分享社交平台。用户可以通过短视频、图文等形式记录生活,分享生活,并基于兴趣形成互动,内容覆盖美妆、母婴、读书、运动、旅游、家居、美食、酒店等领域。小红书福利社是小红书旗下自营平台,可为消费者提供一站式购物服务	覆盖时尚、个护、彩妆、美食、旅行、娱乐、读书、健身、母婴等各个生活领域,其中超过95%为UGC	一是广告收益；二是与电商平台合作分成；三是内容收费,如直播打赏；四是产品营销收益,如直播带货
知乎	知乎于2011年1月正式上线,是一个中文互联网高质量的问答社区和创作者聚集的原创内容平台。知乎凭借认真、专业和友善的社区氛围,结构化、易获得的优质内容,基于问答的内容生产方式和独特的社区机制,已发展为国内领先的综合在线内容社区之一,国内知名网络问答社区,以高质量、多样性著称的高成长社交网络平台	以"让人们更好地分享知识、经验和见解,找到自己的解答"为品牌使命。用户通过问答等交流方式建立信任和连接,打造和提升个人影响力,并发现、获得新机会	一是广告盈利；二是与电商平台合作分成；三是增值服务,如付费会员；四是内容服务,如在线教育
豆瓣	豆瓣创建于2005年,是以生活和文化为内容的社交平台,提供关于书籍、电影、音乐等作品的信息,以影评、书评和快速更新的影音资讯著称,还提供书影音推荐、线下同城活动、小组话题交流等多种服务功能。UGC模式（评论共享）,体现了内容共享化、内容社交化与知识引荐化等特征	集品味系统、表达系统和交流系统于一体的创新网络服务,以推荐的形式和问答的形式共享评论信息,形成趣味相投的各分众社群	一是广告收入；二是电商分成,如出版物分成、电影票分成等；三是优秀书评、影评等内容输出以及其豆品销售
百度贴吧	百度贴吧是百度旗下的独立品牌,旨在结合搜索引擎建立一个在线的交流平台,让那些对同一个话题感兴趣的人们聚集在一起,方便地展开交流和互相帮助。百度贴吧是一种基于关键词的主题交流社区,它与搜索紧密结合,准确把握用户需求,为兴趣而生。百度贴吧目录涵盖社会、地区、生活、教育、娱乐明星、游戏、体育、企业等方方面面	让志同道合的人相聚,不论是大众话题还是小众话题,都能精准地聚集大批同好网友,展示自我风采,结交知音,搭建别具特色的"兴趣主题"互动平台	一是广告收入；二付费服务,如会员特权；三是内容合作,通过与一些品牌或企业合作推出联名活动、专题讨论等形式,实现盈利

资料来源：整理于《2024年社交媒体十大品牌排行榜》，https://www.maigoo.com/news/472148.html

注：①2014年新浪微博正式更名为微博

2.3　社交网络中用户行为的概念与表现

2.3.1　用户积极行为的概念及表现

现有文献从在线问答社区、在线旅游社区、B2C（business to customer，企业对顾客电子商务）社区等各类社交网络对在线用户积极行为进行了研究（常梦婷，2020）。社交网络中用户积极行为通常被概括为两个方面：一是内容贡献，即用户主动发布的原创文章、视频、照片或其他形式的内容，有些学者也将评论和点赞放进内容相关的参与行为；二是社区参与，指的是用户间的人际交流，如讨论群体问题、参与社区管理、参与甚至举办社区活动等（Xu and Li，2015）。用户积极行为能够为社交网络平台运营及相关企业组织绩效带来诸多好处，包括促进共享知识（Yang and Chen，2008），促进信息传播（Thompson and Sinha，2008），为创新提供思路（Nambisan and Baron，2009），降低服务成本（Dou and Krishnamurthy，2007），提升品牌忠诚度（Holland and Baker，2001），加强口碑推荐（祁小波等，2021；Erz and Christensen，2018），重复购买（Han et al.，2011；Kim and Park，2013a；李宝库等，2022），额外支付或溢价购买（Hajli et al.，2017；Lin et al.，2019），提高感知收益（Dholakia et al.，2004），以及由用户参与带来的流量变现等（Hu et al.，2016）。因此，社交网络平台的成功很大程度上取决于用户的积极行为（Ardichvili et al.，2003）。

依据不同的情境，既有研究对于用户积极行为的衡量方式也有所不同（常梦婷，2020）。例如，在网络问答社区、内容分享社区等社交网络中，可以通过发帖数量来确定用户积极行为（Rolls et al.，2016；胡昌平和万莉，2015；唐洪婷等，2023）；在 B2C 社区等电子商务类社交网络中，可以通过用户在社区所花费的时间来评估其积极行为（Srinivasan et al.，2002；Heggestad et al.，2019）；在 QQ、微信、Facebook 等即时通信或交友类社交网络中，可以通过好友数量、共享文件、共享视频和点赞等来衡量用户积极行为（Karr-Wisniewski and Lu，2010；Ravindran et al.，2014）。本书考虑不同社交网络情景，重点研究、知识共享、继续使用、知识付费等几类最具代表性的在线用户积极行为。

2.3.2 用户消极行为的概念、特征及表现

1. 用户消极行为的概念

现有研究将社交网络用户的消极行为定义为用户试图阻止信息系统使用的行为（Seven et al.，2023），也有学者认为消极行为是指信息系统的使用会导致转换成本增加，引发用户的抵触行为（Kim and Kankanhalli，2009）。在社交网络领域，消极行为是指社交网络的使用导致用户产生信息冗余、社交压力和上瘾等负面体验，从而诱发了用户消极使用情绪以及消极行为。借鉴 Chen 等（2014）对社交网络主动行为和被动行为的定义方式，本书认为消极行为是一种行为模式，而不是某一种具体实际行为。Guntuku 等（2017）认为消极行为是用户的压抑等负面的心理状态在社交网络平台上的展现。Mehrabian 和 Russell（1974）把用户的行

为归纳为亲近和规避两类行为，规避行为表现为抵触、放弃和逃离等消极行为。进一步地，刘鲁川等（2018a）将消极行为分类为忽略与退出行为、潜水行为、回避行为、抵制行为和知识隐藏行为。综合已有研究，我们将消极行为定义为用户对社交平台的使用，是一个渐进过程，从开始尝试、慢慢接受、持续使用、喜欢使用、较为频繁使用甚至发展到过度使用。过度使用的效应凸显，导致用户使用感知和情绪发生变化进而逐步出现消极行为。例如，潜水、忽略、转移、回避、知识隐藏、不持续使用等行为均属于消极行为的具体体现。

2. 用户消极行为的特征

1）普遍性

社交网络行业的多元化时代已经到来，社交平台形式更加多样，用户群体覆盖面更广，消费者的需求更加饱满。随着社交网络在人们生活中应用越来越普遍，各种社交网络的负面影响也随之而来。由于社交网络具有过度的开放性与实时性等特性，用户容易面临如信息过载、功能过载、社交压力等困扰。用户对于社交网络的疲倦情绪也就逐渐显露出来，进而产生消极使用情绪和行为。无论是国外的社交网络行业还是国内的社交网络市场，都将面临这一困境。

2）双刃剑效应

研究认为，用户在使用社交网络的过程中产生社交倦怠情绪，促使用户产生消极行为，会导致各种不持续使用行为，如屏蔽、潜水、中断、退订、知识隐藏和信息暂避等行为。然而，用户的消极行为也并非都是对用户有不利影响的，用户的消极行为对用户也有积极的影响。比如，社交网络用户在使用过程中，经过社会比较而产生的良性嫉妒，可以促使用户向榜样学习，从而使自己越来越优秀。又或者用户在使用社交网络的过程中，会面临角色压力，用户由此会产生一些信息暂避行为，这可以帮助用户更好地处理社交关系，减少压力。同时，用户消极行为对社交网络平台既有积极影响，也有消极影响。用户产生消极行为可能会导致平台用户群体的流失，但是根据二八原则，在社交网络平台上活跃地贡献内容的只有20%的用户，但是其他80%的用户的存在对平台也是积极有意义的，他们可能并不主动产生内容，但是他们会消费内容、会浏览和传播内容。如果一个平台只有积极贡献内容的用户，而缺少消费和传播内容的用户，那么这个平台就无法称为一个成功的平台。因此，消极行为，不仅有消极的一面，也有积极的一面，也就是说，对用户而言，该行为是具有双刃剑效应。

3）重要性

用户在使用社交网络时产生倦怠情绪和消极行为，在这样的情境下，各类社交网络正在面临用户流失、平台活跃度下降的现象。比如，国外的主流媒体Facebook，据报道美国的年轻用户正在大批放弃使用Facebook。国内的主流媒体也不例外，如微信，在我们研究中发现，大量的微信用户正在停止发布朋友圈或者将朋友圈设置"仅三天可见"。因此，无论是国内还是国外的社交网络市场，社交倦怠和消极使用的现象都十分严重，对于社交网络平台开发者和运营商而言，这种现象和问题是急需解决的。用户是社交网络平台赖以生存的重要因素，只有及时解决这种问题，才能更好地留住用户，才能促进社交网络的持续发展。

3. 用户消极行为的主要表现

1）潜水行为

社交网络平台中的成员划分为潜水者、活跃用户和内容创造者。对于潜水行为，一般有两种定义：一是用户访问社区而不发布信息，二是用户每月发帖次数少于社区平均水平。不同的社交网络平台对潜水的定义略有不同。

以知乎为例，将不发帖、仅仅搜索和阅读的用户视为潜水者，将发布问题或参与讨论的用户视为活跃用户，将提供答案和贡献专业知识的用户视为回答者和专家的角色，即内容创造者。Nonnecke和Preece（2000）对潜水者定义为在三个月内对社区没有贡献的成员。Ganley等（2012）将潜水者定义为从一开始就发布三条或更少消息的用户，或者在最近四个月内从未发布消息的用户。Lee等（2006）对潜水者的定义如下：首先，潜水者在前6周的观察时间跨度内会每周登录社区；其次，潜水者每周的发帖频率要低于在线群组的平均水平；最后，潜水者的发帖频率除以登录频率计数超过该用户群体的平均值。Sun等（2014）和Rau等（2008）通过发帖的活跃度对用户进行了区分，将100个样本用户中前40%的最不活跃用户定义为潜水者，前40%最积极活跃的用户定义为发帖者。这种分类策略可以将用户区分为潜水者和发帖者，以及研究讨论两组用户之间的差异。

Mason等（2014）研究发现，超过90%的社交网络用户始终保持着一种社交沉默或使用不活跃的状态。社交网络平台用户创作和分享的内容，整体呈现出较强的离散分布和集中趋势，甚至出现帕累托现象。Takahashi等（2003）将潜水行为定义如下：用户在社交网络平台中只浏览信息，从不创建或分享内容，从不发布自己的观点，从不提问也从不参与评论或互动等消极使用行为。同时指出，潜水者的行为表现通常是短暂性地沉默或永久退出某一社交网络。刘江等（2012）将互联网用户的潜水行为归纳为消极沉默的潜水者、积极活跃的潜水者、间歇性潜水者和浮出水面的潜水者四种类型。万莉和程慧平（2015）研究指出，相对社区平台的活跃用户而言，潜水者会更加注重自身和社交人际关系网络，因此对参与社交活动显得更加保守和谨慎。Liu等（2019a）对641名微信用户行为大数据进行了分析，研究结果表明，用户的社交焦虑和失望显著正向影响用户的潜水意愿和行为，用户角色的冲突和角色超载会正向影响用户的社交焦虑和失望情绪。

对于产生潜水行为的原因，使用与满足理论指出，潜水者的最大原因是不发帖就能满足他们的信息需求（Preece et al., 2004）。Nonnecke 等（2004）提出了潜水的几个原因：没有需求去发布、在参与前需要找到更多关于该社区的资料、认为不发帖就是有帮助的、对软件使用不熟悉、不喜欢群体的动态或者是社区不适合他们。Nonnecke 等（2006）研究指出，从期望满足角度出发，绝大多数的潜水者认为他们的使用期望只是单纯地搜索和浏览想要的信息，并不想参与到社交活动中，并将用户产生潜水行为原因归结为四个方面：群体特征、个性特征、自我认知以及环境约束。

虽然目前大部分的研究认为，用户的潜水行为是一种消极行为，但仍有部分学者并未将用户潜水行为看作消极行为，而是视作用户在社交过程中为维护个人隐私安全而采取的一种自我保护措施（Rafaeli et al., 2004）。Yang 等（2017）研究表明，尽管潜水者保持"沉默"，但潜水者不应该被视为社交网络中的被动成员，潜水者仍在积极评估所感知到的社会支持，以及对社会支持的看法，包括对贡献的认可和对言论自由的看法。Badreddine 和 Blount（2021）指出，社会学习理论假设一个社区的新成员作为潜水者，一开始会有相对较少的贡献或者没贡献，随着时间的推移，新成员会获得知识和信心，并开始做出贡献。因此，潜水可被看作一种重要的在线社交网络功能，是任何社交网络不可缺少的重要部分（Yang et al., 2017）。

综上所述，诸多相关领域的学者已经关注和研究社交网络中用户的潜水行为，并给出了一些具有重要意义的结论，但随着社交网络技术发展成熟，平台功能的不断更新升级和完善，用户的潜水行为是否会发生变化并呈现新的表现形式，以及潜水行为与用户负面情绪、用户感知体验之间的相关性还有待学者做进一步的深入研究与挖掘。

2）回避行为

回避行为主要是指用户避免接触或者逃避使用社交网络，尽量减少社交网络使用频次和时间，使用意愿低，不参与同其他用户的知识共享或交流的行为，且用户通常会对社交网络流露出负面使用情绪。古希腊哲学家德谟克利特对回避行为研究关注最早，他指出人类行为的本质和目的就是追求愉悦和逃避痛苦，这是一种人性使然。环境心理学家 Mehrabian 和 Russell（1974）指出，用户消费者面对内外部环境的变化总体会表现出两类行为：趋近行为和回避行为，其中，趋近行为是指在一定环境条件下的积极主动行为，回避行为是指在一定环境条件下的被动消极行为。另外，随着科学研究的不断深入和进步，国内外学者发现，用户在市场行为活动中的趋避行为客观存在且比较普遍。例如，Donovan 和 Rossiter（1982）研究发现，商品零售店的外部环境刺激会对顾客造成不愉悦和不适感，用户可能直接产生不满、烦躁、失望、厌恶等消极负面情绪，非常期望马上离开，完全没有下次再回访的意愿等，另外，他们还发现，外部正向刺激存在并且受到用户的有效感知，会显著地影响用户的回避行为。综上研究可知，目前学者对于社交网络中用户的回避行为研究还比较缺失，尚未形成一些实质的研究结论或成果。

3）退出行为

社交网络使用场景下的退出行为主要指用户取消平台关注、退出群聊、关闭朋友圈甚至卸载社交网络 APP 等，切断与社交网络的关系的行为。关于退出行为的研究最早出现在工作场所中的组织变革中，员工的工作态度、投入度和工作业绩受到外部组织环境的影响。Farrell（1983）创建的 EVLN[①]模型认为，不同类型的员工面对组织变革时具体表现不同，总体会出现"退出、建言、忠诚、忽略"四种不同的行为。

当前，员工内在的个体特征表现为对具体行为的影响，这一研究主题受到国内外学者的更多关注，许多研究会从员工的主观意愿、态度等心理和情感角度出发，揭示员工个人情感与实际行为间的相互关系。Larson（2006）研究表明，心理资本会负向影响员工的离职意向和反工作行为；Keaveney 和 Parthasarathy（2001）及 Keaveney 等（2007）研究认为，对产品或服务的不满意度会导致用户的退出和流失；Kim 等（2006）通过调查发现，用户对现有网站的使用满意度、其他替代网站的服务质量、转换使用其他网站的成本和难易度是影响其退出或持续使用行为的关键因素；李旭等（2018）基于心理契约悖论，研究发现，心理契约违背是导致用户出现退出使用行为的主要影响因素；Ravindran 等（2014）研究发现，因为社交网络平台的社会化程度较高，用户在经历长时间过度疲劳的使用之后，很有可能选择退出社交平台。

4）抵制行为

社交网络用户的抵制行为应该是一种消极程度最高、负向作用最大的使用行为。Kim 和 Kankanhalli（2009）研究认为，用户抵制行为是用户对社交网络在信息服务、社交链接方面的一种非常强烈的排斥行为。关于用户抵制行为产生的具体原因和机理，部分研究学者从不同的视角进行了探索。Selander 和 Henfridsson（2012）对用户抵制行为产生的动因和内在机理进行了深入的探索分析，研究认为，用户的抵制行为一方面源于用户对信息系统本身的感知，另一方面更来自用户自身的情感诉求。张亚军等（2015）基于公平实施模型，研究了在目前实施阶段用户情感认知、使用转移的收益和成本、信息系统本身等因素导致用户出现抵制行为的作用机理。目前大多对于用户抵制行为的研究尚未深入到具体的社交平台实践中。

[①] 退出（exit）、建言（voice）、忠诚（loyalty）和忽略（neglect）四种行为的缩写。

5）信息屏蔽行为

信息屏蔽行为是一种消极程度相对较低的使用行为，指社交网络用户受到本身时间与精力、能力、个人兴趣爱好等内在因素或其他部分外在因素的制约和影响，有意识地对某些信息采取忽略、过滤或回避的方式，以此提高社交活动效能、达到自身期望满足的一种社交网络信息使用行为。

Kelly等（2010）研究表明，社交网络平台广告的屏蔽行为当前广泛存在于青少年中，主要呈现出身体回避、认知回避、机械回避三种形式。《中国青年报》的一项有关社交网络使用调查表明，50%以上的用户表示对社交网络中过量的信息推送感到厌烦并曾经有过主动屏蔽此类信息的行为。国内外学者也积极探索了信息屏蔽行为产生的原因，Savolainen（2007）研究指出，用户产生主动逃避、屏蔽或过滤外部知识信息的意愿和行为，和对外部信息过载感知、用户倦怠、焦虑、失望、无趣、烦躁等负面情绪显著相关。Rau等（2008）研究认为，导致用户产生信息屏蔽意愿和行为的主要影响因素为用户对信息价值的感知；也有部分学者认为，外部社交关系和社交行为的强度及用户自身的个性特质是影响用户屏蔽意愿的核心因素。邱佳青等（2016）研究发现，信息过载、信息质量差、信息失真、情感减弱及负面情绪是用户信息屏蔽意愿及行为产生的主要因素。

6）知识隐藏行为

知识隐藏行为是个人对他人所要求的知识进行隐瞒的一种故意的行为，包括推脱隐藏、回避性隐藏和合理化隐藏三个维度（Connelly et al.，2012）。组织成员的知识隐藏行为受到知识特性、人际关系和组织因素的影响，这种行为会伤害到隐藏者和隐藏对象之间的人际关系质量，并且会使隐藏对象产生对未来知识隐藏的意图（Connelly and Zweig，2015）。在社会化问答社区中，许多用户在面对知识请求时，会采取回避作答或者保留知识的策略，即知识隐藏行为（Connelly et al.，2012）。这种行为不仅会造成社区中许多问题都得不到及时、满意的回答，也不利于个体间知识的产生，会对社区的持续健康发展造成严重的不良影响（甘文波和沈校亮，2015）。

7）不持续使用行为

随着社交网络的快速发展，各类平台开始面临用户流失等问题，因此，一些学者开始关注和研究用户的持续使用行为，如增加新的功能、鼓励互动等。但是，平台所做的这些努力有时并不能达到预期的效果，根据Duggan和Smith（2013）的研究，61%的用户自动减少了Facebook的使用，20%的用户因为信息过载、功能过载等原因而暂时完全放弃使用Facebook。因此，越来越多的用户使用Facebook时只浏览内容，渐渐减少了发布内容和分享信息的活动，并且会从传统的社交网络平台，转向更新、更小的平台，这就导致了用户在使用社交平台时会产生不持续使用行为。

2.4 本章小结

本章主要回顾了与本书相关的一些基础理论知识,主要包括社交网络的概念与特征,社交网络的分类,同时分析了社交网络中用户行为的基本概念,总结了用户行为的特征以及表现。本章主要为后续章节做铺垫工作。

第3章 社交网络中信息传播模型与演化规律研究

3.1 社交网络中的信息传播

近年来国内外关于社交网络中信息传播模型的研究成果很多，这类研究大都是通过建立模型对信息传播的过程和结果进行描述与预测，而这些模型主要是基于理论分析，如经典的传染病模型、线性阈值模型、独立级联模型等（彭川和李元香，2016），它们不依赖于社交网络中的实际数据，只是基于理论基础和信息传播的特点，进而将传统的模型根据不同的研究内容进行一定程度的改进。比如，张鹏等（2019）在传统 SEIR[①] 模型的基础上加入评论节点 C 构建 SEIRC 模型来研究微信强关系网络的信息传播机理。陈莫凡和黄建华（2019）通过加入暂受政府导控而不传播舆情的节点 Q 建立 SEIQR 演化博弈模型，同时考虑媒体与政府的博弈策略行为来探讨不同情境下政府和媒体的不同引导策略对网络舆情发展走势的影响。刘小洋等（2019）则将用户属性和信息特征融入传统的 AsIC（asynchronous independent cascade，异步独立级联）模型中，通过建模来模拟舆情的演化过程。这些研究成果虽然也在一定程度上反映了信息传播的特性，但多数是只针对网络中一条信息的传播规律进行研究，并没有考虑信息传播过程中所涉及的几个关键性因素，即信息的主体、客体、传播媒介、信息本身等，研究过程中仅仅有节点的状态变化而没有节点属性特征来模拟的传播过程是无法与实际情况相契合的。

在现实生活和在线网络中人与人之间的信息交流网络是十分复杂的，传播过程会同时受到传播主体、客体的异质性和传播媒介等各方面因素的影响（王筱莉等，2015），各个因素的变化会产生不同的传播效果。因此，本书将一个完整的信息传播网络组成部分划分为用户、信息和媒体三个部分，从信息发布者、信息接收者、信息质量、信息传播媒介等角度模拟社交网络中信息传播的具体过程。虽然刘小洋等（2019）在模型中融入了用户的属性，但是他没有考虑在信息传播的过程中会存在用户间的信任问题。另外本章也将在模型中纳入遗忘机制，不同于杨湘浩等（2019）、王筱莉等（2015）、魏静等（2019）在文章中关于信息和知识随时间遗忘的研究，本章融入的遗忘机制是考虑在话题传播的持续时间里，用户对话题信息的兴趣会随着周围好友中话题知晓人数而变化，从而使模拟的传播过

[①] S 即 susceptible，易感者；E 即 exposed，潜伏者；I 即 infectious，染病者；R 即 removed，移除者。

程更符合社交网络中的实际情况。

因此，本章研究在线社交网络中话题信息的传播模型与演化规律，旨在深入了解网络话题信息传播的规模与效率。以微博热门话题"某某学术造假"事件为例，探究在线社交网络信息传播过程中，信息发布者、信息接收者、信息质量、信息传播媒介等对信息传播过程的影响机理，同时在传播预测模型中融入用户信任与遗忘机制，使网络传播过程与实际情况更贴切。本章能够更好地了解微博信息网络中潜在的传播规律，进而对实际话题的传播规模与效率有重要参考意义，为话题后续传播趋势的预测提供了重要依据，也为微博的监控与管理提供一定的建议。

3.2 模型构建

3.2.1 模型假设

（1）由于网络信息传播与疾病传播的原理十分相似，首先，两个传播机制都有传染途径，疾病传播就是健康人与患者接触后被传染，在线网络中也是不知道该话题信息的人群与传播者接触后被感染从而使信息进一步传播；其次，传统的传染病模型将人群划分为健康人、感染者、痊愈者，同样在一个完整的在线信息传播网络中也可以将用户划分为不知晓该信息的人群、知晓还未选择传播的人群、知晓后选择传播行为的人群、对该信息免疫的人群等几类。因此本章将以传染病模型为基础来研究在线社交网络中的信息传播机制。

（2）假设前提：信息在社交网络中传播的过程中，总人数固定；微博的好友数量与关系保持不变；用户在传播该信息之后不会再次接触同一信息；用户对信息的兴趣程度不会保持不变，会受到周围好友的影响；并且好友之间的信任关系也会影响用户对该信息的可信度。

3.2.2 特征提取

1. 用户特征

（1）用户兴趣衰减率。德国心理学家艾宾浩斯通过重学法揭示了信息价值会随着时间流逝而呈现的非线性衰减特征（Ebbinghaus，2013），反映出衰减特性对信息传播的显著影响。相关文献把这种现象称为遗忘机制（Zhao et al.，2013），并通过仿真模拟证明该机制能够抑制信息扩散并缩小信息传播规模（Zhao et al.，2011），后来也有学者在知识传播过程中考虑遗忘机制的作用，分析遗忘率对传播速度的影响（杨湘浩等，2019），但是以上这些研究均认为信息是随时间流逝而衰减的，而在以微博为代表的在线社交网络平台上，用户停止或者减少转发信息的次数往往是因为周围好友中知晓该信息的人数越来越多,从而失去了转发的兴趣,因此,信息传播的衰减特征可以表示为具有饱和效应的函数,知道消息的用户越多,用户转发的兴趣越小,衰减效用就越大(张亚明等,2015)。

若在线社交网络上的用户多次收到来自邻居节点的同一消息,该用户会默认信息已经较为广泛传播,从而产生一个衰减因子,并在该因子的影响下减少或停止自己的传播行为。因此,本章将引用具有饱和效应的函数来表示微博中热门话题的传播过程的兴趣衰减:$\mu = a - be^{-\delta I(t)}$。其中,$\mu$ 为信息传播概率(包括 $\mu_1 \sim \mu_6$);a 为最大衰减率;b 为可调节衰减系数;e 为自然常数;δ 为兴趣衰减;$I(t)$ 为 t 时刻处在传播者状态的节点数。

(2)用户间信任度。信任从传统意义上理解是人与人之间的一种依赖关系,人们之间的信任建立取决于个人价值观、态度、心情与情绪等各种相关因素(温丹丹等,2015),在信息传播网络中,信任是双方进行互动的基础,它促进信息的提供方和接受方之间的有效信息交流,进而促进信息的进一步传播。也就是说,在微博话题的传播过程中,信任是信息的接收者对提供者所传播的信息做出一定的传播行为,如点赞、评论、转发等行为,进而引起下一步的建立信任促进信息传播的过程。简而言之,信任减少了信息接收者对知识的验证过程,从而使其愿意接受并且进一步传播提供者提供的知识,它对知识的共享起着重要作用,促进整个知识传播网络的扩大。

2. 信息特征

传播概率,包括感染率、免疫率、免疫传播率、退出率等,即在网络信息传播的过程中用户在不同状态之间变化的概率。顾名思义,感染率就是健康用户转化为感染用户的概率,免疫传播率即用户从免疫状态转为传播状态的概率等。目前关于利用传染病模型描述传播网络的研究中大都是通过不同概率描述用户活跃状态的变化,节点数量也就是当前状态的节点数目,可从一定程度上说明当前状态用户的活跃程度。

3. 媒体特征

信息接触率,也可理解为用户增加率,用户通过媒体的作用开始接触到该信息的传播。目前关于传染病模型的研究中大多是应用双线性接触率或者标准接触率(Fan et al.,2001),认为接触率与接触人数成正比。但在如今复杂的社交网络中,这两种接触率都不符合实际情况,因为一个人在庞大的传播系统中,其提升接触率和传染率的能力都是有限的,最终都会趋近于饱和的状态。因此,本章将引用 Capasso 和 Serio(1978)提出的饱和接触率,它介于双线性接触率和标准接触率之间,更好地描述了饱和状态,有研究表明,饱和接触率更符合实际情况(孙莉玲，2017)。

3.2.3 网络信息传播模型

本章提出的在线网络信息传播模型，是在传染病 SEIR 模型的基础上引入退出者节点 O 以及信任系数、兴趣衰减系数、接触系数、感染系数、免疫传播系数形成的，而退出者节点的提出思路来源于学者邓文天的研究，邓文天等（2018）在传染病 SEIR 模型的基础上进行改进，添加退出者节点，虽然描述了更加完整的社交网络中的信息传播过程，也在一定程度上表现出了用户在信息传播中的作用，但并不明显。本章在充分考虑了用户间信任程度以及用户对信息的兴趣度衰减基础上建立了新的理论模型，并根据此理论模型构建微分动力学方程，接着对方程进行仿真，找出影响信息传播的关键性因素。

以微博为研究对象，信息传播的主体主要是由信息的传播者以及接收者构成，在信息传播过程中，一般将信息传播者和信息接收者分别看成一个节点，在微博中所有用户都有一定的概率看到此信息，并且有一定的概率进行转发、评论或者直接免疫，因此，根据此种传播机理以及用户潜在的行为反应，综合考虑微博信息传播流程，将微博网络中的节点分为以下五种形态。

（1）S 节点：未知者节点，指在微博中具有获取信息的能力和渠道，能够浏览到信息的节点用户。

（2）E 节点：潜伏者节点，指在微博中已经浏览过信息，但还未做出传播信息抑或终止传播决定的节点用户。

（3）I 节点：传播者节点，指在微博中已经浏览过信息，并准确做出传播决定的节点用户。

（4）R 节点：弱免疫者节点，指的是可能浏览过信息，拒绝传播的一类节点用户，但仍可能由于周围用户的影响而再次传播信息。

（5）O 节点：退出者节点，包括传播之后选择退出的用户以及弱免疫者犹豫后仍然退出的用户。

根据以上五类节点的表述，构建 SEIRO 理论模型，如图 3-1 所示。

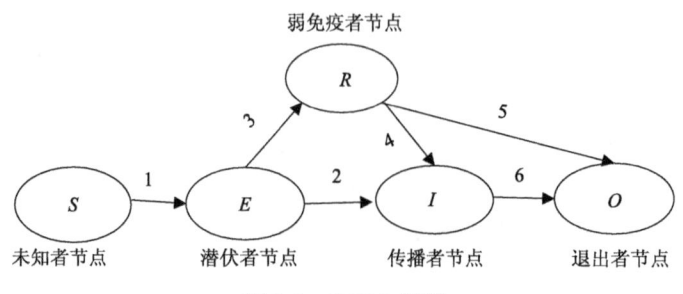

图 3-1 SEIRO 模型

用 N 来代表微博中全部节点的数目,假定在一定的时间内节点数目是恒定的,即处在不同节点的用户总数保持为 N。若以 $S(t)$ 为 t 时刻未知者节点数;$E(t)$ 为 t 时刻潜伏者节点数;$I(t)$ 为 t 时刻处在传播状态的节点数量;$R(t)$ 为 t 时刻处在弱免疫状态的节点数量;$O(t)$ 为 t 时刻处在退出状态的节点数量;a_1 为潜伏者节点转化为弱免疫者节点的最大衰减率;b_1 为潜伏者节点转化为弱免疫者节点的可调节衰减系数;a_2 为弱免疫者节点选择不传播的最大衰减率;b_2 为弱免疫者节点选择不传播的可调节衰减系数。根据以上理论模型的分析,建立动力学微分方程:

$$\frac{dS(t)}{dt} = -\mu_1 S(t) I(t) \tag{3-1}$$

$$\frac{dE(t)}{dt} = \mu_1 S(t) I(t) - (\mu_2 + \mu_3) E(t) \tag{3-2}$$

$$\frac{dI(t)}{dt} = \mu_2 E(t) + \mu_4 R(t) - \mu_6 I(t) \tag{3-3}$$

$$\frac{dR(t)}{dt} = \mu_3 E(t) - (\mu_4 + \mu_5) R(t) \tag{3-4}$$

$$\frac{dO(t)}{dt} = \mu_5 R(t) + \mu_6 I(t) \tag{3-5}$$

$$\mu_3 = a_1 - b_1 e^{-\delta_1 I(t)} \tag{3-6}$$

$$\mu_5 = a_2 - b_2 e^{-\delta_2 I(t)} \tag{3-7}$$

$$\mu_1 = \frac{\lambda S(t)}{1 + \alpha S(t)} \tag{3-8}$$

$$S(t) + E(t) + I(t) + R(t) + O(t) = N \tag{3-9}$$

其中微分方程中的参数定义与实际意义如表 3-1 所示。

表 3-1 参数定义与实际意义

参数	参数定义	参数意义
μ_1	接触率	单位时间内未知者和传播者接触到的概率
λ	用户增加率	微博中用户潜在的增加率
α	信任程度	信息接收者对传播者的心理信任程度
μ_2	感染率	单位时间内潜伏者节点转为传播者节点的概率
μ_3	免疫率	单位时间内潜伏者节点转为弱免疫者节点的概率
δ_1	潜伏者节点兴趣衰减	潜伏者节点转为弱免疫者节点过程中的衰减作用
μ_4	免疫传播率	单位时间内弱免疫者节点转为传播者节点的概率
μ_5	强免疫率	单位时间内弱免疫者持续选择不传播的概率
δ_2	弱免疫者节点兴趣衰减	弱免疫者节点转为退出者节点过程中的衰减作用
μ_6	退出率	单位时间内弱免疫状态或传播状态转为退出状态的概率

接下来首先对该模型的平衡点进行详细分析,其次对模型的微分方程进行仿真实验,通过不同节点随时间的数量变化,来获取接触率、感染率、免疫率、免疫传播率、信任程度和兴趣衰减等因素对信息传播机理的影响。

3.3 模拟仿真实验

3.3.1 模型稳态分析

传统研究分析网络传播模型的平衡稳定性大都是在实际背景下的有界区域内求解具体模型的平衡点,通常认为任何传播系统都包括求解零传播平衡点与内部平衡点两种传播态势(陈业华和张晓倩,2018),零传播平衡点即随着时间的推移,信息在传播的过程中会逐渐消失,而内部平衡点则表示随着时间的不断变化,信息在传播系统中会呈现长期稳定的形势。传染病在传播过程中存在阈值(也称基本再生数)(孙莉玲,2017),阈值不仅决定了传播行为的发生与否,而且对传播范围和形势有一定的影响,当阈值小于等于 1 时,信息的传播会随着时间的变化自然地消亡,而当阈值大于 1 时,信息就会在一定时间的一定范围内爆发。在网络舆情事件的传播中,存在一个阈值(或引爆点),当传播条件超过这个阈值时,舆情将加速传播并可能引发危机,因此,为了避免造成不必要的社会恐慌,可以通过降低接触速率等方式来降低这个阈值,从而控制舆情的传播过程(陈福集和游丹丹,2015)。

然而,通过对 SEIRO 模型构建的动力学微分方程的详细分析可知,该模型并没有常规的解析解,因此将对方程的数值平衡点进行求解,来分析该模型的平衡点变化对模型的整体影响。以 μ_2 为例,分析在不同取值下 E 节点、I 节点与 R 节点平衡点的变化情况,结果如图 3-2 所示。

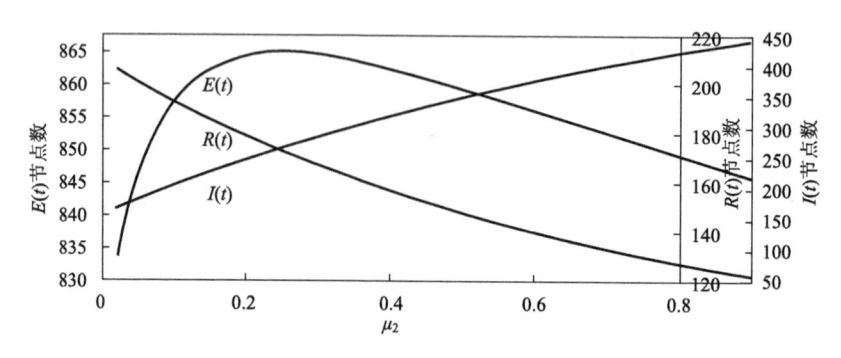

图 3-2 μ_2 随时间变化时平衡点变化情况

对 E 节点数随时间变化的分析可知，平衡点的位置处于图形的最高点（也可以说是极值点），在这一位置，潜伏者、弱免疫者与传播者各自处于相对均衡的状态。由图 3-2 可知，随着 μ_2 的不断增大，E 节点数的平衡点呈现先增大后减小的形势，也就是说，当 E 节点转为传播者节点的概率逐渐增大时，E 节点的极值先增大后减小，并不是持续增长，因此在实际社交网络中对于特定微博话题的宣传与曝光来说，也并不是曝光度越高越好，而是应该提前掌握好最佳值，在花费合适的宣传费用的同时，使传播效率达到最佳。传播者节点的极值也是不断增加的，因此现实中的话题传播者，要想话题有更多的热度，就需要加大力度使更多的潜伏者转化为传播者。

在分析 SEIRO 模型的平衡点变化的过程中可以了解到不同的传播概率与效率对不同节点的平衡点极值的影响，通过分析节点数极值的变化情况可以与实际社交网络中信息传播的最大流通量相关联，那么在实际的话题传播过程中就可以通过调节不同过程中的概率来使传播效果达到最佳。

采用 MATLAB 对所建的模型进行仿真，在仿真过程中，将微分方程全部转化为编程语言，运行 MATLAB 得出仿真图形，接着根据对模型的分析，以及张鹏等（2019）对节点的设定，假设总节点数是 1020，每一个节点都代表一个人，其中有一个节点代表初始传播者节点。将初始值设定为 $S(t)=1000$，$E(t)=0$，$I(t)=20$，$R(t)=0$，$O(t)=0$。同时对所有参数进行设定：$\lambda=0.1$，$\alpha=0.2$，$\mu_2=0.5$，$a_1=a_2=0.5$，$b_1=b_2=0.2$，$\delta_1=\delta_2=0.001$，$\mu_4=0.5$，$\mu_5=\mu_3$，$\mu_6=0.5$。基于这些设定，得到微博话题信息传播过程中的仿真图形，即未知者节点、潜伏者节点、传播者节点、弱免疫者节点以及退出者节点这五类节点的数目随时间的推移变化状况，仿真结果如图 3-3 所示。

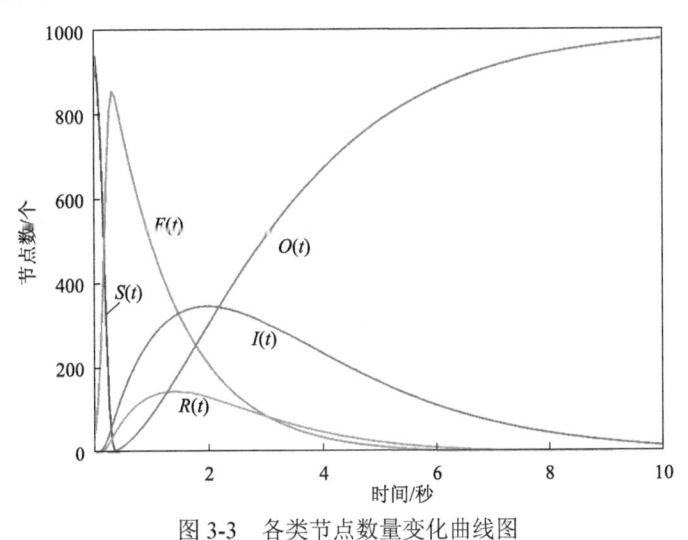

图 3-3　各类节点数量变化曲线图

根据图 3-3 可知，未知者的节点数目在信息传播过程中随着时间的推进呈现出递减的现象，大致在 $t=0\sim0.5s$ 的区间内，未知者节点 $S(t)$ 趋于零，即此时未知者节点几乎全部转化为其他节点。潜伏者节点 $E(t)$ 的数量伴随时间的推进呈现先增加后减少的状态，大约在 $t=0.25s$ 时，潜伏者节点数量达到顶峰，继而一直下降逐渐趋向零。传播者节点 $I(t)$ 的数量伴随时间的变化呈现出先递增最终趋向一个固定值。弱免疫者节点 $R(t)$ 的数目在微博信息传播过程中伴随着时间的改变先增加后降低最终趋向一个固定值，在大概 $t=1s$ 时 $R(t)$ 的数量达到顶峰，此后一直降低到一个固定值。退出者节点 $O(t)$ 的数量整体上呈现出随着时间的变化一直上升的趋势，当整个微博信息传播过程结束以后，未知者节点、潜伏者节点、传播者节点、弱免疫者节点这四类节点都趋于稳定值，保持不变。

在现实生活中有很多因素会对微博信息的传播产生作用，在规定好初始值的前提之下，通过调节其中部分参数的取值，对信息传播产生重要性作用的因素进行仿真，获取不同条件下话题传播的规律。

3.3.2 兴趣衰减系数

用户的兴趣衰减系数也可以理解为用户的免疫率，免疫率是指潜伏者在经过一段时间后最终决定不进行信息传播行为转化为弱免疫者的概率，微博用户的免疫率就是用户对话题失去兴趣，这个过程通过调节函数的可调节衰减系数 b_1 与 b_2 同样保证各参数初始值不变，其仿真结果如图 3-4 所示。

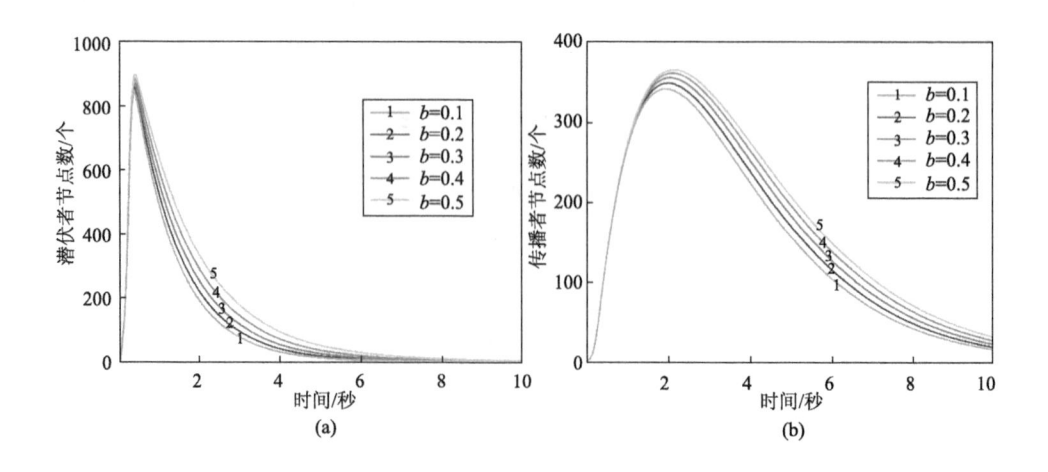

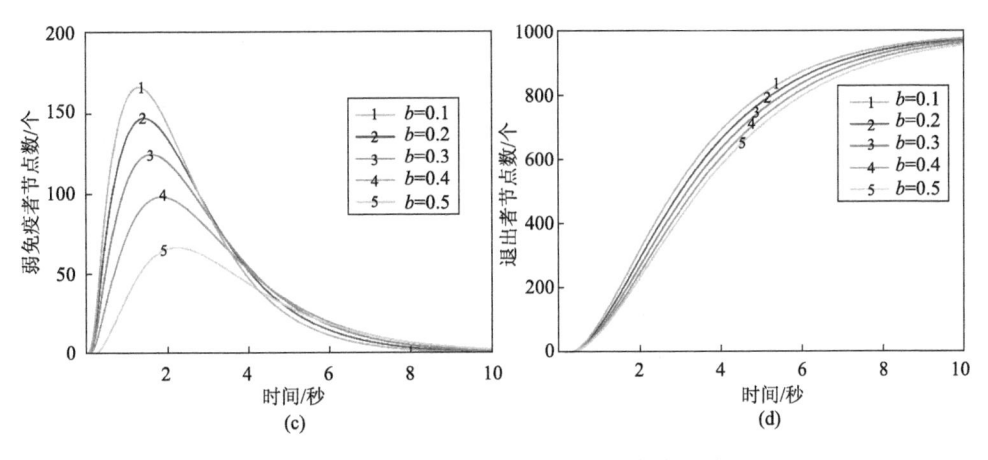

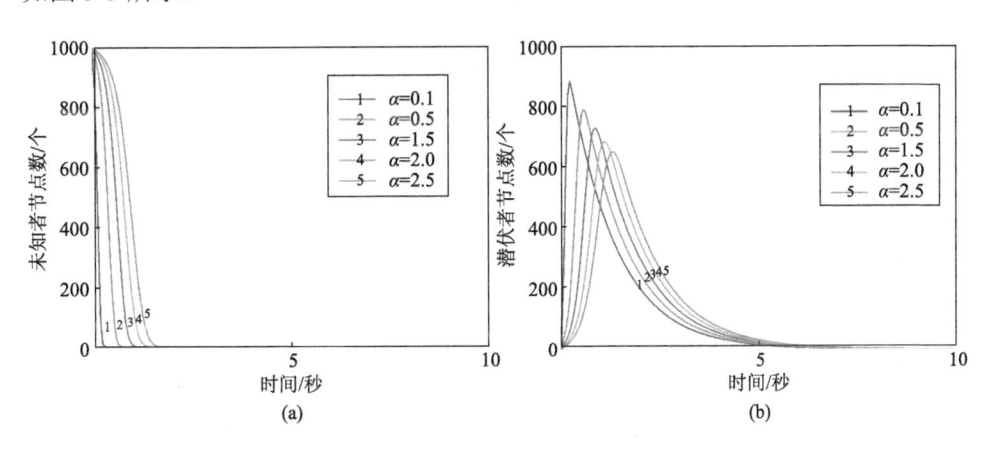

图 3-4 可调节衰减系数变化时各节点数变化情况

从图 3-4 中可以看出，当可调节衰减系数 b 值从 0.5 逐渐减小到 0.1 时，随着时间的变化，潜伏者节点数以更快的速度降为零，而弱免疫者节点数最后的峰值明显增大，原因就是潜伏者以更快的速度转化为弱免疫者，传播者节点数的最大值随着可调节衰减系数的减小而剧烈减小，并且在达到最大值之后的衰减速度变快，显然随着遗忘机制的作用增大，用户对于知识与信息的兴趣度会减弱得更快，退出者节点数的增加速度也会相对变快。

3.3.3 心理信任系数

通过心理信任系数 α 来表示社交网络中用户对传播者的信任程度，心理信任系数越小表示用户对消息的传送者越相信，也就认为消息的可靠性越大。相反，如果心理信任系数增大，那么用户将对接收到的信息持怀疑态度从而增加了弱免疫者节点的数量。同样保证各参数初始值不变，改变心理信任系数，其仿真结果如图 3-5 所示。

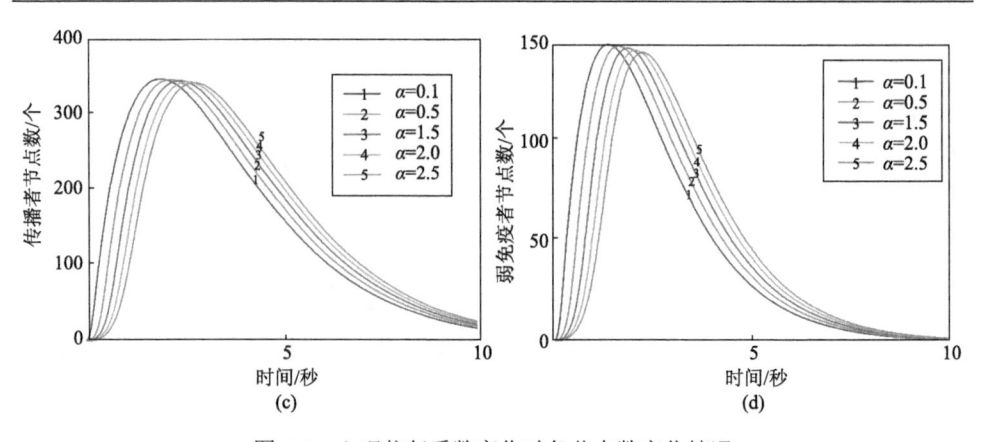

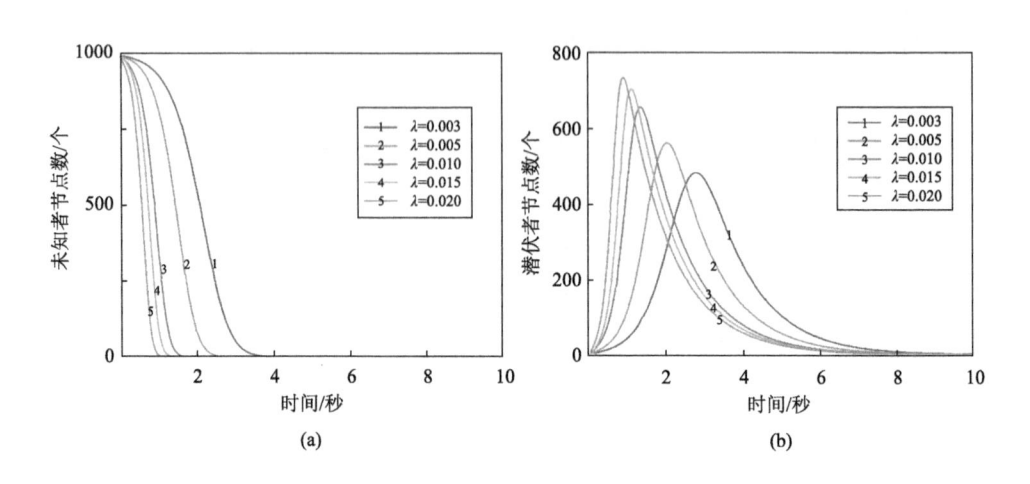

图 3-5 心理信任系数变化时各节点数变化情况

从图 3-5 中可以看出，当心理信任系数增大时，未知者节点转化为潜伏者节点的速度变慢，未知者对传播者存在较大的心理作用导致对信息信任程度降低从而使很多未知者以更缓慢的速度转化为潜伏者，且潜伏者、传播者与弱免疫者均以更慢的速度增加且峰值也变小。也就是说，在社交网络中，如果用户之间存在较大的信任问题，那么整个话题信息的传播过程速度都会减慢，效率也会明显降低。

3.3.4 接触率

接触率就是指未知者节点在接触过该话题前以及在受到已有传播者的影响下，转换为潜伏者节点的概率。在仿真实验中假定参数取值，观察不同取值下的接触率对微博热门话题传播机理的影响，试验过程中通过 λ 来改变 μ_1，同时保持其他参数不变。仿真结果如图 3-6 所示。

    (c)　　　　　　　　　　　　　　　　(d)

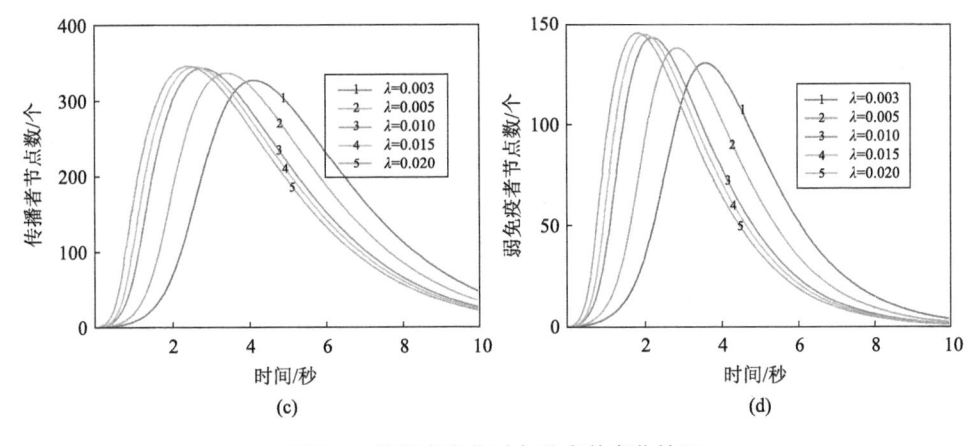

图 3-6　接触率变化时各节点数变化情况

由图 3-6 可以了解到，当接触率逐渐增大时，伴随着时间的改变，未知者节点数以更快的速度降低，最终趋于零，而潜伏者节点数则以更快的速度增加，并且潜伏者节点的最大值有所增加，传播者与弱免疫者节点数达到最大值的时间不断缩减。也就是说，在微博热门话题的信息传播过程中，接触率越高，未知者节点的转化速度越快，也就是信息可以更快速地传播扩散。这种变化也是与实际社交网络中的情况高度相符的，当一个热门话题产生时，如果有更多的用户在传播该信息，那么就可以在很短时间内使话题迅速产生较高的热度与关注度。

3.3.5　感染率

感染率是指潜伏者节点用户在经过一定时间的观望之后，最终决定传播、弱免疫或评论的概率。对感染率的多种取值进行仿真测试，观察在微博热门话题信息传播过程中各节点随着时间推进的改变状况。在实验中，保证其他参数不变的前提下，将感染率 μ_2 的取值依次改取为 0.1、0.2、0.4、0.6、0.8，其仿真结果如图 3-7 所示。

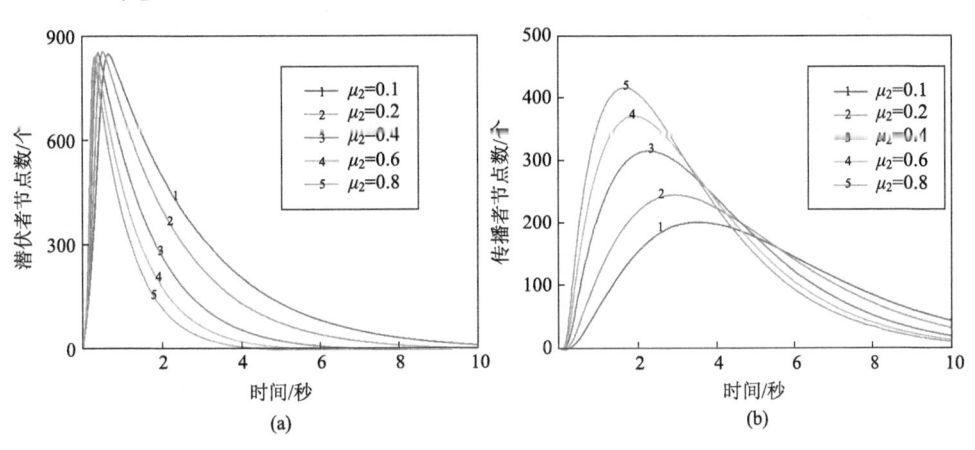

    (a)　　　　　　　　　　　　　　　　(b)

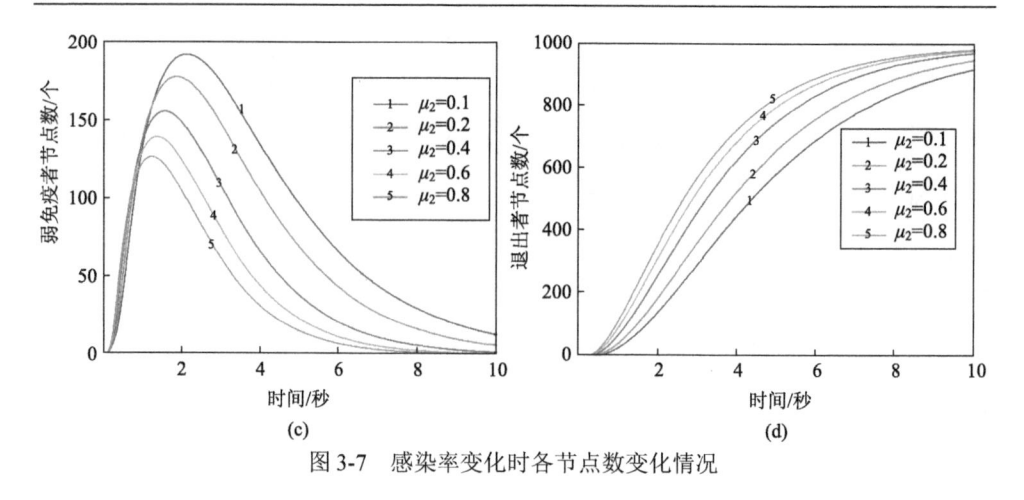

(c) 图例: $\mu_2=0.1$, $\mu_2=0.2$, $\mu_2=0.4$, $\mu_2=0.6$, $\mu_2=0.8$

(d) 图例: $\mu_2=0.1$, $\mu_2=0.2$, $\mu_2=0.4$, $\mu_2=0.6$, $\mu_2=0.8$

图 3-7 感染率变化时各节点数变化情况

从图 3-7 中可知，当感染率变大时，随着时间的改变，潜伏者节点数以更快的速度达到峰值，且此时的峰值随着感染率的增加而降低，同时潜伏者节点数量下降得更快。传播者节点数随着感染率的增加呈现大幅递增现象，且递增的速率与最大值有明显上升。弱免疫者节点数最大值伴随感染率的增加而减小，同时弱免疫者节点数由最大值减小的速率也呈现递增趋势。退出者节点数在 0～10 秒，随感染率的增加以更快的速率增加，继而趋于平缓。基于以上仿真分析可知，感染率对信息在微博中的传播意义深远，在信息传播过程中，感染率可能会受到微博信息传播机理和用户关系等多种因素影响，可以通过改变感染率的取值来进行信息传播控制。

3.3.6 免疫传播率

免疫传播率是指弱免疫者在受到传播者的影响下，直接转换为传播者的概率。为了研究免疫传播率对微博信息传播过程的作用，在保证其他参数不变的前提下，将免疫传播率 μ_4 依次取值为 0.1、0.3、0.6、0.9，其仿真结果如图 3-8 所示。

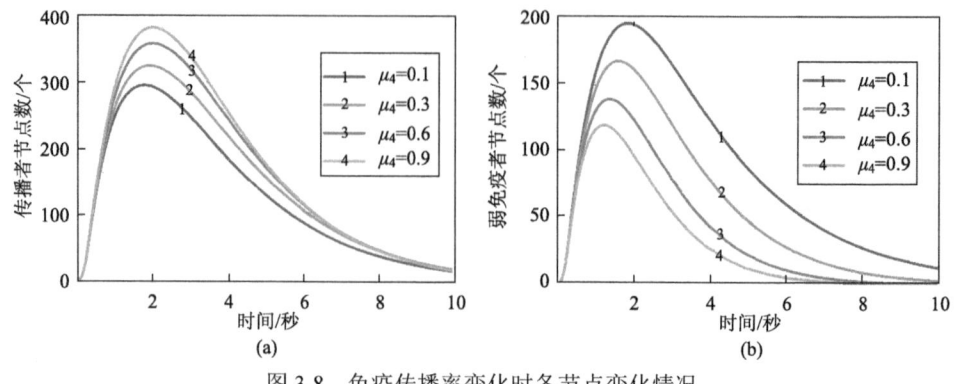

(a) 图例: $\mu_4=0.1$, $\mu_4=0.3$, $\mu_4=0.6$, $\mu_4=0.9$

(b) 图例: $\mu_4=0.1$, $\mu_4=0.3$, $\mu_4=0.6$, $\mu_4=0.9$

图 3-8 免疫传播率变化时各节点变化情况

从图 3-8 中可以了解到，当免疫传播率提升时，随着时间的推进，传播者节点数最大值不断增大，相反弱免疫者节点数的峰值则不断变小，原因就是免疫传播率的不断增大导致更多的弱免疫者转化为传播者。

由以上的分析可知，在在线社交平台的信息传播网络中，它的三大要素——用户、信息与媒体中的各个因素都会对传播效率和速度产生不同的影响。

3.4 实证分析

在微博上，每时每刻都会产生关于不同领域的话题，根据生命周期理论可以将这些话题的传播过程划分为潜伏期—成长期—成熟期—衰退期四个阶段（王曰芬和王一山，2018），如图 3-9 所示。话题的诞生与成长过程，也是传播用户的隐形增长过程，也就是未知者减少，潜伏者、弱免疫者增加的过程。许多时候，当我们接触到热点话题时，它已经处于成熟期，而大多数情况却是许多话题在产生之后由于传播力度不够以及曝光度不够而在产生不久就死于诞生期（潜伏期的早期阶段）。

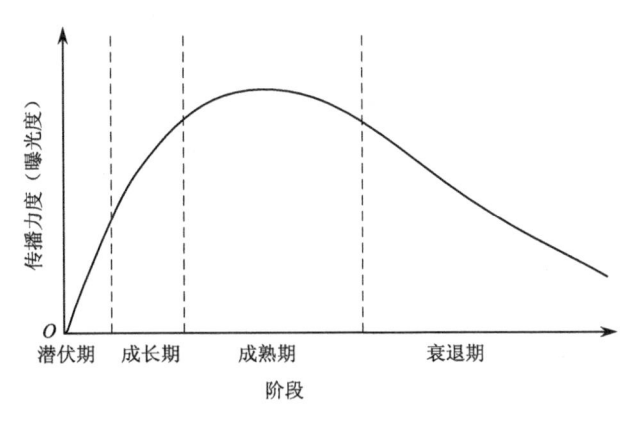

图 3-9 话题传播特征示意图

由前文可知潜伏者节点、传播者节点、弱免疫者节点的数目变化情况与在线社交网络中一般话题传播过程特征相吻合，也更加证实所构建的模型与现实情况契合。为了研究微博话题的传播趋势与传播特点，以进一步验证仿真结果的可行性与合理性，本章将结合微博话题"某某涉学术造假"进行深入分析。抓取了话题"某某涉学术造假"在 2019 年 1 月 2 日至 2019 年 7 月 25 日之间微博数、点赞数、转发数、评论数的微博数据，它们的统计图如图 3-10 所示。

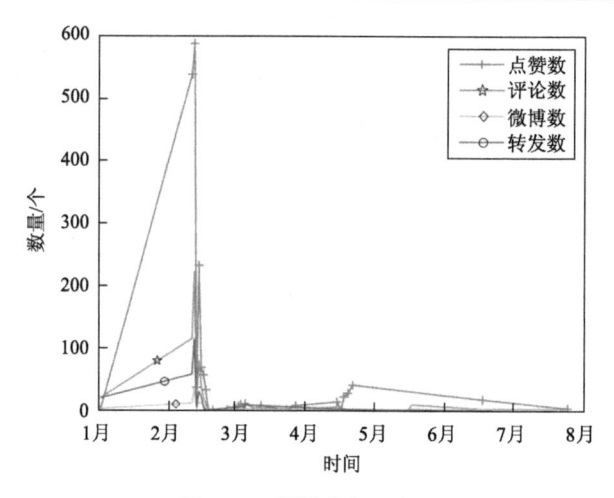

图 3-10 微博数据示意图

从图 3-10 中看出，2 月 11 日左右为微博话题传播数量的快速爆发期，主要因为话题主人公某某发表了官方声明，将话题推向高潮，之后迅速衰减，但是其衰减速度相比仿真模拟中传播者节点数的减少速度更快，主要原因是在现实的微博环境中，信息量居多，每天的热门话题也在不停地变化，导致用户对某一个话题的关注程度只会在某一个时间段出现迅速增加和减少的情况，而仿真模拟中传播者节点数变化图是在没有其他话题的干扰与竞争下形成的，其斜率必然会相对缓和些。

另外本节根据 2019 年 1 月至 9 月的微博数据特点将其划分为潜伏期、成长期、成熟期和衰退期，接着通过遗传算法进行拟合得出近似优化参数（游新年和刘群，2016），详细数值如表 3-2 所示，最后采用 RMSE（root mean square error，均方根误差）可以更直观地比较两个模型的预测效果，RMSE 数值越小表示预测效果越好。

表 3-2　各阶段时间与参数值

阶段	时间	μ_1	α	μ_2	μ_4	δ_1	δ_2	μ_6
潜伏期	2019/1/1～2019/2/2	0.1	0.9	0.1	0.1	0.9	0.2	0.8
成长期	2019/2/11～2019/2/17	0.3	0.4	0.8	0.8	0.3	0.1	0.8
成熟期	2019/2/18～2019/2/23	0.1	0.5	0.3	0.3	0.9	0.3	0.8
衰退期	2019/3/1～2019/9/30	0.2	0.7	0.2	0.2	1.5	0.5	0.8

根据实际数据，模型所呈现的每个阶段状态与图 3-9 中的话题传播特征示意图基本吻合。成长期微博话题的传播力度呈现加速增强的趋势，因此处于该阶段

的用户接触率、感染率和免疫传播率要明显高于其他阶段，并且由于传播量较多用户对传播信息的心理信任系数也较小，兴趣衰减率相比潜伏期、成熟期和衰退期也要小很多，社交用户在该阶段对当下的热门话题保持着高兴趣度。

　　四个阶段的模型拟合情况与实际数据的对比情况分别如图 3-11、图 3-12 所示。由图 3-11 可知，根据实际数据，模型所呈现的每个阶段状态与图 3-9 中的话题传播生命周期示意图基本吻合。从四个阶段的总体上看，与 SEIR 模型相比，SEIRO 模型与实际数据更接近。潜伏期 SEIRO 模型与 SEIR 模型的拟合结果均大于实际数据，原因是潜伏期传播数据较少；成长期与衰退期中，SEIRO 模型的模拟结果与实际情况相近，而 SEIR 模型的模拟结果较高于实际；成熟期 SEIRO 模型的模拟结果低于实际而 SEIR 的结果仍高于实际，原因就是前者考虑了完整传播过程中退出者的存在，使传播者数量较低，但也更加符合实际情况。

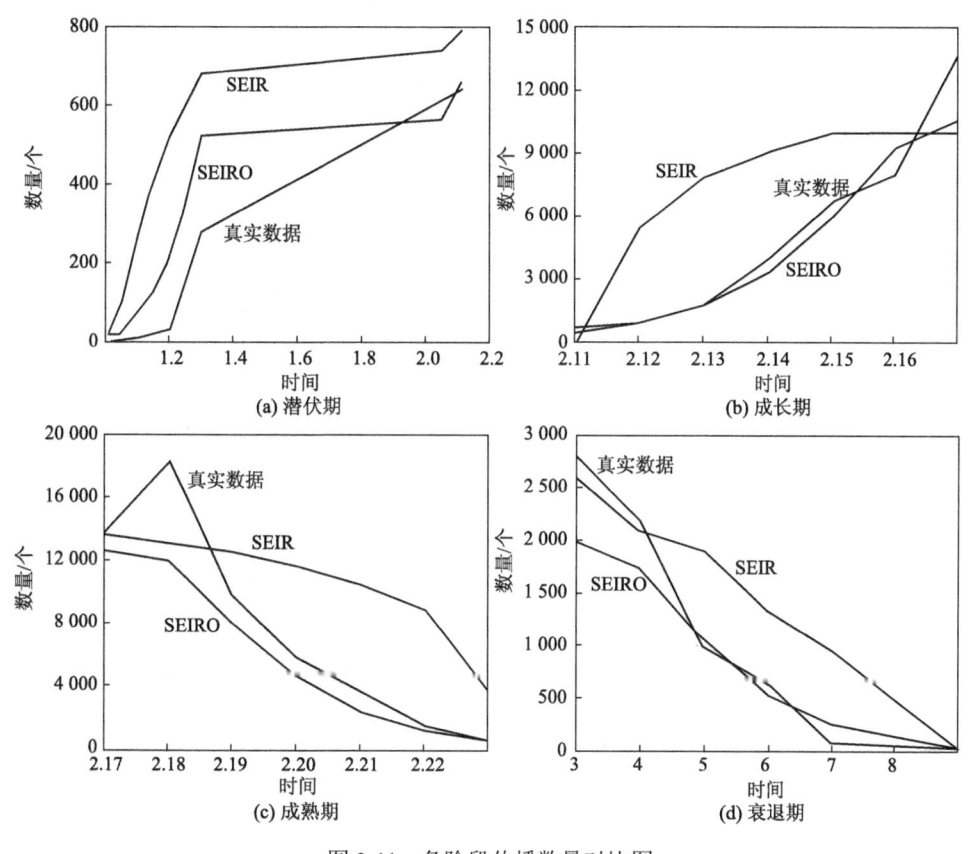

图 3-11　各阶段传播数量对比图

为了便于比较 SEIRO 模型数据、SEIR 模型数据与真实数据，对时间进行了无量纲化处理。图中潜伏期、成长期、成熟期、衰退期横轴上每个刻度之间的时间间隔分别为 0.2t、0.01t、0.01t、1t

图 3-12 中的潜伏期与成长期 SEIRO 模型的均方根误差始终小于 SEIR 模型；在话题处于成熟期时，前一段时间前者的误差高于后者，原因可能是成熟期的前一阶段的传播者数量仍处于上升阶段，导致退出者的数量很少，因此在这一阶段后者模型与实际情况更吻合；而衰退期的前一阶段前者误差也高于后者，这在于成熟期的前一段时间传播者数量虽然在下降但仍高于衰退期后期数量。总体来说，SEIRO 模型相比 SEIR 模型，其与实际数据相比后的均方根误差普遍较低，也更有力地说明本章所构建的社交网络传播预测模型更加贴合实际情况。

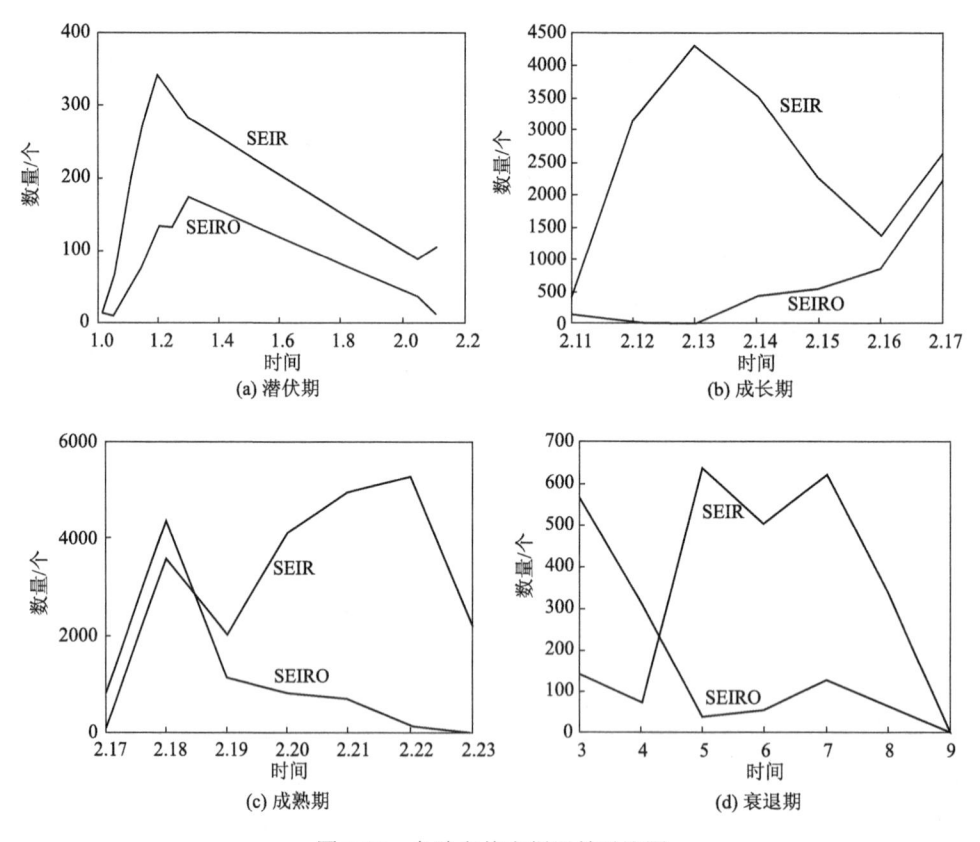

图 3-12　各阶段均方根误差对比图

3.5　结论与展望

本章从大数据环境下在线社交网络中信息传播网络的三大要素即用户、信息、媒体角度出发，以传染病模型为出发点，融合用户信任与遗忘机制，构造网络信息传播演化预测模型 SEIRO 模型，得出以下结论。①对微博中话题信息传播的影响因素进行研究，根据仿真结果可以看出：信任程度、接触率、感染率与免疫传播率与信息传播效率成反比，即相应的值越大，信息传播效率就越低；兴趣衰减系数与微博热门话题的传播效率成反比，用户会随着周围传播人数的增加而减少对话题的兴趣度，从而降低话题的传播效率。这些关键因素在信息传播过程中发挥了重大作用，对这些因素进行调节控制，可以提高信息传播效率。②对构建的模型进行稳态分析，通过分析不同过程的传播概率对节点数、平衡点数的影响可以了解如何在实际话题传播过程中调节控制传播速度从而使传播效果达到最佳。③以移动社交网络中比较有代表性的微博话题为研究对象，通过真实微博热点话题的数据以及相应的传播数据与仿真模拟出的结果进行对比，发现两者基本吻合，再次验证了所构建的信息传播模型的可行性与可靠性。

本章虽然通过实际传播数据与仿真图进行类比，验证了模型的准确性。但是也存在一定的局限性，真实社交网络中的一条微博可以涉及的真实人数非常大，但由于仿真程序运行的限定，设置参与的总人数有所限制。另外，由于现实中影响微博转发量的因素涉及人们复杂的心理因素等，模型仍旧存在一定的偏差。在未来的研究中，可以进一步优化模型，全面考虑影响微博传播的因素，从而更加贴近现实，为微博的监控与管理提供一定的参考。

3.6 本章小结

研究在线社交网络中话题信息的传播模型与演化规律，对于了解网络话题信息传播的规模与效率有重要意义。本章从信息传播网络的三大要素出发，基于传统网络传播模型，同时融入用户信任与遗忘机制，通过 MATLAB 仿真对模型进行稳态分析及传播过程的演化过程分析，最后通过爬取微博中具体话题的相关数据对模型进行验证。用户、信息和媒体的不同特征因素对信息的传播过程产生了不同的影响，考虑了用户信任与遗忘机制的在线网络信息传播更加符合现实情况，为信息的趋势预测提供了重要依据，也为微博的监控与管理提供了一定的建议。

第二篇 社交网络中用户积极行为研究

社交网络已成为人们交流、分享和获取信息的重要平台。这些网络空间中的用户行为，尤其是知识共享、用户购买、持续使用等积极行为，对于平台的可持续发展至关重要。社交网络中的用户积极行为受到多种因素的影响，包括社区管理、奖励机制、用户互动、情感因素、社会比较等。本篇重点探讨了社交网络中几种典型的用户积极行为，并考虑具体的现实情境，对社交网络用户积极行为的影响进行全面理解。

在众包社区这类虚拟社区的知识共享方面，高程度的知识共享通常发生在有管理员引导和圈币奖励的社区，而低程度的知识共享则在缺乏管理员引导和金钱投入的社区。在线健康社区的知识共享行为主要发生在患者与患者之间以及患者与医生之间，其中用户能通过知识共享获得正的期望收益是用户积极参与的前提，影响用户知识共享的关键因素包括情感支持收益、互惠利他、共享成本、隐私顾虑等。在"社区+电商"的新型商业模式中，用户之间的知识共享可以分为知识的产生、交互、整合和反馈等四个阶段，其中用户互动、感知风险、信任和信息接收者的专业能力等因素对用户购买有积极影响。

社交网络用户的参与行为会通过组织承诺影响其继续使用的意愿，其中贡献行为与情感承诺对后续使用意愿的影响最为显著。在运动社交平台中，用户的嫉妒情绪（包括良性嫉妒和恶意嫉妒）会影响其持续使用的意愿，恶意嫉妒会降低用户的持续使用意愿，而良性嫉妒则会提高用户的持续使用意愿。

在社交网络平台中，用户的付费意愿是多个组合因素协同作用的结果。用户的价值感知对用户行为选择演化产生影响，用户的效用、知识的异质性和时效性等因素对用户的付费意愿有正向影响，而知识产品和服务的价格等因素对用户的付费意愿有负面的影响。社会比较对社交网络用户消费行为产生影响，上行社会比较与炫耀性消费和从众性消费呈正相关，下行社会比较与炫耀性消费和稀缺性消费呈正相关。社交电商平台中，用户商品筛选成本和决策质量显著影响其忠诚度，而商品筛选成本与推荐准确性和推荐新颖性等因素有关。

通过对社交网络用户积极行为及其影响因素的深入理解，有助于平台更好地制定策略，提高用户的知识共享、购买和持续使用意愿，从而实现更好的用户体验和商业价值。

第4章　社交网络中用户知识共享行为构型研究

4.1　用户知识共享行为

知识共享可以帮助他人发展个人的行动能力，虚拟社区等社交网络平台为共享知识创建了重要的渠道，人们可以通过虚拟社区找到具有相同兴趣的人，并分享知识（Bilgihan et al., 2016）。通过相互交流，知识从一方传递给另一方，从他人那里获得和囤积知识是一种自然行为（Davenport and Prusak, 1998）。因此社区成员通过在虚拟社区的交流，不仅能够从分享的知识中获得灵感，还能增加自身的知识储备，进一步提高任务的完成质量。例如，Alali 和 Salim（2013）通过实证研究表明，虚拟医疗社区的知识共享，可提高医务工作者的知识水平，进而提高医疗服务的质量。因此，可得知虚拟社区知识共享与平台服务质量相关。

有关虚拟社区知识共享的研究集中于探究其影响因素，总的来说，影响虚拟社区知识共享的因素主要包括主观规范、自我效能、奖励、利他主义、互惠、荣誉、乐于助人、社会交换等（曹树金和王志红，2018），其中多数研究是从个人与环境展开探索。

个人角度主要以动机理论为主。Liu 和 Li（2017）认为知识通常被认为是高度私密的，甚至是个人声望的来源，如果没有强烈的动机，个人就无法做出贡献。当前知识共享动机主要分为内部动机和外部动机。内部动机是指由知识共享行为所带来的愉悦，助人为乐感；外部动机是由对某种需求（如金钱、地位等）的追求产生的，表现在虚拟社区中是团体中威望的提升或形象的美化等（Hsu and Lin, 2008）。在 Chang 和 Chuang（2011）的研究中，内部动机被标记为利他主义，并且在 Kankanhalli 等（2005）的研究中，自我效能被视为内部动机的一个要素。此外，Ardichvili 等（2003）对某公司的 30 位参与企业内部虚拟社区的成员进行访谈，发现提高声誉与威望值，是激励他们进行知识分享的一个重要因素。Butler等（2002）表明激发个人进行知识分享的一个重要因素是个人对塑造自身专业能力强、知识渊博、受人尊敬的形象需求。

动机理论从个人角度出发研究知识分享的动机，同时个人处于一定的环境中，会受到环境的影响，因此，部分学者探究个人所处的环境对知识共享的影响。Bandura（2001）的社会认知理论指出个体、环境、行为会持续地发生交互作用。Koh 和 Kim（2004）指出虚拟社区是社区用户进行交流互动与知识分享的平台，社区自身所具有的属性与特征对用户的知识共享行为有着显著的影响。

综上,关于知识共享的影响因素多从个人和环境角度出发,研究多采用建立理论模型、实证分析的方法考察某些变量对知识共享意愿或行为的影响,多采用传统的自变量相互独立、单向线性关系和因果对称性的统计分析方法,不能较好地解释自变量相互依赖等复杂的因果关系。因此,本章综合已有的文献,结合虚拟社区的特点,以众包社区为例,从构型视角出发,整体分析多个条件变量对知识共享的影响。

4.2 研究方法

4.2.1 方法选取

本章从构型视角出发,旨在探究对知识共享行为产生影响的多种因素组合,因此,采用定性比较分析法进行探究。定性比较分析法实现了定性与定量方法的结合,强调情境与因果结构的多样性,帮助研究者综合分析共同影响作用下的复杂因果关系问题。

4.2.2 数据收集

定性比较分析法对案例的敏感性较高,案例对结果的解释至关重要,因此需要慎重选择研究案例。本章的研究对象是猪八戒网经营的交流社区中的会员,通过抓取网站信息,探索其进行知识共享行为的影响因素。

选择猪八戒网主要基于以下原因。第一,猪八戒网是我国较大的在线众包平台,是国内该行业的代表,用户基数大。第二,猪八戒网兼顾众包任务与社区交流两个功能,用户活跃度高。第三,其服务范围较广,涉及服务交易品类涵盖创意设计等多种行业,用户专业技能多样,对数据多样性有一定保障。从猪八戒网经营的八戒圈中挑选"行业交流"的10个交流圈作为数据来源。八戒圈的各个交流圈由普通用户或该网站管理人员根据交流的需求建立,交流的内容与猪八戒任务板块密切相关。

4.2.3 数据处理

第一步通过爬虫软件来获取页面数据,抓取的数据包含帖子的网址、发帖人在猪八戒网专属的ID(identity,标识)、用户类型(普通会员或付费会员)、用户在线时长、圈币奖励等信息。第二步是对搜集的用户信息进行预处理,主要是删除重复抓取的用户信息。部分用户在多个交流圈中都较为活跃,因此通过不同的交流圈进行数据抓取时,会得到重复的用户信息。通过用户在猪八戒网特定的ID

号逐次筛选出重复的用户信息。第三步是人工逐次核对已筛选出的用户信息，包括用户角色（普通会员或付费会员）、所在交流圈成立人（会员或网站管理人员）、用户所获的圈币奖励（圈币奖励通过发帖、回复交流等方式获得）、用户参与讨论的帖子数、用户发帖总数。在该过程中，出现的主要问题是在最初通过用户信息页面抓取"主题数"来作为用户发帖总数的来源。后期发现，由于网站设计的问题，该部分的划分不够明确，用户发帖总数包含在"主题数"中，部分帖子不是该用户所发。因此，后期对抓取的信息进行人工核对，以确保数据的准确性。

本章在猪八戒网的八戒圈中收集发帖人的信息，共收集457条个人信息，排除重复的个人信息以及管理员信息，从中共筛选出261条符合规范的数据。本章主要探究众包社区普通用户的知识共享行为，而管理员发帖的自主性多受到工作的影响，因此，需要排除管理员的相关数据。

4.2.4 变量选择

猪八戒众包社区建立在竞赛式众包的基础上，用户之间多存在竞争关系。Blohm等（2011）对IT创意活动的用户进行研究，结果表明，用户之间存在的合作与竞争关系有助于提高创意质量，引导用户彼此合作，从而有效提高创意任务质量。但是，个人一般看重自身拥有的知识，认为其是有价值的，轻易不愿意进行分享（Davenport and Prusak, 1998）。因此需要对竞赛式众包社区知识共享的影响因素进行探究，以激励社区成员进行知识共享，提高任务质量。

研究众包社区的知识共享，需要对众包社区的特征进行分析。第一，众包社区以任务为导向，社区成员以参与众包任务为目标，多是希望从社区中获得他人分享的知识或得到启发，交流沟通并提高自己的业务能力。第二，众包社区主体进出频繁、沟通对象复杂多变。不同于企业社区，众包社区的成员地理位置较为分散，相互之间是社会联系很弱的陌生人，对社区的信任与归属感较为薄弱（张永云等，2017）。因此，不将信任等纳入变量范围。第三，众包社区的交流板块由社区成员自行构建，板块内容基本反映社区成员的信息需求，社区管理员在交流社区中较为活跃，多数帖子由管理员发表与回复。第四，社区对贡献知识的成员给予积分、圈币等奖励，对未贡献知识仅浏览社区内容的成员也有一定的奖励。第五，猪八戒众包社区采取付费会员制，根据付费的不同将用户分为不同等级，并且网站记录用户的在线时长，将社区成员在社区的时间以及金钱付出都进行记录。

因此，本节根据众包社区的特点，结合虚拟社区知识共享的影响因素，考虑将条件变量分别从社区管理员、社会交换、沉没成本三个角度进行划分，结果变量为知识贡献程度。

1. 社区管理员

社区成员在众包社区中活动，对社区环境有着直观的认识与了解，其知识共享行为受到社区环境的影响。社区管理员对社区制度建设、帖子内容等方面有较好的把握，对社区环境建设至关重要。Lin 等（2008）通过对某个专业的教学社区进行研究时发现，社区管理人员拥有较强的领导力，其对促进社区用户进行知识共享有显著作用。严贝妮和叶宗勇（2017）认为，虚拟社区成员的知识共享行为受到活跃用户所提供内容的数量与质量的影响。

猪八戒众包社区管理员在相应的交流圈中积极发帖，并及时回复其他社区成员的帖子。本节进行数据初步筛选时发现，与普通会员建立的交流圈相比，由猪八戒众包社区管理员建立的交流圈的用户发帖量较高。因此本节考虑将圈主身份（管理员或非管理员）作为社区环境的衡量指标。

2. 社会交换

社会交换理论认为人与人之间的交往是一个交换的过程，在该过程中，将自身有价值的资源以公平互惠的原则进行交换，最终可获得一定的物质或心理上的回报，如金钱、声誉、助人为乐感等（Liu and Li, 2017）。知识共享建立在人际交互的基础上，在该过程中，自身将知识转化为他人可接受理解的形态，使得知识的贡献者（poster）失去其知识的特有价值。为了确保知识共享行为的持续性，需要对知识共享者进行一定的补偿。在猪八戒众包社区中，用户进行知识分享可获得一定的圈币奖励，可通过圈币奖励衡量用户获得的知识贡献补偿。

3. 沉没成本

沉没成本效应是指决策者的决策行为因受沉没成本影响而产生的一种非理性决策现象，具体表现为决策者因顾及沉没成本而继续投入更多成本或做出某一行为（相鹏等，2017）。金钱、时间和努力是引发沉没成本效应的主要沉没成本，其中金钱效应是研究的主流，时间效应与努力效应统称为行为沉没成本效应。研究表明，沉没成本的大小与沉没成本效应具有正相关关系，即与较小沉没成本相比，较大沉没成本更可能引发沉没成本效应（Tykocinski and Ortmann, 2011）。猪八戒网开放付费会员，付费会员需要缴纳一定的会员费，享受优先接单的待遇。付费会员与普通会员相比，对猪八戒网的投入成本更高，更易引发沉没成本效应。本节考虑沉没成本效应对知识贡献者的影响，从金钱和时间两个角度进行探究，将"会员身份"与"在线时长"作为考察的指标。

4. 结果变量

本章探究竞赛式众包社区的知识共享影响因素，被解释变量为知识贡献的程度。有研究表明大多数虚拟社区的知识共享现状形成了"90-9-1"的典型格局，90%的成员属于知识接收者，是一种消极的被动使用者，10%的成员进行了一定的知识共享，其中9%的成员偶尔贡献知识，只有1%的成员频繁进行知识贡献（张克永和李贺，2017）。本章的实验数据来源于猪八戒网知识共享者的相关信息，该部分成员均进行了一定的知识共享，只是知识的贡献程度有一定的差别。因此将社区成员的知识贡献程度进行"9-1"划分，共分为10个等级，等级1至9为低程度知识贡献，等级10为高程度知识贡献。知识贡献指的是社区成员向虚拟社区贡献自己知识或信息的行为（张克永和李贺，2017），如分享知识或资料，参与社区内特定主题的讨论等，在形式上表现为发表帖子或是回复等（胡昌平和万莉，2015），因此本章研究的知识贡献程度由发帖数量与回复他人帖子数量进行衡定。

4.3 数据分析结果

本节的被解释变量做10级划分，1至9级为低程度知识贡献，等级10为高程度知识贡献。解释变量包括所在交流圈圈主身份（CI，猪八戒网站管理员记为1，非管理员记为0）、会员身份（MS，金卡会员记为1，银卡会员记为0.85，普通会员记为0）、在线时长（OT）、圈币奖励（CC）。在线时长与圈币奖励由于缺乏有意义的理论依据，本节使用第15和第85百分位数作为最小值（0）和最大值（1），中位数作为分界标准，分别将剩余值缩放在(0,1)之间。赋值标准总结如表4-1所示。

表 4-1 赋值标准总结

变量		划分标准	补充
被解释变量	知识贡献程度	高程度知识贡献（1） 低程度知识贡献（0）	参考指标： 1）发帖数量 2）回复他人帖子数量
解释变量	圈主身份	管理员（1） 非管理员（0）	所在圈子由网站管理员创建记为1，非管理员记为0
	圈币奖励	完全隶属=第85百分位数 完全不隶属=第15百分位数 分界线为中位数	将第85百分位数记为1，第15百分位数记为0，中位数记为0.5，剩余值缩放在(0,1)

续表

变量		划分标准	补充
解释变量	会员身份	金卡会员（1），银卡会员（0.85），普通会员（0）	金卡会员记为1，银卡会员记为0.85，普通会员记为0
	在线时长	完全隶属=第85百分位数 完全不隶属=第15百分位数 分界线为中位数	将第85百分位数记为1，第15百分位数记为0，中位数记为0.5，剩余值缩放在(0,1)

4.3.1 必要性与充分性分析

模糊集的分析遵循一定的步骤。先对各个条件变量是否是结果的必要和充分条件进行检测。单项前因变量的必要性和充分性分析如表4-2所示，所有的单个解释变量均不构成必要充分条件。单独分析必要性，仅有～OT与～CC影响低程度知识贡献的必要性超过0.9，MS影响高程度知识贡献的必要性超过0.9，其余单项解释变量对知识共享的影响均未超过0.9。从充分性来看，～MS影响低程度知识贡献的充分性为0.956 561，因此MS可看作高程度知识贡献的近似充分条件。

表4-2 单项前因变量的必要性和充分性分析

解释变量	充分性一致率		必要性覆盖率	
	高程度知识贡献	低程度知识贡献	高程度知识贡献	低程度知识贡献
圈主身份（CI）	0.784 514	0.424 522	0.745 645	0.548 245
～CI	0.256 415	0.687 955	0.561 474	0.721 546
在线时长（OT）	0.756 464	0.456 454	0.256 446	0.853 265
～OT	0.461 654	0.687 916	0.156 546	0.925 461
圈币奖励（CC）	0.665 461	0.516 549	0.465 461	0.851 665
～CC	0.456 166	0.687 941	0.465 478	0.912 654
会员身份（MS）	0.718 447	0.316 546	0.966 461	0.894 645
～MS	0.665 135	0.956 561	0.365 461	0.894 651

注："～"表示逻辑非

4.3.2 构型分析

本节将数据导入fsQCA 3.0软件，分析4个条件变量构成的条件组合对众包社区知识共享行为的影响。

1. 高程度知识贡献的前因构型

高程度知识贡献构型结果如表 4-3 所示，总体一致性约为 0.812 454，总体覆盖率约为 0.787 453，说明得到的前因变量组合对结果有较强的解释力度，较为符合结果预期。结果显示有三条不同的路径获得高程度知识贡献，即 Ha1、Ha2、Hb，可归纳为两种构型：①强调环境的 Ha1、Ha2；②强调沉没成本的 Hb。这证明了构型视角"殊途同归"的重要特性。

表 4-3 高程度知识贡献构型结果

前因变量	高程度知识贡献		
	Ha1	Ha2	Hb
圈主身份（CI）	●	●	⊗
在线时长（OT）	•	⊗	•
圈币奖励（CC）	•	•	•
会员身份（MS）		•	●
原始覆盖率	0.476 165	0.541 144	0.316 544
唯一覆盖率	0.032 474	0.057 971	0.098 971
一致性	0.826 546	0.846 654	0.847 815
总体覆盖率	0.787 453		
总体一致性	0.812 454		

注：●代表核心因果性条件存在，•代表辅助因果性条件存在，⊗代表辅助因果性条件缺席，空白表示构型中该条件可存在、可不存在

Ha 构型以圈主身份为核心因果性条件，因辅助条件不同而出现两条路径，Ha1 构型以在线时长与圈币奖励作为辅助因果性条件，说明在有管理员引导的社区中，圈币奖励与在线时长可引导社区成员进行高程度知识贡献。而在在线时长为辅助因果性条件缺席的 Ha2 构型中，需要金钱的投入来引导会员的高程度知识贡献。

类型 1：有管理员进行引导的社区，可通过圈币奖励与沉没成本（时间或金钱）引导社区成员进行高程度的知识共享。

在以会员身份为核心因果性条件的 Hb 构型中，在线时长与圈币奖励的共同作用下，可实现高程度知识贡献。因此，第二种构型如下。

类型 2：已有金钱投入的社区成员，可通过圈币奖励与在线时长来引导其进行高程度的知识共享。

2. 低程度知识贡献的前因构型

通过对获取的数据采用 fsQCA 3.0 计算可得到低程度知识贡献的构型，如表 4-4 所示，总体一致性为 0.824 657，总体覆盖率为 0.711 354，共发现 3 条导致低程度知识贡献的路径，即 La1、La2 和 Lb，可分为两种构型：①以圈主身份为核心因果性条件缺席的 La 型，包括 La1 和 La2；②以会员身份为辅助因果性条件缺席的 Lb 型。

表 4-4 低程度知识贡献构型

前因变量	高程度知识贡献		
	La1	La2	Lb
圈主身份（CI）	⊗	⊗	
在线时长（OT）	●	⊗	●
圈币奖励（CC）	●	●	●
会员身份（MS）			⊗
原始覆盖率	0.365 454	0.451 354	0.456 131
唯一覆盖率	0.056 461	0.071 323	0.061 321
一致性	0.815 465	0.826 547	0.844 578
总体覆盖率		0.711 354	
总体一致性		0.824 657	

注：⊗代表核心因果性条件缺席，●代表辅助因果性条件存在，⊗代表辅助因果性条件缺席，空白表示构型中该条件可存在、可不存在

La 型以圈主身份为核心因果性条件缺席，即使在线时长与圈币奖励同时存在，最终结果仍是得到低程度知识贡献。Lb 以会员身份为辅助因果性条件缺席，在线时长与圈币奖励对提高知识贡献程度无显著影响。因此可获得以下类型。

类型 3：在缺乏管理员引导的社区，社区成员难以获得高程度知识贡献。

类型 4：时间投入与圈币奖励存在，而金钱投入不存在的情况下，较难获得高程度知识贡献。

进一步将高低程度知识贡献构型进行比较，可发现如下内容。第一，圈主身份在引导社区成员的高程度知识贡献中起重要作用，如在 Ha 构型中，圈主身份作为核心因果性条件，而在 La 构型中则作为核心因果性条件缺席。因此可得出，圈主身份的正面引导对社区成员的知识贡献程度起积极作用。第二，圈币奖励是社区成员进行高程度知识贡献的必要条件，在 Ha 与 Hb 构型中，圈币奖励均是辅助因果性条件。

为保证结果的准确性，需要对实验结果进行稳健性分析。通过调整 Calibrate

程序赋值标准，改变前因变量校准的临界值，结果发现仅有解的数值发生较小的变化，最终的结果与上述结果解释一致，没有发生本质的变化。因此，可得知，本节所获得的构型是可信的。

4.4 研究结论

4.4.1 研究发现

当前知识共享的研究，多采用实证方法研究变量的单向线性关系，本章引入基于定性比较分析法，从整体角度出发，系统地分析了多个变量间相互依赖的因果关系，最终获得四种知识共享构型。研究发现，高程度知识贡献表现为：①有管理员进行引导的社区，可通过圈币奖励与沉没成本（时间或金钱）引导社区成员进行高程度的知识共享；②已有金钱投入的社区成员，可通过圈币奖励与在线时长来引导其进行高程度的知识共享。低程度知识贡献表现为：①在缺乏管理员引导的社区，社区成员难以获得高程度的知识共享；②时间投入与圈币奖励存在，而金钱投入不存在的情况下，较难获得高程度的知识共享。

4.4.2 管理启示

竞赛式众包社区的知识共享，有助于提高任务参与者知识水平，最终对任务质量产生积极影响。根据研究结果，可通过以下途径促进众包网站的知识共享。

（1）加强网站工作人员对社区的建设，引导用户进行知识共享。研究发现，管理员引导的交流圈，用户更为活跃。王忠义等（2018）认为用户可以通过多提问题、多关注高质量用户和浏览他人的动态、多回答高质量问题来提升自身的知识量。因此，管理员可通过对任务质量高的用户进行约稿，对用户关心的主题加以引导，鼓励社区成员进行知识共享。

（2）对贡献知识的用户进行声誉奖励。曹树金和王志红（2018）通过对知识共享因素的元分析研究发现，利他主义和知识共享态度对知识共享意愿的影响最大。社区成员从利他主义角度，在交流板块分享自身的接单经历，或者是对疑问帖进行解答。可从声誉激励出发，对贡献知识的用户进行评级，按照不同的知识贡献程度，对其进行评定。

（3）建立优先接单与圈币等奖励的关联。研究发现，有优先接单权的付费用户更倾向于进行知识共享，而圈币奖励对高程度知识共享的调节效果不明显。因此，众包网站可通过建立接单板块与众包社区奖励的直接联系，如将知识贡献程度纳入接包方任务推荐系统中，综合考虑接包方兴趣、已获得接包评价、知识贡献程度等多个方面设计任务推荐系统，以此鼓励众包平台的用户进行知识共享。

4.4.3 研究贡献与局限

本章的研究贡献体现在以下三个方面：①目前文献，对众包社区的研究多集中于企业型众包社区，如小米的米柚社区等，而竞赛式众包社区的研究还比较缺乏，本章研究以众包任务为核心的竞赛式众包社区的知识共享行为，根据其不同于其他虚拟社区的特点，引入沉没成本效应，丰富了虚拟社区知识共享行为的理论；②本章采用定性比较分析法，运用模糊集定性比较分析众包社区知识共享的前因条件和前因条件组合；③得出众包社区知识共享的四种构型，研究结果便于众包网站引导社区成员进行知识共享，进而对众包任务质量产生积极影响。

本章在取得一定结果的同时，也存在以下不足之处：①定性比较分析法逐渐被管理学领域认可，但是当前知识共享的研究多采用结构方程模型等定量方法，后期需用传统定量分析方法得到的结果与定性比较分析法得到的结果进行比较分析；②受到研究条件的限制，数据采自单一网站，研究结果的普适性受到一定的限制；③研究数据采用截面数据，对于结果推断会有一定的影响。

4.5 本章小结

通过分析虚拟社区的知识贡献者，获得知识贡献的不同构型，从而引导社区成员进行知识共享。本章从整体视角出发，结合虚拟社区的特点，以众包社区为例，采用模糊集定性比较分析方法，探究众包社区的知识共享的构型。研究表明，高程度知识共享为：①有管理员进行引导的社区，可通过圈币奖励与沉没成本（时间或金钱）引导社区成员进行高程度的知识共享；②已有金钱投入的社区成员，可通过圈币奖励与在线时长来引导其进行高程度的知识共享。低程度知识共享为：①在缺乏管理员引导的社区，社区成员难以获得高程度的知识共享；②在时间投入与圈币奖励存在，而金钱投入不存在的情况下，较难获得高程度的知识共享。此外，本章研究单一网站，研究结果的普适性受到一定的限制；研究数据采用截面数据，对于结果推断会有一定的影响。本章研究有助于引导众包类虚拟社区成员的知识共享行为，以提高社区成员的个人能力，进而提高众包任务质量。

第5章 社交网络中用户知识共享行为演化博弈研究

在第4章中，我们以众包社区为例，从整体角度出发，系统地探究了在线虚拟社区中用户知识共享行为的影响因素，分析多个变量间相互依赖的因果关系，最终获得四种知识共享构型，一定程度上揭示了社交网络中用户知识共享行为的形成机理。事实上，还存在一种特殊的社交网络——在线健康社区，值得我们关注。与一般的社交网络相比，在线健康社区有一个较大的特点，在线健康社区有两类不同的用户：医生和患者。医生和患者在在线健康社区中进行知识共享是存在异同的。一方面，医生和患者在选择知识共享时，都需要付出执行成本（Yan et al., 2016），即二者在发布和回复在线消息之前，需要编撰他们的知识，这个过程需要大量的时间和精力。另一方面，医生和患者之间存在较大的差异：对于患者而言，互惠和利他主义对知识共享行为更有显著的正向影响（Zhang et al., 2017）；健康信息的敏感属性可能会使患者面临隐私风险等负面影响（Kordzadeh et al., 2016；Moorhead et al., 2013；Rohm and Milne, 2004）；患者可能会在知识共享过程中记起痛苦和不舒服的感受而带来认知成本（Yan et al., 2016）。对于医生而言，奖励对医生参与共享有正向作用，但这种效应满足边际递减规律（Wang et al., 2017）；医生将在线健康社区视为宝贵的知识门户，以获取临床相关的、高质量的信息（Rolls et al., 2016）。

基于此，本章考虑在线健康社区中有两类用户：患者和医生，在线健康社区中的知识共享行为主要可能发生在患者与患者之间和患者与医生之间。利用演化博弈的基本理论和方法，以及 MATLAB 仿真，对在线健康社区用户知识共享进行分析，旨在探索影响在线健康社区中两类用户进行知识共享的关键因素，为在线健康社区的良好可持续发展提供参考建议。

5.1 模型构建

5.1.1 模型假设

在线健康社区中，用户知识共享会考虑自己的收益与成本，本章模型中我们假设用户都是自利的，只有当收益大于成本的时候，用户才会做出知识共享行为。

首先根据在线健康社区中医生用户的特点我们假设如下。

医生进行知识共享的执行成本为 C_d；医生每次进行知识共享，产生的知识

共享量为 K_d，这里的知识共享量是指医生共享内容中包含的总的知识价值总量；患者和医生进行知识共享时，患者给予医生 M 奖励，医生的效用遵循边际递减为 $\alpha \ln M$，其中 α 为奖励对医生的效用系数，α 越大，奖励对医生产生的效用越大；医生进行知识共享给自己带来的声誉收益为 R_e；医生获得知识收益的系数为 I_d，这里的知识收益系数是指在线健康社区中共享的知识对医生有价值部分的比例。

其次根据在线健康社区中患者用户的特点我们假设如下。

患者进行知识共享的成本（包括认知成本和执行成本）为 C_p，显然 $C_p > C_d$；患者每次进行知识共享，产生的知识共享量为 K_p，因为相比患者医生是专业人员，故医生知识共享产生的知识共享量 $K_d > K_p$；患者因为隐私顾虑损失的收益为 P_r；患者因为其他用户的知识共享，获得知识的收益系数为 I_p，显然相对专业的医生而言，在线健康社区中共享的知识对患者有价值的部分更多，因此 $I_p > I_d$；患者因为其他用户的知识共享，获得情感支持收益为 E；患者因为知识共享互惠利他获得的收益为 R。

5.1.2 模型建立与分析

本章模型将问题假设为两个用户之间的博弈，并且我们假设用户 1 为患者，博弈从用户 1 开始，用户 2 有 θ 的概率为患者，则用户 2 有 $(1-\theta)$ 的概率为医生，在这里假设社区中每个用户是用户 2 的概率相同，则 θ 可以表示为社区患者数占总用户的比例。

根据以上假设我们可以得出：用户 1 和用户 2 都选择进行知识共享的效益为 (a_1, b_1)。

其中：

$$a_1 = \theta(-C_{p1} - P_{r1} + I_{p1}K_{p2} + E_1 + R_1) + (1-\theta)(-C_{p1} - P_{r1} - M + I_{p1}K_d + E_1) \quad (5\text{-}1)$$

$$b_1 = \theta(-C_{p2} - P_{r2} + I_{p2}K_{p1} + E_2 + R_2) + (1-\theta)(-C_d + \alpha \ln M + I_d K_{p1} + R_e) \quad (5\text{-}2)$$

下标含 1，表示用户 1 的指标；下标含 2，表示用户 2 的指标。

用户 1 选择共享，用户 2 选择不共享时的效益为 (a_2, b_2)。

其中：

$$a_2 = -C_{p1} - P_{r1} \quad (5\text{-}3)$$

$$b_2 = \theta I_{p2}K_{p1} + (1-\theta)(I_d K_{p1}) \quad (5\text{-}4)$$

用户 1 选择不共享，用户 2 选择共享的效益为 (a_3, b_3)。

其中：

$$a_3 = \theta I_{p1}K_{p2} + (1-\theta)(I_{p1}K_d) \quad (5\text{-}5)$$

$$b_3=\theta(C_{p2}-P_{r2})+(1-\theta)(-C_d) \tag{5-6}$$

用户 1 和用户 2 都选择不进行知识共享时的效益为 (a_4,b_4)。

其中：

$$a_4=b_4=0 \tag{5-7}$$

得到博弈双方的收益矩阵见表 5-1。

表 5-1 博弈双方的收益矩阵

项目	用户 2 共享	用户 2 不共享
用户 1 共享	(a_1,b_1)	(a_2,b_2)
用户 1 不共享	(a_3,b_3)	$(0,0)$

假设用户 1 选择共享知识的概率为 x，则用户 1 选择不共享知识的概率为 $1-x$；同理假设用户 2 选择共享知识的概率为 y，则用户 2 选择不共享知识的概率为 $1-y$。

用户 1 选择共享知识带来的期望收益为 U_{11}：

$$\begin{aligned}U_{11}=&y(\theta(-C_{p1}-P_{r1}+I_{p1}K_{p2}+E_1+R_1)+(1-\theta)(-C_{p1}-P_{r1}-M\\&+I_{p1}K_d+E_1))+(1-y)(-C_{p1}-P_{r1})\end{aligned} \tag{5-8}$$

用户 1 选择不共享知识带来的期望收益为 U_{12}：

$$U_{12}=y(\theta I_{p1}K_{p2}+(1-\theta)(I_{p1}K_d))+(1-y)\cdot 0 \tag{5-9}$$

则用户 1 的平均收益为 U_1：

$$\begin{aligned}U_1=&xU_{11}+(1-x)U_{12}=xy(\theta I_{p1}K_{p2}+(1-\theta)I_{p1}K_d+\theta R_1+E_1)\\&-x(C_{p1}+P_{r1})+(1-x)y(\theta I_{p1}K_{p2}+(1-\theta)(I_{p1}K_d))\end{aligned} \tag{5-10}$$

同理可得用户 2 选择共享知识带来的期望收益为 U_{21}：

$$\begin{aligned}U_{21}=&x(\theta(-C_{p2}-P_{r2}+I_{p2}K_{p1}+E_2+R_2)+(1-\theta)(-C_d+\alpha\ln M\\&+I_dK_{p1}+R_e))+(1-x)(\theta(-C_{p2}-P_{r2})+(1-\theta)(-C_d))\end{aligned} \tag{5-11}$$

用户 2 选择不共享知识带来的期望收益为 U_{22}：

$$U_{22}=x(\theta I_{p1}K_{p2}+(1-\theta)(I_{p1}K_d))+(1-x)\cdot 0 \tag{5-12}$$

则用户 2 的平均收益 U_2：

$$\begin{aligned}U_2=&yU_{21}+(1-y)U_{22}=xy\theta(P_{r2}+E_2+R_2-C_{p2})+xy(1-\theta)(\alpha\ln M+R_e-C_d)\\&+x\theta I_{p2}K_{p1}+x(1-\theta)I_dK_{p1}\end{aligned} \tag{5-13}$$

由此可得社区中用户 1 和用户 2 的复制动态方程组为

$$\begin{cases} F(x) = \mathrm{d}x/\mathrm{d}t = x(U_{11}-U_1) = x(1-x)y(\theta R_1+E_1) - x(1-x)(C_{p1}+P_{r1}) - x(1-x)y(1-\theta)M \\ F(y) = \mathrm{d}y/\mathrm{d}t = y(U_{21}-U_2) = y(1-y)(x\theta(E_2+R_2) + (1-\theta)x(\alpha\ln M+R_e) \\ \qquad -\theta(C_{p2}+P_{r2}) - (1-\theta)C_d) \end{cases}$$

(5-14)

对用户 1 进行分析, 令 $F(x)=0$ 得, 当 $x=0$, 或 $x=1$, 或 $y=\dfrac{C_{p1}+P_{r1}}{\theta R_1+E_1-(1-\theta)M}$ 时, 用户 1 选择共享知识策略所占的比例是稳定的; 同理对用户 2 进行分析, 令 $F(y)=0$ 得, 当 $y=0$, $y=1$ 或 $x=\dfrac{\theta(C_{p2}+P_{r2})+(1-\theta)C_d}{\theta(E_2+R_2)+(1-\theta)(\alpha\ln M+R_e)}$ 时, 用户 2 选择共享知识所占的比例是稳定的。

局部平衡点有以下 5 个 $D_1(0,0)$、$D_2(1,0)$、$D_3(0,1)$、$D_4(1,1)$、$D_5(x^*,y^*)$, 其中, $x^*=\dfrac{\theta(C_{p2}+P_{r2})+(1-\theta)C_d}{\theta(E_2+R_2)+(1-\theta)(\alpha\ln M+R_e)}$、$y^*=\dfrac{C_{p1}+P_{r1}}{\theta R_1+E_1-(1-\theta)M}$。

用户 1 和用户 2 的复制动态方程可以组成微分方程组对其博弈过程进行描述, 对用户 1 和用户 2 的复制动态方程分别求 x、y 的偏导数, 则可得到雅可比矩阵如下:

$$J = \begin{bmatrix} \partial f(x)/\partial x & \partial f(x)/\partial y \\ \partial f(y)/\partial x & \partial f(y)/\partial y \end{bmatrix} \qquad (5\text{-}15)$$

其中:

$$\partial f(x)/\partial x = (2x-1)(C_{p1}+P_{r1}) - y(E_1+\theta R_1) - My(\theta-1)$$
$$\partial f(x)/\partial y = -x(x-1)(E_1+\theta R_1+M(\theta-1))$$
$$\partial f(y)/\partial x = y((\alpha\ln M+R_e)(\theta-1) - \theta(E_2+R_2))(y-1)$$
$$\partial f(y)/\partial y = (1-2y)(x\theta(E_2+R_2) + x(1-\theta)(\alpha\ln M+R_e) - \theta(C_{p2}+P_{r2}) - (1-\theta)C_d)$$

为方便计算设:

$A=C_{p1}+P_{r1}$ 即 A 表示都进行知识共享时用户 1 的知识共享成本和隐私顾虑;

$B=C_{p2}+P_{r2}$ 即 B 表示都进行知识共享时用户 2 的知识共享成本和隐私顾虑;

$C=E_1+R_1$ 即 C 表示都进行知识共享时, 用户 2 为患者, 用户 1 不计 A 且除知识收益以外的收益; $D=E_2+R_2$ 即 D 表示都进行知识共享时, 用户 2 为患者, 用户 2 不计 B 且除知识收益以外的收益; $P=\alpha\ln M+R_e$, 即 P 表示都进行知识共享时, 用户 2 是医生, 用户 2 不计 C_d 且除知识收益以外的收益; $Q=E_1-M$ 即 Q 表示都进行知识共享时用户 2 为医生, 用户 1 不计 A 且除知识收益以外的收益。

利用雅可比矩阵的行列式 $\det J$ 和迹 $\mathrm{tr}J$ 可以判断上述五个局部平衡点的稳定状态。

推论 1: 当达到平衡点 $D_1(0,0)$ 时, 雅可比矩阵的行列式 $\det J>0$ 且迹 $\mathrm{tr}J<0$ 恒

成立，即平衡点 $D_1(0,0)$ 恒为系统演化稳定策略。

推论 2：当达到平衡点 $D_2(1,0)$、$D_3(0,1)$ 时，雅克比矩阵的行列式 det$J$>0 且迹 tr$J$<0 恒不成立，故一定不是系统演化稳定策略，即在线健康社区用户单方面地进行知识共享一定是不稳定的。

推论 3：当点 $D_4(1,1)$ 不是系统演化策略时，由推论 1 和推论 2 知，此时系统只有一个演化稳定策略 $D_1(0,0)$，即系统用户最终都选择不进行知识共享，显然这不是我们希望的。因此，令点 $D_4(1,1)$ 为系统的演化稳定策略，由行列式 det$J$>0 且迹 tr$J$<0 得

$$\theta(C-A)+(1-\theta)(Q-A)>0 \text{ 且 } \theta(D-B)+(1-\theta)(P-C_d)>0 \qquad (5-16)$$

式（5-16）表示都进行知识共享时，用户 1 和用户 2 除去用户的知识收益和共享成本以及隐私顾虑的期望收益要大于零，即在在线健康社区中用户都进行知识共享时，用户最终的期望收益至少要大于知识收益时，换句话说，用户在知识共享时必须获得知识收益以外的正的期望收益，用户都选择进行知识共享才能是系统的一个演化稳定策略。

当满足式（5-16）时，点 $D_4(1,1)$ 和点 $D_1(0,0)$ 均为系统演化稳定策略，即在线健康社区用户行为最终会趋于演化稳定策略（共享、共享）或（不共享、不共享），此时系统演化相位图见图 5-1。

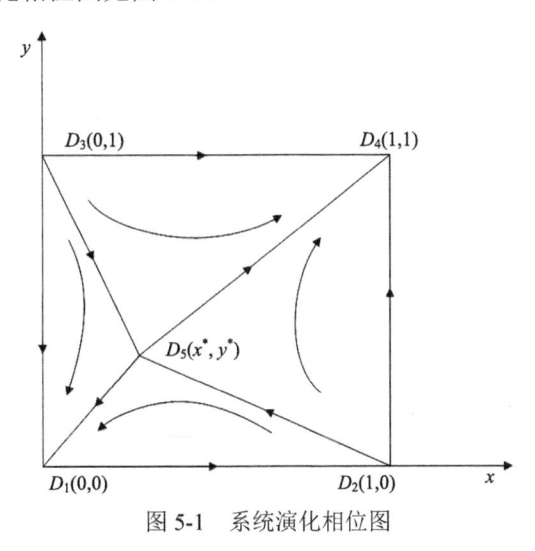

图 5-1 系统演化相位图

由系统演化相位图可知，D_5 的位置是关键，影响着系统演化的结果。

1）知识共享量 K，知识收益系数 I

D_5 的取值与 K 和 I 无关，即在线健康社区知识共享行为与用户的知识共享量以及用户知识收益系数无关。

2）情感支持收益为 E

由系统演化相位图知，E 越大，x^*、y^* 的取值变小，即 D_5 向左下角移动，$D_3D_5D_2D_4$ 的面积变大，系统收敛于 $D_4(1,1)$ 的可能性变大，所以在在线健康社区中，患者获得的情感支持越高越有利于社区知识共享行为向（共享、共享）行为演化。

3）知识共享成本 C

由系统演化相位图知，C 越大，x^*、y^* 的取值变大，即 D_5 向右上角移动，$D_1D_2D_5D_3$ 的面积变大，系统收敛于 $D_1(0,0)$ 的可能性变大，知识共享成本阻碍知识共享行为，用户的知识共享成本越高，越不利于知识共享行为向（共享、共享）行为演化。

4）患者的隐私顾虑 P_r

由系统演化相位图知，P_r 越大，x^*、y^* 的取值变大，即 D_5 向右上角移动，$D_1D_2D_5D_3$ 的面积变大，系统收敛于 $D_1(0,0)$ 的可能性变大，故患者的隐私顾虑不利于在线健康社区知识共享行为。

5）共享互惠利他获得的收益为 R

由系统演化相位图知，R 越大，x^*、y^* 的取值变小，即 D_5 向左下角移动，$D_3D_5D_2D_4$ 的面积变大，系统收敛于 $D_4(1,1)$ 的可能性变大，故在在线健康社区中，患者共享互惠利他获得的收益越高越有利于社区知识共享行为向（共享、共享）行为演化。

6）医生的声誉收益 R_e

由系统演化相位图知，R_e 越大，x^* 的取值变小，y^* 的取值不变，即 D_5 向左移动，$D_3D_5D_2D_4$ 的面积变大，系统收敛于 $D_4(1,1)$ 的可能性变大，故在线健康社区中医生的声誉收益越大越有利于社区知识共享行为向（共享、共享）行为演化。

7）患者给予医生的奖励 M

由系统演化相位图可知，当患者给予医生的奖励 M 越大，x^* 取值变小，但 y^* 的取值变大，无法确定 $D_3D_5D_2D_4$ 面积如何变化，即不能确定（判断）M 的大小对知识共享的影响。

8）用户 2 是患者的概率 θ

由系统演化相位图知，当 θ 变化，x^*、y^* 的取值变化无法确定，故不能判断 θ 对知识共享的影响。

5.2 仿真分析

依据研究假设，为了更加直观显示各因素对系统演化的影响，运用 MATLAB 软件构建模型对演化博弈参数进行仿真分析。初始参数赋值如下：$C_d = 5$，$K_d = 30$，$M = 5$，$\alpha = 1$，$R_e = 15$，$I_d = 0.3$，$C_{p1} = C_{p2} = 8$，$P_{r1} = P_{r2} = 5$，

第5章 社交网络中用户知识共享行为演化博弈研究

$E_1 = E_2 = 20$，$R_1 = R_2 = 10$，$K_{p1} = K_{p2} = 10$，$I_{p1} = I_{p2} = 0.8$，$\theta = 0.5$；此时可得 $x^* = 0.3862$，$y^* = 0.5778$。

从演化相位图来看，点 $D_5(x^*, y^*)$ 作为博弈系统的阈值，其变化将影响博弈系统初始状态的分布和演化博弈的走势。下面取初始值 $(x_0, y_0) = (0.4, 0.6)$ 分别讨论一个参数发生变化，其他参数保持不变系统的演化趋势。

1）情感支持收益和互惠利他

在保持其他参数不变的情况下，分别令 E 减小为 10 和 15，得出以下系统演化图，见图 5-2。

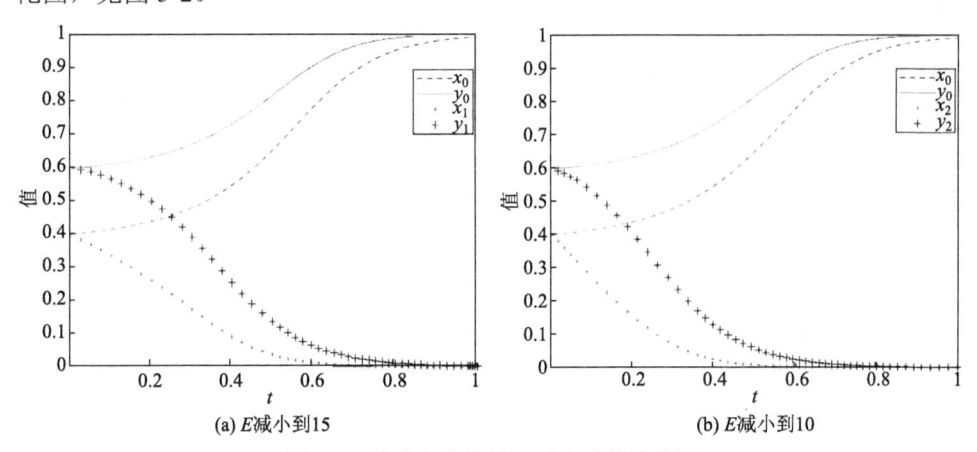

(a) E 减小到15　　　　(b) E 减小到10

图 5-2　情感支持收益 E 减小系统演化图

x_1 和 y_1 表示 $E=15$ 时，$D_5(x^*, y^*)$ 横纵坐标的演化趋势；x_2 和 y_2 表示 $E=10$ 时，$D_5(x^*, y^*)$ 横纵坐标的演化趋势

在保持其他参数不变的情况下，分别令 E 增加到 25 和 30，得出以下系统演化图，见图 5-3。

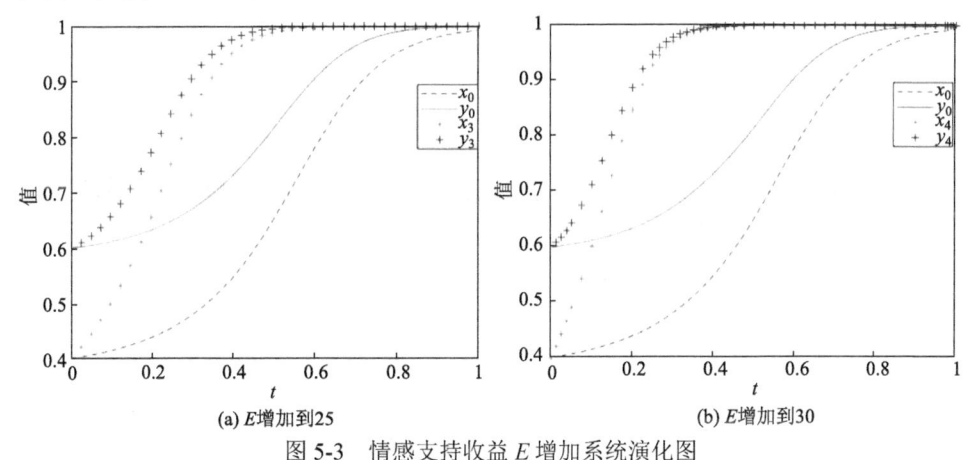

(a) E 增加到25　　　　(b) E 增加到30

图 5-3　情感支持收益 E 增加系统演化图

x_3 和 y_3 表示 $E=25$ 时，$D_5(x^*, y^*)$ 横纵坐标的演化趋势；x_4 和 y_4 表示 $E=30$ 时，$D_5(x^*, y^*)$ 横纵坐标的演化趋势

由图 5-2 和图 5-3 可以看出，情感支持收益对在线健康社区知识共享行为具有较大的影响，当患者在在线健康社区中收获的情感支持收益过小时，系统很容易向用户都选择不共享知识的趋势发展；患者获得的情感支持收益越大，系统向用户都选择共享知识的趋势演化速度明显增大。

因此提高患者在在线健康社区的情感支持收益有利于在线健康社区的用户选择知识共享行为，情感支持收益越高，患者进行知识共享的收益越大，患者也愿意采取知识共享行为。

同理，患者在在线健康社区的互惠利他收益越大，越有利于社区用户的知识共享行为。

2）患者的隐私顾虑

在保持其他参数不变的情况下，令 P_r 从 5 减小到 3 和 1，得到以下系统演化图，见图 5-4。

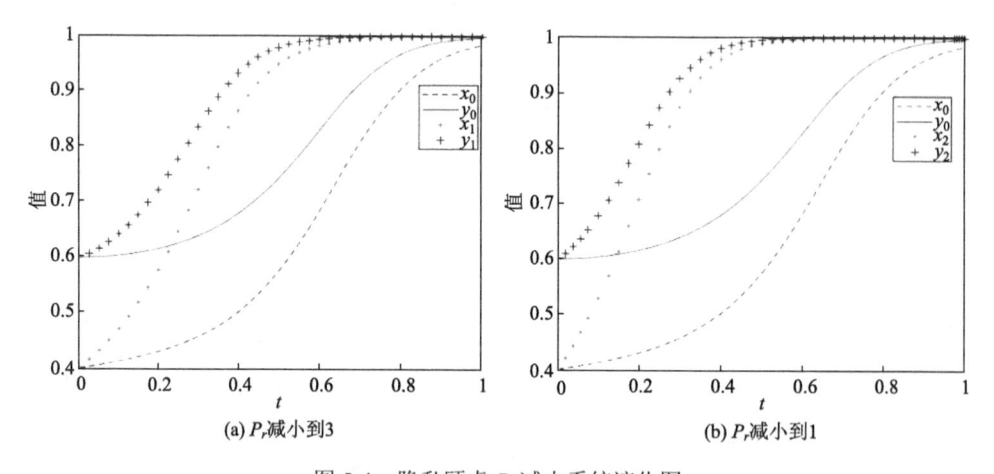

图 5-4　隐私顾虑 P_r 减小系统演化图

x_1 和 y_1 表示 $P_r=3$ 时，$D_5(x^*, y^*)$ 横纵坐标的演化趋势；x_2 和 y_2 表示 $P_r=1$ 时，$D_5(x^*, y^*)$ 横纵坐标的演化趋势

由图 5-4 可以看出，当患者的隐私顾虑较大时，减小患者的隐私顾虑对知识共享朝着用户都选择知识共享行为的状态有较为显著的促进作用，当隐私顾虑较小时，减小患者的隐私顾虑对知识共享行为的影响较小。

因此降低患者在在线健康社区的隐私顾虑有利于在线健康社区的用户选择知识共享行为，但是当隐私顾虑较小时，降低患者的隐私顾虑对用户选择知识共享行为的促进作用较小。

3）用户 2 是患者的概率

在保持其他参数不变的情况下，令 θ 分别减小到 0.1 和 0.3 得到如下系统演化图，见图 5-5。

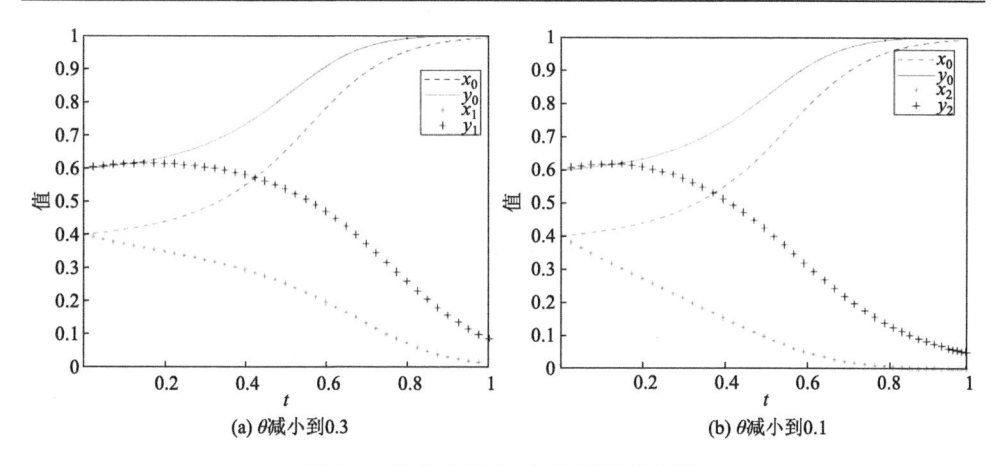

(a) θ 减小到0.3 (b) θ 减小到0.1

图 5-5　患者的概率 θ 减小系统演化图

x_1 和 y_1 表示 $\theta=0.3$ 时，$D_5(x^*,y^*)$ 横纵坐标的演化趋势；x_2 和 y_2 表示 $\theta=0.1$ 时，$D_5(x^*,y^*)$ 横纵坐标的演化趋势

在保持其他参数不变的情况下，令 θ 分别增加到 0.7 和 0.9 得到如下系统演化图，见图 5-6。

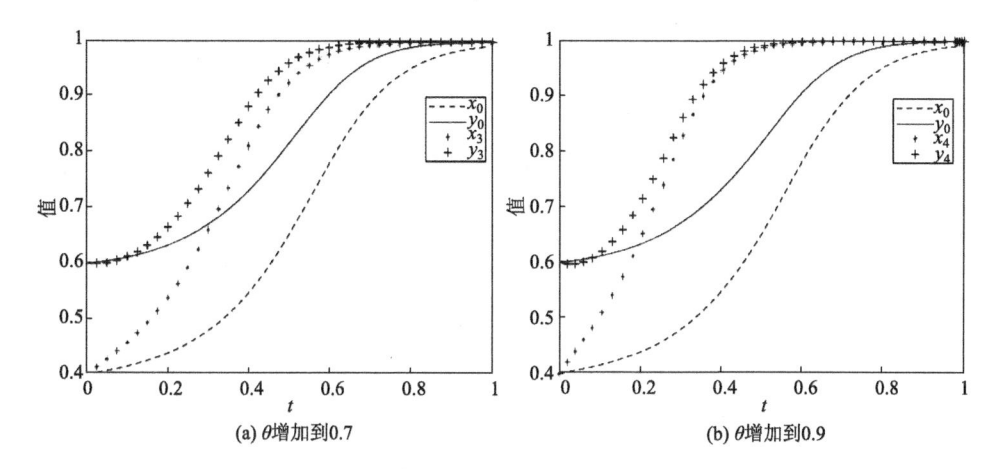

(a) θ 增加到0.7 (b) θ 增加到0.9

图 5-6　患者的概率 θ 增加系统演化图

x_3 和 y_3 表示 $\theta=0.7$ 时 $D_5(x^*,y^*)$ 横纵坐标的演化趋势；x_4 和 y_4 表示 $\theta=0.9$ 时 $D_5(x^*,y^*)$ 横纵坐标的演化趋势

由图 5-5 和图 5-6 可知，用户 2 为患者的概率的大小对在线健康社区用户知识共享行为有正向的影响，用户 2 为患者的概率越大，越有利于在线健康社区朝着用户都选择知识共享的趋势发展，相反用户 2 为患者的概率过小，将阻碍在线健康社区用户的知识共享行为。因此，根据模型假定，在线健康社区中患者数量越多，越有利于促进用户都选择知识共享。

4）患者给予医生的奖励 M 及奖励对医生的效用系数 α

$\alpha=1$ 时，在保持其他参数不变的情况下，令 M 分别减小到 3 和 2 以及分别增加到 10 和 15，得到 $\alpha=1$，M 变化系统演化图见图 5-7。

(a) $\alpha=1$，M 分别减小到3和2

(b) $\alpha=1$，M 分别增加到10和15

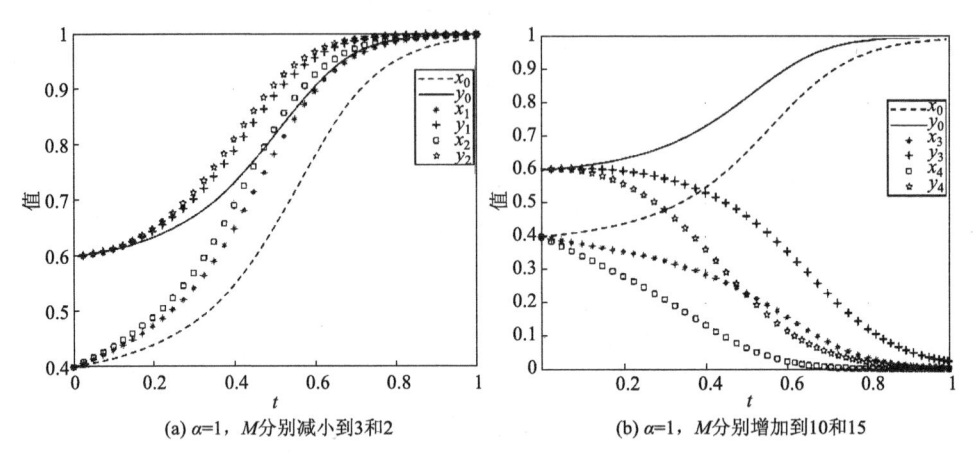

图 5-7 $\alpha=1$，M 变化系统演化图

x_1 和 y_1 表示 $\alpha=1$ 且 $M=3$ 时 $D_5(x^*, y^*)$ 横纵坐标的演化趋势；x_2 和 y_2 表示 $\alpha=1$ 且 $M=2$ 时 $D_5(x^*, y^*)$ 横纵坐标的演化趋势；x_3 和 y_3 表示 $\alpha=1$ 且 $M=10$ 时 $D_5(x^*, y^*)$ 横纵坐标的演化趋势；x_4 和 y_4 表示 $\alpha=1$ 且 $M=15$ 时 $D_5(x^*, y^*)$ 横纵坐标的演化趋势

$\alpha=15$ 时，在保持其他参数不变的情况下，令 M 从 2 增加到 3 和 5 以及令 M 从 5 增加到 15 和 30，得到系统演化图见图 5-8。

(a) $\alpha=15$，M 从2增加到3和5

(b) $\alpha=15$，M 从5增加到15和30

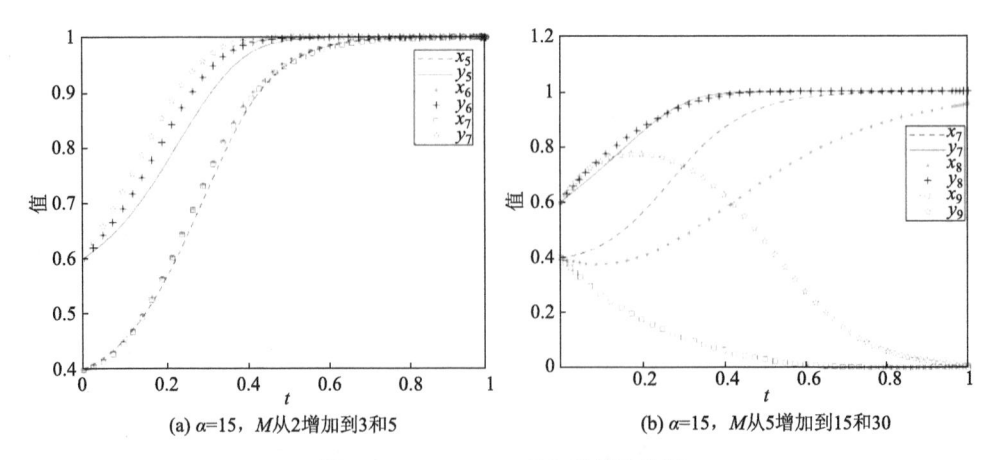

图 5-8 $\alpha=15$，M 变化系统演化图

x_5 和 y_5 表示 $\alpha=15$ 且 $M=2$ 时 $D_5(x^*, y^*)$ 横纵坐标的演化趋势；x_6 和 y_6 表示 $\alpha=15$ 且 $M=3$ 时 $D_5(x^*, y^*)$ 横纵坐标的演化趋势；x_7 和 y_7 表示 $\alpha=15$ 且 $M=5$ 时 $D_5(x^*, y^*)$ 横纵坐标的演化趋势；x_8 和 y_8 表示 $\alpha=15$ 且 $M=15$ 时 $D_5(x^*, y^*)$ 横纵坐标的演化趋势；x_9 和 y_9 表示 $\alpha=15$ 且 $M=30$ 时 $D_5(x^*, y^*)$ 横纵坐标的演化趋势

由图 5-7 和图 5-8 可以看出，患者给予医生的奖励对医生的效用系数较小时，患者给予医生的奖励越多，越不利于系统朝着用户都选择知识共享的趋势发展；当患者给予医生的奖励对医生的效用系数较大时，会出现在一定范围内，患者给予医生的奖励越多，越利于系统朝着用户都选择知识共享的趋势发展，但若超过了这一范围，患者给予医生的奖励将起反作用。

5）医生的声誉收益

在保持其他参数不变的情况下，令 R_e 分别增加到 20 和 25 得到以下系统演化图，见图 5-9。

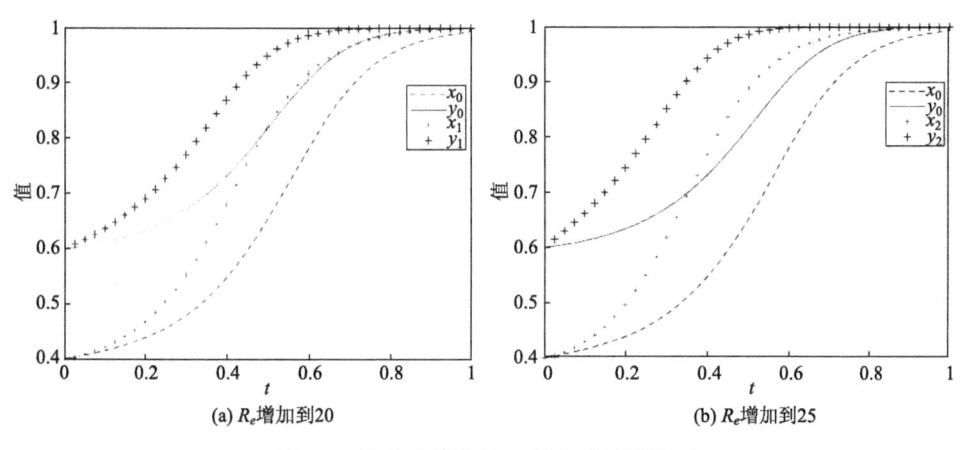

(a) R_e 增加到 20

(b) R_e 增加到 25

图 5-9 医生声誉收益 R_e 增加系统演化图

x_1 和 y_1 表示 R_e 增加到 20 时 $D_5(x^*, y^*)$ 横纵坐标的演化趋势；x_2 和 y_2 表示 R_e 增加到 25 时 $D_5(x^*, y^*)$ 横纵坐标的演化趋势

由图 5-9 可以看出，医生的声誉收益正向影响在线健康社区中用户的知识共享行为，医生选择知识共享获得的声誉收益越大，医生就越愿意采取知识共享。

6）共享成本

根据在线健康社区的特点我们知道，医生和患者选择知识共享时都要付出执行成本，而且患者比医生还要多支付认知成本。保持其他参数不变，首先令执行成本减少 1 个单位，即 C_d 和 C_p 同时减少 1 个单位成本，此时 $C_d = 4$，$C_p = 7$；其次我们令认知成本减少 1，即 C_p 减少 1 个单位成本，此时 $C_p = 7$；得到以下系统演化图，见图 5-10。

由图 5-10 可以看出减少共享成本，不管是执行成本还是认知成本，都对在线健康社区中用户的知识共享行为有积极的促进作用，并且尽管只有患者有认知成本，但认知成本对共享行为的影响作用几乎等同于执行成本。

(a) 执行成本减少1个单位　　　　　　(b) 认知成本减少1个单位

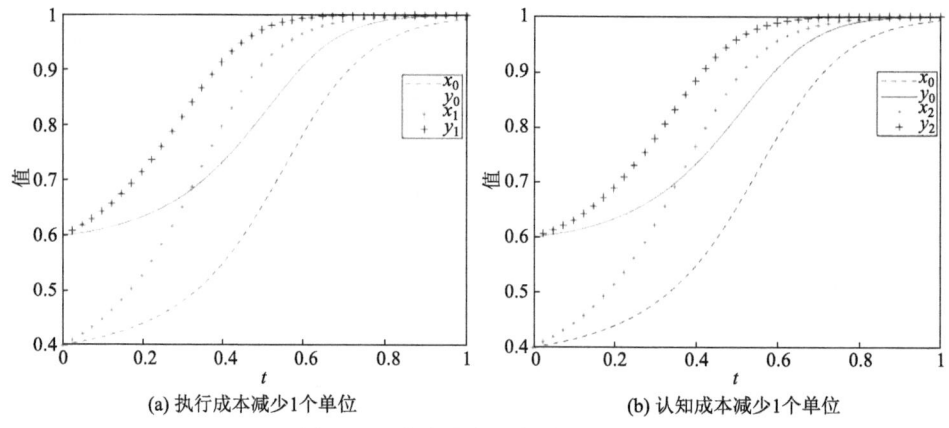

图 5-10　共享成本减少系统演化图

x_1 和 y_1 表示执行成本减少 1 个单位时 $D_5(x^*, y^*)$ 横纵坐标的演化趋势；x_2 和 y_2 表示认知成本减少 1 个单位时 $D_5(x^*, y^*)$ 横纵坐标的演化趋势

5.3　结论与管理启示

根据上述研究，本章针对在线健康社区知识共享得出以下结论并提出相应的管理启示。

（1）要想保证用户在在线健康社区中积极进行知识共享，前提是至少要保证用户在在线健康社区中进行知识共享时的期望收益大于用户的知识收益，即用户在知识共享时，必须获得知识收益以外的正的期望收益。在线健康社区不仅仅是用户交流知识的平台，更重要的是用户交流感情获取情感支持，帮助他人，获取声誉、奖励的平台，社区运营商必须要清楚理解这一点。

（2）减少知识共享的成本。首先，用户在在线健康社区进行知识共享必须要整理编撰他们的知识，这个过程需要大量的时间和精力，即执行成本，所以社区可以通过建立一定的引导机制，帮助用户编撰他们的知识，如可以提供一个知识编撰提纲，帮助用户梳理要编撰的知识，用户只需根据提纲内容填写共享内容。其次，如果用户是患者，不光需要支付执行成本，还要支付认知成本，即患者可能会记起他们的痛苦和不舒服的感受，减少认知成本同样对促进在线健康社区知识共享有着十分重要的积极影响。同样认知成本也可以通过社区引导患者缩短整理编撰时间而减少，此外社区还可以给患者传递积极健康的暗示和信念，转移患者不良情绪，如设计积极健康向上的 UI（user interface，用户界面）等。

（3）减少患者的隐私顾虑。患者在进行知识共享的时候，由于健康信息往往是敏感信息，所以患者会有隐私顾虑。一般来说，当人们之间的关系处于高度信任的环境中，人们会更愿意参与知识共享和社会交换（Chiu et al.，2011），信任可以缓解患者的隐私顾虑。另外根据信任对象，信任可分为社区成员之间的信任，即人际信任和社区成员对社区的信任即系统信任（张敏和郑伟伟，2015）；因此，在线健康社区要积极引导用户之间建立信任关系，建立完善的信息保护制度，培养用户对社区信任，做到让患者在共享时没有隐私泄露的顾虑。

（4）增强用户的归属感，创造积极向上、互惠互利的氛围。患者在在线健康社区中共享知识，不仅是为了寻求帮助，更是为了寻求情感支持。于患者而言，在线健康社区可能存在大量和自己一样的患者，还有丰富的医生资源。通过知识共享互动行为，患者可以得到其他患者和医生的鼓励和支持以及互利互惠，因此增强在线健康社区用户归属感显得相当重要，社区要积极引导用户之间的讨论与互相鼓励，营造社区积极向上、互利互惠的氛围。当患者在社区中得到很大的情感支持时，就会对在线健康社区产生依赖，并有可能向其他人正面宣传在线健康社区。

（5）增设声誉奖励机制。医生通过在线健康社区共享知识帮助其他用户，可以为自己带来声誉，医生的声誉收益促进医生进行知识共享。对于医生而言，声誉是医生的潜在资源，很高的声誉可能为医生带来潜在的经济利益。因此，在线健康社区可以增设一些声誉奖励机制，让医生在共享知识之后得到更多的收益回报。例如，社区根据医生的共享情况设置星级；还可以引导患者在得到医生的帮助后，对医生积极给予好评。

（6）合理设置患者给予医生的奖励上限，丰富奖励形式，提高奖励对医生产生的效用。虽然医生获得的奖励越多，医生越愿意参与知识共享，但是奖励会给患者造成额外成本负担，当奖励超过一定范围，对患者的负向影响更大，因此在线健康社区应该设置合理的奖励上限。另外在线健康社区的奖励一般分为物质奖励和精神奖励，物质奖励的对患者来说成本较高，所以在线健康社区可以丰富精神奖励的样式，同时提高奖励对医生产生的效用，让患者可以低成本给医生带来较高的奖励效用。

（7）保证患者用户的比例，引导患者积极参与共享。在线健康社区中患者的数量影响在线健康社区的知识共享行为，因为患者参与知识共享的概率越大，越有利于在线健康社区中的知识共享行为。在线健康社区能够打破时间地域限制，能够较大程度地整合各种医疗资源，提高医疗服务水平，对于提高用户的健康意识和健康水平具有重大意义。因此患者是在线健康社区的主要受益者，在线健康社区的发展需要得到广大患者的支持，一个在线健康社区只有有大量的患者用户，才能吸引住更多的医生用户加入在线健康社区，才能保证在线健康社区的可持续发展。因此，社区在发展过程中对于患者要给予一定的照顾政策，如尽量减少患者进入在线健康社区的壁垒，对患者给予一定补贴；在患者进入社区之后，就需要积极引导患者参与知识共享，患者越积极参与知识共享，越有利于社区的发展。

总体而言，在线健康社区的管理者应该首先要认识到保证用户在在线健康社区中能收获知识收益以外的正的期望收益,是在线健康社区用户参与知识共享的前提;其次在线健康社区要取得更好的发展,则需要引导用户之间建立信任以及用户建立对社区的信任,增强用户之间的互惠互利以及用户对社区的归属感,增加有效的声誉奖励机制,同时减少知识共享的成本,合理设置奖励上限,丰富奖励的形式,提高医生的奖励效用,最后还要保证在线健康社区中患者数量占比。

5.4 讨论与展望

本章考虑了在线健康社区中的两类用户:医生和患者,并根据两类用户的特点提出研究假设,运用演化博弈的基本理论方法建立了在线健康社区两类用户知识共享行为演化博弈模型,并通过 MATLAB 对模型参数进行仿真模拟,详细分析研究了在线健康社区两类用户进行知识共享的影响因素,并找出关键因素,得出研究结论,最后根据结论为在线健康社区的发展提供了参考建议。

本章在取得一定成果的同时也存在不足,虽然考虑了在线健康社区中的医生和患者两类用户,但是仅考虑了知识共享主要可能发生在患者和医生之间以及患者和患者之间,而实际上医生和医生之间可能也存在知识共享,未来的研究需要进一步考虑,更加全面地对此进行研究;还可以考虑用实证的方法进一步验证和完善本章的研究结果。

5.5 本章小结

在线健康社区有患者和医生两类不同的用户,旨在考虑医患两类用户及其特点,找到影响在线健康社区用户知识共享的关键因素,为在线健康社区的良好可持续发展提供参考建议。在线健康社区中知识共享行为主要可能发生在患者与患者之间以及患者与医生之间,依据演化博弈理论方法建立在线健康社区两类用户知识共享行为演化博弈模型,通过对模型的求解,以及 MATLAB 对模型的仿真模拟,分析影响在线健康社区两类用户进行知识共享的因素。首先,用户积极参与知识共享的前提是用户能通过知识共享获得除知识收益以外正的期望收益;其次,患者的情感支持收益、互惠利他、共享成本、隐私顾虑、给予医生的奖励和社区患者数量占比以及医生的声誉收益、执行成本等是影响用户知识共享演化博弈的关键因素;最后,基于研究结论具体给出在线健康社区运营管理建议。

第 6 章 社交网络中知识共享对用户购买行为的影响

6.1 理论基础与研究假设

6.1.1 理论基础

利用社交网络可以分享商业信息和购物体验，社交网络在商业中体现出独特的优势（Menon et al.，1996）。例如，在线商家可以利用这些新兴技术平台所具有的交互性优势，影响消费者的购买决策；或通过虚拟社区成员之间的互动，商家可以获得消费者购物体验的一些评价性信息。由此可见，社会化媒体对消费者购买决策发挥着越来越重要的作用。

国内外学者从市场营销的角度出发，研究了社交网络知识共享的商业价值，并证实了社交网络中的知识共享对消费者购买行为的多方面影响。Curran 和 Lennon（2011）认为社交网络改变了传统的商业模式，是一种更加方便快捷的交流方式。除此之外，Bhardwaj 和 Bharadwaj（2017）认为营销人员可以通过分析社交网络中的用户之间强大的社交网络关系，来为公司创造更多内部价值。Wolfinbarger 和 Gilly（2001）研究证实了，作为虚拟社区提供商的企业可以通过激励虚拟社区内的知识共享行为，鼓励成员参与社区活动和促进以目标为导向的在线购物，从而最终建立起成员对社区的忠诚。Agnihotri 等（2016）探究了 B2B 销售关系中实施社交媒体对客户满意度的影响，结果显示，几乎一半的买家都会注意到社交网络在购买中的作用。事实上，用户也通过在社交网络上的交流、参与、交换，获得更多的乐趣。并且，Chiu 等（2006）通过大量的案例研究发现，社交网络能够大量节省企业的交易和协作成本，是企业和其用户保持良好联系的重要营销手段。Doka 等（2007）通过研究 eBay（易贝）上用户之间的在线评论对其销售量的影响，表明用户的在线评论会使消费者在虚拟社区平台购买时建立信任感并且有助于其购买行为的产生。常亚平等（2009）基于口碑传播学以及深度访问，从共享主体角度出发，构建了虚拟社区知识共享对消费者购买意向的作用模型，结果表明，信息发送者的专业能力、信息接收者的专业能力、信息接收者搜寻信息的主动性通过信任显著影响消费者的购买意向。金晓玲等（2016）基于冲动行为视角，实证研究了在社交网络中用户对外部环境的感知，对情绪和原创内容的分享具有显著影响。刘砚（2008）认为消费者主动寻找、主动提供消费信息在社交网络上变成普遍的行为，"对话"式沟通将成为社交网络的营销传播重要方式。于玲玲等（2016）基于"自恋"的角度分析了移动社交网络中网络规模的大小会影响用户的分享与创造行为。

尽管相关的研究已经取得很多的结果，但是也存在着突出的两个问题。第一，很多研究都关注了社交网络本身的特点对用户购买的影响研究，至于其是通过什么方式、过程来影响用户购买的尚不清晰。第二，用户之间知识共享对其购买产生影响的研究较多，但都是基于共享主体特点、外部环境变化以及营销传播等方面的研究，很少有从知识共享过程的角度对其进行研究。因此，本章关注基于社交网络的用户知识共享过程，以及该过程中哪些因素是促进用户进行知识共享并进行购买的，以小红书这一社区型电商平台为例，研究其内部的知识共享模式以及其对用户购买行为的影响，并给出新型的社交网络在实际运营过程中的一些管理对策。

6.1.2 研究假设

Szulanski（2000）曾针对企业内部的知识共享提出了知识转移过程模型，将知识转移过程分成4个阶段：初始阶段（initation），即知识的产生和识别；实施阶段（implementation），指双方建立适合的转移渠道；调整阶段（ramp-up），指对知识进行调整适应新的情境；整合阶段（integration），指对知识进行内化并成为自身知识的一部分。小红书的"发现""消息""关注"和"购买"4个模块分别对应着知识的产生—知识的交互—知识的整合—知识的反馈这4个功能，与知识转移过程模型的4个阶段是契合的，所以本章基于Szulanski（2000）的知识转移过程模型来构建小红书内部知识共享过程模型。

基于对现有用户的购买研究，我们通过专家访谈的形式，邀请了3位小红书的运营人员、1位电商平台的运营者，以及3位小红书的资深使用者，共计7位专家根据自己的专业知识和经验，归纳了在社会化媒体的知识的产生、交互、整合及反馈4个阶段影响用户购买的7个因素，并建立起影响因素指标体系。给出以下假设。

1. 知识的产生阶段

社交网络中知识的产生往往伴随着用户的需求出现，当消费者需要去搜寻目标商品进行购买的时候，社区平台的用户活跃度以及用户之间的互动性能够对消费者的购买产生巨大影响。

1）用户活跃度

有研究表明用户的活跃行为会产生更多的社会交互，如互相评论、转发朋友日志、对共同话题进行探讨等。Ou和Pavlou（2014）发现，活跃用户更倾向于创造内容，如照片、日志、视频等，用户创造内容是网上社区的宝贵财富，并且可以吸引新成员的加入。Agnihotri 等（2016）也认为社交网络可以让用户创造和分享内容，提供了沟通及建立关系的渠道，而用户活跃行为主要为虚拟社区网站贡献了内容和关系资源。Chen 等（2011）认为用户的活跃行为增加了网站的流量，较高的访问量可以吸引较多用户进行知识分享。在深入访谈和对虚拟社区（微博、知乎、小红书）的长期观察中我们了解到活跃度是虚拟社区成员的一个重要特征，活跃用户越多的社会化媒体，其网站上内容越丰富，如微博。常亚平等（2011）指出社区的活跃度、发送者的专业能力、经验等能够正向影响其知识的产生。在小红书中，用户的活跃度越高，代表其所写的笔记数量、在线评论、转载数量就越多，代表其知识共享内容就越丰富、知识共享程度也就越深。由此假设如下。

H6-1：小红书中用户活跃度正向影响其知识共享内容。

H6-2：小红书中用户活跃度正向影响其知识共享程度。

2）用户互动

用户参与及用户互动是社交网络平台流量的重要来源，决定着社交网络平台的活跃程度。Bickart 和 Schindler（2001）研究表明，消费者的之间的讨论比营销人员的信息更能引起消费者的兴趣和购买欲望。Okleshen 和 Grossbart（1998）认为在社会化媒体中，消费者之间的互动频率和关注频率能够通过成员关系和信息价值来影响消费者的行为方式。Zhou 和 Zhang（2018）认为用户参与及用户互动是社交网络平台流量的重要来源，决定着社交网络平台的活跃程度。在小红书中，用户之间交流互动得越多，越能引起热门话题的讨论，更能引发用户对同一个话题的发言，从而能够加深对同一个话题讨论的深度。由此假设如下。

H6-3：用户互动的频率正向影响知识共享程度。

H6-4：用户互动的频率正向影响知识共享内容。

2. 知识的交互阶段

当知识在社交网络中产生以后，社区内具有影响及活力的人会对信息传播施加影响，影响用户购买行为。消费者在购买产品或服务过程中对遇到的各种客观风险的心理感受和主观认识又会影响其购买行为。

1）意见领袖

当消费者在面对新产品时，会寻找与新产品相关的意见领袖，寻求专业意见。意见领袖通过其对相关领域的专业判断，发布言论，影响社区内知识共享内容的质量，使社区内知识的专业性以及可靠性加强。在消费者寻求相关的产品知识的情况下，意见领袖能够满足消费者心理认同的需要。在小红书中，意见领袖是社区的种子用户、重要资源，因为其发布的专业性笔记就影响着整个社区内的知识共享内容。从理论上来看，这体现的是网络节点生成内容和网络关系建立的互动，网络节点贡献的内容越多,就越能够吸引他人与自己建立关系;而关注粉丝越多,越能够激发网络节点的贡献内容(Zhang et al.,2014a;Godes and Mayzlin,2004;Charband and Navimipour,2016)。由此假设如下。

H6-5:社区内意见领袖正向影响知识共享内容。

2)感知风险

Shim 等(2001)的研究发现,由于存在风险,消费者往往会在网上搜寻商品信息,消费者搜寻商品信息的意愿会受感知风险大小的影响,他构建了消费者网上信息搜寻与购买意愿的关系模型,结果表明,感知风险与用户网上搜索呈正向关系;Bickart 和 Schindler(2001)就指出消费者对于感知风险大的产品会希望拥有更多的知识来降低产品的感知风险来影响自己的购买决策。在小红书中,当用户对所需要购买的产品感知风险越大时,也越能促进用户对描述该产品笔记的搜寻,从而进一步促进知识共享程度和内容。由此假设如下。

H6-6:感知风险影响知识搜寻的程度来正向影响知识共享内容。

H6-7:感知风险影响知识搜寻的程度来正向影响知识共享程度。

3. 知识的整合阶段

当社区内的知识越来越多的时候,如何把每个用户所传播的知识进行整合,形成系统的社区资源,就在于接收者的专业能力的大小。社区内用户之间的信任则会作为一种社会资本,能够对知识共享产生积极作用。

1)信息接收者的专业能力

信息接收者的专业能力是指针对某一商品领域,信息接收者对于该商品领域所拥有的知识、经验、技术等专业能力的自我主观认定。通过访谈还了解到专业能力较低的消费者会对自己的判断决策甚至已经掌握的信息都缺乏信心,从而会进行更多的信息搜索。Tufekci 和 Wilson(2012)认为更多的证据支持已有知识、经验与信息搜寻行为之间的负相关关系,那些具有高专业水平的消费者相对较低专业水平的消费者来说更少进行信息搜寻。从而降低了知识共享程度。由此假设如下。

H6-8:信息接收者的专业能力负向影响知识共享程度。

2)信任

根据社会认知论,人类活动是由个体的行为、主体认知和环境三者动态交互决定的,即信任可直接影响用户的知识共享行为,也可通过主体认知对用户行为产生间接作用。众多学者通过实证研究表明,人们之间的关系处于高度信任的时候,一般更愿意进行人际交往和知识共享,人际信任对知识共享具有明显的正向作用(廖洪强,2005)。陆娟和张东晗(2004)则把人际信任认为是一种社会资本,对知识共享的行为有正向积极的作用。雷静等（2012）认为信任是促进虚拟组织进行知识共享的一个重要的因素，而 Chiu 等（2006）则认为虚拟社区中的信任机制直接影响社区成员发生知识共享的频率与强度。曲霏和张慧颖（2016）基于社会交换理论视角提出了在关系型虚拟社区中，用户之间建立了人际信任后更有利于其进行持续性的知识共享，认为当个体认为虚拟社区成员之间具有的信任程度越高，那么他参与知识共享活动的意愿就越大。由此假设如下。

H6-9：小红书中用户之间信任正向影响知识共享内容。

H6-10：小红书中用户之间的信任正向影响知识共享程度。

4. 知识的反馈阶段

在线评论通过影响用户之间的信任感，在促进知识共享方面发挥着重要作用。消费者不会盲目追随网络口碑的数目，他们会关注有充分理由和表达清晰的网络口碑。Fan 等（2001）的研究表明，在线评论的质量和数量对消费者感知的网络口碑可信度有很大的影响。Jones 等（2000）认为通过在线评论，特别是像交流商品信息和购物经验，用户可以在虚拟社区内找到归属感，从而增加购买的概率。Aral 等（2013）认为在线评论会因为信息不对称和机会主义行为对其虚拟社区内的用户知识共享产生潜在的威胁从而降低用户的忠诚度。社会交流理论则认为信任和知识共享是交流双方的纽带，在线评论的详细程度、细致度会加强用户之间的信任感，从而进一步影响用户知识共享程度。Shaheen 等（2019）通过研究发现，消费者在阅读大量他人发表的评论后，会增加对整个社区的信任感，从而更愿意进行知识共享。由此假设如下。

H6-11：在线评论通过影响用户之间的信任感正向影响知识共享程度。

5. 知识共享内容和程度对用户购买的影响

常亚平等（2011）提出用共享内容来描述知识共享，Chang 和 Chen（2008）提出描述知识共享时要考虑到共享程度。Hara 和 Hew（2007）提出从隐性知识和显性知识的角度来描述知识共享内容，即从书面知识和经验知识的角度来描述知识共享内容。Kang 和 Namkung（2019）的研究表明，双方共享内容的质量对顾客购买决策产生重大影响。张蒙等（2017）将共享程度定义为社区成员在社区进行人际互动时，互动的强度和深入程度。Godes 和 Mayzlin（2004）认为虚拟社区知识共享的内容质量越高，对用户购买决策的影响越大。Asrar-ul-Haq 和 Anwar（2016）认为知识共享内容的质量受消费者专业知识的影响，当消费者专业性强时，其知识共享的内容更多、更专业，也会引起更多社区用户的关注，会加强社区的知识共享程度，引起更多消费者的购买。Kim 和 Park（2013b）认为在虚拟社区中用户共享内容相关性越高，专业性越强，越能赢得消费者的肯定，从而加深其对网站的信任感。Hara 和 Hew（2007）通过实证研究发现，社交网络知识分享程度等会影响成员对该社交网络的忠诚，从而进一步影响用户的购买。因此，提出如下假设。

H6-12：知识共享内容通过消费者的专业知识正向影响用户的购买行为。

H6-13：知识共享程度通过用户之间的互动强度正向影响用户的购买行为。

通过上述分析，建立社交网络中知识共享对用户购买的研究模型如图6-1所示。

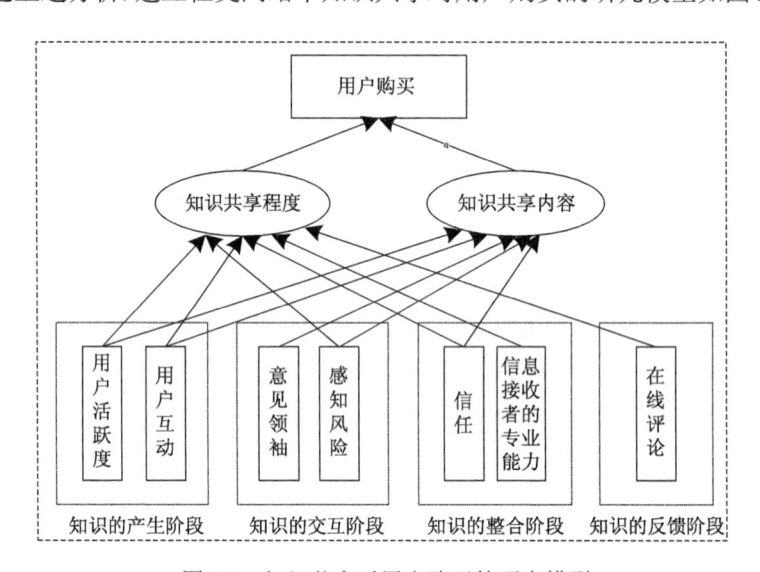

图 6-1　知识共享对用户购买的研究模型

6.2　数据分析

6.2.1　问卷调查

运用问卷调查法对理论模型进行检验，变量的指标用五级利克特量表来测度。问卷的第一部分内容是受访者的性别、年龄、教育程度等基本信息；第二部分是变量的测项，每个变量的测项都是根据以往文献改编而来，确保了问卷的内容效度。问卷设计完成出来后，首先邀请3名小红书资深用户和2名知名电商企业的员工对问卷提意见，进行修改，其次，找了30位在校大学生进行问卷的前测，进一步地精练问卷的内容和语言，最终的测量表见表6-1。

6.2.2　数据的收集

本节以小红书作为社会化商务平台的研究环境。小红书月活跃用户超过2亿人，是中国发展快速的社交网络平台之一。因此，本节选择在小红书网站上进行

表 6-1 社会化媒体中知识转移因素量表来源

研究变量	指标	变量解释	变量来源
用户活跃度	ST1	在线时间	Park 和 Yang（2012）
	ST2	笔记数量	
	ST3	回帖率	
用户互动	UC1	点赞数	Kankanhalli 等（2005）
	UC2	转载笔记数	
	UC3	关注数	
意见领袖	SL1	获赞数	Zhang 等（2014a）
	SL2	粉丝数	
	SL3	用户等级	
感知风险	FC1	遭受损失	Shim 等（2001）
	FC2	错误决定	
	FC3	带来麻烦	
信息接收者的专业能力	SP1	产品专业知识	Tufekci 和 Wilson（2012）
	SP2	对产品的熟悉程度	
信任	BE1	信息准确性	Lee（2002）
	BE2	信息真实性	
	BE3	信息可靠性	
在线评论	OD1	评论频率	Fan 等（2001）
	OD2	评论数量	
知识共享程度	KD1	浏览网站	Wang 和 Fesenmaier（2003）
	KD2	发表笔记	
	KD3	转载并评论	
知识共享内容	KN1	笔记	常亚平等（2015）
	KN2	多媒体信息	
用户购买	UB1	可能不购买	Spears 和 Singh（2004）
	UB2	一定会购买	
	UB3	购买兴趣很高	

问卷的发放，为了鼓励更多的用户完成问卷，当受访人回答问题后，会随机发送一个红包作为奖励。为了确保问卷的质量，将"是否有在小红书上面的购物经验"作为初步筛选问题。问卷正式发放时间为 2017 年 3 月至 7 月，最终有 350 个用户反馈了问卷，其中有 50 份不完整的数据被删除。

样本人口统计表见表 6-2，在受访者中，86.7%为女性用户，13.3%的为男性用户；大多数受访者在 18～30 岁（79.0%）；在教育程度方面，84.3%的用户具有本科及以上的学历；大多数人（72.6%）具有一年以上的小红书购物经历。

表 6-2 人口特征统计表

变量	选项	数量/人	比例/%
性别	男	40	13.3
	女	260	86.7
年龄	≤17 岁	25	8.3
	18～23 岁	150	50.0
	24～30 岁	87	29.0
	31～40 岁	32	10.7
	>40 岁	6	2.0
教育程度	高中及以下	10	3.3
	专科	37	12.3
	本科	226	75.3
	研究生	27	9.0
使用小红书时长	<1 年	82	27.3
	1～3 年	172	57.3
	>3 年	46	15.3

注：表中数据进行过四舍五入，故存在合计不为100%的情况

6.2.3 信度和效度分析

采用 SPSS 21.0 进行信度和效度检验的结果如表 6-3 所示，所有潜变量的克隆巴赫系数（Cronbach'α）值均大于 0.7，说明量表具有较高的信度。采用主成分分析进行探索性因子分析，KMO（Kaiser-Meyer-Olkin）值为 0.876，巴特利特（Bartlett）球形检验中 Sig 值为 0，表明样本数据适合做因子分析，采用最大方差旋转法进行公因子的提取。通过对知识共享过程、知识共享内容、知识共享程度、用户购买等题项进行因子分析，其中知识共享过程得到 7 个因子[用户活跃度（ST）、用户互动（UC）、意见领袖（SL）、感知风险（FC）、信息接收者的专业能力（SP）、信任（BE）、在线评论（OD）]，知识共享得到 2 个因子（知识共享程度 KD 和知识共享内容 KN）、购买意愿得到 1 个因子（用户购买 UB），其结果如表 6-3 所示。

表 6-3 信度和效度分析

潜变量	测度项	负载值	AVE	CR	Cronbach'α
用户活跃度（ST）	ST1	0.891***			
	ST2	0.872***	0.788	0.918	0.867
	ST3	0.901***			
用户互动（UC）	UC1	0.822***			
	UC2	0.893***	0.704	0.876	0.897
	UC3	0.872***			

续表

潜变量	测度项	负载值	AVE	CR	Cronbach'α
意见领袖（SL）	SL1	0.745***	0.743	0.896	0.836
	SL2	0.873***			
	SL3	0.882***			
感知风险（FC）	FC1	0.831***	0.724	0.887	0.813
	FC2	0.829***			
	FC3	0.824***			
信息接收者的专业能力（SP）	SP1	0.899***	0.783	0.915	0.918
	SP2	0.932***			
信任（BE）	BE1	0.821***	0.701	0.875	0.899
	BE2	0.873***			
	BE3	0.817***			
在线评论（OD）	OD1	0.845***	0.661	0.854	0.701
	OD2	0.776***			
知识共享程度（KD）	KD1	0.817***	0.702	0.876	0.942
	KD2	0.854***			
	KD3	0.843***			
知识共享内容（KN）	KN1	0.824***	0.706	0.878	0.842
	KN2	0.842***			
用户购买（UB）	UB1	0.928***	0.742	0.895	0.719
	UB2	0.775***			
	UB3	0.875***			

注：AVE 英文全称为 average variance extracted，译为平均方差提取量，CR 英文全称为 construct reliability，译为组合信度

*** 表示 $p<0.01$

6.2.4 结果分析

各变量间的相关系数及描述性分析见表 6-4。由表 6-4 的结果可知，ST 用户活跃度、信任和在线评论与知识共享程度在 0.01 显著性水平下的相关系数均大于 0.5，说明这三个变量与知识共享程度存在中度正相关关系。知识共享程度和知识共享内容在 0.01 显著性水平下与用户购买的相关性系数均接近 0.5，这表明知识共享内容和知识共享程度在 0.01 显著性水平上存在低度相关关系。模型的回归分析结果见表 6-5。加入自变量和中介变量后，模型的解释程度明显提升，说明知识共享程度和知识共享内容对用户购买具有影响。

表6-4 相关系数及描述性分析（N=300）

变量	1.ST	2.UC	3.SL	4.FC	5.SP	6.BE	7.OD	8.KD	9.KN	10.UB
1.ST	1.000									
2.UC	0.097**	1.000								
3.SL	−0.039**	0.213**	1.000							
4.FC	0.226**	0.189**	0.241**	1.000						
5.SP	0.161**	0.137**	−0.038**	0.231**	1.000					
6.BE	0.139**	0.101**	0.178**	0.331**	0.339**	1.000				
7.OD	0.272**	−0.052**	−0.012**	0.144**	0.029**	0.108**	1.000			
8.KD	0.504**	0.360**	0.339**	0.347**	0.214**	0.507**	0.767**	1.000		
9.KN	0.322**	0.567**	0.338**	0.588**	−0.274**	0.543**	0.324**	0.367**	1.000	
10.UB	0.463**	0.366**	0.487**	0.375**	−0.382**	0.69**	0.452**	0.462**	0.486**	1.000
最大值	5.00	5.00	5.00	5.00	5.00	5.00	5.00	5.00	5.00	5.00
最小值	1.00	1.00	3.00	2.00	2.00	1.00	1.00	1.00	1.00	1.00
均值	3.66	3.18	2.37	4.46	2.79	3.30	3.30	3.64	4.70	3.80
方差	1.64	1.60	0.97	0.97	1.84	1.43	0.96	1.51	1.61	1.08

**代表 $p<0.01$

表6-5 模型的回归分析结果

变量		模型1	模型2	模型3	模型4
		用户购买	用户购买	知识共享程度	知识共享内容
自变量	用户活跃度			0.197**	
	用户互动		0.201***		0.172**
	意见领袖				
	感知风险		0.171**		0.238**
	信息接收者的专业能力		0.158**		
	信任		0.111*	0.190**	0.318***
	在线评论			0.361**	
中介变量	知识共享程度	0.177***			
	知识共享内容	0.179**			
常数项		2.632	1.794	0.433	1.441
R^2		0.560	0.254	0.232	0.241
调整的 R^2		0.512	0.246	0.215	0.230
F值		14.502	11.099	20.099	14.102

***表示在0.1%的显著性水平上显著；**表示在1%的显著性水平上显著；*表示在5%的显著性水平上显著

使用皮尔逊（Pearson）相关性分析可初步检验模型的各假设是否成立，但不能完全说明知识共享过程、知识共享内容以及用户购买之间的关系。因此，可以用逐步回归法对知识共享过程—知识共享程度、知识共享内容—用户购买进行多元回归分析，来分析其之间的定量关系。结果如表 6-5 所示。

如表 6-5 所示，模型 1 代表的中介变量知识共享程度与知识共享内容对因变量用户购买的回归分析，其中我们可知知识共享程度和知识共享内容都进入到了用户购买的回归方程中，它们的回归系数对应的 Sig 值均小于 0.05，两者都对用户购买有显著影响（$\beta=0.177$，$p<0.001$；$\beta=0.179$，$p<0.01$）。模型 1 的 R^2 显示了知识共享程度和知识共享内容共同解释了用户购买方差的 56%，其中最先进入回归方程的是知识共享内容，说明其对于社交网络的用户购买的影响最大。这也代表着社交网络的知识共享内容在很大程度上会影响着用户购买行为，这也说明了社交网络要注重社区内的知识共享内容建设。这也说明了我们前文假设 H6-12、H6-13 成立。

模型 2 代表了知识共享过程中的 7 个自变量对用户购买的回归模型，其中采用的是逐步回归法，由表 6-5 中结果我们可知用户互动、感知风险、信息接收者的专业能力和信任这四个变量进入了我们的回归方程，对于用户购买而言，用户互动、感知风险、接收者专业能力及信任都存在正向且显著的影响（$\beta=0.201$，$p<0.001$；$\beta=0.171$，$p<0.01$；$\beta=0.158$，$p<0.01$；$\beta=0.111$，$p<0.05$），且 R^2 显示知识共享过程中的 4 个影响因素共同解释了用户购买方差的 25.4%。这也说明了在社区内知识共享的 4 个阶段，用户之间的互动能够影响用户的购买意愿；除此之外，平台中用户之间的互相信任也对以内容为主的社区型媒体具有重要的影响；而用户对购买该产品的风险感知也就会进一步影响其购买；信息接收者的专业能力正向影响用户的购买意愿，当信息接收者展示出较高的专业能力时，他们在社交网络中的发言和分享往往被视为更有价值和可信度，从而转化为对其他用户购买决策的影响。

模型 3 和模型 4 分别代表了知识共享过程的 7 个自变量对中介变量知识共享程度和知识共享程度的回归分析。由模型 3 的结果我们可知，用户活跃度、信任和在线评论都进入了知识共享程度的回归方程，R^2 显示对于知识共享程度而言，用户活跃度、信任和在线评论对社交网络中知识共享程度均具有正向显著影响，且共同解释了社交网络中知识共享程度方差的 23.2%。由此证明，假设 H6-2、H6-10 和 H6-11 成立。同理根据模型 4 的结果可证明，用户互动、感知风险和信任对社交网络中的知识共享内容均有显著正向影响（$\beta=0.172$，$p<0.01$；$\beta=0.238$，$p<0.01$；$\beta=0.318$，$p<0.001$），且共同解释了社交网络中知识共享内容方差的 24.1%。假设 H6-4、H6-6 和 H6-9 成立。

6.2.5 中介效应检验

由前面的回归分析得知,知识共享过程、知识共享程度和内容与用户购买之间存在显著关系,满足 Baron 和 Kenney(1986)提出的中介作用的条件,因而需要验证:知识共享过程是否通过对知识共享内容和程度间接影响用户购买。由表 6-5 的回归结果我们可知用户互动、信任、感知风险和用户活跃度这四个变量对用户购买有显著影响,则我们主要观察这 4 个变量在有无中介变量的对比下对因变量用户购买的影响如何变化,来判断中介变量的效果。

在表 6-6 中,加入中介变量知识共享程度后,用户互动和感知风险对用户购买的影响由显著变得不显著,用户活跃度和信任对于用户购买的影响还是显著的,但是信任的回归系数由 0.111 变成了 0.105,除此之外,其他影响因子的回归系数都有所减少。知识共享程度的回归系数为 0.177,Sig<0.01,对用户购买的影响显著。说明了知识共享程度在知识共享过程与用户购买之间起部分中介作用。这也证明了社交网络的知识共享过程中的用户互动、用户的感知风险以及用户活跃度和信任是可以影响社区内知识共享程度的,而知识共享程度又对用户购买有影响。同理将知识共享过程和知识共享内容作为自变量与因变量对用户购买做强制回归比较分析,得到知识共享内容在知识共享过程与用户购买之间也存在着部分中介作用。因此我们可得假设 H6-12 和 H6-13 成立。

表 6-6 中介效应的检验

	变量	模型 1 用户购买	模型 2 知识共享程度	模型 3 用户购买
自变量	用户互动	0.201***	0.361***	0.028
	感知风险	0.158***	0.197***	0.091
	用户活跃度	0.171**	0.190***	0.035*
	信任	0.111**	0.122***	0.105***
	知识共享程度			0.177***
常数项		1.794	0.433	0.992
R^2		0.215	0.248	0.151
调整的 R^2		0.201	0.212	0.102

***表示在 0.1%的显著性水平上显著;**表示在 1%的显著性水平上显著;*表示在 5%的显著性水平上显著

6.3 结论与意义

6.3.1 研究结论

本章以有过海淘经历的消费者为样本，考察社交网络中知识共享对用户购买意愿的影响。研究结果表明，选取的社交网络小红书中，知识共享过程可以划分为知识的产生、知识的交互、知识的整合和知识的反馈4个阶段，研究结果表明，知识共享过程对知识共享内容和程度有影响。其中用户活跃度、信任和在线评论对知识共享程度影响最大；用户互动、感知风险和信任对知识共享内容影响最大。其中信任对知识共享程度和内容均具有一定影响，是社交网络在知识共享过程中应该关注的因素。知识共享程度和内容都对用户购买有一定的影响，其中知识共享内容对用户购买的影响更大一点，这说明在社交网络传播中，丰富产品的内容也是吸引用户购买的关键点。

6.3.2 理论意义

第一，研究视角不同。以往研究虚拟社区内的知识共享对消费者的购买都是从共享内容、共享主体、共享意愿等角度出发的，很少有从知识共享过程角度来分析其中的作用机理。而本章是基于 Szulanski（2000）的知识转移过程模型，把知识共享过程划分为 4 个阶段，并探讨每个阶段对用户购买的影响。

第二，研究的对象创新。以往的研究都是基于普通的电商平台，如淘宝、京东等，并且大都是研究用户的在线评论这一个知识共享内容对其购买者的影响。而本章选取的是近几年发展迅速的社交网络——小红书这一个载体作为研究对象，更具有创新与现实意义。小红书是一个典型的靠 UGC 进行用户购买的社区型购物网站，研究其内部的知识共享是如何转化成用户购买具有强烈的现实意义，并可以给现在的一些社交网络的实际运营很好的建议。

第三，证实了知识共享程度和知识共享内容的中介作用。采用结构方程模型进行了实证分析，个仅是探究了知识共享过程中的不同阶段对其用户购买的影响作用，还证明了知识共享程度和知识共享内容在知识共享过程与用户购买之间是存在部分中介作用的，因此，本章建立的模型框架可以很好地解释社交网络中用户知识共享的过程，得出的结论可以给社区型电商平台关于如何提高其用户的购买转化率提供很好的对策及实证支持。

6.3.3 实践意义

通过这些结果以及对小红书的用户体验情况，提出如下对策。

（1）加强用户之间以及用户与平台之间的信任关系，可以进一步地提高用户购买率。小红书作为一个社区类的电商网站，主要靠用户的笔记来进行用户的知识共享，笔记的质量就影响着用户的选择和购买。网站需要从第三方的角度，来进行优质用户以及优质笔记的筛选，并引入评级制，对于等级高的用户进行奖励，对发布虚假笔记的用户进行封号处理，以免对平台造成负面影响。这样不仅保证UGC的真实性和可靠性，也调动了用户的在平台上进行知识共享的积极性。

（2）要注重加强社交网络中的用户互动。本章发现，社区内的用户互动可以通过正向影响用户知识共享内容来进一步提高购买转化率。由于小红书是社区类电商平台，其用户大多数是陌生人，为用户建立可信方便的互动通道，构建他们的共同兴趣板块，可以增强用户之间的联系和口碑传播的效果，从而进一步地增加用户的购买。

（3）合理利用好用户的在线评论，将其转化成社区的重要资源。小红书主要是通过一些用户的笔记来吸引更多用户的关注和购买，所以用户之间的在线评论可以作为网站选择上架商品的一个很好的原始"数据库"：网站可以统计网站中最热门的产品，通过用户的在线评论可以评选出口碑产品，这都能使网站能够更好地匹配用户的喜好，满足他们的真正需要，同时也能提高网站的购买率。

6.4 本章小结

随着互联网和信息技术的发展，越来越多的社交网络开始构建"社区+电商"的新型商业模式。本章以小红书这一虚拟购物社区的发展为例，分析其内部运行机制，基于Szulanski（2000）的知识转移过程模型，构建了小红书中知识共享过程对用户购买行为的影响因素模型，并以小红书的用户为调查对象，通过问卷数据进行实证分析。结果显示，在社交网络中，可把用户之间的知识共享分成知识的产生、知识的交互、知识的整合和知识的反馈等4个阶段，其中用户互动、感知风险、信任和信息接收者的专业能力等因素对用户购买有积极影响。知识共享过程又通过知识共享内容和程度的中介作用进一步影响社交网络用户的购买意愿，其中知识共享内容对其影响更大，表明在社交网络运营过程中，丰富产品内容能够吸引用户的购买，而加强用户之间的互动、降低用户的感知风险也是促进用户购买的关键。

第 7 章　社交网络中用户参与对继续使用意愿的影响

7.1　社交网络中用户参与行为

社交网络给予了用户极大的参与空间，信息传播的主动权从媒体转移到了用户手中，在网站上用户不再是单纯被动地接受信息，而是可以自由地参与到信息的产生、发布、传播过程中。借鉴 Lloyd（2003）的观点，结合微博的具体情景，本章将微博上的用户参与定义为用户在使用微博的过程中所做出的贡献（即用户登录微博网站的具体行为），这些行为最终将影响他们所接受的服务和服务的质量。根据参与的程度，Chen 等（2014）将在线社区的使用者分为以搜寻信息为主的潜水者和以社交互动为主的贡献者。基于此，根据互动性的高低，本章将用户使用的具体行为分为潜水行为和贡献行为。潜水行为是指用户浏览微博网站信息，而几乎不给予回应，属于较低层次的使用行为。贡献行为是指用户在微博平台上接受服务的过程中有所回应，主要形式包括评论、发帖、聊天窗口交流、群互动和话题互动等，属于较高层次的使用行为。二者在行为上有所不同，进而在社交应用上的贡献度和持续性也存在着差异。

信息系统领域的学者对于用户参与前因的研究较为普遍。例如，基于自我决定理论，Ray 等（2014）提出自我效能、自我认同、社区认同、用户满意度正向影响社区成员的参与度，最终回收到的 301 份在线调查数据显示，前三个变量对用户参与的影响是显著的；此外，用户不同程度的使用行为也有着不一样的动因，潜水行为的前因主要为消极因素，包括信息过载、社交网络倦怠（李旭等，2018）、社交焦虑（Liu et al.，2019a）等，而贡献行为的前因更多是积极因素，包括归属感（Bateman et al.，2011）、乐于分享、社会资本（Wasko and Faraj，2005）等。在线社区的相关研究表明，用户参与和继续使用意愿之间存在正相关关系。例如，Algesheimer 等（2005）发现在欧洲汽车俱乐部的在线品牌社区中，社区参与度与社区持续性之间存在正相关关系。Kuem 等（2020）同样认为，社区用户的参与和社区持续性以及用户积极贡献之间存在明显的正向联系。然而，关于用户使用影响路径的探索，依然存在一些疑惑。目前文献对于用户参与对继续使用意愿的作用机理尚未进行明确的验证，且不同参与程度的用户行为也可能导致用户的持续性存在差异。

基于此，本章采用组织承诺的视角，探究社交网络用户在使用过程中持续性提升的路径。引入情感承诺和持续承诺作为中介变量，基于 PLS-SEM 方法，采集来自微博平台的 183 份问卷数据验证该作用机理。随后，借助模糊集定性比较分析法以组态的视角探索影响用户继续使用意愿的核心因素。本章具有理论和现实意义。一方面，将组织承诺理论运用于社交网络领域，解释了用户参与影响继续使用意愿的作用机理，同时挖掘了潜水行为和贡献行为在此过程中的作用大小。特别地，证实了社交网络用户参与可以作为承诺的前因，与前人的研究结合起来，表明用户参与和承诺存在交互效应。另一方面，研究结论给社会化网络服务平台提供了参考，帮助平台厘清了情感承诺和持续承诺在用户使用过程中的重要意义，突出了贡献行为的重要影响，对平台如何提升用户持续性具有一定的借鉴意义。

7.2 研究假设

7.2.1 用户参与与组织承诺

虽然用户不是社交应用的员工，但网络社区中复杂的用户关系以及用户对社交应用的高度依赖符合组织承诺理论相关文献的描述。Becker（1960）第一次提出了组织承诺的概念，将其定义为个人对于组织单方面的投入保持"活动连贯性"的趋势。Meyer 和 Herscaitch（2001）指出承诺有两个方面的内涵：其一，它是一种稳定的约束力量；其二，它可以独立地指导个体的行为。Meyer 等（1993）对组织承诺的框架展开了一系列的研究，将承诺划分为三种形式：情感承诺、持续承诺和规范承诺。情感承诺是指个人对于组织的认同和依赖的心理状态，情感承诺使人能够以良好的态度和情感保持与组织的关系；持续承诺，也称计算承诺，是指一个人认识到离开一段关系所付出的代价，为了避免先前投入的资源的损失，而不得不持续某一行为；规范承诺是一种道德上的义务和约束，指的是个体出于道德准则和社会规范而有义务去进行某一行为。

组织承诺理论在企业员工工作满意度和离职意愿方向的研究十分广泛。Steers（1977）认为组织承诺的前因变量主要包括个人特征、工作特点、工作经历等，结果变量主要包括出勤、离职意愿、工作满意度等。实证研究表明，组织承诺对于员工的工作满意度和离职意愿的影响十分显著（Zhang et al.，2019a）。

组织承诺在信息系统领域也有着大量的研究。社区用户的浏览行为给网站带来了流量，有益于网站的收入；用户的内容生成、传播等贡献行为更是给网站带来了宝贵的财富。因此，用户被视作在线社区的"半个员工"（Yen et al.，2011）。承诺在社交网络环境下也同样适用，不少学者用其来解释用户的活跃行为或使用态度。例如，陈爱辉和鲁耀斌（2014）的研究表明情感承诺和持续承诺是导致社交网络用户活跃行为的主要原因，而规范承诺的影响不显著。

在本书中，我们将社交网络环境下的情感承诺定义为用户对社交网络的情感依赖，将社交网络环境下的持续承诺定义为用户为保留在社交网络中获得的利益或避免离开社交网络受到的损失而继续使用社交软件。

在组织行为学领域，企业员工的工作参与和组织承诺的关系已得到大量研究的证实。例如，基于 352 位医院员工的实证研究，Jung 和 Yoon（2016）发现员工的工作参与正向影响他们的组织承诺。Zhang 等（2019a）的研究得出了一样的结论，同时，该研究发现，员工的组织参与同样积极影响他们的组织承诺。员工在工作中以及组织中的投入使得他们对于组织的归属感、责任感和积累的社会资本等有利因素得以提升，从而增加他们的工作满意度，降低离职意愿。

在社交网络环境下，用户参与与承诺也有着显著的联系。Bateman 等（2011）的研究表明，持续承诺、情感承诺、规范承诺分别显著影响在线社区用户的浏览行为、回复和转发行为以及讨论行为。Chen 等（2014）证实了情感承诺、持续承诺对社交网络用户活跃行为（内容创造、内容传播、个人关系贡献、团体关系贡献）的积极影响。与上述学者的研究假设相反，本章假设社交网络用户参与正向影响承诺，原因有三：第一，由社会认知理论可知，个人的情绪、行为和对环境的感知具有交互影响作用，在用户使用社交软件的过程中，其使用行为和对平台的情感态度是动态和交互影响的；第二，在企业环境下，员工的工作及组织参与对组织承诺的显著影响已得到学者的证实；第三，从心理学角度，社交网络环境下用户参与的增加会带来用户归属感的提高。基于上述论断，得出以下假设。

H7-1：潜水行为正向影响情感承诺。

H7-2：贡献行为正向影响情感承诺。

同时，社会资本也在用户的参与中逐渐积累起来，体现在用户在社交平台上声誉的提高、社会关系的建立与强化、影响力的增加等。伴随着用户参与度的提升，离开社交应用的成本上涨，会使用户的持续承诺增加。因此，得出以下假设。

H7-3：潜水行为正向影响持续承诺。

H7-4：贡献行为正向影响持续承诺。

基于前文对于规范承诺的定义，在社交网络环境下用户的道德约束和义务相较于企业环境而言几乎不明显，因此本书不考虑与规范承诺相关的假设。

7.2.2 组织承诺与继续使用意愿

社交网络用户的满意度体现为用户在使用社交网络过程中的愉悦和满意程度，继续使用意愿反映了用户的使用态度，二者皆是信息系统成功模型（Delone and Mclean, 2003）中衡量信息系统实施成功与否的重要变量。社交网络作为非强制性的信息系统，在这种情境下，用户的满意度和继续使用意愿显著影响着其后续的行为。

在以往学者的研究中，对社交网络用户继续使用意愿影响因素的探索十分普遍，站在不同的理论视角有着不同的前因变量，如感知有用性和感知易用性（技术接受理论），感知有用性和期望确认（期望确认模型），行为态度、主观规范和感知行为控制（计划行为理论）等。同时也有部分学者基于组织承诺的视角，研究情感承诺和持续承诺对用户使用态度的作用。然而，在社交网络环境下承诺的三个元素的前因变量尚未得到学者普遍的关注。在组织行为学领域，员工的组织参与对组织承诺的影响已有学者证实（Zhang et al.，2019a；Jung and Yoon，2016）。基于前人的研究，本章探索在社交网络环境下用户参与对承诺的两个元素——情感承诺和持续承诺的作用，同时以承诺为中介变量，研究用户参与影响用户继续使用意愿的作用机理。

企业环境下，员工对组织的情感依赖和认同显著影响其工作满意度和离职意愿（Zhang et al.，2019a）。伴随员工情感承诺的上升，其工作满意度有着显著的提高，离职意愿大幅下降。

在自愿性的信息系统中，用户承诺同样起着不可忽视的作用，直接或间接影响用户的采纳态度和行为意愿（Malhotra and Galletta，2005）。Wasko 和 Faraj（2005）发现用户承诺显著影响其在在线社区中的贡献。Li 等（2014）的研究表明组织承诺影响用户使用网站的稳定性。相应地，假设社交网络用户的情感承诺正向影响用户满意度和继续使用意愿。

H7-5：情感承诺正向影响用户满意度。

H7-6：情感承诺正向影响继续使用意愿。

信息系统用户的满意度与使用态度有着紧密的联系，用户满意度的高低直接影响到是否会使用/再次使用/继续使用信息平台，这一点已受到 Davis（1989）、Bhattacherjee（2001）等诸多学者的证实。考虑到社交应用非强制性的特点，用户对社交平台的满意度也可能正向影响继续使用意愿。因此，做出以下假设。

H7-7：用户满意度正向影响继续使用意愿。

情感承诺主要从心理层面解释社交网络用户的使用意愿。与之不同的是，持续承诺更多地关注用户在社交平台上利益、声望、影响力的积累和离开成本的估量。用户感知到离开社交应用的损失（在网站上已建立的社会关系、UGC、个人在网站上的影响力等）促使他继续使用下去。因此，提出以下假设。

H7-8：持续承诺正向影响继续使用意愿。

本章的假设模型如图 7-1 所示。

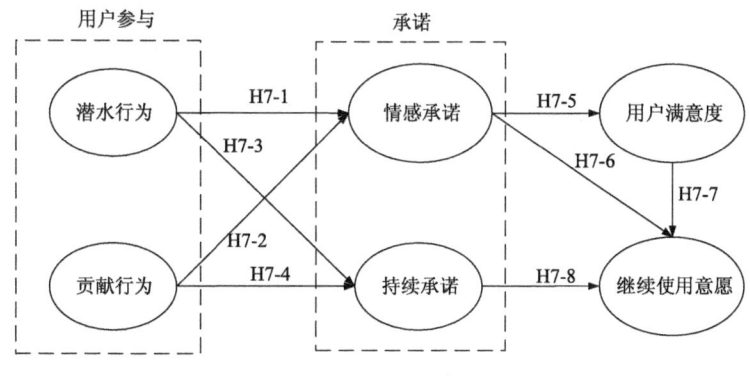

图 7-1　研究概念模型

7.3　数据收集与测量

7.3.1　研究方法

本章首先采用基于方差的结构方程模型（PLS-SEM）对研究假设和模型进行验证。遵循两步分析程序，以该顺序检查测量模型和结构模型。其次，为了进一步探究变量间的组合效果对继续使用意愿的影响，并找出核心的影响条件，采用模糊集定性比较分析法对问卷数据进行分析。

7.3.2　数据搜集

本章以微博用户为调查对象。微博作为国内著名的社交网络平台之一，拥有大量的活跃用户。截至 2020 年 10 月，微博的月活跃用户达到 5.23 亿人。本章采用利克特量表评分，参考国外成熟量表，设计了一套问卷来检验结构模型。问卷设计完成后，通过见数（Credamo，https://www.credamo.com）平台发放问卷，对每位完成问卷的被试者提供现金奖励。一周内回收问卷 200 份，剔除无效问卷（不完整或作答时间过短）17 份，最终收到 183 份有效问卷，问卷有效率达 91.5%，表 7-1 展示了被试者的基本信息。

表 7-1　被试者基本信息（N=183）

类别		频数/人	占比/%	类别		频数/人	占比/%
性别	男	89	48.63	职业	在校学生	51	27.87
	女	94	51.37		在职人员	118	64.48
年龄	18 岁以下	20	10.93		自由职业	10	5.46
	18～25 岁	71	38.80		其他	4	2.19

续表

类别		频数/人	占比/%	类别		频数/人	占比/%
年龄	26~30 岁	55	30.05	学历	高中及以下	8	4.37
	31~40 岁	30	16.39		专科	22	12.02
	40 岁以上	7	3.83		本科	146	79.78
使用微博时长	半年以内	5	2.73		研究生及以上	7	3.83
	>半年~一年	8	4.37	使用微博频率	几乎不使用	2	1.09
	>一年~三年	36	19.67		每周 1 次~<每周 3 次	48	26.23
	>三年~五年	66	36.07		每周 3 次~<每周 5 次	26	14.21
	五年以上	68	37.16		几乎每天使用	107	58.47

7.4 数据分析

7.4.1 信效度检验

采用 SPSS 25.0 和 SmartPLS 3 对量表的信效度进行分析。先进行探索性因子分析，KMO 统计值为 0.915，并在 0.01 的显著性水平下通过检验。最终提取出本章研究的 6 个变量因子，解释了 84.5% 的方差，所有构念的 Cronbach's α 系数均在 0.8 以上，保证了本量表的信度。

验证性因子分析（confirmatory factor analysis，CFA）结果显示，所有因子的载荷在 0.7 以上（表 7-2），所有变量的 AVE 均高于 0.5，组合信度均大于 0.7，表明该量表具有良好的聚合效度（表 7-3）。另外，如表 7-4 所示，所有变量 AVE 的平方根均大于该变量与其他变量的相关系数，表明本章的测量模型具有较好的区别效度。

表 7-2 因子载荷矩阵

构念	指标	继续使用意愿（CI）	用户满意度（US）	潜水行为（LB）	情感承诺（EC）	持续承诺（CC）	贡献行为（CB）
继续使用意愿（CI）	CI2	0.910					
	CI3	0.891					
	CI1	0.888					
用户满意度（US）	US2		0.904				
	US1		0.893				
	US3		0.891				

续表

构念	指标	继续使用意愿（CI）	用户满意度（US）	潜水行为（LB）	情感承诺（EC）	持续承诺（CC）	贡献行为（CB）
潜水行为（LB）	LB3			0.841			
	LB2			0.812			
	LB1			0.732			
情感承诺（EC）	EC1				0.780		
	EC2				0.776		
	EC3				0.746		
持续承诺（CC）	CC2					0.777	
	CC3					0.759	
	CC1					0.751	
贡献行为（CB）	CB2						0.756
	CB1						0.744
	CB3						0.718

表 7-3 信度与收敛效度

构念	指标	载荷	Cronbach'α	组合信度	AVE
潜水行为（LB）	LB1	0.732	0.870	0.839	0.635
	LB2	0.812			
	LB3	0.841			
贡献行为（CB）	CB1	0.744	0.865	0.784	0.547
	CB2	0.756			
	CB3	0.718			
情感承诺（EC）	EC1	0.780	0.903	0.813	0.592
	EC2	0.776			
	EC3	0.746			
持续承诺（CC）	CC1	0.751	0.888	0.806	0.581
	CC2	0.777			
	CC3	0.759			
用户满意度（US）	US1	0.893	0.934	0.924	0.803
	US2	0.904			
	US3	0.891			
继续使用意愿（CI）	CI1	0.888	0.945	0.925	0.804
	CI2	0.910			
	CI3	0.891			

紧接着，本章采用HTMT（heterotrait-monotrait ratio，异质-单质比率）(Henseler et al.，2015)对区别效度进行评估，该方法对于基于方差的结构方程效度问题更加灵敏，结果显示，比率均低于建议的阈值0.85（表7-5）。综上，本章的测量模型具有良好的信度和效度。

表7-4 区别效度：Fornell和Larcker（1981a，1981b）标准

构念	潜水行为	贡献行为	情感承诺	持续承诺	用户满意度	继续使用意愿
潜水行为	**0.797**					
贡献行为	0.625[***]	**0.740**				
情感承诺	0.604[***]	0.668[***]	**0.769**			
持续承诺	0.553[***]	0.679[***]	0.678[***]	**0.762**		
用户满意度	0.402[***]	0.409[***]	0.432[***]	0.456[***]	**0.896**	
继续使用意愿	0.385[***]	0.485[***]	0.483[***]	0.474[***]	0.291[***]	**0.897**
均值	4.177	3.774	3.856	3.577	3.974	4.075
标准差	0.693	0.881	0.787	0.833	0.805	0.837

注：对角线加粗数值为构念AVE的平方根
***表示$p<0.001$

表7-5 区别效度：异质-单质比率

构念	潜水行为	贡献行为	情感承诺	持续承诺	用户满意度	继续使用意愿
潜水行为						
贡献行为	0.716					
情感承诺	0.677	0.757				
持续承诺	0.626	0.774	0.758			
用户满意度	0.444	0.456	0.469	0.500		
继续使用意愿	0.432	0.536	0.522	0.517	0.310	

7.4.2 共同方法偏差检验

本节采用程序控制的方法（问卷测量题项借鉴前人成熟的量表、减少答题者对题目的猜度、匿名做答等）尽量减少共同方法偏差，且通过哈蒙（Harmon）单因素分析方法（Podsakoff et al.，1986）进行检验。结果发现，存在4个特征根大于1的因子，第一个因子的方差解释率为35.62%，小于40%的阈值，表明共同方法偏差的影响并不显著。

7.4.3 假设检验

1. 直接作用检验

通过SmartPLS 3对模型进行估计（图7-2），模型的SRMR（standardized root

mean square residual，标准化的均方残差）指标值为 0.041，NFI（normed fit index，规范拟合指数）为 0.882（Henseler et al.，2014，2016），表明模型的拟合度较好。此外，模型中情感承诺、持续承诺、用户满意度、继续使用意愿的方差解释率分别为 50.6%、48.9%、18.6%、27.5%，说明前因变量具有较强的解释力。具体的运算结果如图 7-2 所示。

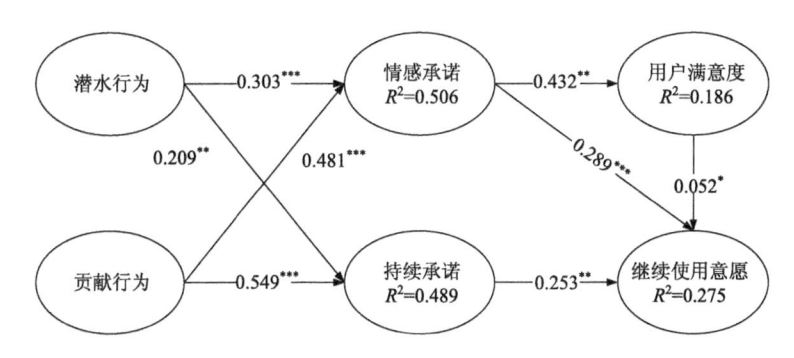

图 7-2　SmartPLS 3 分析结果

***表示在 0.1%水平上显著（$p<0.001$），**表示在 1%水平上显著（$p<0.01$），*表示在 5%水平上显著（$p<0.05$）

（1）潜水行为对情感承诺的标准化回归系数为 0.303（$p<0.001$），因此 H7-1 成立，即社交网络用户的潜水行为显著正向影响情感承诺。潜水行为对持续承诺的标准化回归系数为 0.209（$p<0.01$），因此 H7-3 成立，即用户的潜水行为显著正向影响持续承诺。

（2）贡献行为对情感承诺的标准化回归系数为 0.481（$p<0.001$），因此 H7-2 成立，即用户的贡献行为显著正向影响情感承诺。贡献行为对持续承诺的标准化回归系数为 0.549（$p<0.001$），因此 H7-4 成立，即用户的贡献行为显著正向影响持续承诺。

（3）贡献行为对情感承诺和持续承诺的标准化回归系数（0.481，0.549）大于潜水行为对情感承诺和持续承诺的标准化回归系数（0.303，0.209），表明贡献行为对情感承诺和持续承诺的影响更大，用户使用程度的提升给用户和平台的联系带来了更加积极的效应。

（4）情感承诺显著正向影响用户满意度（$\beta=0.432$，$p<0.01$）和继续使用意愿（$\beta=0.289$，$p<0.001$），因此，H7-5 和 H7-6 成立。同时，用户满意度显著正向影响继续使用意愿（$\beta=0.052$，$p<0.05$），因此，H7-7 被证实，但标准化路径系数（0.052）较小。

（5）持续承诺对继续使用意愿的标准化回归系数为 0.253（$p<0.01$），因此 H7-8 成立，即持续承诺显著正向影响继续使用意愿。至此，直接作用假设均得到验证，下面对情感承诺和持续承诺在用户参与对继续使用意愿影响中的中介效应

进行检验。

2. 中介效应检验

本节使用自助法（bootstrap）检验情感承诺和持续承诺的中介作用，设定自助法再抽样次数为 5000 次，表 7-6 给出了中介效应检验结果。

表 7-6 中介效应检验结果

中介作用路径	直接效应	中介效应	结论
（1）潜水行为—情感承诺—继续使用意愿	0.182 （-0.012,0.376）	0.285 （0.164,0.416）	完全中介
（2）潜水行为—持续承诺—继续使用意愿	0.216 （0.031,0.401）	0.251 （0.139,0.360）	部分中介
（3）贡献行为—情感承诺—继续使用意愿	0.282 （0.123,0.441）	0.179 （0.060,0.299）	部分中介
（4）贡献行为—持续承诺—继续使用意愿	0.288 （0.126,0.451）	0.173 （0.054,0.292）	部分中介

注：95%置信区间，双尾检验

结果表明，情感承诺和持续承诺在用户参与对继续使用意愿影响的中介效应显著（中介效应置信区间上下限均不含 0）。其中，路径（1）：潜水行为—情感承诺—继续使用意愿的直接效应不显著（置信区间包含 0），而中介效应显著，因此，在本路径中情感承诺为完全中介。除此之外，路径（2）～路径（4）的直接效应和中介效应均为显著，情感承诺和持续承诺在各条路径中为部分中介。基于此，本章提出的四条假设路径（潜水行为—情感承诺—继续使用意愿、潜水行为—持续承诺—继续使用意愿、贡献行为—情感承诺—继续使用意愿、贡献行为—持续承诺—继续使用意愿）均得到验证，表明情感承诺和持续承诺对提升用户持续性的关键作用。

7.4.4 模糊集定性比较分析

前文通过 PLS-SEM 验证了各因素对继续使用意愿的影响。本章根据前人研究建议（池毛毛等，2020），结合模糊集定性比较分析法对能够引起高继续使用意愿的组态进行分析。主要包括三个部分：首先，对原始问卷数据进行校准，将 1～5 分的题项得分转化为模糊隶属得分；其次对条件变量必要性进行检验；最后采用真值表分析，确定充分性的组态。

1. 校准

本章采用的校准方式属于"机械式",即根据五级利克特量表的得分,对全部变量的得分按照 4 分、3 分、2 分,对应模糊隶属得分中的 0.95(完全隶属)、0.5(交叉点)、0.05(完全不隶属)进行模糊转换。之所以不选择按照池毛毛等(2020)的做法,选择变量得分均值作为交叉点,是因为部分变量的均值超过了 4 分(继续使用意愿得分均值为 4.07,潜水行为得分均值为 4.18),如果照搬前人做法,完全隶属得分将难以操作。

2. 必要性检验

本节根据前文模糊隶属得分,对结果变量(因变量)和所有条件变量(自变量)进行必要性分析,目的在于探究条件变量与结果变量的出现是否存在高度一致性。必要性检验结果如表 7-7 所示。

表 7-7 必要性检验结果

条件变量	一致性	覆盖度
情感承诺	0.871	0.918
~情感承诺	0.177	0.740
持续承诺	0.793	0.923
~持续承诺	0.253	0.771
用户满意度	0.881	0.902
~用户满意度	0.162	0.771
潜水行为	0.945	0.889
~潜水行为	0.090	0.729
贡献行为	0.841	0.917
~贡献行为	0.206	0.761

注:~表示该条件缺乏

检验结果中,其他条件变量的一致性得分均小于 0.9,可以认为不构成或近似不构成必要条件,而潜水行为的一致性高于 0.9,应当被认为具有必要性,即在后续分析中应当设置出现在结果中。这一结果的出现,正如前文解释,是由问卷数据本身的均值较高造成的,本章选择如实呈现结果,并在后文真值表分析中遵照 Ragin(2008)建议的分析流程,强制指定潜水行为出现在组态中。

3. 真值表分析

根据前文所得模糊隶属度,对引起高继续使用意愿的充分性组合进行探索,利用fsQCA 3.0软件对数据进行真值表分析,通过布尔代数运算进行合并,所得到的三种组态如表7-8所示。在分析过程中,本节设置了频数阈值为3,即条件组态出现频率少于3次的会被舍弃,同时将PRI(proportion reduction in inconsistency,不一致性的比例减少)阈值设置为0.75,并将潜水行为设置为Present状态。

表 7-8 导致高继续使用意愿的组态

条件变量	构型 1	构型 2	构型 3
情感承诺	●	●	
持续承诺			
用户满意度	●		●
潜水行为	●	●	●
贡献行为		●	●
原始覆盖度	0.77	0.77	0.76
唯一覆盖度	0.06	0.06	0.04
一致性	0.92	0.93	0.93
整体一致性		0.92	
整体覆盖度		0.88	

注:●表示该条件为核心条件,即该条件既出现在简约解中,又存在于中间解中;●表示该条件为边缘条件,即该条件只出现在中间解中,不出现在简约解中

可以看到这三种构型的一致性均高于0.9,整体一致性也高于0.9,可以说明分析结果较为有效。整体覆盖度也达到0.88,表明能够解释大部分数据的情况。

模糊集定性比较分析结果表明,情感承诺、贡献行为是影响用户继续使用意愿的重要因素。构型1:情感承诺为核心条件,用户满意度、潜水行为为边缘条件。即使用户满意度不高或者存在潜水行为,只要情感承诺足够强烈,用户的继续使用意愿仍然会很高。构型2:情感承诺、贡献行为为核心条件,潜水行为边缘条件。即使存在潜水行为,只要情感承诺和贡献行为都很高,用户的继续使用意愿也会很高。构型3:贡献行为为核心条件,用户满意度、潜水行为为边缘条件。即使用户满意度不高或者存在潜水行为,只要用户在平台上有较高的贡献行为,他们的继续使用意愿仍然会很高。

综上所述,社交网络用户不同程度的使用行为均显著正向影响情感承诺和持续承诺,进而影响用户的继续使用意愿;贡献行为在提升继续使用意愿的机理中发挥着更重要的作用。

7.5 结论与启示

7.5.1 研究结论

本章基于组织承诺理论，在社交网络背景下探究用户参与对继续使用意愿的影响路径，引入情感承诺和持续承诺为中介变量，采用183份问卷数据和PLS-SEM方法验证了该作用机理，并基于模糊集定性比较分析对影响用户持续性的因素进行深入探索。研究结论如下。

（1）在社交网络上，用户参与显著影响情感承诺和持续承诺。这表明，首先，用户在社交平台上的使用行为（包括潜水行为和贡献行为）能够增加其在平台的归属感和认同感。同时，贡献行为在此过程中的作用更为明显，用户参与程度的提升加强了对平台的情感依赖。其次，用户在社交平台上的使用行为显著影响其离开平台的成本，社会关系、声誉、UGC等随着用户参与的提升不断增加，这一效应在贡献行为中体现更为显著。本章的这两个发现与前人的研究（Bateman et al.，2011；Chen et al.，2014；Wasko and Faraj，2005）并不冲突，而是一种补充，表明社交网络用户参与和承诺是一种交互影响的关系，丰富了组织承诺理论在社交网络领域的应用。

（2）社交网络用户的承诺对继续使用意愿有显著正向影响，与相关研究结果（Delone and Mclean，2003；Davis，1989）一致。这些研究结果表明，用户在使用社交网络过程中产生的情感因素和投入的成本积极影响继续使用意愿。与传统的计划行为理论、技术接受理论视角不同，组织承诺理论的视角更能解释自愿参与情况下用户的行为意愿。研究社交网络用户使用态度的视角可以给未来研究提供指导。

（3）潜水行为和贡献行为通过情感承诺和持续承诺正向影响继续使用意愿。中介效应检验结果表明，在用户参与对继续使用意愿的作用路径中，情感承诺和持续承诺的中介效应明显。前人的研究发现社交网络用户的使用行为积极影响继续使用意愿，但尚未明确作用机理。本章的研究证实了情感承诺和持续承诺的中介作用，厘清了社交网络用户持续性产生过程中的关键因素。

（4）模糊集定性比较分析的结果显示，在影响用户继续使用意愿的诸多因素中，贡献行为和情感承诺可作为核心因果条件存在，证明了贡献行为和情感承诺在影响用户持续性中的核心作用。结合PLS-SEM的分析结果，贡献行为的重要性再一次被突出，而潜水行为可作为辅助型因果条件存在，这表明本章提出的两个前因变量均对因变量有积极正向影响；情感承诺在提升用户持续性过程中的桥梁作用同样不可忽视，这是对PLS-SEM分析结果的良好响应。

7.5.2 管理启示

(1) 社交网络用户参与显著正向影响情感承诺和持续承诺,进而影响继续使用意愿。社交应用之间的竞争主要体现在流量方面,拥有更多活跃用户的社交网络在行业内保持主导地位,并且能够通过广告、用户打赏、商业合作等诸多方式迅速赚取巨大利润,而在拥有大量用户之后,并不意味着社交平台会一帆风顺,不断会面临竞争对手的加入、商业模式的变化、用户的流失等诸多挑战。用户的持续性关系到社交应用的持久性。社交平台没有了用户就相当于企业失去了员工,最后的结局不言而喻。因此,挖掘影响用户继续使用意愿的因素尤为重要。本章从组织承诺理论的视角探究了用户参与对用户持续性的影响,揭示了其中的作用机理,社交应用应当重视提升用户的使用行为,进而加深用户对平台的依赖性,从而使用户持续性得以提高。许多社交软件清晰地认识到这一点,并采取了积极的措施。例如,抖音在诞生初期为一定周期内连续观看视频的用户给予现金奖励,有效地实现了用户增长;同时,基于强大的推荐算法,为用户提供个性化的服务,吸引用户"难以自拔"地成为平台的忠实粉丝。由此可见,本章提出的"用户参与—组织承诺—使用意愿"这条路径对于社交平台吸引和保留用户具有一定的借鉴意义。

(2) 根据模型结果来看,相较于潜水行为,贡献行为在影响用户继续使用意愿的机理中具有更重要的作用,参与程度的提高能够增强用户对平台的情感承诺和持续承诺,拉近用户与平台的距离。同时,社交应用软件的内容输出大多由用户所创造,并且超过一半的内容由少部分深度贡献者提供。这些用户往往是平台上的"明星",拥有大量的粉丝,持续为平台提供优质的作品。他们的存在本身就可以给平台带来巨大的流量。因此,促进用户积极贡献,挖掘更多的头部用户是社交应用需要关注的重点,这对于社交应用提升用户留存率至关重要。在这一点上,新型社交应用软件做得更加突出。例如,哔哩哔哩根据 UP 主发布内容的受欢迎程度(观看、点赞、投币、收藏等因素)对 UP 主进行激励奖励;此外,哔哩哔哩每年都会评选"百大 UP 主"并且给予获奖者极大的曝光度和宣传力度,此举如同年终奖一般激发了平台用户的创作热情。本章证实了贡献行为对用户黏性的强大作用力,给社交应用的管理者提供了参考。

(3) 用户满意度不再是影响继续使用意愿的关键因素($\beta=0.052$)。在社交应用上,归属感、社会关系和 UGC 是关乎用户去留的重要因素。本章给社交平台提供了一个新的管理视角,即关注用户在使用过程中的投入,发挥平台的纽带作用,吸引用户建立复杂的社会网络关系,最大化地保留用户群体,以增强平台的持久性。

7.5.3 研究局限与展望

第一，本章的数据来自对微博用户的问卷调查，虽然微博拥有大量的活跃用户，但该研究结论并不能推广到所有的社交网络平台，未来研究可以用更广泛的数据量和更全面的社交应用视角来验证本章的结论。第二，本章证实了社交网络中用户参与作用于继续使用意愿的影响机理，即情感承诺和持续承诺的中介作用，但如何提高用户参与（更重要的是贡献行为）对于社交网络平台也是至关重要的问题，未来的研究需要重点关注可以被验证的能够提高用户使用的平台管理措施。

7.6 本章小结

社交网络用户使用意愿对使用行为的影响已被多次证实，然而用户参与意味着情感资源和社会关系的投入，是否会促进更进一步使用的意愿呢？本章从组织承诺的视角出发，基于"用户参与—组织承诺—使用意愿"的理论路径，探究了社交网络用户参与对继续使用意愿的作用机理。通过获取来自微博的183份问卷数据，采用PLS-SEM方法对研究模型进行了检验。结果表明：社交网络用户的潜水行为和贡献行为均积极正向影响情感承诺和持续承诺；承诺在用户参与对继续使用意愿的影响中发挥部分中介作用；通过进一步地模糊集定性比较分析发现，贡献行为与情感承诺对后续使用意愿的影响最为显著。本章为社会化网络服务平台提高用户黏性提供了理论支持和实践启示。

第 8 章 社交网络中嫉妒情绪对用户持续使用的影响

8.1 社交网络中的嫉妒情绪

社交网络中聚集了大量拥有相似特性、兴趣的用户，复杂的社交网络使得用户不由自主地产生社会比较行为。社会比较理论认为社会比较是一种普遍存在的社会心理现象，个体通过社会比较来认识与评价自己，并且比较的结果会对自我评价产生重大影响（Festinger，1954）。有研究表明社交平台用户更倾向于进行社会比较，进而影响其情绪、认知与行为等（程慧平等，2020）。用户为了自我提升使用运动社交平台，而浏览社区中其他用户发布的积极、成功的内容会自然而然地引起其进行向上比较来认识评价自己。在比较与自我评价的过程中，用户注意到他人的相对优势可能会产生负面感觉而导致嫉妒情绪，进而影响个体幸福感（向燕辉等，2022）。

嫉妒作为一种复杂的情绪，已有许多学者对其定义进行探讨并达成一定的共识。根据以往研究，嫉妒是一种不愉快和痛苦的感觉的混合体，其特征是自卑、敌意和怨恨，这是由与拥有自己渴望的东西的其他人的比较引起的（Smith and Kim，2007；Parrott and Smith，1993）。然而学者对没有敌意的嫉妒的认识有一个渐进的过程。此前学者普遍认为没有敌意的嫉妒类似于钦佩，因此是一种恰当的嫉妒形式（Smith and Kim，2007）。有研究指出嫉妒拥有消极、积极的两面性，并将它区分为良性嫉妒和恶意嫉妒（van de Ven et al.，2009）。有学者认为没有敌意的嫉妒也是嫉妒，并根据动机的不同分为两种类型的嫉妒。第一种是 Smith 和 Kim（2007）提出的恶意嫉妒，第二种是 van de Ven 等（2009）提出的良性嫉妒，其被认为是一种旨在改善自身处境的非恶意形式的嫉妒。两者动机方面有着明显区别，恶意嫉妒在动机方面是试图剥夺被嫉妒者所拥有的并且嫉妒者所期望获得的优势（Wenninger et al.，2019）。嫉妒者产生良性嫉妒时，或者当个体意识到自己相对于他人的劣势或自卑时，他们会受到激励进行自我完善（Graf，2010）。良性嫉妒可能转化为自我完善的一种动力（van de Ven et al.，2011），即通过提高自身来完善自我以缩小与他人的差距。

嫉妒的双刃剑效应在各种社交网络中的影响越来越受学者的关注和探讨。现有关于社交网络上嫉妒影响持续使用意愿的研究集中在社交网络平台上，然而运动社交平台中的嫉妒情绪有着特殊性，原因在于运动社交平台用户具有更强的目的性。这种目的性体现在用户会带着运动、健身、塑形等目标参与平台，并且用户在社区内经常接触的信息大多与这些目标相关，这类与个体切身相关的内容更会刺激嫉妒的产生继而影响用户的行为意愿。运动社交平台不仅提供了用户运动健身等表现的反馈，还提供了打卡、排行、图片分享、问答、社区活动等社交属性的功能，用户使用一些功能时会产生一种比较甚至攀比的心理，从而引起用户产生其他的情绪状态。在个人目标的实现方面，具有社交动机的跑步者会更频繁地使用能够让其在社交网络上分享自我的功能（Stragier et al.，2018），并且好友在社交网络上分享运动信息能够激发用户的运动意向（刘双庆和芮垾，2021）。类似地，Smith 和 Kim（2007）的研究也指出比较对象的相似程度会影响产生嫉妒的强度。此外，社区内丰富的与用户切身相关的内容也影响着用户嫉妒情绪的产生（Richins，1991）。因此，运动社交平台用户嫉妒情绪值得去关注。本书从社会比较视角出发，关注运动社交平台较强的社交属性带来的用户嫉妒情绪，进而探讨用户嫉妒情绪影响持续使用意愿的机制。

8.2 模型构建

8.2.1 研究假设

Ajzen（2002）在其计划行为理论中提出人的行为受态度、主观规范和感知行为控制等三种主要因素的影响，Trafimow 等（2002）进一步的研究认为感知行为控制是感知控制和感知困难这两个变量的融合，两者既有联系也有区分，在不同的情境下对影响行为起着主要作用。在运动社交平台中用户对行为能力的把握起着较大的影响，如果用户感知控制感高，多会取得较好的运动健身成果，此时看到引起嫉妒的信息更倾向于改善自身，容易产生良性嫉妒，反之倾向于产生恶意嫉妒，因此选取感知控制感作为主要的影响因素是合理的。感知控制感常在健康相关领域作为重点被研究，Wallston 等（1987）将它定义为一种信念，即一个人可以决定自己的内部状态和行为，影响自己的环境并带来预期的结果。综上所述，感知控制感在本书中被定义为用户决定自身内部状态和行为来获得预期结果的信念，因此个人的感知控制感越高就越相信自己能够改变自己的现状进而步入更好的阶段。并且在心理学的领域，有学者提出具有较高控制能力的人，即他们能够产生改变自身劣势状况的想法，更有可能产生良性嫉妒（Lange and Crusius，2015）。另外的研究表明，高感知控制感会对恶意嫉妒产生负面影响（Chaumont et al.，2019）。因此提出以下假设。

H8-1：高感知控制感正向影响良性嫉妒。

H8-2：高感知控制感负向影响恶意嫉妒。

Krasnova 等（2013）认为嫉妒产生于对社会信息消费的反应，在本章研究中，用户使用在线社区平台势必会接触到来自其他用户积极展示的信息，并且经历嫉妒的个体可能会通过心理或口头强调自己的优势进行自我提升，从而试图减少由嫉妒引发的自卑感（Salovey and Rodin，1988）。同样的研究结果在 van de Ven 等（2011）的研究中也得以体现，他认为良性嫉妒作为一种旨在改善自身处境的非恶意形式的嫉妒能够激励人们做得更好，是一种积极的、激励人心的情绪。因此运动社交平台用户经历嫉妒后会努力去接近自己嫉妒的群体，想去获得被嫉妒者的优势或成就。用户在使用运动社交平台的时候会有个人产出结果的期望，即对健康、心理、形象等方面改善的期望（Compeau et al.，1999），并希望使用运动社交平台能够给自己带来帮助，即用户希望使用运动社交平台能够更方便地达到自己心目中的理想状态，因此它的产生往往会提高个人的预先期望，从而提出如下假设。

H8-3：良性嫉妒正向影响预先期望。

根据 Smith 和 Kim（2007）对嫉妒的定义，恶意嫉妒是一种不愉快和痛苦的感觉的混合体，其特征是自卑、敌意和怨恨，还可能导致破坏性的后果。过去的研究指出，恶意嫉妒是一种由普遍动机驱动的，这种动机源于对达不到优秀标准的担忧或恐惧（Lange and Crusius，2015）。用户在接受信息时自然而然地产生比较，如果用户觉得无论怎么努力都无法改善现状就很有可能对自我产生负面评价甚至不希望他人成功。例如，Latif 等（2021）的研究结果表明恶意嫉妒会促使间接伤害他人行为的产生。还有 Lim 和 Yang（2015）的研究证明恶意嫉妒会导致社交网络用户出现退出、摇摆、倦怠等行为或状态。恶意嫉妒对于用户已经是一种不好的体验，会导致用户使用社区时产生挫败感和倦怠感（Krasnova et al.，2013）。自卑、焦虑、沮丧等感觉会影响用户使用社区时的情绪，负面影响了用户使用社区时的感知享乐感（Wu and Srite，2021）。因此提出如下假设。

H8-4：恶意嫉妒负向影响感知享乐感。

预先期望被定义为一个人相信使用该系统将帮助其获得工作绩效的程度（Venkatesh et al.，2003）。这一概念在 Compeau 等（1999）的研究中解释为人们工作中使用计算机协作的预期结果。在本章中，预先期望定义为用户相信使用该平台能够让自己取得更好的运动（健身）效果。在技术接受模型、UTAUT（unified theory of acceptance and use of technology，技术接受和使用统一理论）和其他修正模型中，预先期望被发现是 IS/IT（information system / information technology，信息系统/信息技术）接受意愿的重要影响因素（Lu et al.，2017）。根据社会认知理论，个体更有可能去做预期得到回报或有利的行为（Bandura，2001），从预期行为可能获得的有利结果中获得的满足感与行为本身联系起来，会使个体对行为的影响加强。运动社交平台的环境中，用户由良性嫉妒引发更高的预先期望会使得用户更希望使用社区获得更多对于自身有利的影响，预先期望越高，用户就越可能持续使用该社区，因此提出如下假设。

H8-5：预先期望正向影响持续使用意愿。

研究证明，增强动机是与良性嫉妒相关的重要特征之一（van de Ven et al.，2009），用户预先期望的提升也是自我增强的一种表现，社区中用户展示出通过社区工具取得的成功形象让其他用户产生嫉妒心理，进而加强了用户对使用社区能够更加接近自己目标的信念,这种正反馈的过程能够激发用户使用社区时的享受、充实等感觉。另外，用户因他人展现出的积极信息提高了自身对社区的预先期望是一种激励过程，在这个过程中，用户会向往更高的目标，继而深入参与到平台中。这种过程影响了个人的选择、目标、情绪反应、努力和坚持（Gist and Mitchell，1992），同时也刺激用户使用平台时能够感知到更多的享乐感。因此在本章中假设预先期望的提高是一种诱因，能够刺激用户在社区中找到更多的感知享乐感，故提出如下假设。

H8-6：预先期望正向影响感知享乐感。

感知享乐感是一种基本的内在动机，它表明了使用信息技术或信息系统可以获得多大程度的乐趣。根据 Park 等（2012）的研究，感知享乐感是指个体在使用特定系统时所体验到的乐趣，这种体验独立于使用该系统可能带来的任何性能或效用。Venkatesh 等（2003）提出的 UTAUT 在解释用户使用方面的优势在于它允许包括感知有用性和感知易用性之外的其他决定因素，其中就包含了感知享乐感对于使用意愿的影响。之前研究中也证实了感知享乐感对系统使用的影响（Chao，2019），感知享乐感是技术接受模型中最常用的外部因素，也是显著影响个体对信息系统使用意图的关键外部因素。有很多研究把感知享乐感作为影响持续使用意愿的重要因素并加以证实（Lu et al.，2017；Venkatesh，2000；Venkatesh and Davis，2000；Zhou，2011），在本章中，基于运动社交平台的特性，也把感知享乐感纳入模型中。在社区中，用户的感知享乐感会影响用户的使用意图，因此提出如下假设。

H8-7：感知享乐感正向影响持续使用意愿。

8.2.2 理论模型

基于以上假设并且借鉴前人的研究以及根据运动社交平台的特征来建立本章研究模型。当用户日常使用运动社交平台时接触到令他们可能产生嫉妒的图文或音像信息，会刺激恶意嫉妒或良性嫉妒的产生，这些信息一般都是他人展示出自己积极的一面，如良好的身材、减肥成功的案例、极致的自律等，感知控制感作为个人内因会影响着不同类型嫉妒的产生，这两种类型的嫉妒从不同的路径来影响着个人对运动社交平台的持续使用意愿，良性嫉妒会正向影响用户的预先期望从而提高持续使用意愿，而恶意嫉妒会负向影响用户使用时的感知享乐感从而降低持续使用意愿。本章的研究模型如图 8-1 所示。

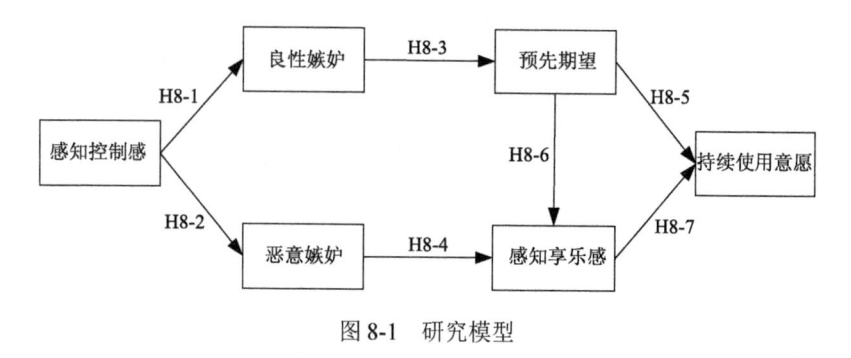

图 8-1 研究模型

8.3 数据收集和分析

8.3.1 变量测量

本章共确定了 6 个变量——感知控制感、良性嫉妒、恶意嫉妒、预先期望、感知享乐感、持续使用意愿。关于变量测量方面，Heggestad 等（2019）发表的研究提供了量表使用的建议，并且认为组织科学中量表的使用应当进行适应情境的修改。因此本章均采用国外的成熟量表进行翻译并根据研究情境适当地改编，并且采用双向翻译法对题项进行翻译，以确保能够准确地表达出题项的本意。问卷均采用七级利克特量表（1=非常不同意，7=非常同意）对上述 6 个变量的题项进行计分。问卷在开始答题之前布置了一些用户使用在线运动平台社区经常会浏览到的博文内容，让被试者在答题前仔细浏览并且回忆平常使用 APP 时浏览到这些类似内容时的感受，由此来激发用户在正常使用社区时经历的心理状态。

8.3.2 数据收集

本章选取 Keep 的用户作为研究对象，其优点主要有以下几点：①Keep 作为国内主流在线运动平台，用户数量超 2 亿，具有较大的用户规模；②相比其他平台用户使用活跃度较高；③Keep 作为运动健身社交属性的平台的代表，社区内容丰富，用户参与度较高，因此适合作为研究对象。本次采用线下随机发放问卷的形式，发放地点选取在湖北省武汉市洪山区、黄冈市蕲春县。发放问卷前确认被试者是否使用过 Keep 进行线上运动或健身，从 2021 年 12 月 20 日至 2022 年 2 月 10 日收集了 189 份问卷，剔除无效问卷 26 份，有效问卷 163 份，在问卷调查的初始阶段，引入与社区用户发布内容相似的问题设计，能够更有效地模拟并反映用户在使用社区时的真实体验。调查对象的描述性统计分析如表8-1所示。

表8-1 调查对象的描述性统计分析

	类别	数量（n=163）	百分比/%
年龄	18～27岁	87	53.37
	28～35岁	41	25.15
	35岁以上	35	21.47
性别	男	89	54.60
	女	74	45.40
受教育程度	高中/中专及以下	22	13.50
	大专	43	26.38
	大学本科	58	35.58
	硕士研究生	36	22.09
	博士研究生及以上	4	2.45
每周使用Keep频率	0～1次	54	33.13
	2～3次	40	24.54
	4～5次	34	20.86
	5～6次	30	18.40
	7次及以上	5	3.07
职业	专业技术人员（科研人员、教师、医生、编辑、记者等）	16	9.82
	中介服务人员（律师、会计师，以及房地产、咨询、证券、旅游等行业从业人员）	16	9.82
	在校学生	47	28.83
	私营企业主	20	12.27
	个体劳动者	23	14.11
	党政机关、事业单位领导干部；国有（集体）企业领导	21	12.88
	党政机关、事业单位一般工作人员	12	7.36
	军人、警察	3	1.84
	其他	5	3.07

8.3.3 信度、效度分析

通过SPSS 26.0软件进行KMO和Bartlett球形检验，KMO检验系数为0.803，Bartlett球形检验的统计量在小于0.001水平上显著，适合进行因子分析。随后计算Cronbach's α值来检验问卷题目间一致性程度，采用Amos 25.0来检验组合信度（CR），组合信度反映了每个潜变量中所有题目是否一致性地解释该潜变量，当组合信度高于 0.70 时表示该潜变量具有较好的组合信度。并且采用因子载荷、平均方差提取量（AVE）测量模型的收敛效度。如表 8-2 所示，CR 和 Cronbach's α 均大于 0.7，所有变量的 AVE 均大于 0.5，所有项目的因子载荷均大于 0.6。因此，该模型能够对变量进行有效的测量且收敛效度是可以接受的。

表 8-2　验证性因子分析结果

潜变量	题项	因子载荷	AVE	CR	Cronbach's α
感知控制感	PC1	0.786	0.566	0.837	0.835
	PC2	0.867			
	PC3	0.649			
	PC4	0.687			
良性嫉妒	BE1	0.744	0.609	0.824	0.822
	BE2	0.770			
	BE3	0.825			
恶意嫉妒	ME1	0.832	0.680	0.864	0.863
	ME2	0.833			
	ME3	0.808			
预先期望	PEXP1	0.824	0.611	0.862	0.861
	PEXP2	0.690			
	PEXP3	0.830			
	PEXP4	0.774			
感知享乐感	PE1	0.712	0.627	0.833	0.831
	PE2	0.898			
	PE3	0.753			
持续使用意愿	CUI1	0.801	0.672	0.860	0.862
	CUI2	0.836			
	CUI3	0.821			

通过比较每个潜变量 AVE 的平方根来评估区分效度是否可以接受。表 8-3 的结果显示，AVE 的所有平方根都大于与之相关的变量之间的相关系数，表明该模型各潜变量之间存在显著差异，具有良好的区分效度。

表 8-3　区分效度检验结果

潜变量	AVE	感知控制感	良性嫉妒	预先期望	恶意嫉妒	感知享乐感	持续使用意愿
感知控制感	0.566	**0.752**					
良性嫉妒	0.609	0.414	**0.780**				

续表

潜变量	AVE	感知控制感	良性嫉妒	预先期望	恶意嫉妒	感知享乐感	持续使用意愿
预先期望	0.611	0.147	0.356	**0.782**			
恶意嫉妒	0.680	−0.311	−0.129	−0.046	**0.824**		
感知享乐感	0.627	0.151	0.189	0.442	−0.300	**0.792**	
持续使用意愿	0.672	0.111	0.197	0.519	−0.137	0.553	**0.819**

注：对角线上加粗数据为 AVE 的平方根

8.3.4 假设检验

运用 Amos 22.0 对模型的路径系数和假设进行检验。理论模型与样本数据的适配情况指标数值与判别标准见表 8-4，判别标准参考 Hu 和 Bentler（1999）在研究中指出的接受标准。其中 NFI 指标值为 0.893，大于 0.8 可以接受。其余指标均符合判别标准，说明假设模型与实际数据的拟合程度良好。

表 8-4 模型拟合度指标

指标	χ^2/df	RMSEA	GFI	CFI	AGFI	NFI	IFI	TLI
本章研究的值	1.312	0.028	0.905	0.986	0.878	0.893	0.986	0.984
判别标准	<3	<0.05	>0.9	>0.9	>0.8	>0.9	>0.9	>0.9

注：χ^2/df（chi-square to degrees of freedom ratio，卡方自由度比值），RMSEA（root mean square error of approximation，近似误差均方根），GFI（goodness of fit index，拟合优度指数），CFI（comparative fit index，比较拟合指数），AGFI（adjusted goodness of fit index，调整的拟合优度指数），IFI（incremental fit index，增值拟合指数），TLI（Tucker-Lewis index，塔克-刘易斯指数）

进一步利用 Amos 22.0 软件计算模型检验的结果，如表 8-5 结果所示，研究中所有的假设都得到验证。并且如图 8-2 所示，两种嫉妒通过不同的路径影响持续使用意愿也得到证明。

表 8-5 研究假设检验情况

假设	路径	标准化路径系数	p 值	是否支持假设
H8-1	感知控制感—良性嫉妒	0.414	***	是
H8-2	感知控制感—恶意嫉妒	−0.311	***	是
	路径 1：良性嫉妒—持续使用意愿			
H8-3	良性嫉妒—预先期望	0.356	***	是
H8-5	预先期望—持续使用意愿	0.341	***	是
H8-6	预先期望—感知享乐感	0.429	***	是
H8-7	感知享乐感—持续使用意愿	0.402	***	是

续表

假设	路径	标准化路径系数	p 值	是否支持假设
	路径2：恶意嫉妒—持续使用意愿			
H8-4	恶意嫉妒—感知享乐感	−0.281	0.001	是
H8-7	感知享乐感—持续使用意愿	0.402	***	是

注：表中数据为路径影响系数完全标准化解

$p<0.001$ 的用***表示

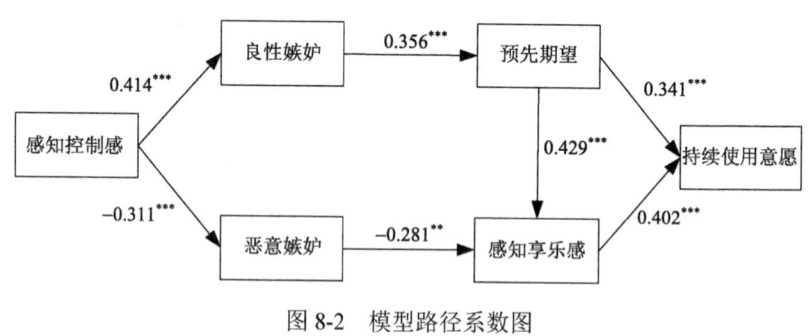

图 8-2 模型路径系数图

***为 $p<0.001$，**为 $p<0.01$

由表 8-5 可知，H8-1、H8-2 验证了感知控制感对于良性嫉妒、恶意嫉妒的影响作用。具体来说，高的感知控制感会刺激个体产生良性嫉妒，同时也会抑制恶意嫉妒的产生，其标准化路径系数分别为 0.414（$p<0.001$）、−0.311（$p<0.001$），各参数估计值在统计上显著，但从路径系数来看，感知控制感对于良性嫉妒的影响要强于对恶意嫉妒的影响，结合前人的研究推断，恶意嫉妒更难被测量或捕捉到，原因可能是人们往往不愿意去汇报自己恶意嫉妒的情况（Wu and Srite, 2021）。在社区环境中，用户热爱运动和交流分享，也减少了恶意嫉妒情况的发生。

H8-3 验证了良性嫉妒会正向影响用户对平台的预先期望，其标准化路径系数为 0.356（$p<0.001$），各参数估计值在统计上显著，这表明用户嫉妒情绪激发之后会影响到使用平台时心态的变化。对于用户而言，良性嫉妒类似于激励，他们会努力提升自己、更深地融入社区。对平台而言，良性嫉妒是弥漫在社区里较好的情绪，能够提升社区氛围、吸引更多的用户、提升社区的内容质量。

H8-4 验证了恶意嫉妒会负向影响用户使用平台时的感知享乐感，其标准化路径系数为−0.281（$p=0.001$），各参数估计值在统计上显著。假设验证了恶意嫉妒这种令人不悦的情绪确实会影响用户在使用平台时的感知享乐感，恶意嫉妒伴随着其他负面情绪抑制了用户在使用平台时的积极情绪，也有研究结果表明，一些用户会做出进一步的负面行为（Krasnova et al., 2013），例如，负面评论、屏蔽等，这些行为就会破坏用户社区的体验感，从而影响整个社区的发展。

H8-5、H8-6 验证了预先期望会正向影响用户的持续使用意愿和感知享乐感，其标准化系数为 0.341（$p<0.001$）、0.429（$p<0.001$），各参数估计值在统计上显著。一方面，预先期望作为一种用户对于平台作用"信任"相关的变量，用户感知到的预先期望越高，就越相信使用平台可以接近自己期望目标和状态。另一方面，预先期望的提高能够促使用户对于平台的深度参与，用户带着积极的希望使用平台就越会享受其中，更容易感受到平台带来的充实、愉快、放松等感觉。

H8-7 验证了感知享乐感会正向影响持续使用意愿，其标准化系数为 0.402（$p<0.001$），各参数估计值在统计上显著。这也再次验证了诸多学者研究的结果（Chao，2019；Venkatesh et al.，2000；Bhattacherjee，2001），对平台使用的态度和使用平台带来的感知享乐感会显著地影响用户的持续使用意愿。

8.4 结论与启示

8.4.1 研究结论

本章首先揭示了运动社交平台存在着两种截然不同的嫉妒情绪，其次探讨了影响不同嫉妒产生的前因及其通过两条路径影响用户持续使用意愿的机制。感知控制感的程度影响了不同类型嫉妒的产生，这可以通过自我决定理论来进行解释，自我决定理论假定人在一生中必须持续满足三个基本的心理需求——自主、胜任、关系，以达到最佳的机能水平并且不断体验个人的成长与幸福感。用户带着目标参与运动社交平台的过程中就包含着个体的胜任需求，用户希望完成具有挑战性的目标与任务来获得满足感。而感知控制感从内到外地影响了个人的心理状态和行为，促使了个体相信自己可以追求自身的目标而达到心理的满足，因此感知控制感高的用户往往会激励自己改变现状，因而更可能产生良性嫉妒，再次验证了前人的研究（Lange and Crusius，2015）。感知控制感低的用户对于满足自身需求的信念较弱，个体感受到胜任需求的缺失会引起某些消极情绪——恶意嫉妒。感知控制感与恶意嫉妒呈负相关的结果在以往有关嫉妒的研究中尚未被发现，这一研究结果产生的原因可能是运动社交平台的用户群体是有相似的兴趣、喜好、经验的人，不同于社交网络用户之间差异性。社会比较理论也指出比较的对象必须相似（Festinger，1954），结合 Parrott 和 Smith（1993）的相似程度越高，嫉妒情绪越强的观点，可以理解为这种同质性导致了嫉妒情绪的加剧，使得本章得出之前研究未发现的结果。

路径 1 揭示了良性嫉妒如何影响持续使用意愿。在该路径中，良性嫉妒激发了用户希望拥有被嫉妒对象的条件或成就的状态，良性嫉妒产生的激励力量进一步地提高了用户使用平台的预先期望,而预先期望正向影响用户感知享乐感,最终增强用户对在线运动平台的持续使用意愿。在心理学领域,Polman 和 Ruttan(2012)的研究证明良性嫉妒会激发一种强烈的向上动机来改善个人处境,从而会鼓励嫉妒者通过模仿更优秀的人来增加自我道德行为。类似地,Foster 等(1972)研究发现良性嫉妒可以培养一种激励力量,促使人们更加努力地工作,并获得他人已经拥有的东西。

路径 2 揭示了恶意嫉妒如何影响持续使用意愿。运动社交平台独有的社区活动、社区文化可能会导致恶意嫉妒情绪被放大。用户参与社区活动进行自我提升的过程可以理解为一个努力的过程,他人发布的积极信息会引起个体更持续地关注自我缺陷和劣势,增加了产生自卑甚至愤怒等消极情绪的可能,使得用户认为难以接近自己嫉妒的对象。自我决定理论指出人们感受到的差距未得到满足时,会引起消极情绪,减少个体感知享乐感从而影响了持续使用意愿。类似地,过往有学者基于使用与满足理论发现社交性满足、内容性满足、过程性满足影响着社交网络用户的持续使用意愿(张敏等,2020),结合该研究可以解释恶意嫉妒可能从各方面不同程度地影响了三种类型的满足,进而导致了持续使用意愿的降低。

8.4.2 理论贡献与启示

本章从社会比较的视角深度地揭示了在线运动平台用户嫉妒影响持续使用意愿的机制,重点探讨了用户的感知控制感在一定程度上影响了用户良性或恶意嫉妒的产生以及两种嫉妒通过不同的路径来影响持续使用意愿。研究结果具有以下几点的贡献。在理论层面,①本章构建了运动社交平台用户嫉妒影响持续使用意愿理论模型,区别于以往研究仅考虑恶意嫉妒的负面影响,探讨了不同层面的两种嫉妒对于用户行为意愿的影响;②目前,国内外仍缺少探究用户间相互的影响使得用户心理变化,从而影响运动社交平台持续使用意愿的研究,本章的结果有助于探讨嫉妒情绪对于现在具有社交网络属性社区的影响,有助于扩展嫉妒相关领域的研究及社交网络引发的情绪如何与用户行为相关的理论;③丰富了健身工具类 APP 用户持续使用意愿的相关理论,为以后的研究提供了借鉴和理论依据。在实践层面,本章结果可以帮助各类运动社交平台管理人员理解用户嫉妒情绪的产生机制以及使用过程中的情感影响行为的过程,以此来刺激用户良性嫉妒的产生,减少恶意嫉妒的影响,寻找提高服务质量以提升用户使用体验的措施。

8.4.3 研究局限与展望

本章从社会比较的视角探究了运动社交平台用户嫉妒情绪影响持续使用意愿的机制,研究具体有以下两点局限:①参与者以在校学生或年龄 18~27 岁的 Keep 用户为主,其中未关注到不同年龄段的人群对不同的嫉妒形式的影响,不同群体之间也可能存在客观差异，日后需进一步拓展和丰富研究群体；②结论具有普适性，并未考虑个人的运动健身习惯和使用习惯，也未考虑平台差异性的影响，这些因素可能在某种程度上影响着用户的持续使用意愿。

8.5 本章小结

运动社交平台用户接收他人发布的积极信息后可能会由于比较心理而产生嫉妒，嫉妒作为一种双面性的情绪，其两种不同的产生动机对用户运动社交平台持续使用意愿的作用机理还缺少深入探索。本章基于社会比较理论，从嫉妒的两面性出发（良性嫉妒、恶意嫉妒），构建了两种嫉妒通过两条路径影响用户持续使用意愿的理论模型，通过对163份线下收集的问卷进行分析，探究其作用机理。研究发现用户感知控制感的程度影响了两种不同嫉妒的产生，恶意嫉妒负向影响感知享乐感继而影响持续使用意愿，而良性嫉妒通过两条子路径正向影响持续使用意愿。本章探讨了嫉妒情绪对用户持续使用意愿的作用机理并拓展了嫉妒相关领域的研究，为平台发展提供了一定的借鉴。

第9章 社交网络中用户知识付费意愿联动效应研究

9.1 用户知识付费意愿的影响因素

知识共享的发展经历了三个阶段：静态知识获取阶段、动态知识社区阶段和知识付费平台阶段。人们对优质内容的认可和付费意愿不断提升，以移动支付为依托，借助参与式文化氛围和低门槛生产模式，知识付费迅速成为互联网经济新业态。付费技术和付费观念逐渐普及，知识付费用户的消费逐渐趋于理性化消费，用户更愿意为所需且高质量的内容付费。知识付费是社交网络平台发展的趋势，也是用户和平台的需求所衍生的一种平台运营模式。因此探讨知识付费产品用户付费意愿的因素对提升用户体验，满足用户需求，扩大平台收益，促进知识付费行业健康发展具有重要意义。本章根据知识付费平台的特点，整合已有潜在影响知识付费意愿的因素，探究导致不同领域的用户高知识付费意愿的联动组合因素，分析差异化的用户在知识付费中的不同体现。

关于知识付费的概念，学界和业界的理解尚未达成一致，艾瑞咨询（2018）将知识付费定义为"用户出于明确的求知目的付费购买的在线碎片化知识服务"。社交网络平台用户的支付意愿受到多种因素影响，国内外学者已进行了大量研究，主要从用户评价、平台认可度和支付价格等角度进行。

9.1.1 用户评价

Bapna 和 Umyarov（2015）研究表明，同伴影响力是让用户从免费升级到付费的强大力量。赵杨等（2018）基于社会资本理论构建用户知识付费行为影响因素模型，结果表明，知识供给者的粉丝数、发表文章数、回答问题数、获得点赞数、是否实名认证和是否标注专业领域均对用户知识付费行为具有显著正向影响。Shi 等（2020）分析用户在进行支付决策时的信息处理和评价，免费内容的感知质量、内容创造者的感知可信度和参与者的感知数量正向影响用户的付费意愿，进而正向影响用户的支付行为，但社会认可负向调节支付意愿与支付行为之间的关系。李钢等（2018）发现付费意愿受到付费态度、主观规范与知觉行为控制因素的直接影响，而付费态度受到感知质量、体验、信任的直接影响，知觉行为控制受时间资源、货币资源的直接影响。赵菲菲等（2019）认为社会影响、任务压力、求知好奇、感知趣味、技术易用是影响用户付费问答意愿的潜在因素。周涛等（2019a，2019b）认为信息交互和情感交互显著影响信任，信息交互和信任影响认同，信任和认同决定付费意愿。Dhanesh 和 Duthler（2019）研究发现，社交网络中付费意识与广告识别相关，而广告识别与购买和电子口碑相关。

9.1.2 平台认可度

Yang 等（2017）从付费答疑平台知识贡献者特征及其声誉的角度探讨什么因素有利于建立提问者和知识贡献者之间的信任，进而驱动提问者做出付费的决定，并考察了价格如何调节信任与支付决策之间的关系。苏鹭燕等（2019）研究发现对知识商家的信任显著正向影响消费者的购买意向。周涛等（2019a）研究用户知识付费的影响因素，结果表明平台的信息质量和服务质量会影响用户的付费意愿。Xiang 和 Song（2020）构建用户对知识付费采用意愿研究模型，认为以感知有用性为代表的知识内容是关键，以感知易用性为代表的操作过程是方法，而感知价格不是关键因素。Kim N 和 Kim W（2018）研究发现社交分享行为会对其他用户的付费行为产生影响。Liu 等（2019b）研究影响知识付费平台中消费者支付意愿的因素，结果表明，知识共享者的线上社会资本对消费者的支付意愿有显著的正向影响，而线下社会资本和知识价格对消费者的支付意愿没有显著影响。Su 等（2019）研究证实，顾客价值和对知识贡献者的认同显著影响在线知识付费，对在线知识付费的信任和对知识贡献者的认同均显著影响购买意愿，但对平台的信任不影响消费者的购买意愿。

9.1.3 支付价格

Zhang 等（2019b）调查哪些因素对付费知识的用户满意度有影响，区分专家和新手用户，提出具有不同专业知识的用户在知识价格和历史知识消费交易方面对于用户满意度会有不同的反应。Zhao 等（2018）从利益和成本的角度对用户支付意愿的前因进行识别和考察，结果表明，除了自我提升、社会支持和娱乐等非经济利益外，财务因素如成本和收益对使用付费问答平台的感知价值有显著影响，经济利益的影响会被感知的互惠信念所调节，而感知价值的影响会被感知的信任所调节。Hsu 和 Lin（2015）对用户购买付费应用的意愿研究中发现，性价比、应用评级和付费应用的免费替代品对付费应用的购买意愿有直接影响。陈昊等（2019）研究发现，价格合理性是消费者知识付费意愿的关键性要素。蔡舜等（2019）发现价格对知识产品销量有负向影响，但当产品评论数量足够多时，价格对销量的负向影响减弱。李剑南等（2014）发现付费意愿受到网络外部性、虚拟社会资本和顾客感知价值的直接影响。Nguyen 等（2016）认为在在线社区的付费和非付费互动中，用户参与与其对定价策略的公平性认知呈正相关。Chen 等（2020a）研究显示，外在动机（即外在报酬、期望关系、形象）和内在动机（即自我价值感）显著影响医生为患者提供良好服务的意愿，进而正向影响免费服务的意愿和付费服务的意愿。Zhang 等（2019b）从心理学角度探讨了为什么用户愿意在社交网站上为知识付费，结果表明需要支付的价格在可接受范围是一项重要因素。

研究发现，从信任、感知价值、满意度、社会影响以及知识付费定价（刘征驰等，2018）等多个角度对知识付费意愿的分析较多，且大多仅考虑单一影响因素对付费意愿的作用，较少研究联动组合因素对在线知识付费意愿的影响机理。在线知识付费意愿的影响因素在用户决策上起到的作用有较大差异，有正向影响，也有负向影响。说明有关用户的影响因素不可单一而论，而是相互作用的结果。因此，研究影响高知识付费意愿的因素组合具有较大的必要性和重要意义，且从不同领域中的用户获取数据，得到差异化的结论，是对已有研究的补充和扩展。

9.2 模型构建

综上所述，社交网络平台用户的付费意愿是一个受用户评价、平台认可度和支付价格相互联动影响的复杂过程，亟须采用多元、整体的视角来审视。有鉴于此，本章整合已有研究成果，从下述三个层面和多个前因条件研究影响平台用户付费意愿的组合因素及联动机制，通过定性比较分析方法进一步探索，构建模型如图 9-1 所示。

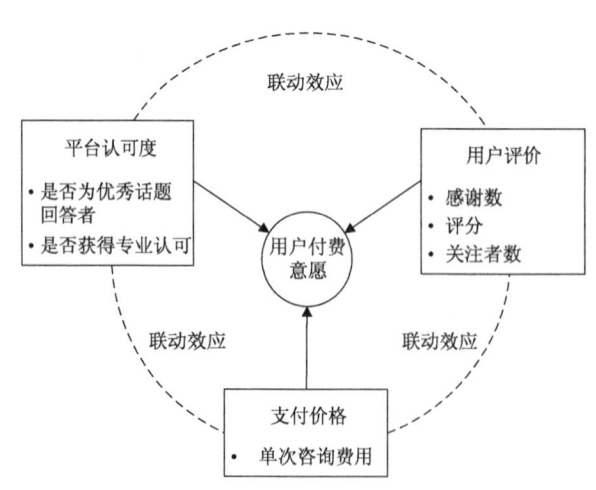

图 9-1 在线知识付费意愿联动效应模型

人们的社交网络使用行为会影响心理和社会因素，进而间接影响人的行为意愿（Harridge-March，2006）。已有研究表明，价格（Shi et al.，2020）、用户对产品和服务的满意度（Zhang et al.，2019b）、评论的口碑、信息质量（李钢等，2018）是影响消费者付费意愿的重要因素。各指标变量与解释说明如表 9-1 所示。

表 9-1 模型中各变量指标说明

变量类别	指标类别	指标名称	指标解释
条件变量	用户评价	感谢数（TN）	指答主的回答、发表的文章和观点被其他用户认为有用并且给予感谢的数量
		评分（SC）	用户对付费答主给予回答的质量的评分
		关注者数（FN）	指有多少人关注答主，这些关注者是该答主的潜在付费用户，为客观数据
	平台认可度	是否为优秀话题回答者（EA）	平台对答主的认定，表明答主是否擅长该领域
		是否获得专业认可（RF）	平台对答主的专业认可，这是平台给予用户知识共享的一种肯定，一定程度上反映了答主的专业性
	支付价格	单次咨询费用（PR）	提供付费咨询的答主给用户提供有偿解答的价格
结果变量	用户付费意愿	有偿总咨询次数	答主付费咨询板块的总咨询次数

注：付费行为受到付费意愿与知觉行为控制的直接影响，付费意愿受到付费态度、主观规范与知觉行为控制因素的直接影响（Zhao et al., 2018）。本节采用向答主进行有偿咨询的总咨询次数来衡量用户付费意愿，有偿总咨询次数越多，一定程度上反映其他用户对该答主的付费意愿高

9.3 研究方法与数据处理

9.3.1 定性比较分析

本章在组态视角下分析影响知识付费意愿的影响机理，选取模糊集定性比较分析法对社交网络平台中用户付费意愿影响因素进行构型分析。构建用户在线知识付费意愿的联动效应模型，考虑不同领域用户的差异性，进行组态分析，找出形成高付费意愿的条件组合。

9.3.2 数据来源与获取方式

本章选取知乎平台中的付费咨询版块作为数据来源，该版块涉及的领域包括职场、教育、心理学、法律、科技、健康、情感、金融、母婴和运动健身等领域。这些领域的答主在知乎上比较活跃，具有一定的声誉，并能保证给提问者相对专业的解答，提供知识付费服务，符合本章的研究情境。在数据选择上，提取付费咨询版块中答主的相关信息，包含答主的个人信息（是否为优秀话题回答者、是否获得专业认可），其他用户提供的间接信息（感谢数、评分和关注者数等），答主提供付费咨询的单次咨询费用信息。

在数据获取方案上，采用 Python 爬虫技术，共获取 314 名答主的有关信息，覆盖 10 个领域，其中数量较多的领域有法律、职场和情感领域，对备选案例样本

进行了筛选，标准如下：

首先，选取的案例必须符合持续提供付费服务的要求，中途不能退出或者暂停服务，导致数据不全，与其他样本数据存在较大误差。其次，提供服务的时间跨度相对一致，不能出现有的用户服务了一年，而有的用户才服务一天这种情况。最后，对在不同领域提供咨询服务的用户，应该分开来分析，领域不同，导致用户选择付费咨询服务的因素会有较大差别。

经过筛选，最终选取职场（29个样本）、健康（63个样本）和法律（30个样本）三个领域共122个符合要求的答主作为分析数据源。这三个领域的答主个数相对较多且领域差异较大、关注比较多，具有较强的代表性。

9.3.3 数据及校准

本章采用基于模糊集定性比较分析法来分析导致用户知识付费意愿的各种组合因素，需要对获得的变量进行规范化处理，将数据转化成0到1之间的数据集。本章的相关变量并未从理论中找到直接的校准点，因此需要结合数据的分布特征与实际的经验进行选择。

在模糊集校准中，常用的校准锚点为最小值、最大值、均值与中位数，其中最大值通常作为完全隶属点，最小值为完全不隶属点，均值或中位数为不完全隶属点。若变量的数据完全符合正态分布，则选择均值作为不完全隶属点，若数据不符合完全正态分布，则倾向于选择中位数作为校准值。根据以往类似研究的设定及数据分布，对数据进行校准结果如表9-2所示。

表9-2　不同领域各因素数据校准

变量名称		职场领域			健康领域			法律领域		
		完全隶属	交叉点	完全不隶属	完全隶属	交叉点	完全不隶属	完全隶属	交叉点	完全不隶属
条件变量	是否为优秀话题回答者	1		0	1		0	1		0
	是否获得专业认可	2	1	0	6	1	0	3	1	0
	评分	5	4.9	4.8	5	4.9	4.8	5	4.9	4.8
	关注者数/个	274 000	81 000	1 140	216 000	70 000	999	167 000	55 000	1 987
	单次咨询费用/元	100	49	15	88	40	1	100	50	8
	感谢数/次	42 000	8 400	150	29 000	4 700	33	21 000	5 100	210
结果变量	有偿总咨询次数（销量）/次	840	165	30	540	200	6	940	180	21

9.4 数据分析及结果讨论

9.4.1 必要条件分析

对单个条件变量进行必要条件分析，结果如表 9-3 所示，必要条件分析结果要看一致率，在职场领域，仅有高单次咨询费用的值超过 0.9；在法律领域，只有高专业认可的值超过 0.9；其余均未达到必要条件的一致率最低标准 0.9（Verweij and Noy，2013）。因此，只有职场领域的高单次咨询费用和法律领域的高专业认可为高付费意愿的必要条件。

表 9-3 职场、健康和法律领域必要条件分析

条件变量	职场领域 一致率	职场领域 覆盖率	健康领域 一致率	健康领域 覆盖率	法律领域 一致率	法律领域 覆盖率
是优秀话题回答者	0.271 274	0.678 571	0.264 775	0.720 000	0.561 006	0.524 706
非优秀话题回答者	0.728 727	0.531 667	0.735 225	0.571 225	0.438 994	0.536 923
高专业认可	0.629 937	0.776 758	0.897 294	0.664 204	0.901 855	0.608 914
低专业认可	0.449 446	0.468 449	0.240 872	0.792 567	0.269 836	0.665 106
高评分	0.862 896	0.640 254	0.608 363	0.810 927	0.602 516	0.711 210
低评分	0.311 285	0.736 458	0.483 572	0.534 547	0.518 868	0.499 093
高关注者数	0.622 501	0.797 366	0.717 625	0.771 315	0.767 924	0.716 129
低关注者数	0.582 524	0.588 575	0.447 859	0.618 201	0.413 836	0.508 108
高单次咨询费用	1.000 000	0.626 252	0.583 924	0.844 926	0.726 415	0.770 514
低单次咨询费用	0.063 392	0.365 132	0.575 519	0.597 165	0.479 874	0.508 328
高感谢数	0.673 330	0.773 115	0.653 795	0.736 173	0.517 610	0.470 824
低感谢数	0.508 852	0.565 714	0.538 744	0.702 638	0.679 245	0.862 620

在确定必要条件后，要对该条件进行充分性分析，以确定该条件是否为无关紧要的必要条件，此处需要参考的是覆盖率。与必要性分析不同的是，此处的分析没有最低阈值，且大部分条件变量的一致率都在 0.9 以下，说明影响用户付费意愿因素的复杂性，需要条件因素共同作用才能导致高付费意愿。所以，是否为优秀话题回答者、感谢数、是否获得专业认可、评分、关注者数以及单次咨询费用需要相互间的联动匹配才能共同影响付费意愿，应综合考量这几方面多重条件的并发协同效应。

9.4.2 不同领域的条件组态分析

本节采用 Ragin 和 Fiss（2008）提出的模糊集定性比较分析法分析结果呈现形式，可以清晰地表明各个条件在组态中的重要性。

1. 职场领域的高付费意愿组态分析

表 9-4 呈现了用以解释高付费意愿的四条驱动路径，每一纵列分别代表了一种条件组态，解的总体一致性为 0.87，解的覆盖度达到了 0.67，满足了覆盖度和一致性的要求，说明得到的四种条件变量组合对结果有较强的解释力度。

表 9-4 职场领域高付费意愿条件组态

条件变量	条件组态 Sa			条件组态 Sb
	Sa1	Sa2	Sa3	
是否为优秀话题回答者（EA）		•	⊗	⊗
感谢数（TN）	•		⊗	●
是否获得专业认可（RF）	●	●	●	⊗
评分（SC）		•		●
关注者数（FN）	•	•	⊗	
单次咨询费用（PR）	●	●	●	●
一致性	0.87	0.93	0.96	0.91
覆盖度	0.45	0.21	0.15	0.25
唯一覆盖度	0.12	0.04	0.03	0.15
解的总体一致性		0.87		
解的覆盖度		0.67		

注：(1) ●代表核心因果性条件存在，•代表辅助因果性条件存在，⊗代表辅助因果性条件不存在，"空白"表示组态中该条件可存在、可不存在。(2) 将同时出现在简约解和中间解的条件定义为核心条件，将所有出现在中间解但没在简约解中的条件定义为非核心条件

基于这四种条件组态，我们可以识别出是否为优秀话题回答者、感谢数、是否获得专业认可、评分、关注者数和单次咨询费用在用户选择答主进行付费提问决策时的差异化适配关系，具体如下。

（1）条件组态 Sa1 表明，只要答主获得平台专业认可（核心条件），同时单次咨询费用（核心条件）、感谢数和关注者数也较高时，无论答主是否为优秀话题回答者、评分是否高，用户就会产生较高付费意愿。

（2）条件组态 Sa2 表明，只要答主获得平台专业认可（核心条件），同时单次咨询费用（核心条件）、用户对答主评分较高、答主是优秀话题回答者、答主的关注者较多时，则无论感谢数多少，用户就会对该答主有更高的付费意愿。

(3) 条件组态 Sa3 表明，只要答主获得平台专业认可（核心条件），同时单次咨询费用（核心条件）、用户对答主评分也较高时，即使答主不是优秀话题回答者、感谢数也不多、关注者数量不多，用户也会出现高付费意愿。

Sa1~Sa3 条件组态的核心条件：获得专业认可和高单次咨询费用。

(4) 条件组态 Sb 表明，当答主获得的用户感谢数（核心条件）和评分（核心条件）都高，同时答主的单次咨询费用（核心条件）也较高时，即使答主未获得平台专业认可、也非优秀话题回答者、关注者数量不高，用户同样会产生高付费意愿。

2. 健康领域的高付费意愿组态分析

表 9-5 呈现了用以解释高付费意愿的五条驱动路径，每一纵列分别代表了一种条件组态，解的总体一致性为 0.88，解的覆盖度达到了 0.69，满足了覆盖度和一致性的要求，说明得到的四种条件变量组合对结果有较强的解释力度。

表 9-5 健康领域高付费意愿条件组态

条件变量	条件组态 Sa			条件组态 Sb	条件组态 Sc
	Sa1	Sa2	Sa3		
是否为优秀话题回答者（EA）	⊗			⊗	⊗
感谢数（TN）	•	•	⊗	●	
是否获得专业认可（RF）	●	●	●	⊗	
评分（SC）	•	•	•		•
关注者数（FN）		•	⊗	⊗	●
单次咨询费用（PR）			•	⊗	•
一致性	0.89	0.89	0.94	0.89	0.96
覆盖度	0.29	0.43	0.15	0.20	0.31
唯一覆盖度	0.04	0.17	0.02	0.08	0.06
解的总体一致性			0.88		
解的覆盖度			0.69		

注：(1) ●代表核心因果性条件存在，⊗代表核心因果性条件不存在，•代表辅助因果性条件存在，⊗代表辅助因果性条件不存在，"空白"表示组态中该条件可存在、可不存在。(2) 将同时出现在简约解和中间解的条件定义为核心条件，将所有出现在中间解但没在简约解中的条件定义为非核心条件

基于这五种条件组态，我们可以识别出是否为优秀话题回答者、感谢数、是否获得专业认可、评分、关注者数和单次咨询费用在用户选择答主进行付费提问决策时的差异化适配关系，具体如下。

(1) 条件组态 Sa1 表示，无论答主关注者数多少和单次咨询费用高低，只要答主获得平台专业认可（核心条件），同时获得的用户感谢数和评分都较高时，即

使答主非优秀话题回答者，用户都会产生高付费意愿。

（2）条件组态 Sa2 表示，无论答主是否为优秀话题回答者和单次咨询费用高低，只要答主获得平台专业认可（核心条件），且用户对答主感谢数、评分和关注者数量较高，用户都会产生高付费意愿。

（3）条件组态 Sa3 表示，无论答主是否为优秀话题回答者，只要获得平台专业认可（核心条件）、用户评分高和单次咨询费用高时，即使答主的感谢数和关注者数不多，用户均会产生高付费意愿。

Sa1~Sa3 条件组态共用一组核心条件：获得平台专业认可。

（4）条件组态 Sb 表示，只要用户对答主感谢数（核心条件）高、单次咨询费用（核心条件）较低时，即使答主非优秀话题回答者、未获得专业认可及关注者数量不高，无论用户对答主评分高低，用户也会产生高付费意愿。

（5）条件组态 Sc 表示，无论用户感谢数多少，答主是否获得平台专业认可，只要答主的关注者数（核心条件）数量高、评分和单次咨询费用高时，即使答主非优秀话题回答者，用户也会产生高付费意愿。

3. 法律领域的高付费意愿组态分析

表 9-6 呈现了用以解释高付费意愿的五条驱动路径，每一纵列分别代表了一种条件组态，解的总体一致性为 0.86，解的覆盖度达到了 0.67，满足了覆盖度和一致性的要求，说明得到的五种条件变量组合对结果有较强的解释力度。

表 9-6　法律领域高付费意愿条件组态

条件变量	条件组态 Sa			条件组态 Sb	条件组态 Sc
	Sa1	Sa2	Sa3		
是否为优秀话题回答者（EA）	⊗		•	•	•
感谢数（TN）	•	•	⊗	●	•
是否获得专业认可（RF）	⊗	•	•	●	●
评分（SC）		•	⊗	●	●
关注者数（FN）		•	⊗	•	•
单次咨询费用（PR）	⊗	⊗	⊗	⊗	
一致性	0.89	0.95	1.00	0.98	0.82
覆盖度	0.22	0.45	0.07	0.23	0.29
唯一覆盖度	0.07	0.11	0.00	0.03	0.10
解的总体一致性	0.86				
解的覆盖度	0.67				

注：(1) ●代表核心因果性条件存在，⊗代表核心因果性条件不存在，•代表辅助因果性条件存在，⊗代表辅助因果性条件不存在，"空白"表示组态中该条件可存在、可不存在。(2) 将同时出现在简约解和中间解的条件定义为核心条件，将所有出现在中间解但没在简约解中的条件定义为非核心条件

基于这五种条件组态，我们可以识别出是否为优秀话题回答者、感谢数、是否获得专业认可、评分、关注者数和单次咨询费用在用户选择答主进行付费提问决策时的差异化适配关系，具体如下：

（1）条件组态 Sa1 表示，无论用户评分高低、答主关注者数多寡，只要答主单次咨询费用不高（核心条件）、感谢数较高，用户仍会产生高付费意愿。

（2）条件组态 Sa2 表示，无论用户是否优秀话题回答者、是否被平台专业认可，只要答主单次咨询费用不高（核心条件）、感谢数、评分和关注者数较高时，用户就会产生高付费意愿。

（3）条件组态 Sa3 表示，当单次咨询费用不高（核心条件）、答主是优秀话题回答者且获得平台专业认可时，用户会产生较高付费意愿。

Sa1～Sa3 条件组态共用一组核心条件：单次咨询费用不高。

（4）条件组态 Sb 表示，无论用户感谢数多寡，只要单次咨询费用不高（核心条件）、答主为优秀话题回答者且获得平台专业认可（核心条件）、评分较高（核心条件），答主关注者数也较高，用户就会产生高付费意愿。

（5）条件组态 Sc 表示，无论单次咨询费用高低，只要答主为优秀话题回答者且获得平台专业认可（核心条件）、评分（核心条件）较高、感谢数和关注者数量也较高，用户都会产生高付费意愿。

9.5 结论与展望

9.5.1 研究结论

本章借助模糊集定性比较分析法的思想，从多重条件之间的联动匹配角度探讨了社交网络平台中用户知识付费意愿的组合影响因素，进一步拓展了"因果推断"的应用，有助于揭示多重条件组合影响在线知识付费意愿过程中的作用，加深平台管理方、研究学者对社交网络平台中付费模式的认知和理解。根据以上模糊集定性比较分析法分析，三个不同领域的用户高付费意愿的联动效应主要结论如下。

（1）职场领域：该领域的用户高付费意愿为价格——口碑型，当答主获得平台专业认可或用户感谢数与评分较高，同时单次咨询费用较高时，用户会产生较高的付费意愿。

获得平台专业认可、用户感谢数与评分较高是答主专业的重要标识。当单次咨询费用高时，用户从心理上会认为更专业的咨询就需要匹配较高的咨询费用，想要更有价值的结果需要一定的付出，因此更愿意高付费咨询。这里感谢数和评分与答主获得平台专业认可是一组可相互替代的指标。

（2）健康领域：该领域的用户高付费意愿为口碑型，当答主获得平台专业认可或感谢数、关注者数较高，用户就会产生高付费意愿。

与职场领域相比，健康领域的用户依然重点关注答主的专业性，即平台对答主的专业认可、关注者数量和感谢数，但同时也认为单次咨询费用高低并不代表答主的专业性和咨询结果的好坏，并不只追求高费用的咨询服务。健康领域的问题是大多数用户比较关心且可以相互借鉴的，因此用户更加看重已经有过付费行为的用户的使用评价，如感谢数和关注者数等。

（3）法律领域：该领域的用户高付费意愿分为口碑型和价格型两种，一种是重点关注单次咨询费用的高低（占主要部分），另一种是无论咨询费用的高低，当答主获得平台专业认可（核心条件）、评分高（核心条件）时，用户就会产生高付费意愿（当用户是优秀话题回答者或感谢数、关注者数较高时，这种效应会增强）。

与职场和健康领域相比，法律领域用户更希望支付较低费用进行咨询，更加注重付费咨询的性价比，希望花较少的费用得到想要的结果。用户会更看重答主是否获得专业认可和评分并由此来决定是否进行付费咨询。

综上分析可知，不同领域中用户在线知识付费意愿的联动因素有较大差异，有些领域的用户认为咨询价格高是专业性和回答质量的保证，有些领域的用户更看重咨询的性价比，还有一些领域的用户不太关注价格因素，更看重答主的专业认性即平台认可及用户口碑。因此，我们认为：用户的在线知识付费意愿的影响因素并非一成不变，不同领域的用户知识付费意愿的联动因素不同，并非被单一因素独立影响，且不同组合中某些因素可以相互替代，也会产生高付费意愿。

9.5.2 实践启示

本章研究结论可以为社交网络中用户在线知识付费行为带来以下几点实践启示。

第一，存在多个使用户产生高付费意愿的组合影响因素，不同领域的组合影响因素不同，付费平台管理方应针对不同用户领域，采用不同的管理策略。例如，针对职场领域用户，平台管理方一方面可以建立机制，鼓励用户对优秀答主进行点赞感谢、评分和加关注，帮助优秀答主逐步建立和巩固在用户心中的口碑；另一方面引导答主根据咨询问题的专业性和难度，在合理范围内设置付费标准，满足用户咨询预期。

第二，知识付费行为是多种因素协同作用的结果，各影响因素之间有一定的替换关系。例如，在职场领域感谢数和评分与答主获得平台专业认可能够相互替代；在法律领域，答主的专业性（平台专业认可且感谢数、评价和关注者数较高）能替代低单次咨询费用，推动用户付费意愿。在管理实践中，平台应该更积极推动对更多优秀答主进行平台专业认证，特别是对部分新进的专业答主，避免由时间原因导致感谢数和关注者数量不够,用户付费意愿不高的问题。

第三,在不同领域中,相同因素对付费意愿可能产生不同的作用关系,正确、理性认识高付费意愿的因果关系是平台良性健康管理的基础。例如,职场领域的用户认为高单次咨询费用与专业性是一种正向关系,而在法律领域,低咨询费用则更容易被用户接受。

9.5.3 研究局限与展望

本章采用模糊集定性比较分析法,研究用户在线知识付费意愿行为的联动效应,通过构建模型,揭示出平台中用户付费行为是多种组合因素协同作用的结果,不同领域中差异化用户付费意愿的联动效应组合存在较大差异,但该研究仍存在一定局限性。

首先,受篇幅和数据来源限制,本章只选取了职场、健康和法律三个领域的数据进行模糊集定性比较分析法分析,研究样本量有限,结论普适性上存在一定的局限性,后续应该扩大样本源并继续深入分析。

其次,本章构建知识付费意愿影响因素模型,付费意愿影响因素是多样化的,付费平台(是否为优秀问题回答者、是否获得专业认可)、用户(感谢数、评分和关注者数)、咨询价格(单次咨询费用)仅从平台、用户和价格三个角度考虑设计指标,并未涵盖全部影响因素,如答主获得的徽章、职业经历等信息可能也会对咨询量产生重要影响,后续需进一步加深拓宽该领域研究。

9.6 本章小结

人们对知识付费的需求不断提升,但信息冗余和服务质量无法保证,会降低其付费意愿。本章主要采用模糊集定性比较分析法,探究社交网络平台中用户高知识付费意愿的联动组合因素。本章通过 Python 工具,对知乎平台中职场、健康和法律领域的付费咨询板块中差异化用户的数据进行分析。研究表明,平台用户的高付费意愿是多个组合因素协同作用的结果,不同领域的用户付费意愿的影响因素组合不同,组合中的部分因素可进行相互替代,知识付费平台应针对不同领域的用户采用不同的管理策略。

第10章　社交网络中用户知识付费意愿演化博弈研究

用户的付费行为是基于自身价值感知的基础上产生的。价值感知是用户将自身在消费过程中得到的感知利得和感知利失相比较的结果（López-del-Pino et al., 2018），用户的感知利得对于用户的付费意愿有显著的正向的影响，而用户的感知利失则会降低用户的付费意愿（方爱华等，2018）。然而，知识作为商品有其自身的特点，知识的价值会随着时间而降低（曹高辉等，2017），具有较强的时效性。知识的贬值率越高，知识创造的收益就越小，从而会进一步降低用户的价值感知（赵健宇，2016）。总之，用户的购买行为是基于用户对知识的有用性认知的基础之上，价值感知会正向影响用户的付费意愿（刘鲁川，2017；叶阳和王涵，2018）。由于免费的观念早已深入人心，并且现阶段我国知识付费平台中存在内容同质化的现象，这就使得用户知识付费意愿比较低。

针对用户知识付费意愿的研究，大部分只是单方面地考虑了用户作为知识的生产者或者是消费者的情形，并没有把用户作为消费者和生产者的二重身份结合起来。同时，从价值感知的角度对用户的付费意愿的研究，大部分仅仅是单方面地从感知利得或感知利失来开展研究，并未将二者结合起来。因此，本章利用演化博弈的相关理论，来对用户的行为进行分析，找出平台中用户行为的演化规律和各因素的关系，并在此基础上得出相应的管理启示。

10.1　演化博弈模型构建

10.1.1　在线知识付费平台的特点

在早期，知识付费平台主要通过无偿提供内容的手段来扩大用户群体、赢得声誉和口碑，从而来扩大品牌价值，而通过免费的模式得到的效益是服从边际效益递减规律的。因此，在获得一定用户群体的基础后，平台就应该转而寻求如何实现"知识变现"，来获取相应的利润。在某些领域存在知识付费平台提供的知识同质化问题严重的情况，用户很难在平台上获取优质的知识内容（Grebitus and Roosen, 2018）。同时，平台提供的知识还具有时效性的特点（Holsapple and Singh, 2001），知识产品和服务的价格会随着时间的变化而变化，大部分的知识产品和服务的价格会随着时间的增长而降低。在平台的早期发展阶段所提供的知识内容大部分都是免费的，当在线知识平台过渡到知识付费的阶段时，由于"免费"的观念早已深入人心,受历史惯性的影响,用户可能不愿意付费来获取自己想要的知识内容,用户的付费意愿较弱(Hampton-Sosa,2019;Wang et al.,2018)。综上所述,现阶段我国知识付费平台的特点可以概括为产品同质化倾向严重、产品的时效性比较强、平台中存在大量的"消极用户"、平台的盈利能力不强。

10.1.2 问题描述与假设

基于上述分析,本章研究的问题可以概括为:在早期,平台通过无偿提供知识的手段来获取一定的用户群体,之后则通过收费等手段来实现盈利。但是信息的不对称性和平台的自身特点等一系列原因使得在线知识付费平台中存在大量的付费意愿比较低的"消极用户"。因此,平台中的"消极用户"在一定程度上制约了平台的生存和发展,对平台造成了极大的危害。本章需要研究的是各类因素对于用户和平台行为选择过程的具体影响,并在此基础上回答平台应该采取何种策略来改变用户的行为选择倾向,提高用户的付费意愿,使用户的选择符合自身的利益诉求。

根据上述问题的描述,模型的假设如下。

假设10-1:用户和平台双方都遵循自身利益最大化原则,用户的目标是自身的效用最大化,平台则力求实现利润的最大化。

假设10-2:博弈双方主体抽象为平台和用户,平台在提供知识服务获利的策略为收费和不收费;用户的策略则为使用和不使用。平台采取免费的策略时,得到的效用服从边际效用递减规律。

假设10-3:用户具有双重角色,用户既是知识的生产者又是知识的使用者,设用户为知识生产者的概率为 p。当用户作为知识的生产者时,向平台提供知识时会获得一定的酬金。

假设10-4:用户还可以从平台外部环境来获取知识,但在此过程中会产生一定的成本。

假设10-5:平台提供的知识具有时效性,知识产品和服务的价格会随着时间的增长而降低。

假设10-6:用户在使用平台所提供的知识产品以及服务时,会产生一定的信息收集成本。

10.1.3 参数含义与收益分析

根据上述假设,各参数代表的含义如表10-1所示。

表 10-1　模型相关参数的含义

符号	意义
u_i	用户的效用，在收费的情况下记为 u_1，免费的情况下记为 u_2
s	代表平台提供的知识的异质性系数
m	用户的信息收集成本，即免费情况下用户使用平台获取知识的信息收集成本
w	知识酬金，代表平台支付给用户提供知识的酬金
o	代表用户从平台外部获取知识的成本
k	平台提供知识产品或服务的收益（或者是知识产品及服务的价格）
t	代表时效性对知识价格的影响系数（$t>1$）
f	平台免费提供知识获得的收益，服从边际收益递减规律，最终为 $\alpha\ln f$
c_i	平台的运营成本，收费时记为 c_1，免费时记为 c_2

用户和平台的收益函数分别记为 a_i 和 b_i，用户和平台双方的收益函数如下。

（1）当平台选择收费，用户选择使用时，两者的收益为

$$a_1 = u_1 + pw - k/t; \quad b_1 = k/t - c_1 - pw$$

（2）当平台选择不收费，用户选择使用时，两者的收益为

$$a_2 = u_2 + pw - m; \quad b_2 = \alpha\ln f - c_2 - pw$$

（3）当平台选择收费，用户选择不使用时，两者的收益为

$$a_3 = u_1/s - o; \quad b_3 = -c_1$$

（4）当平台选择不收费，用户选择不使用时，两者的收益为

$$a_4 = u_2/s - o; \quad b_4 = -c_2$$

用户与平台双方的收益支付矩阵如表 10-2 所示。

表 10-2　用户与平台双方的收益支付矩阵

平台	用户	
	使用	不使用
收费	$(k/t - c_1 - pw, u_1 + pw - k/t)$	$(-c_1, u_1/s - o)$
不收费	$(\alpha\ln f - c_2 - pw, u_2 + pw - m)$	$(-c_2, u_2/s - o)$

10.1.4　模型分析

假设用户选择使用的概率为 x，选择不使用的概率为 $1-x$；平台选择收费的概率为 y，选择不收费的概率为 $1-y$。

当用户选择使用和不使用时，他的期望收益 β_{11}、β_{12} 以及平均收益 β_1 分别为

第 10 章 社交网络中用户知识付费意愿演化博弈研究

$$\beta_{11} = y[u_1 + pw - k/t] + (1-y)[u_2 + pw - m] \tag{10-1}$$

$$\beta_{12} = y[u_1/s - o] + (1-y)[u_2/s - o] \tag{10-2}$$

$$\beta_1 = x\beta_{11} + (1-x)\beta_{12} \tag{10-3}$$

当平台选择收费和不收费时，平台的期望收益 β_{21}、β_{22} 以及平台的平均收益 β_2 分别为

$$\beta_{21} = x(k/t - pw) - (1-x)c_1 \tag{10-4}$$

$$\beta_{22} = x(\alpha \ln f - pw) - (1-x)c_2 \tag{10-5}$$

$$\beta_2 = y\beta_{21} + (1-y)\beta_{22} \tag{10-6}$$

把式（10-3）和式（10-6）联立，得到用户和平台的复制动态方程为

$$x^* = F(x) = \mathrm{d}x/\mathrm{d}t = x(1-x)\left[y\left((u_1 - u_2)\left(1 - \frac{1}{s}\right) + m\right) + u_2(1 - 1/s) + o + pw - m\right] \tag{10-7}$$

$$F(y) = \mathrm{d}y/\mathrm{d}t = y(1-y)[x(k/t - \alpha \ln f) - (c_1 - c_2)] \tag{10-8}$$

对于式（10-7）和式（10-8）中的两个复制动态方程求偏导，得到的雅可比矩阵为

$$\det \boldsymbol{J} = \begin{bmatrix} \partial F(x)/\partial x, \partial F(x)/\partial y \\ \partial F(y)/\partial x, \partial F(y)/\partial y \end{bmatrix} \tag{10-9}$$

其中：
$$\partial F(x)/\partial x = (1-2x)y[(u_1 - u_2)(1 - 1/s) - k/t + m] + u_2(1 - 1/s) + o + pw - m]$$

$$\partial F(x)/\partial y = x(1-x)[(u_1 - u_2)(1 - 1/s) - k/t + m]$$

$$\partial F(y)/\partial x = y(1-y)(k/t - \alpha \ln f)$$

$$\partial F(y)/\partial y = (1-2y)[x(k/t - \alpha \ln f) - (c_1 - c_2)]$$

10.1.5 演化稳定策略分析

从用户和平台的复制动态方程式（10-7）和式（10-8）可看出：当 $x = 0$、$x = 1$ 或 $y_0 = -\dfrac{u_2(1 - 1/s) + o + pw - m}{(u_1 - u_2)(1 - 1/s) - k/t + m}$ 时，用户选择使用平台的知识产品及服务的策略是稳定的；当 $y = 0$、$y = 1$ 或 $x_0 = \dfrac{c_1 - c_2}{k/t - \alpha \ln f}$，平台采取收费的策略是稳定的。

局部平衡点有 5 个，它们分别是：$D_1(0,0)$、$D_2(0,1)$、$D_3(1,0)$、$D_4(1,1)$、

$D_5(x_0, y_0)$。

根据求出的雅可比矩阵的值和矩阵的迹来判断平衡点的稳定状态，当平衡点的值使得 $\det J = \frac{\partial F(x)}{\partial x}\frac{\partial F(y)}{\partial y} - \frac{\partial F(x)}{\partial y}\frac{\partial F(y)}{\partial x} > 0$ 且 $\mathrm{tr} J = \frac{\partial F(x)}{\partial x} + \frac{\partial F(y)}{\partial y} < 0$ 时，平衡点就能达到演化的稳定状态。

如表 10-3 所示：$D_1(0,0)$、$D_4(1,1)$ 为稳定点，$D_2(0,1)$、$D_3(1,0)$ 为演化不稳定点，$D_5(x_0,y_0)$ 为鞍点。用户和平台行为选择的演化相位图如图 10-1 所示。

表 10-3　均衡点的局部稳定性分析

均衡点	$\det J$	$\mathrm{tr} J$	局部稳定性
$D_1(0,0)$	+	−	稳定点
$D_2(0,1)$	+	+	不稳定点
$D_3(1,0)$	+	+	不稳定点
$D_4(1,1)$	+	−	稳定点
$D_5(x_0,y_0)$	不定点	0	鞍点或中心

注：+表示>0，即为正数；−表示<0，即为负数

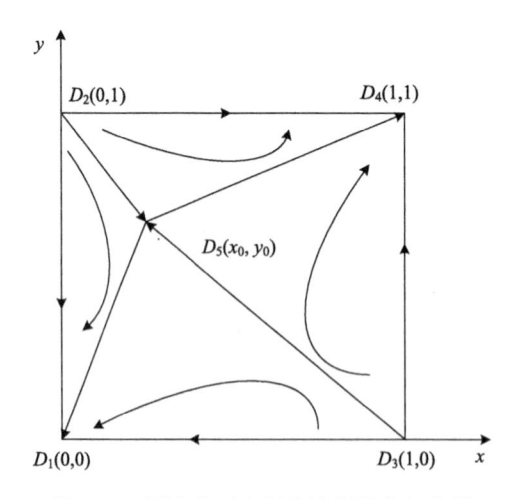

图 10-1　用户和平台行为选择演化相位图

由图 10-1 可知，用户和平台最终策略的选择是受到鞍点 $D_5(x_0,y_0)$ 位置的影响，同时从鞍点 $D_5(x_0,y_0)$ 的坐标公式可以推出的各因素的变化对双方行为选择的演化过程如表 10-4 所示。

表 10-4 变量对系统演化趋势分析

变量	双方行为选择演化趋势
u_1	随着 u_1 的增加，鞍点向右上角移动，用户倾向于使用，平台倾向于收费
c_1	随着 c_1 的增加，鞍点向左下角移动，用户倾向于不使用，平台倾向于免费
c_2	随着 c_2 的增加，鞍点向右上角移动，用户倾向于使用，平台倾向于收费
o	随着 o 的增加，鞍点向右上角移动，用户倾向于使用，平台倾向于收费
w	随着 w 的增加，鞍点向右上角移动，用户倾向于使用，平台倾向于收费
k	随着 k 的增加，鞍点向右上角移动，用户倾向于使用，平台倾向于收费
m	随着 m 的增加，鞍点向左下角移动，用户倾向于不使用，平台倾向于免费
f	随着 f 的增加，鞍点向右上角移动，用户倾向于使用，平台倾向于收费

另外，平台免费情况下用户的效用 u、价格 k、时效性对知识价格的影响系数 t 对鞍点变化的影响不能从鞍点的坐标公式中推出，因此，这三个变量对于系统演化趋势的选择需要从后面的仿真分析中得出。

10.2 仿真分析

10.2.1 参数初始值设置

通过前面的研究可以得到，用户和平台的策略选择有两种演化趋势，根据用户和平台行为选择演化相位图可以得到，鞍点是影响到用户和平台最终策略选择的阈值，鞍点的位置决定了系统演化的方向。本章将通过 MATLAB 来分析用户和平台在不同状态下的行为选择演化规律：先设定初始参数值，保持其他参数不变。在此基础上，通过仿真实验来分析某一个参数的变化对于演化博弈结果的影响。

根据平台的实际情况和咨询相关的专家，得到了各变量的初始值，并进行了分析，令：$u_1 = 26$、$u_2 = 16$、$s = 1.3$、$t = 2$、$m = 11$、$p = 0.2$、$o = 3$、$c_1 = 15$、$c_2 = 13$、$f = 20$、$w = 10$、$k = 18$、$\alpha = 2$。可得 $x_0 = 0.67$、$y_0 = 0.54$。

10.2.2 仿真过程及结果分析

现假设其他条件不变，令鞍点 $D_5(x_0, y_0)$ 为 $D_5(0.67, 0.54)$。只对模型中影响到平台和用户的行为选择的某一参数进行分析，保持其他参数的值不变，不断增加要分析的参数的值，然后进行仿真模拟，分析参数的变化对博弈双方行为选择演化过程的影响。

1) 用户的效用 u_i 增加对平台和用户行为选择的影响

保持其他参数的值不变，令 u_1 的值分别为 32、40 和 56；然后保持其他参数值不变，令 u_2 分别为 21、22 和 23。得到的两种情况下用户效用增加仿真结果图如图 10-2 所示。从图 10-2 中可看出：在平台选择收费的情况下，当用户的效用 u_1 越高，用户更倾向于选择使用，平台更倾向于付费的策略，随着收费情况下用户效用的增加，两者的行为的演化速率会进一步加快。同时，在平台选择不收费的情况下，当用户的效用 u_2 越高，用户更加倾向于选择使用，平台更加倾向于收费。随着用户效用的增加，两者的行为选择的演化速率会进一步加快。

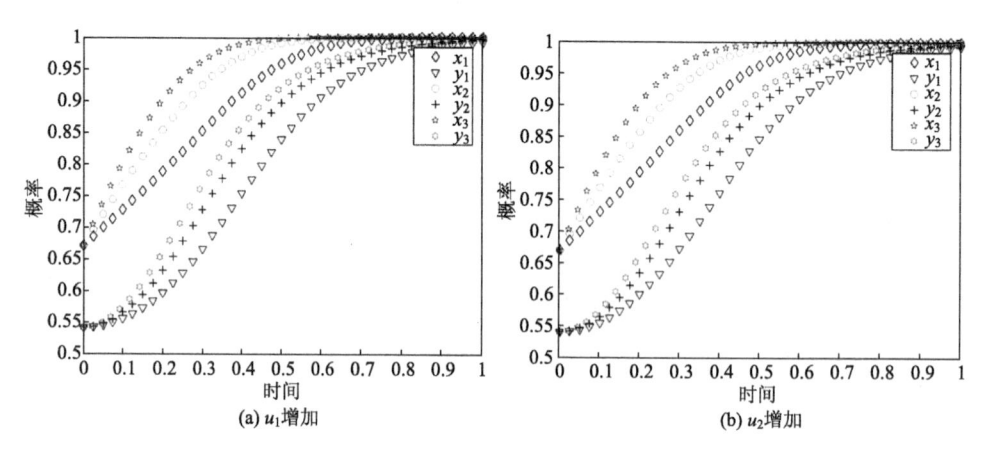

图 10-2　两种情况下用户效用增加仿真结果图

u_1、u_2 是鞍点（x_0，y_0）中的系数，通过对 u_1、u_2 的三次赋值得到（x_1，y_1）、（x_2，y_2）、（x_3，y_3）

这表明随着用户正向价值感知中的感知有用性的增长，用户的付费意愿也会随之增强。用户的感知有用性与平台提供的知识产品及服务的质量息息相关，当质量上升时，用户的付费意愿会更强。因此，平台应该着力提高自身产品的质量，可以通过相应的激励机制，调动知识生产者的积极性。还应建立相应的考核机制，对产品和服务的质量做出准确的评估，并及时进行相应的调整与改进。

2）知识产品及服务的价格 k 以及时效性对知识价格的影响系数 t

保持其他参数值不变，令 k 的值分别为 10、11 和 12；然后再保持其他值不变，令 t 的值分别为 2、4 和 6。得到的系统演化过程图如图 10-3 所示。从图 10-3 中可看出：当知识产品及服务的价格 k 上升时，用户倾向于选择不使用，平台倾向于选择免费。进一步地，随着价格的上升，两者的行为选择的演化速率会加快；当时效性对知识价格的影响系数 t 上升时，平台倾向于收费，用户倾向于选择使用。随着系数的不断增大，两者的演化速率会增快。价格的上涨会导致用户付费意愿的降低，而随着时效性对知识价格的影响系数的增长，用户的付费意愿会随之增长。

(a) k增加　　(b) t增加

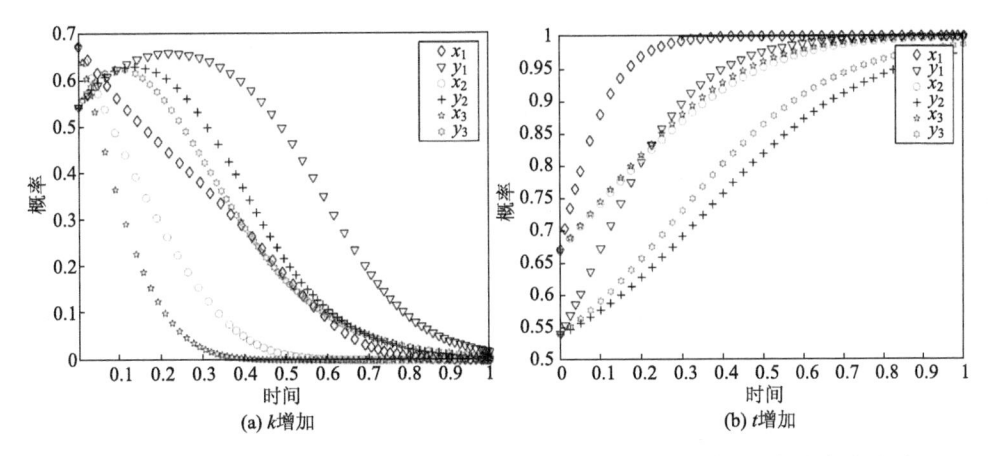

图 10-3　知识产品及服务的价格和时效性对知识价格的影响系数增加仿真结果图

k 和 t 是鞍点（x_0, y_0）中的系数，通过对 k 和 t 的三次赋值得到（x_1, y_1）、（x_2, y_2）、（x_3, y_3）

这表明，价格的上涨带来用户的感知利失的上涨，会在一定程度上导致用户付费意愿的降低。知识的时效性的增加，能在一定程度上弥补价格给用户带来的负面影响，减少用户的感知利失，使得用户的付费意愿得到提高。因此，平台应该把握好定价与用户使用数量的关系，制定合理的定价策略，来达到实现利润最大化的目的。另外，知识的时效性的增加能增加用户的感知利得（de Sordi et al., 2014），并在一定程度上减轻价格上涨带给用户的感知利失，从而提高用户的价值感知，进而提高用户的付费意愿。因此，对于时效性较高的产品和服务，平台更应该采取收费的策略。

3）平台的运营成本 c_i

保持其他参数值不变，令 c_1 的值分别为 16、16.9 和 17.8；然后再保持其他值不变，令 c_2 的值分别为 14、15 和 16。得到的系统演化过程图如图 10-4 所示。从图 10-4 中可以看出：在收费的情况下，当平台的运营成本 c_1 不断增长时，此时用户更偏向于不使用，平台更偏于选择不收费的策略。在不收费的情况下，当平台的运营成本 c_2 增加时，平台更偏向于选择收费的策略，用户更倾向于选择使用。这是因为，随着平台服务水平的增加，平台的运营成本会进一步增加。而且在免费和收费的两种情况下，用户的满意度对用户的使用意愿的影响是不同的。在免费的情况下，用户的使用意愿与用户满意度的相关性并不强。而在收费的情况下，用户满意度的下降则会带来用户使用意愿的下降。

这表明，在免费和收费的情况下，用户的效用感知存在着差异，有学者（Hamari et al., 2017）指出提高免费情况下的用户满意度能在一定程度上提升用户的付费意愿。而用户的满意度服从边际效用递减规律，当平台运营成本较高时，部分成本会转移到用户，从而导致用户的感知利失增加，在一定程度上服务水平降低带

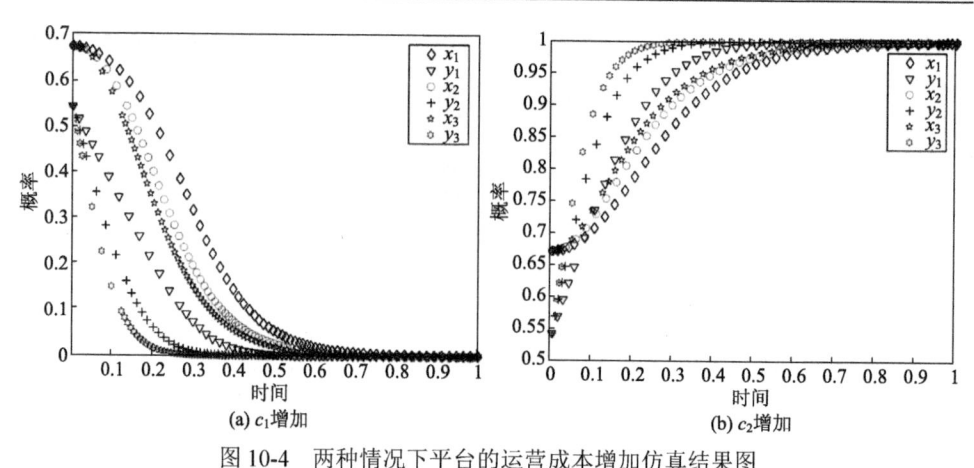

图 10-4　两种情况下平台的运营成本增加仿真结果图

c_1 和 c_2 是鞍点 (x_0, y_0) 中的系数，通过对 c_1 和 c_2 的三次赋值得到 (x_1, y_1)、(x_2, y_2)、(x_3, y_3)

给用户的感知利得，降低了用户的价值感知，进而降低了用户的付费意愿。因此，平台应该采取合理的成本控制策略，把握好成本控制和提升用户满意度之间的平衡，来提高用户的付费意愿。

4）用户从平台外部获取知识的成本 o 和平台提供的知识的异质性系数 s

保持其他参数值不变，令 o 的值分别为 6、8 和 10；然后再保持其他值不变，令 s 的值分别为 0.33、0.43 和 0.64。得到的系统演化过程图如图 10-5 所示。从图 10-5 中可以看出，用户从平台外获取知识的成本对于用户策略选择的影响较小，对于平台的策略选择的影响较大，当用户从平台获取知识的成本 o 增大时，平台选择收费这一策略的演化速率会更快；同时，当平台提供的知识的异质性系数 s 较高时，用户倾向于选择使用，平台倾向于选择收费。而且平台的演化速率要快于用户的演化速率。

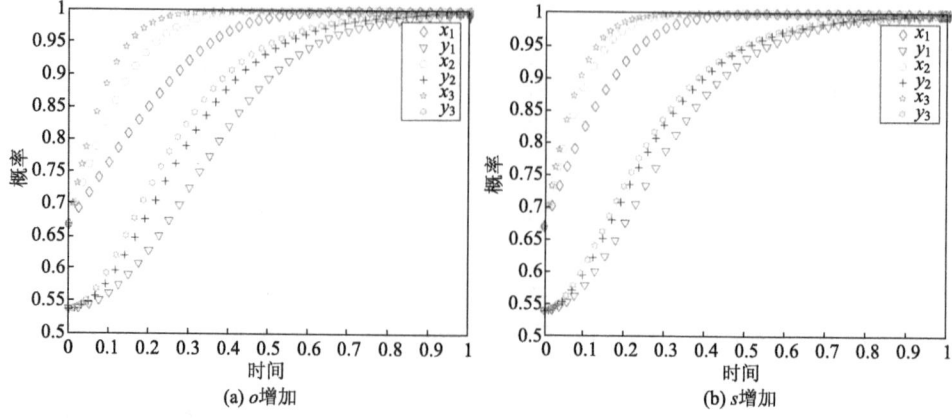

图 10-5　用户从平台外部获取知识的成本和知识的异质性系数增加仿真结果图

o 和 s 是鞍点 (x_0, y_0) 中的系数，通过对 o 和 s 的三次赋值得到 (x_1, y_1)、(x_2, y_2)、(x_3, y_3)

由此可得，在免费情况下用户从平台外部获取知识成本的增加会带来用户的感知利失的增加，进而使得用户更加偏向于付费的方式。另外，平台提供的知识的异质性系数的增加，不仅会增强用户对平台产品的效用感知（Vukadin et al., 2018），还会在一定程度上降低用户从平台外部获取知识得到的效用，从而使得用户更偏向于使用平台提供的知识产品及服务，进而提升用户的付费意愿。因此，平台应该加强知识产权意识，明确地维护自己的知识产权。同时，平台还要实行差异化战略，形成自己的"产品壁垒"和竞争优势。

5）用户为知识生产者的概率 p 和知识酬金 w

保持其他参数值不变，令 p 的值分别为 0.53、0.63 和 0.73；然后再保持其他值不变，令 w 的值分别为 26、32 和 38。得到的系统演化过程图如图 10-6 所示。从图 10-6 中可以看出，随着用户为知识生产者的概率的上升，用户更倾向于选择使用，平台更倾向于选择收费。随着用户为知识生产者的概率的增长，这一趋势会得到提高。这也就说明，用户的付费意愿会随着用户为知识生产者的概率的提高而提高；随着用户从平台得到的知识酬金的增长，用户更倾向于选择使用，平台倾向于收费，用户的付费意愿会增强。但是随着知识酬金的增长，两者的行为选择的演化速率会降低。

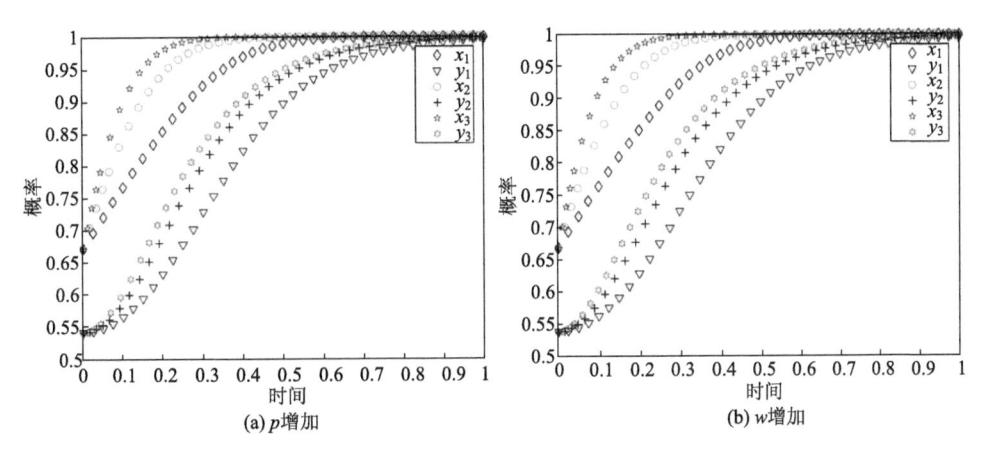

图 10-6 用户为知识生产者的概率及知识酬金增加仿真结果图

p 和 w 是鞍点 (x_0, y_0) 中的系数，通过对 p 和 w 的三次赋值得到 (x_1, y_1)、(x_2, y_2)、(x_3, y_3)

这也表明，当买方作为知识生产者的概率越大，得到的知识酬金越多，他了解的知识越多，与卖方的知识距离就越小。此时，当买卖双方的知识距离较小时，买卖双方的议价会更加容易地达成一致，用户更倾向于付费（陈博，2007）。

6）用户的信息收集成本 m

保持其他值不变，令 m 的值分别为 12、16 和 20。得到的系统演化过程图如

图 10-7（a）所示。从图 10-7（a）中可以看出，在免费的情况下，随着用户信息收集成本的增长，用户更倾向于选择不使用，平台更倾向于免费的策略，随着信息收集成本的增加，系统的演化速率会降低。

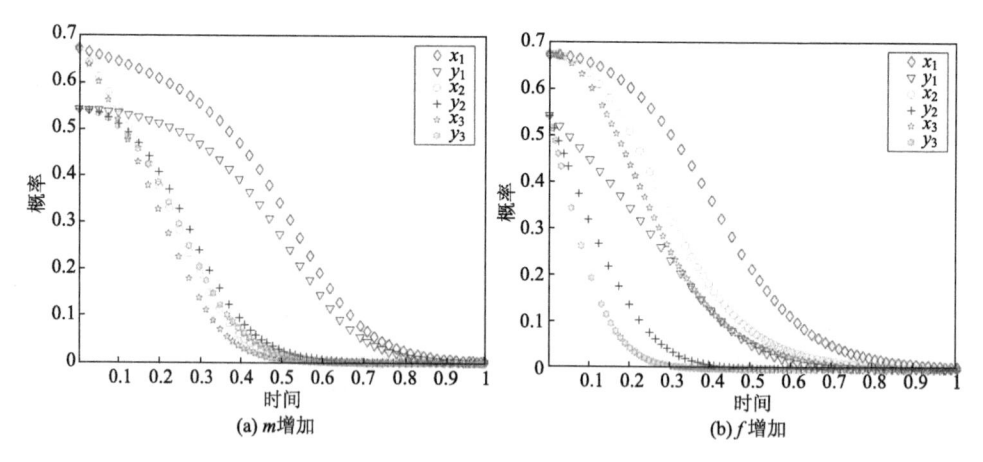

图 10-7　用户的信息收集成本及平台免费提供知识获得的收益增加仿真结果图

m 和 f 是鞍点 (x_0, y_0) 中的系数，通过对 m 和 f 的三次赋值得到 (x_1, y_1)、(x_2, y_2)、(x_3, y_3)

这就表明，在免费的情况下，用户的信息收集成本的增加会降低用户的使用意愿。用户的信息收集成本的增加不仅会使用户产生倦怠、厌烦等负面情绪，进而导致用户持续使用意愿的降低，最终会降低用户付费意愿（赵文军等，2017）。从根本上来看，用户的信息收集成本的增加会增加用户的感知利失，从而降低了用户的价值感知，进而使得用户的付费意愿不强。因此，平台要想通过免费的形式来获取流量和口碑，就应该着力降低用户的信息收集成本。

7）平台免费提供知识获得的收益 f

保持其他值不变，令 f 的值分别为 30、40 和 50。得到的系统演化过程图如图 10-7（b）所示。从图 10-7（b）中可以看出，在免费的情况下，随着平台免费提供知识获得的收益的增加，用户更倾向于选择不使用，平台更加倾向于选择免费。随着平台收益的提升，两者的演化速率会降低。

这表明，免费的策略并不能改变用户的行为取向，并不能提高用户的付费意愿。平台通过免费的手段可以获取一定的用户基数和口碑，但是免费的情况下平台获得的收益服从边际递减规律，此时平台更应该改变策略，采取收费的策略。由于在前期获得了良好的口碑，用户对于平台具有一定的情感依恋。而情感依恋会在一定程度上降低用户的成本感知，进而能提高用户的使用意愿（彭泽余等，2018）。同时平台在提供免费产品的过程中提供一些试用服务，来扩大用户对于免费和付费产品的价值感知差异，提高用户的服务升级意愿，进而可以提高用户的付费意愿（胡珍苗等，2016）。

从用户的价值感知的角度出发，当用户的感知利得增长时，用户的付费意愿更强。从上述的仿真实验可得出：当用户的效用增长时，用户的付费意愿更强；用户作为知识生产者的概率越大，用户越倾向于付费。同时，用户提供知识得到的酬金越高，用户更能倾向于付费；当平台提供的知识的异质性系数增加时，用户更倾向于付费；当时效性对知识价格的影响系数增加时，用户的付费意愿会增强。由上述的仿真分析可以看出用户从平台外部获取知识的成本、知识产品及服务的价格的增长，均会降低用户的付费意愿。

从平台的角度出发，在收费的情形下，平台运营成本的增加会降低用户的付费意愿。而在免费的情形下，随着运营成本的提升，用户的付费意愿会提高。平台通过免费的策略虽然能获得一定的用户基数和良好的口碑，但是用户的付费意愿并不会随之增，这就要求平台应该根据情况及时调整策略。随着平台的用户流量和口碑的提升，用户对平台的依赖感会提高（胡珍苗等，2016；Yan and Wang，2018）。此时，平台选择收费并不会招来用户反感、厌恶的情绪，用户会选择接受通过付费来获取知识。

10.3 管理启示

盈利是平台的首要目标，也是平台生存与发展的基础。为提高用户的付费意愿，本章根据前文的模型推导及仿真结果提出以下的管理启示。

（1）平台应着力提高产品的质量。用户的知识效用会影响到用户和平台双方的策略选择，当用户的知识效用上升时，用户更倾向于使用，同时平台也更倾向于选择收费的策略。因此，平台应该明确用户的需求，还应建立相应的知识产品和质量评价体系，着力提高自己知识产品和服务的质量，以此来提高用户的感知收益。通过上述措施平台才能最大限度地保留和拓展用户群体，并在此基础上盈利。

（2）制定合理的产品定价和投放策略。首先，知识产品和服务的定价过高会降低平台中的用户选择的付费意愿，甚至会导致在线知识付费平台中用户的流失。因此，平台应该通过确定一个合理的价格区间来保证用户的忠诚度，以此来避免用户的流失，并实现利润的最大化。其次，当平台提供的产品和服务的时效性较高时，用户的付费意愿更强。针对一些时效性较强的商品，平台更应该采取收费的策略，来获得更大的利润。

（3）提升产品和服务异质性并加强知识产权的保护。首先，平台应该增强自己的创新能力，提升自己产品和服务的异质性，并借此形成自己的"产品壁垒"和竞争优势；其次，平台还要增强自己的知识产权意识，积极打击"盗版"等侵权行为。

（4）制定合理的发展战略，把握好服务能力和成本控制的平衡。在平台收费时，过高的运营成本会使得平台盈利能力降低，为了节约成本，平台可能会降低服务质量，进而可能导致用户付费意愿的降低。而在不收费的情况下，平台运营成本的提高在一定程度上能提高服务的质量，进而提升用户的付费意愿。平台通过免费的手段可以获得一定的用户基础和口碑，但并不能提高用户的付费意愿。由于前期有良好的口碑，在此基础上平台采取合理的收费策略就能减少用户的抵触情绪，进而提升用户的付费意愿。平台服务水平的高低要根据运营成本的变化做出及时的调整，以此来提高用户的付费意愿。

（5）明确用户的类型和需求。用户作为知识提供者的概率越大，用户的付费意愿越强。同时，当用户从平台获得的知识付费的金额比较大时，用户也倾向于选择使用。这是因为，当用户作为知识生产者时，用户的需求更加地明确，因此用户更愿意付费。另外，当用户得到的知识酬金比较大时，用户更倾向于选择使用。当用户得到的知识酬金比较大时，意味着用户能较好地掌握该类知识，此时平台很难提供满足用户需求的知识产品和服务，用户的付费意愿较低。因此平台应该明确用户的类型，并聚焦于需求明确且强烈的用户。

（6）降低用户的信息收集成本。在免费的情况下，用户的信息收集成本的增加会极大地降低用户的使用意愿。同时，平台更倾向于不收费。如果此时平台不能采取相应的策略，来降低用户的信息收集成本，就会形成一种恶性循环，最终带来的结果是平台用户的大量流失。因此，平台应该提供高效的个性化推荐服务和加强对产品界面和目录的优化，降低用户的信息收集成本，以此来提高用户的使用意愿，达到获得流量和良好口碑的目的。

10.4 结论与展望

本章从价值感知的二元属性的角度出发，利用演化博弈模型分析了在线知识付费平台和用户的行为演化的过程，发现了一系列影响用户付费意愿的因素。用户的感知利得对于用户的付费意愿有正向的影响，而用户的感知利失则会减少用户的付费意愿。因此，我们认为平台在着力提高产品和服务质量的同时，还应该加强知识产权的保护，并制定合理的定价政策和投放政策。用户的身份也具有二元属性，用户既是知识的生产者，也是知识的消费者。本章发现用户作为知识生产者时，他的付费意愿比较高。因此，平台应该加强对用户身份的识别，并明确用户的需求。平台在收费和免费的两种情况下的成本对于用户和平台行为演化过程的影响存在着差异，在此基础上，本章认为平台应该把握好运营成本和服务水平的关系，以此来提升用户的付费意愿。

本章考虑到了用户的价值感知和身份的二重性，并将这种情况纳入了演化博弈模型建模分析之中，在此基础上得出用户付费意愿的影响机理，为平台提供了相应的管理对策建议。但本章也存在着不足，首先，未考虑用户贡献知识的影响因素和其演化规律。未来的研究可以考虑利用"用户画像"对平台中的用户进行分析和识别，帮助平台找出具有商业价值和潜力的用户。其次，只考虑了付费和广告的两种策略，并未考虑会员制的情况，未来的研究可以着眼于平台对这三种策略比例的选择，来分析何种比例能帮助平台实现利润最大化。

10.5 本章小结

本章分析用户的价值感知对用户行为选择演化的影响机制，并在此基础上为平台提供相应的应对措施，来提高用户的付费意愿。根据演化博弈的相关理论，来分析用户和平台行为选择的系统演化规律。结果表明：用户的效用、知识的异质性和时效性、用户是知识生产者的概率和知识酬金、免费情况下平台的收益和运营成本的增长，均使得用户倾向于选择使用，平台倾向于收费，这几类因素对用户的付费意愿有正向影响。而知识产品和服务的价格、收费情况下平台运营成本、用户的信息收集成本的增加，使得用户倾向于不使用，平台倾向于免费，这几类因素对用户的付费意愿有负面的影响。本章研究未全面考虑到影响用户知识生产和分享行为的影响因素，只是简单地把平台的策略归纳为收费和免费，没有涉及会员制的相关研究和讨论。本章通过分析用户和平台选择的系统演化规律，得出了相应的结论，并在此基础上给出了相应的管理启示。

第 11 章　社交网络中社会比较对用户消费行为的影响

11.1　用户消费行为

11.1.1　社会比较

社会比较作为一种自发性的比较行为，是人类社会生活中普遍存在的现象（Olivos et al.，2021）。个体有评估自身能力、观点的需求与自我提高的动机，在这种内生动机的驱使下，个体会努力寻求各种信息评估自己。尤其在社交网络背景下，用户理想化的自我披露为社会比较提供了天然的土壤，极易产生具有竞争性的社会比较，自发引起用户间的比较行为（程慧平等，2020）。按照社会比较的信息对象，社会比较可以分为上行社会比较、平行社会比较和下行社会比较，同时由于社交网络比较信息的两极化特征，社交网络中的比较行为多以上行社会比较和下行社会比较为主（李彩娜等，2019）。此外，社会比较还存在两种结果，即产生对比效应或同化效应，对比效应是指用户在社会比较后自我评价背离比较标准的现象，而同化效应则是社会比较导致自我评价趋于比较标准的现象（邢淑芬和俞国良，2006）。

社交网络中的社会比较是一个非对称的过程，用户在社交平台的自我披露是有意识的，更倾向披露理想化甚至是被处理过的信息（Olivos et al.，2021）。因此，社交网络中社会比较往往以上行社会比较为核心（Schmuck et al.，2019）。上行社会比较的研究视角和对象较为丰富，不同学者对其作用影响也存在争议，如有学者指出上行社会比较是有害的，上行社会比较会促进用户产生自卑感，形成攀比心理（Verduyn et al.，2020）。具体而言，浏览陌生人的帖子会刺激用户产生自卑感，强化与他人攀比，甚至会引起社交网络的负面使用行为（de Vries et al.，2018）。但部分研究也指出上行社会比较对自我效能和用户行为的影响作用更加明显，也会产生某些积极成果，如研究发现社交网络的上行社会比较有利于用户健身行为和健身 APP 的使用（Kim，2022；谢新洲和安静，2015）。同时随着研究不断深入，相关学者也逐渐意识到下行社会比较的重要性，有学者开始通过下行社会比较来解释幸福感的产生，如研究发现新冠疫情期间社交网络中，用户下行社会比较有利于提高用户的幸福感、缓解心理压力（Olivos et al.，2021；Yue et al.，2022）。此外，下行社会比较在缓冲病人焦虑情绪和调整其心理健康方面具有积极作用

(Kamarova et al.，2021)。综上所述，以往学者对上行社会比较与下行社会比较的影响进行了较为全面的探索，但总体而言，将上行社会比较与下行社会比较纳入同一研究框架，进行综合性的研究相对匮乏。

回顾社会比较研究的发展脉络，先前的相关研究多聚焦于用户情感领域，少有研究关注其对用户行为的影响（代宝和杨泽国，2023；甘春梅等，2021；Fukubayashi and Fuji，2021）。随着社交电商的持续发展，社交网络与电子商务深度融合，社交网络中用户间的社会比较与用户消费行为的影响关系开始显现，并不断增强，其问题也逐渐引起相关学者的关注（Wang et al.，2019；车诚等，2024；Liu et al.，2019b；李宝库和刘莹，2021）。例如，郑晓莹和孙鲁平（2018）发现社会比较对用户的炫耀性消费具有重要影响。潘定等（2022）则在此基础上，通过实验分析发现社会比较与生产性消费呈正相关。梳理相关文献，研究进一步发现：以往研究多集中探索社会比较对单一消费行为的影响，少有研究从社会比较的特征出发进行系统性探究；同时，以往研究忽略了上行社会比较和下行社会比较共存的实际情况（Taylor and Lobel，1989）。因此，通过调整实验设计进一步探索现实情境中社会比较对消费的影响，厘清其对情感、行为的影响机制十分必要。

11.1.2 社会性消费

根据消费的双重属性，消费不仅具有满足物质需求的私人属性，也具有自我形象展示和情感表达的社会属性。因此，按照消费心理和影响范围可以将消费分为私人性消费和社会性消费。以往社会性消费主要关注奢侈品领域，但随着信息化的不断提高，消费的社会属性逐渐突出，互联网也已成为探索社会性消费研究的重要领域（李倩倩等，2021）。尤其在社交网络中，用户的社会互动已成为刺激社会性消费需求的主力（谢菊兰等，2020；黄敏学和李奥旗，2022）。社会性消费以追求他人对自身能力和社会地位的认同为主，更强调人际关系等消费的社会性影响，如有研究指出消费者经常通过电视来了解富裕的生活方式并尝试模仿（Vigneron，1999）。同时相对于私人性消费，社会性消费更强调精神层面，如面子消费、情感消费。消费者更多希望通过消费行为彰显社会地位，突出独特性甚至弥补自身与环境的差距（李丹妮，2015）。从消费心理学角度出发，社会性消费可以分为炫耀性消费、稀缺性消费和从众性消费（车诚等，2024）。

炫耀性消费是指为提升自我形象和社会地位而产生的消费。炫耀性消费有更突出社会性的消费属性，如社会地位和声望（李嘉欣等，2022）。以往研究也表明用户在上行社会比较时炫耀性消费倾向会更强烈，因为上行社会比较容易产生压力，为了遮掩这种心理压力，表达更具有优势的自我，用户对炫耀性消费更具有消费倾向（丁瑛和杨晨，2021）。稀缺性消费指的是用户基于商品的稀缺性而进行的消费，这种消费往往出于情感需求，通过消费彰显自身与其他购物者的独特之处（金晓彤等，2020）。稀缺性消费主要反映在商品的供应性稀缺和时间性稀缺两个方面，以表达个人"与众不同"的消费心理。消费者在面对社会性情境处于优势的条件下，往往具有更高的稀缺性消费意愿，这是一个长期社会比较过程的结果（靳岚和王全胜，2020）。从众性消费则是在信息的压力下，用户对自身缺乏信心，做出与群体相一致的消费行为（金晓彤等，2020）。从众性消费可分为信息性从众和规范性从众两类。社交平台的从众性消费也主要表现为这两点，即用户容易受其社交网络的虚拟好友、广告营销引导而产生消费，以提高自身情感归属与群体认同；同时用户也容易盲目跟随其他用户产生消费（金晓彤等，2020）。但是以上传统研究内容相对薄弱，多为探索单一消费行为的影响，系统性分析社会性消费行为影响的研究较少，尚不能从根本上解释社会性刺激对消费行为的影响。

11.2 研究假设

11.2.1 社会比较对用户消费行为的影响

用户在浏览社交网络信息时，可以通过关联周围信息形成对自我评价的标准，与自身进行比较，产生自发性的社会比较，直接或间接地影响用户消费（车诚等，2024）。在比较过程中，由于不同用户的比较对象不同，部分用户倾向于与高于自身水平的标准进行比较，即上行社会比较，部分用户更倾向于与低于自身水平的标准进行比较，即下行社会比较（李彩娜等，2019）。在上行社会比较过程中用户的自我评价低于平均标准水平，用户认识到与周围的差距、感到平庸，对自身形成压力，为减小这种压力，避免被"小瞧"，用户会渴望通过炫耀性消费来提高自我的社会地位以弥补与周围的差距，提高周围对自身的认同（李宝库和刘莹，2021；潘定等，2022）。上行社会比较也会降低用户对消费行为的信心，使用户期望通过消费来融入集体，即采用从众性消费掩饰自身与周围的差距，维护自尊（宫秀双和张红红，2020）。在下行社会比较过程中，用户通过社会比较发现其自我评价高于平均标准水平，认识到这种优势后，用户会进一步强调自身与周围的差距，通过增加炫耀性消费以展示自身社会地位，彰显优势。同时用户也会强化消费的独特性，通过稀缺性消费来保持自身优势，让其他用户认识到与自己的差距，从而获得他人的关注与羡慕（宫秀双和张红红，2020）。由此提出假设。

H11-1a：上行社会比较与炫耀性消费行为呈正相关。

H11-1b：上行社会比较与从众性消费行为呈正相关。

H11-2a：下行社会比较与炫耀性消费行为呈正相关。

H11-2b：下行社会比较与稀缺性消费行为呈正相关。

11.2.2 自卑感和幸福感的中介作用

将 S-O-R（stimulus-organism-response，刺激-有机体-反应）理论纳入社会比较对情感、消费的影响机制，社会比较作为外部的物理刺激，个体在进行社会比较时，消费行为必然在情感的中介下触发，如已有研究证实情感在社会比较与用户行为间的中介作用（Kim，2022）。但随着研究的深入，发现上行社会比较与下行社会比较对情感的影响并非仅存在强弱与方向的差异，而是存在两条不同的情感变化路径（车诚等，2024；Gentile et al.，2020）。以往研究表明上行社会比较使用户感到"不如别人"，产生妒忌、自卑感和损害自尊；而下行社会比较则感到"优于他人"，有助于骄傲、幸福等积极情感的产生（Diel et al.，2021）。在上行社会比较中，用户往往会产生压力、妒忌等情感，内心产生自卑感（Hu et al.，2022；Gomez et al.，2022）。这种自卑心理会认为自身水平低于平均标准，因此为了保持自身形象地位，用户会通过炫耀性消费来展示自身地位，同时也会刺激产生从众性消费来维护自身与周围的关系，减弱这种自卑感带来的心理压力。根据补偿理论解释，用户通过炫耀性消费可以弥补自身在社会比较过程中的情感缺失，随着自卑感的增强用户也会陷入自我怀疑中，对消费行为不自信，从众性消费则可以避免这种消费的不自信。此外，在下行社会比较过程中，用户也会通过与"不如自己"的对象对比，减少自身焦虑，增加主观幸福感，如研究表明在奥运会中获得铜牌选手会更倾向于通过下行社会比较与第四名进行对比，而银牌得主更倾向于通过上行社会比较与第一名进行比较，因此往往铜牌得主比银牌得主更具有幸福感（Olivos et al.，2021）。还有研究表明，下行社会比较在患者的治疗过程中有益于其心理健康（Gentile et al.，2020）。随着幸福感的提高，这种"优于平均值"的感觉会提高用户的独特性，在消费方面用户则会对消费行为的独特性提出更高要求，因而产生更高的稀缺性消费行为（宫秀双和张红红，2020）。同时用户也渴望获得更多的关注与认同，从而增强炫耀性消费。由此提出以下假设。

H11-3a：自卑感中介了上行社会比较对炫耀性消费行为的影响。

H11-3b：自卑感中介了上行社会比较对从众性消费行为的影响。

H11-4a：幸福感中介了下行社会比较对炫耀性消费行为的影响。

H11-4b：幸福感中介了下行社会比较对稀缺性消费行为的影响。

11.2.3 反事实思维的中介作用

反事实思维是自身对已有结果反向思维体验的过程，在个体社会比较、替代行为等情境下较为集中（乔琳等，2022）。与社会比较相同，反事实的思维同样具有促进、完善和提高自我的功能，且反事实思维根据虚构对象的不同也可以分为上行反事实思维和下行反事实思维，同时二者都具有影响个体情感的作用（Nicuţă and Constantin，2021）。反事实思维具有明显的对比效应，即通过虚拟构思为自身提供一个比较场景，进行替代比较，其可以通过假设"如果……就……"的形式进行表示。由于社会比较能够天然地为用户提供构建虚拟比较场景的基础，因此反事实思维过程往往在社会比较的条件下触发。而且以往研究表明上行社会比较和反事实思维间往往会产生同化反应，即反事实思维往往会在比较的情境中被激活（Nicuță and Constantin，2021）。当用户进行上行社会比较时，通过同化反应，人们通常会进入"上行假设"的虚构情境中，而反事实思维的过程会让用户进一步意识到自身与外部的差距，这种对比效应会刺激用户产生自卑感等负面情绪。比如，银牌得主与金牌得主比较后，会陷入"如果我再努力一点，得金牌的就是我了"的困境，增强金牌与银牌的客观差距，产生负面情感。而在下行社会比较过程中，用户通过反事实思维则进入一个更差的环境中，这种差距对强化用户幸福感具有积极意义。由此提出以下假设。

H11-5a：反事实思维中介了上行社会比较与自卑感的影响。

H11-5b：反事实思维中介了下行社会比较与幸福感的影响。

本章研究以三次面向不同调查对象的实验对假设进行了层层深入的验证，研究总设计如表11-1所示。研究通过调整变量测量方式、样本规模进一步提高了研究结论的信效度和稳定性。同时，通过转换实验设计思路，研究实现了社会比较对消费社会性影响的多视角探讨。具体而言，在变量测量的设计上，实验一和实验二的自变量由实验研究主动操控，其因变量则通过商品情境偏好测试进行测量（两次不同的偏好测量），实验三全部为量表测量；在实验样本上，实验一通过线下实验有偿招募大学生进行测试，具有较高的内部信度，实验二、实验三则通过见数平台线上有偿招募志愿者进行准实验，实验样本不再局限于学生群体；在实验的设计方面，实验一、实验二通过组间设计的实验设计方法，有效避免了实验的"霍桑效应"，而实验三则基于泰勒等的假设，认为社会比较是双向进行的，因

表 11-1 研究总设计

研究设计	实验一	实验二	实验三
研究目的	H11-1、H11-2、H11-3、H11-4	H11-3、H11-4、H11-5	H11-1、H11-2、H11-3、H11-4、H11-5
研究方法	真实验	准实验	准实验
设计分类	组间设计	组间设计	组内设计
样本量	大学生有偿招募（150人）	见数有偿招募（360人）	见数有偿招募（625人）
自变量	实验操控（差异化成绩对比任务）	实验操控（差异化材料阅读任务）	量表测量
中介	量表测量	量表测量	量表测量
因变量	实验操控（商品情境偏好）	实验操控（商品情境偏好）	量表测量

此通过组内设计的方式对样本进行情景模拟实验（Olivos et al.，2021；Taylor and Lobel，1989）。在研究目的上，实验一主要分析了主效应与情感的中介作用。在此基础上，实验二对实验一的结论进行进一步探索，并分析反事实思维的中介作用。最后，实验三进一步还原现实情境，通过大样本分析对前两个实验结果的稳定性进行进一步探索检验。

11.3 实　验　一

11.3.1　实验设计

实验一的目的是测试社会比较对社会性消费的主效应，并进一步探索情感的中介作用。本章研究在华中某高校招募到志愿者150人进行线下实验，并将其随机分为三组进行对照实验。实验组通过设置不同的比较任务进行刺激处理，操控比较方向，具体分为上行社会比较实验组和下行社会比较实验组，控制组无社会比较刺激（丁瑛，2021）。具体社会比较刺激为要求实验组的被试者回忆在 QQ 好友列表中成绩最好（或最差）的同学与其成绩、学习表现，并与之比较。具体测量根据百分尺度（1表示最差，100表示最优），由被试者对自身成绩打分。

在测量社会性消费倾向方面，研究通过设置不同的商品情境进行偏好测量。炫耀性消费研究提供仅商品品牌标识大小不同的两款黑色鸭舌帽给被试者选择，通过被试者对两种商品的偏好检测其炫耀性消费的倾向（潘定等，2022）。研究为稀缺性消费测量设置了相应的购买情景，假设被试者在准备吃饭时有两种选择，其中 A 餐厅有一个优雅的、和谐的就餐环境，确保为客户提供最新鲜的配料和菜肴，他们的特色菜有限供应，要求就餐者提前三天预订；B 餐厅的特色菜很受欢迎，他们的菜品供应十分充足，如果去这家餐厅，他们的招牌菜是不可错过的（Li et al.，2019）。从众性消费的设计借鉴了冉雅璇等（2020）的设计思路，告知被试者需要购买一个蓝牙耳机，并对两款耳机感到难以取舍，于是询问朋友的意愿。其中有35%的朋友表示更喜欢 A 耳机，65%的朋友更喜欢 B 耳机，然后，通过被试者对两款商品的偏好测量其从众性消费倾向（冉雅璇等，2020）。另外，自卑感的测量借鉴 Walton 等（2020）的研究，对自卑意识和自卑感的克制两个维度进行测量，幸福感借鉴 Nguyen 和 Cheng（2023）、Olivos 等（2021）的测量题项，同时均采用七级利克特量表进行测量。

11.3.2　实验结果

在对社会比较操控的有效性检验时，研究发现，下行社会比较实验组中有两名成绩满分被试者，控制组一名成绩满分被试者，无被试者成绩为零，借鉴潘定等（2022）的处理方法，剔除以上数据。同时分别将两个实验组与控制组的成绩进行对比分析，采用独立样本 t 检验，发现上行社会比较实验组的成绩显著低于控制组（$M_{上行}$=61.72，$M_{控制}$=71.20，$F(1,97)$=-3.57，$p<0.01$）；下行社会比较实验组成绩显著高于控制组（$M_{下行}$=84.19，$M_{控制}$=71.20，$F(1,95)$=5.20，$p<0.01$），即证明本次实验对社会比较方向的操控有效（牛更枫等，2016）。

研究首先对社会比较的主效应进行分析。通过独立样本 t 检验，研究发现，上行社会比较中，炫耀性消费（$M_{上行}$=4.84；$M_{控制}$=4.22；$p<0.01$）和从众性消费（$M_{上行}$=5.34；$M_{控制}$=4.61；$p<0.01$）发生了显著性的提高，在下行比较中，炫耀性消费（$M_{上行}$=5.21；$M_{控制}$=4.22；$p<0.01$）和稀缺性消费（$M_{上行}$=5.15；$M_{控制}$=4.53；$p<0.01$）发生了显著性的提高，这说明社会比较和社会性消费之间可能存在某种促进关系。为进一步分析验证，研究采用偏最小二乘法对其关系进行分析，因为以往经验表明偏最小二乘法在检验小样本数据时具有较好的信效度（Piff，2010）。通过偏最小二乘法进一步检验，研究发现上行社会比较与炫耀性消费（β=0.210，t=2.209，p=0.027）和从众性消费（β=0.216，t=2.326，$p<0.01$）呈正相关，验证了 H11-1a 和 H11-1b。同时也发现下行社会比较与炫耀性消费（β=0.331，t=3.645，$p<0.001$）和稀缺性消费（β=0.227，t=2.435，$p<0.01$）作用明显，验证了 H11-2a 和 H11-2b。

在社会比较和社会性消费行为之间是否还存在情感的中介作用，本章对其进行了进一步分析。其中对自卑感和幸福感进行检验性因子分析，发现因子载荷全部大于 0.7，表明其均具有良好的聚合效度（Hair et al.，2012）。研究分析发现上行社会比较与自卑感呈正相关（β=0.345，t=3.928，$p<0.001$），自卑感与炫耀性消费（β=0.740，t=18.092，$p<0.001$）和从众性消费（β=0.622，t=13.573，$p<0.001$）呈正相关，即自卑感中介了上行社会比较和相关消费行为，同时参考 Liu 等（2019b）的研究，进一步通过自助法抽样 5000 次对其中介结果进行检验，结果表明二者的偏差修正区间分别为[0.133，0.407]和[0.107，0.343]，不包含 0，验证了 H11-3a 和 H11-3b（Straub et al.，2004）。但是在下行社会比较中，研究发现，虽然幸福感与炫耀性消费（β=0.407，t=5.130，$p<0.001$）和稀缺性消费（β=0.766，t=12.618，$p<0.001$）呈正相关，但社会比较对幸福感的主效应影响并不显著（β=0.034，t=0.316，$p>0.05$），即幸福感不能显著中介下行社会比较和相关消费行为，H11-4a 和 H11-4b 不成立。

11.3.3 讨论

通过实验一的分析，证明了 H11-1a、H11-1b、H11-2a、H11-2b、H11-3a、H11-3b 成立，发现社交网络中上行社会比较对炫耀性消费和从众性消费有正影响，而自卑感则会中介这种影响；在下行社会比较中，虽然下行社会比较与炫耀性消费和稀缺性消费呈正相关，且幸福感与炫耀性消费和稀缺性消费呈正相关，但幸福感的中介效果并不显著。因此,本章考虑在社会比较对情感的影响过程中是否有其他变量的作用,测量样本和测量方式是否对本次的实验结论具有限制性影响。已有研究表明社会比较与反事实思维在情感调节上具有紧密的联系,进一步探索反事实思维是否影响社会比较对情感的调控过程是未来研究的主要方向(Nicuță and Constantin, 2021)。同时实验一的样本仅受限于学生群体,比较方向也限制于学业成绩,进一步提高研究样本效度也是后续研究需要考虑的重点。

11.4 实 验 二

11.4.1 实验设计

本实验的目的是进一步检验实验一的研究结论,分析并探讨反事实思维在社会比较中对情感控制的影响,同时通过改变消费偏好的测量方式、样本结构以增强实验的外部效度与稳定性。首先研究通过见数有偿招募到 360 名实验对象,并随机将招募对象分配到三组不同的实验情境进行组间实验(上行社会比较 vs 下行社会比较 vs 无比较),其中每组 120 人。实验通过阅读材料任务对比较方向进行操控,阅读材料为一则来自知乎的帖文,该材料涉及"衣食住行"等不同维度的比较标准,且材料经线下预测试,方差分析(analysis of variance)($F(2,27)=13.862$, $p<0.001$)效果良好。实验中通过被试者使用百分尺度,对自身"生活水平"打分测量,以检测实验操控的有效性。

在变量测量方面,研究改变了实验一的商品偏好情境。炫耀性消费通过对两件 T 恤的消费偏好进行测量,T 恤的外观仅仅只有商标标识的大小不同(Zheng et al., 2018)。稀缺性消费则给被试者提供相应的消费情景,在展会上看到一款新的手表,手表配置着十分精致的内芯,获得了权威标准的认证,自己感到十分满意。但存在两种型号可以选择,型号 A 是独家全球限量版,能彰显自身与他人的与众不同,标语是"库存有限,速来抢购";型号 B 是一个新版本,库存众多,在近期的穿搭中十分受欢迎,标语是"库存充足,欢迎购买"(Li et al., 2019)。从众性消费则通过读书俱乐部的偏好选择进行测量,设置情景为当自己打算加入读书俱乐部的时候,面临两种选择。其中一家读书俱乐部现有 524 个成员,更受欢迎,他们的口号为"阅读是属于你的,你是我们中的一员吗"。另外一家俱乐部现仅有 42 个成员,更具有独特性,标语写着"读书,让你脱颖而出"(冉雅璇等,2020)。同时在自卑感和幸福感的测量方面,研究与实验一测量方式相同。反事实思维的题项参考乔琳等(2022)的研究设计,根据情境改编,包括三个问题,即"现实中,要是优于他人的是我,我会对自己更满意""现实中,要是比他人差的是我,我会更不幸福""我总是忍不住地想如果我是他人会怎么样"。

11.4.2 实验结果

采用与实验一相同的处理、分析方法，剔除自我评价极端的被试者，共计无效样本 15 份，回收有效样本 345 份。同时为检验操控社会比较方向控制的有效性，对三组数据进行分析。将上行社会比较实验组与控制组进行对比分析，通过独立样本 t 检验，研究发现，上行社会比较实验组的成绩显著低于控制组（$M_{上行}$=41.76，$M_{控制}$=55.43；$F(1,227)$=–3.622，$p<0.001$），即上行社会比较阅读任务的控制有效。对下行社会比较实验组与控制组进行独立样本 t 检验，发现下行社会比较实验组的成绩显著高于控制组（$M_{下行}$=60.88，$M_{控制}$=55.43，$F(1,228)$=2.592，$p<0.01$），即表明下行社会比较操控有效。另外通过进一步检验分析，反事实思维题项设置良好（Cronbach's α >0.8），同时自卑感和幸福感等题项的因子分析与信效度也表现良好，其中因子载荷也均大于 0.7，AVE 大于 0.5，且 VIF（variance inflation factor，方差膨胀因子）小于 3（Liu et al.，2019b；乔琳等，2022）。

实验分析表明反事实思维中介了上行社会比较和自卑感。具体而言，上行社会比较对自卑感的主效应显著（β=0.129，t=2.244，$p<0.05$），上行社会比较与反事实思维呈正相关（β=0.208，t=3.178，$p<0.01$），且反事实思维与自卑感呈正相关（β=0.418，t=6.639，$p<0.001$），即反事实思维中介了上行社会比较和自卑感，且在自助法检验中，其偏差修正区间为[0.043, 0.132]，不包含 0 值，H11-5a 成立。同时研究进一步验证了自卑感对炫耀性消费（β=0.449，t=7.744，$p<0.001$）和从众性消费（β=0.424，t=6.862，$p<0.001$）的影响，其偏差修正区间分别为[0.015, 0.104]和[0.014, 0.104]，均不含 0 值，即 H11-3a、H11-3b 成立。下行社会比较对幸福感的主效应仍不显著（β=0.020，t=0.302，$p>0.05$），即 H11-4a、H11-4b、H11-5b 不成立。但是研究发现下行社会比较与反事实思维呈正相关（β=0.274，t=4.454，$p<0.001$），且反事实思维有助于幸福感的产生（β=0.365，t=5.247，$p<0.001$），表明下行社会比较与幸福感的主效应与中介效应可能存在不同的影响关系。

11.4.3 讨论

研究通过分析进一步发现反事实思维在情感控制中的中介作用，揭示了上行社会比较通过反事实思维和自卑感对炫耀性消费以及从众性消费的链式中介作用。但是仍出现了一些新的问题，即反事实思维的存在不仅没有厘清下行社会比较中幸福感的产生机制，更让下行社会比较与幸福感的关系变得模糊。因此，研究猜想，这种关系是否与社会比较的双向性有关，即以上的实验过程均为组间等组设计，而已有研究表明，社会比较并不是一个单向的过程，上行社会比较和下行社会比较是同时存在的（Taylor and Lobel，1989）。因此将上行社会比较和下行社会比较两种刺激同时作用于被试者，通过组内实验进一步梳理社会比较、反事实思维、情感与社会性消费的影响机制,这是实验三的研究目的。

11.5 实 验 三

11.5.1 实验设计

实验三采用组内设计的方法进行情景模拟实验,并通过见数平台发放实验问卷。研究通过情景模拟实验让被试者先后回忆自己在使用社交网络媒体时(刷朋友圈),是否有发现一些朋友在学习或生活中十分理想(或相对较差),让自己感到了差距,并简要描述他们比自己优秀(或差)的方面,使被试者同时进行上行社会比较和下行社会比较刺激。研究在社会比较的测量上借鉴牛更枫等(2016)的设计,通过改进的社会比较倾向量表进行测量(Rye et al.,2008)。社会性消费方面,炫耀性消费测量在 Roy 等(2011)的研究基础上,参考李嘉欣等(2022)的研究改进测量量表,从众性消费和稀缺性消费借鉴金晓彤等(2020)的设计。用户情感和反事实思维的测量与实验二相同。

11.5.2 实验结果

研究共计回收问卷 625 份,通过甄别性题项、答题时间和社会比较的描述效果筛选出有效问卷 510 份,共计问卷有效率为 81.6%。其中男性被试者占比 39%,女性被试者占比 61%,15.1%的被试者为中专及以下学历,66.5%为本科学历,18.4%的被试者为研究生学历,本次被测样本的结构表明实验具有较高的外部效度。通过采用与实验一相同的研究方法进一步分析。研究发现,各个变量的信效度较好,其中 Cronbach's α 均大于 0.7,且大部分大于 0.8,CR 大于 0.7,AVE 大于 0.5,表明信效度良好,同时 VIF 小于 3,无共线性问题,具体信效度检验值如表 11-2 所示(Hair,2012)。

表 11-2 信效度检验值

变量	Cronbach's α	CR	AVE
上行社会比较	0.908	0.929	0.687
下行社会比较	0.929	0.944	0.739
反事实思维	0.706	0.834	0.626
自卑感	0.715	0.840	0.637
幸福感	0.890	0.924	0.753
从众性消费	0.836	0.879	0.548
炫耀性消费	0.836	0.890	0.670
稀缺性消费	0.865	0.917	0.787

研究通过大样本测试进一步验证了H11-1a、H11-1b、H11-2a、H11-2b、H11-3a、H11-3b、H11-5a成立，H11-4a、H11-4b、H11-5b不成立，但也进一步发现反事实思维在下行社会比较和幸福感、幸福感在下行社会比较和消费之间存在遮掩效应。具体而言，上行社会比较与从众性消费（$\beta=0.203$，$t=4.342$，$p<0.001$）和炫耀性消费（$\beta=0.341$，$t=7.770$，$p<0.001$）的正相关关系依然显著，下行社会比较与炫耀性消费（$\beta=0.143$，$t=3.180$，$p<0.01$）和稀缺性消费（$\beta=0.187$，$t=4.584$，$p<0.001$）的正相关关系也显著，即进一步验证了H11-1a、H11-1b、H11-2a、H11-2b。如图11-1所示，研究进一步通过自助法检验了自卑感在上行社会比较和消费行为之间的中介作用（CI[①]$_{上行—自卑感—从众性消费}$=[0.081, 0.188]、CI $_{上行—自卑感—炫耀性消费}$=[0.065, 0.154]），以及反事实思维在上行社会比较和自卑感之间的中介作用（CI $_{上行—反事实思维—自卑感}$=[0.003, 0.040]），即H11-3a、H11-3b、H11-5a依然成立。虽然与以往相同，研究没有证明H11-4a、H11-4b、H11-5b成立。但通过组内实验进一步还原现实生活社会比较的双向关系后，研究发现了反事实思维和幸福感的遮掩效应：下行社会比较与幸福感存在显著的负相关关系（$\beta=-0.109$，$t=2.211$，$p<0.05$），幸福感与炫耀性消费（$\beta=0.208$，$t=4.318$，$p<0.01$）和稀缺性消费（$\beta=0.130$，$t=2.821$，$p<0.01$）呈正相关，即幸福感在下行社会比较和消费之间存在遮掩效应；同时下行社会比较与反事实思维呈正相关（$\beta=0.448$，$t=12.638$，$p<0.05$），反事实思维对幸福感有正向影响（$\beta=0.174$，$t=3.069$，$p<0.05$），但下行社会比较与幸福感呈负相关，即反事实思维在下行社会比较和幸福感之间存在遮掩效应。将上行社会比较和下行社会比较纳入同一研究框架，也为对比不同方向的社会比较提供了可能。通过对

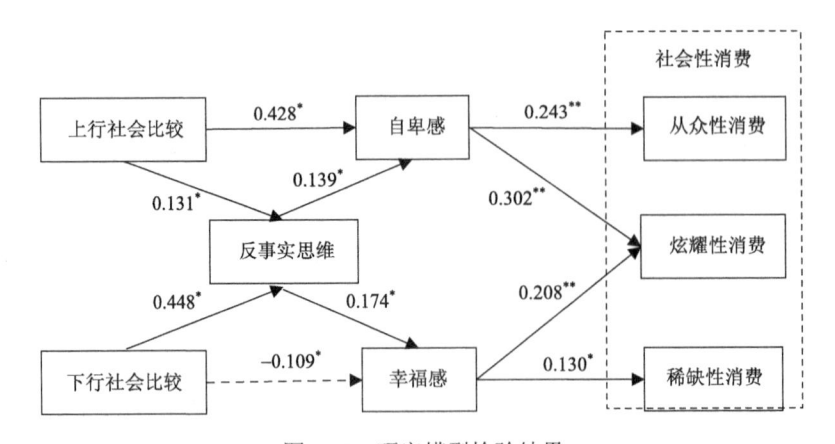

图11-1 研究模型检验结果

虚线表示负相关，即反事实思维对幸福感，以及幸福感对消费的中介作用并不成立
*表示$p<0.05$，**表示$p<0.01$

[①] CI英文全称为confidence interval，译为置信区间。

比发现上行社会比较对情感的影响更强（$\beta_{上行}$ =0.428，$\beta_{下行}$= –0.109），且上行社会比较对消费的作用效果更明显（上行社会比较：$\beta_{从众性消费}$=0.243，$\beta_{炫耀性消费}$=0.302。下行社会比较：$\beta_{炫耀性消费}$=0.208，$\beta_{稀缺性消费}$=0.130），这与以往的研究结果相同，即上行社会比较对用户更有影响力（Kim，2022）。同时研究发现在下行社会比较过程中反事实思维的中介作用效果更为明显（上行社会比较：$\beta_{上行—反事实思维}$=0.131，$\beta_{反事实思维—自卑感}$=0.139。下行社会比较：$\beta_{下行—反事实思维}$=0.448，$\beta_{反事实思维—幸福感}$=0.174），这可以通过人们对负面的情感更加敏感进行解释，即下行社会比较中，反事实思维的对比效应更明显，其更容易虚构比现实情况更糟糕的场景（Hair et al.，2012；Straub et al.，2004）。

11.5.3 讨论

实验三通过情景模拟实验，进一步以大样本验证了实验一和实验二的结论，增强了实验结论的外部信度。同时研究将消费偏好测量转换为消费量表，并采用组内实验设计的方法，将实验结果进一步量化，为对比分析上行社会比较和下行社会比较两种社会比较机制提供了基础。实验三还通过组内实验的研究设计进一步还原了现实生活社会比较的双向关系，发现了反事实思维和幸福感在下行社会比较与消费行为之间的遮掩效应，即下行社会比较的同化效应致使用户自我评价趋于比较标准，降低了用户的幸福感，导致下行社会比较与幸福感的直接作用与间接作用同时存在、方向相反，下行社会比较与消费行为的直接作用与间接作用同时存在、方向相反。实验一和实验二未发现该遮掩效应，可能是由于通过等组设计和变量操控的实验方式，忽略了社会比较的双向性和非对称性。

11.6 研究结论与启示

11.6.1 研究结论

本章在社交网络的背景下，将社会比较理论与消费者行为相结合，揭示了社会比较对社会性消费的影响机制。研究主要结论如下：第一，社会比较对消费的影响显著存在。其中上行社会比较对炫耀性消费和从众性消费有正向影响；下行社会比较对稀缺性消费和炫耀性消费有正向影响。炫耀性消费和社会比较行为关联性更高，且与社会比较的方向无关。第二，自卑感对上行社会比较和消费的中介效果是显著的，上行社会比较对自卑感存在积极影响，而自卑感会增加炫耀性消费和从众性消费。但幸福感对下行社会比较和消费的中介效果并不显著，其存在遮掩效应，这可以通过社会比较的同化效应进行解释，因为下行社会比较对用户情感的影响存在同化效应，导致了用户幸福感的降低（邢淑芬和俞国良，2006）。

第三，研究发现，反事实思维对上行社会比较和情感的中介作用显著，再次验证了社会比较和反事实思维的情感调节功能。

与研究预期不同，即 H11-4a、H11-4b、H11-5b 不成立，研究发现下行社会比较与幸福感之间并非正向相关的关系，这与以往的研究具有一定的冲突（Gentile et al.，2020）。由于实验操控的下行社会比较刺激过程为测试者提供比较对象，因此实验的社会比较属于显性社会比较范畴。而已有研究表明，在显性社会比较中，下行社会比较往往以同化效应为主（黎琳等，2007），即在下行社会比较中用户的自我评价会和比较标准趋于一致，因为下行社会比较会让用户感到"周围的不幸"，进而使自我评价趋于较低水平，降低了用户的幸福感（邢淑芬和俞国良，2006）。因此，在三次实验中下行社会比较与幸福感的正向相关关系均没有成立，且反事实思维和幸福感在下行社会比较对消费的影响中存在遮掩效应。因此下行社会比较对幸福感的主效应以同化效应为主，其经由反事实思维的中介过程以对比效应为主，这也可以通过反事实思维明显的对比效应进行解释（郝喜玲等，2018）。

11.6.2 理论贡献

本章研究具有重要的理论贡献。首先，研究将社会比较作为一种社会性现象出发，借助社会性消费概念，系统性探索了社会比较对消费行为的影响。以往的研究多关注社会比较对情感的影响，关于社会比较如何系统影响消费的探索有限（车诚等，2024；潘定等，2022）。以往的社会比较侧重关注上行社会比较对用户的影响，研究通过三次实验分析，进一步解释了这种研究趋势存在的合理性，即下行社会比较对幸福感的作用往往是不显著的（实验一、实验二），在现实环境中甚至为负向影响（实验三），这与社会比较的一般性规律相违背。与以往不同，研究通过大样本分析，发现由于下行社会比较的同化效应，下行社会比较与幸福感呈负相关，因此反事实思维和幸福感在下行社会比较和消费间存在遮掩效应。同时上行社会比较与下行社会比较相结合的研究形式，也为今后研究提供了新的方向。最后，研究通过组间设计和组内设计相结合的方法进行实验，深入揭示了社会比较对用户社会性消费的影响机制。以往实验法多采用组间实验的实验设计，但这种实验方式存在弊端，实验三通过转变实验设计的方式，进一步对研究结论进行了分析检验，为今后社会比较的实验探索开辟了新渠道。

11.6.3 实践启示

实践启示主要包括两个方面。一方面，对于企业的营销和管理，研究可以提供以下启示：第一，社交网络的社会比较对消费具有显著的社会性影响。因此，企业管理者应该不断强化社交网络的社会比较行为，进一步支持鼓励信息比较，如企业可以关联信息，及时提供推荐与提醒功能，也可以通过微信好友、通讯录联系人推荐机制，强化电子商务平台与社交网络的联系，对电商平台赋予更多的社交属性，强化社会比较行为，刺激社会性消费需求。第二，企业管理者也应该积极推进精准营销，对于上行社会比较倾向较高的用户，企业应顺从炫耀性消费和从众性消费心理，为其相关商品提供个性化推荐，满足其消费的情感需求。同时由于下行社会比较对情感调节作用并不显著，因此在下行社会比较中有效突出强化反事实思维也是企业营销的重点工作，如在广告中加入"如果……就……"等广告词，增强其反事实思维的对比效应。第三，企业应重视用户的社会性情感诉求，提高服务体验。对用户消费后的情感变化进行追踪管理，使其消费行为可以有效弥补社会比较过程的情感缺失，同时也为企业合理调控社会比较的强度提供支撑。另一方面，对于用户而言，首先研究发现，社交网络中社会比较对用户的情感影响多为负面作用，因此，减少社会比较是社交网络用户规避负面情感的有效方式。其次，下行社会比较中反事实思维的间接作用有助于提高幸福感，因此，反事实思维可以强化下行社会比较的对比效应，减少其对幸福感的消极影响。最后社交网络的社会比较对用户消费具有显著性影响，用户应当通过调整社会比较中的信息输入与情感反应来规范自身消费行为，减少社会比较对消费行为的社会性影响，增强消费者理性消费。

11.6.4 研究局限与展望

研究存在一些不足之处。首先，受制于实验对象和实验方法的制约，研究分别将 QQ、知乎、微信朋友圈作为三次实验的社会比较场景。但由于用户对不同社交网络功能定位存在差异，不同社交网络的社会比较信息强度不同，对用户消费的影响也有所不同。未来研究可以进一步探究不同社交网络背景下社会比较对用户消费影响的差异（Rye et al., 2008）。其次，由于社会性消费分类较多，不同研究领域学者的分类也具有一定差异，如国内部分学者从比较的自发性出发，将社会性消费行为分为主动型社会性消费和被动型社会性消费，从消费心理学的角度对其进行探究，存在一些局限（Vigneron, 1999）。未来研究可以从不同的问题视角，进一步探索其他社会性消费分类的不同影响。

11.7 本章小结

信息时代，社会比较逐渐从现实生活渗透到社交网络用户行为的方方面面，这种比较如何影响用户消费，已经成为社交网络平台中企业营销和管理需要关注的重要问题。本章将上行社会比较与下行社会比较整合纳入同一框架，采用组间设计和组内设计相结合的实验设计，以三次实验层层深入地探究了社会比较对用户社会性消费的影响。研究发现，上行社会比较与炫耀性消费和从众性消费呈正相关，同时自卑感会中介上行社会比较对炫耀性消费和从众性消费的影响，反事实思维则对上行社会比较和自卑感具有中介作用；另外，下行社会比较与炫耀性消费和稀缺性消费呈正相关，且反事实思维和幸福感在下行社会比较对消费的影响中存在遮掩效应。

第 12 章　社交网络中信息推荐对用户购买决策的影响

12.1　理论基础与研究模型

社交网络的普遍使用促使电商导购平台的出现，电商导购平台是社交电商的一种形式。电商导购平台充斥着大量的 UGC，它像一个价值创造网络将消费者互相连接在一起，发现、分享和推荐商品，网站和消费者共同创建了整个推荐服务。电商导购平台根据消费者过去的购买行为以及其他类似消费者的偏好来进行推荐（Benlian et al.，2012），消费者则是依据他们对商品的亲身体验提出推荐（Jabr and Zheng，2014）。设计恰当的在线商品推荐程序是电商导购平台成功的一个关键因素（Xu et al.，2014）。虽然学者都强调了推荐质量的重要性，但反映在线商品推荐质量的设计特征仍未得到很好的理解。根据双因素理论，本章将在线商品推荐质量划分为积极因素和消极因素两部分，将影响在线商品推荐质量的积极因素和消极因素嵌入一个框架模型中，来了解在线商品推荐质量如何通过影响在线购买效率来影响顾客忠诚度。

12.1.1　理论基础

Ratchford（2001）将人力资本模型与家庭生产模型结合起来解释了知识共享对顾客忠诚度的影响。他认为网购是一个家庭生产过程，需要大量的人力资本投资，网购过程的效率决定了消费者对商店的忠诚度。Zhang 等（2011）提出并实证验证了一个模型，来检验个性化产品推荐影响顾客忠诚度的机制。根据他们的模型，个性化的商品推荐通过商品预购买效率来影响消费者的忠诚度，其中包括三个核心因素：商品筛选成本、商品评估成本和决策质量。商品筛选成本和商品评估成本反映了顾客在寻找商品、服务和做出决策时产生的感知成本，决策质量是指顾客认为他们决定购买的商品符合他们的需求并达到了令人满意的程度，代表了顾客在商品预购买过程中获得的感知利益。商品预购买效率代表了在线商品推荐对顾客的功利价值，即减少顾客的认知努力并且提高他们的决策质量的有益影响（Xu et al.，2014）。本章在 Zhang 等（2011）的框架基础上，构建了研究模型，模型的变量及文献依据见表 12-1。

表 12-1　模型的变量解释及文献依据

变量	变量解释	文献依据
商品预购买	消费者购买决策过程中的一个阶段，在这个过程中，消费者进行商品筛选和评估，以决定购买哪种产品满足他们的特定需求	Ratchford（2001）
商品预购买效率	在商品预购买阶段，消费者进行网络购物活动的成本和收益	Ratchford（2001）
商品筛选成本	消费者在寻找产品和服务时产生的感知成本	Zhang 等（2011）
商品评估成本	消费者在做出购买决定时所感受到的成本	Zhang 等（2011）
决策质量	消费者认为他们决定购买的商品符合他们的需求或口味，达到令人满意的程度	Zhang 等（2011）
商品推荐的质量	减少消费者的认知努力，同时提高他们的决策质量	Zhang 等（2011）
推荐准确性	消费者认为推荐内容与他的个人信息相关联的程度	Tam 和 Ho（2005）
推荐新颖性	消费者认为推荐内容让他有新发现的程度	Vargas 和 Castells（2011）
信息不实	消费者认为平台的商品推荐可能有误导和歪曲信息或欺诈动机的程度	Cenfetelli 和 Schwarz（2011）
信息过载	商品推荐信息超出了消费者所需要的程度，使人感到不知所措	Liang 等（2006）
顾客忠诚度	顾客对平台形成偏爱并长期重复购买该平台商品或服务的程度	Srinivasan 等（2002）

从长远来看，在线用户是否会相信电商导购平台的推荐信息并继续采纳这些建议，取决于推荐的有用性，尤其是商品推荐的质量。在计算机科学中，主要研究的焦点在于提高推荐平台的能力，以预测商品能在多大程度上符合用户的喜好和兴趣。平台能够准确地预测用户偏好，使它能够实现更精确的个性化推荐和更高的用户满意度。Tam 和 Ho（2005）认为消费者偏好与特定领域的个性化推荐之间的一致性反映了平台的个性化推荐质量。Liang 等（2006）提出，消费者评价个性化内容的关键前提是推荐内容的准确性，即推荐内容与消费者的兴趣是否相符。Nilashi 等（2016）也提出针对顾客利益的推荐准确性是在线商品推荐平台的核心功能。因此，前人关于个性化推荐的研究一致认为，个性化推荐系统在多大程度上与消费者的个人信息相匹配，特别是在推荐内容的准确性方面，是衡量推荐质量的关键因素。然而，只关注推荐准确性还不足以产生有用的推荐。Vargas 和 Castells（2011）提出了不同的计算度量来评估推荐新颖性水平，他们的指标包括平台中某种商品的普遍受欢迎程度，推荐商品与用户过去有积极体验的商品的相似度。除了这些因素，Ge 等（2010）提出，将意外收获视为新颖度的一种表现形式，可能有助于提高推荐有用性。因此，本章认为推荐准确性和推荐新颖性是商品推荐质量的两个主要因素。推荐准确性反映了推荐与消费者的特殊需求和偏好的匹配程度（Tam and Ho, 2005），推荐新颖性代表推荐内容让消费者有新发现的程度。

虽然已有许多对推荐质量的促进因素的研究，但对抑制因素的研究还很缺乏。Cenfetelli 和 Schwarz（2011）研究了基于对象的技术接受抑制因素，发现了六种与信息和系统质量相关的抑制因素，并通过实证验证了它们对信息系统使用意愿的负面影响。本章选择了信息不实和信息过载作为推荐质量的抑制因素。推荐准确性和信息不实之间、推荐新颖性和信息过载之间可能存在着一些平衡，这些平衡是在线商品推荐设计中固有的，因为不同层次的在线商品推荐特性会产生相互冲突的结果。Craig等（2012）研究表明，当消费者接触到有说服力的信息时，他们会怀疑这些信息的真实性。Olbrich 和 Holsing（2011）提出由于在线商品推荐被认为是功利主义和有说服力的，消费者可能会怀疑电商导购平台的目的，认为它们只是通过给购物平台打广告促进商品销售来获得收入。因此，电商导购平台中的商品推荐可能会向消费者发出潜在欺骗信号。本章对什么值得买网站的一些特定用户的采访显示，用户对商品推荐持谨慎态度。如果平台给他们推荐一些声誉较低的卖家，他们会认为对推荐信息的蓄意操纵是激励顾客购买的圈套。

12.1.2 研究模型

在线商品推荐通过三种方式帮助消费者做出购买决策。首先，在线商品推荐通过代理消费者执行资源密集型的信息搜索和处理任务，节省了消费者在商品筛选阶段的认知成本。其次，在线商品推荐为消费者提供了一个只包括消费者最有可能选择的商品集合。因此，高质量的在线商品推荐通过将选择范围缩小到少数几种最满足消费者需求的产品，降低了消费者的商品筛选成本。最后，在线商品推荐特别适合传达与商品的品位相关的属性，因此它允许消费者关注商品适合度的主观和特质衡量，而不是产品性能和绝对质量的客观和普遍衡量。Lee J 和 Lee J N（2009）认为当消费者有了更多的信息，即使是购买体验型商品（如服装等），他们也能在购买商品时做出更明智的决策。因此，在线商品推荐的质量很可能会显著影响商品预购买效率。本章将通过理论分析构建如图12-1所示的研究模型。

1. 促进因素：推荐准确性和推荐新颖性

在电商导购平台，推荐准确性意味着电商导购平台上的商品推荐信息有效地表达了消费者的个人需求，与消费者的购物策略相一致。推荐准确性可以从三个方面改善消费者的购买决策过程。首先，当消费者感知到在线商品推荐准确性更强时，会对网站产生更强的认同感。这种认同感可以减少消费者与网站之间的感知关系距离，增强消费者对其选择与平台推荐之间的感知一致性。因此，作为一种决策辅助，推荐准确性减少了消费者在商品筛选阶段的认知努力。其次，与消费者兴趣一致的在线商品推荐有助于消费者更好地回忆和更深地理解商品。与消费者兴趣不一致的推荐内容相比，消费者对符合他们自身兴趣的推荐内容的接受程度更高，因此他们会将更多与自身兴趣相关的推荐商品加入购物车中。这就诱使消费者查看更多的商品，从而产生更大的商品评估成本。最后，相关消费者

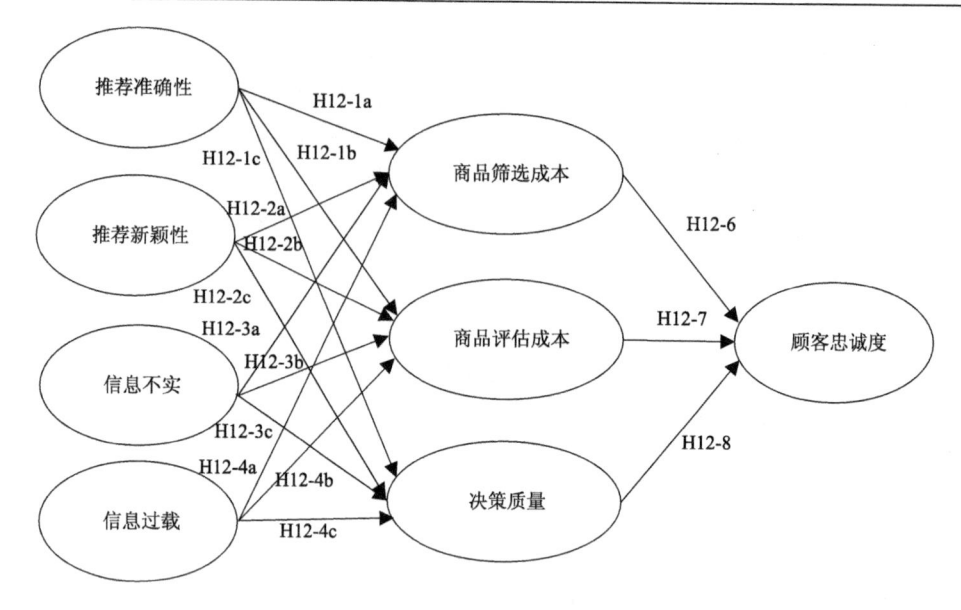

图 12-1 研究模型

信息搜索和决策的文献表明，消费者会根据特定的情况和环境调整他们的决策策略。一般来说，消费者会在决策的准确性和所付出的认知努力之间取得平衡。在个性化推荐的环境中，推荐准确性导致消费者的心理成本降低，使得消费者在做出决定之前有更多的时间和认知资源来更深入地评估有效的推荐信息，从而使决策质量得到提高。因此，假设如下。

H12-1a：推荐准确性与商品筛选成本呈负相关。

H12-1b：推荐准确性与商品评估成本呈正相关。

H12-1c：推荐准确性与决策质量呈正相关。

Nilashi 等（2016）提出如果平台的目的是给用户推荐新颖的事物，并帮助他们发现与之相关的更多事物，更高的推荐新颖性是合适的。高推荐新颖性的在线商品能使用户发现他们未曾发现的商品，Ge 等（2010）将意外收获视为新颖度的一种可能有助于提高推荐有用性的形式，满足了用户对推荐平台的期待。但是 Cremonesi 等（2011）提出当推荐的商品与用户的偏好相差太大，而且用户对推荐商品的熟悉程度很低时，较高水平的推荐新颖性不一定能带来更好的感知推荐质量。推荐新颖的商品未必是用户想要的或者感兴趣的，因此，推荐新颖性可能会增加消费者在筛选以及评估商品上的成本。推荐新颖性也与消费者的决策质量呈正相关，高推荐新颖性使消费者能接触到更多想不到的商品，经筛选、评估后做出更好的决策。因此，假设如下。

H12-2a：推荐新颖性与商品筛选成本呈正相关。

H12-2b：推荐新颖性与商品评估成本呈正相关。

H12-2c：推荐新颖性与决策质量呈正相关。

2. 抑制因素：信息不实和信息过载

抑制因素，作为消极的属性，表示在线商品推荐中存在着某些错误，会阻碍消费者做购买决策。因此，本章假设抑制因素（信息不实和信息过载）会对消费者的决策过程产生负面影响。根据欺骗理论，欺骗是指利益冲突的双方（欺骗者和被欺骗者）之间的认知互动。Ho等（2016）提出它是一种信息隐瞒和扭曲的说服策略，通过信息操纵来达到预期的结果，从而产生欺骗。在线商品推荐的欺骗性是指社交购物平台充当欺骗者，提供不正确或不准确的认知表征（如信息披露不足、商品信息虚假或虚假购物体验）来误导消费者，以唤起他们的预期购买态度和行为，仅推荐能获得平台利益的在线商品会被认为是具有操控性的，会损害可信度、准确性和客观性。由于欺骗性降低了目标的可信度和代表性，信息不实会抑制推荐对顾客决策过程的有效性或有用性，使消费者对推荐产生怀疑。Darke和Ritchie（2007）认为为了避免收到劣质商品和被网站的机会主义行为愚弄，顾客可能会花费更多的时间和认知资源来筛选和评估推荐信息。信息不实涉及向消费者传递欺骗性信息，它也可能导致决策质量较差。因此，假设如下。

H12-3a：信息不实与商品筛选成本呈正相关。

H12-3b：信息不实与商品评估成本呈正相关。

H12-3c：信息不实与决策质量呈负相关。

当消费者得到的信息超过了他们在给定时间范围内能够处理的信息时，就会发生信息过载。信息过载从三个方面影响消费者的决策过程。首先，根据最小努力原则，消费者往往需要在搜寻商品阶段过滤不相关或冗余的信息，减少寻找最符合自己偏好的商品所需的努力，从而导致决策时间的低效使用。其次，由于信息量过大，消费者需要在商品评估阶段对更多的商品线索进行评估。Zhang等（2011）提出在其他条件不变的情况下，考虑到信息处理速度是固定的，评估更多的线索会导致更高的商品评估成本。最后，认知负荷理论认为，消费者只有有限的工作记忆来处理信息。如果消费者的工作记忆超过一定的限度，对信息的注意力就会减弱，学习效果就会恶化。当信息增长到一定程度，会使消费者的认知局限不堪重负，产生反效果。例如，在电商导购平台中，尽管提供了广泛的选择，为用户提供了更多的商品供他们选择，但他们通常会被大量的信息淹没，并且常常无法详细评估所有可用的替代方案。这使得他们无法对商品的重要属性进行深入比较，从而增加了做出劣质购买决策的可能。因此，假设如下。

H12-4a：信息过载与商品筛选成本呈正相关。

H12-4b：信息过载与商品评估成本呈正相关。

H12-4c：信息过载与决策质量呈负相关。

3. 促进因素和抑制因素的差异效应

本章认为，信息不实和信息过载对消费者商品筛选成本、商品评估成本和决策质量的影响比促进因素更大。由于信息不实和信息过载违背了消费者的基本需求，引起了消费者内部的消极状态，从而在更大程度上影响了消费者的购买过程。此外，信息不实违背了消费者的期望，消费者可能因此对平台持有完全消极的态度。因此，信息不实不仅降低了在线商品推荐在促进消费者决策方面的有效性，而且破坏了平台的信誉。如果一个平台的信誉很差，那么它的推荐信息对用户来说就失去了意义。

信息过载意味着平台中充斥着各种各样的推荐信息，但这些信息并没有被准确地组织起来。当消费者遇到信息过载的状况时，可能会出现压力、无聊等疲劳症状，使得消费者无法也不愿意对推荐信息进行认知上的详细阐述。因此，信息过载会导致一种失控的感觉，从感知决策努力和决策质量来看，信息过载比促进因素更为显著地影响在线商品推荐的效果。由于负面属性得到更多和更快的关注，信息不实和信息过载对用户的影响可能比促进因素的影响更大。因此，假设如下。

H12-5a：信息不实对商品筛选成本的影响大于推荐准确性。
H12-5b：信息过载对商品筛选成本的影响大于推荐准确性。
H12-5c：信息不实对商品评估成本的影响大于推荐准确性和推荐新颖性。
H12-5d：信息过载对商品评估成本的影响大于推荐准确性和推荐新颖性。
H12-5e：信息不实对决策质量的影响大于推荐准确性和推荐新颖性。
H12-5f：信息过载对决策质量的影响大于推荐准确性和推荐新颖性。

4. 商品预购买效率和顾客忠诚度

期望效用理论认为消费者在购买决策过程中寻求价值最大化。在本章中，价值的确定是基于消费者对在线商品推荐衍生的功利性价值的感知，即感知决策努力和感知决策质量。因此，本章有理由假设消费者会对网站表现出忠诚，这可以优化他们的决策质量，使他们在决策过程中产生的决策成本最小化。同样，家庭生产函数和人力资本模型表明，消费者对在线商店的忠诚度是由在线产品代理效率驱动的，这是一个商品筛选和评估成本及决策质量的函数。此外，Zhang等（2011）支持商品预购买效率越高，顾客忠诚度越高的观点。本章将这些发现推广到电商导购平台，认为更高的决策质量、更低的商品筛选成本和商品评估成本将导致更高的顾客忠诚度。因此，假设如下。

H12-6：商品筛选成本与顾客忠诚度呈负相关。

H12-7：商品评估成本与顾客忠诚度呈负相关。

H12-8：决策质量与顾客忠诚度呈正相关。

12.2 研究方法

12.2.1 量表设计

本章共涉及 8 个潜变量，每个潜变量由 3~4 个测量题项组成。所有测量题项均改编自已有文献，以保证量表的内容效度，并根据中文表述习惯对其进行适当的修改，以适应此次研究的特定情景，确保内容的有效性。其中，推荐准确性的题项改编自 Tam 和 Ho（2005）的研究；推荐新颖性的题项改编自 Vargas 和 Castells（2011）的研究；信息不实的题项改编自 Cenfetelli 和 Schwarz（2011）的研究；信息过载的题项改编自 Liang 等（2006）的研究；顾客忠诚度的题项改编自 Srinivasan 等（2002）的研究。所有项目均采用五级利克特量表进行测量，范围从 1（非常不同意）到 5（非常同意）。

12.2.2 数据收集

量表开发完成后，在正式进行数据收集前，特邀请什么值得买（https://www.smzdm.com/）的 3 名资深用户和 2 名知名电商企业的员工对问卷提意见，笔者再进行修改，然后邀请了 20 名在校大学生参与预调查。根据调查反馈结果，对量表的具体题项表述进行修改，进一步精练了问卷的内容和语言，以保证调查对象对测量题项的准确理解，调整和完善相关内容，提高测量项目的全面性和用户友好性，最大限度保证量表的内容效度。

本章选择了什么值得买作为研究对象，这是一个流行的电商导购平台，也是中国基于社区的电子商务的一个先例。以什么值得买作为电商导购平台的研究环境，选择在什么值得买网站上进行问卷的发放。为了鼓励更多的用户完成问卷，当受访人回答问题后，笔者会随机发送一个红包作为奖励。为了确保每个被调查者只提交一个回复，每个参与者的什么值得买用户 ID 会被记录下来。共收回问卷 427 份，通过数据筛选，剔除明显随意作答、前后矛盾问卷 48 份，最后，使用 379 份有效问卷进行后续分析。大部分（72.03%）的受访者为女性，这符合什么值得买的用户性别分布特征，93.5%的受访者年龄在 21 岁至 39 岁之间。此外，79.94%的受访者具有本科以上学历，59.6%的受访者已就业工作，95.2%的人每月至少在网上购物一次。

12.3 数据处理与分析

偏最小二乘法对样本没有严苛的限制，不要求样本具有正态分布特征（Reinartz et al., 2009），而且特别能够测试有大量变量的复杂模型（Chin et al., 2003）。由于本章调查所得样本数据并不完全服从正态分布，以及考虑到研究模型中涉及的关系的复杂性，故选用偏最小二乘法和 SmartPLS 2.0 工具进行数据分析，检验研究假设。为了排除共同方法偏差的影响，采用 Harman（哈曼）单因子检验方法进行检验（Rong and Grover, 2009）。检验发现未旋转时单个因子最大的累计变异数贡献低于 50%，未析出一个单独因子或一个公因子解释大部分变异，表明不存在共同方法偏差问题。

12.3.1 信效度分析

在进行理论假设验证之前，必须对各个变量的信度和效度进行检验。采用 Cronbach's α、CR 和 AVE 对问卷的信度进行检验。一般认为，当 CR、Cronbach's α 分别大于 0.7，AVE 大于 0.5 时，调查数据具有较好的稳定性，测量模型信度可以接受。如表 12-2 所示，所有变量的 AVE 均大于 0.7，CR 和 Cronbach's α 均在 0.8 以上，以上分析证实本章的量表信度达到较高的水平。

表 12-2　验证性因子分析

变量	测量题项/个	CR	Cronbach's α	AVE
推荐准确性（RA）	3	0.859	0.937	0.753
推荐新颖性（RN）	3	0.880	0.836	0.710
信息不实（ID）	3	0.917	0.857	0.788
信息过载（IO）	3	0.920	0.874	0.794
商品筛选成本（SC）	3	0.903	0.864	0.757
商品评估成本（EC）	3	0.913	0.902	0.778
决策质量（DQ）	3	0.875	0.908	0.702
顾客忠诚度（CL）	3	0.924	0.924	0.803

在测验上，效度是指一个测验实际测到所要测量的理论结构或特质的程度。KMO 和 Bartlett 球形检验结果初步显示，正式问卷 24 个测量题项的总体 KMO 值为 0.866，Bartlett 球形检验在 0.001 的显著性水平下通过检验。因此，整个因子结构清晰，初步符合效度的基本标准。收敛效度通过 AVE 进行测量，如表 12-2 所示，所有变量的 AVE 均大于 0.7，高于标准值 0.5，表明变量具有理想的收敛效度。

针对区分效度进行分析可知：共 8 个因子分别对应的 AVE 平方根值最小为 0.837，大于因子间相关系数的最大值 0.610（表 12-3），意味着研究数据具有良好的区分效度（Straub et al.，2004）。

表 12-3　AVE 平方根和潜在变量间的相关系数

变量	RA	RN	ID	IO	SC	EC	DQ	CL
RA	**0.868**							
RN	0.560	**0.842**						
ID	−0.260	−0.144	**0.888**					
IO	−0.132	0.057	0.268	**0.891**				
SC	−0.295	−0.252	0.410	0.303	**0.870**			
EC	0.262	−0.216	0.218	0.136	0.552	**0.882**		
DQ	0.455	0.481	−0.181	−0.139	−0.300	−0.323	**0.837**	
CL	0.584	0.513	−0.255	−0.113	−0.276	−0.251	0.610	**0.896**

注：斜对角线上加粗部分为各测度项的 AVE 平方根值

12.3.2　结构模型验证

在此，将本章的研究模型绘制到 SmartPLS 3.2 软件中，采用自助法进行假设检验。具体地选择修正偏倚和加速（bias-corrected and accelerate）自助法，随机进行 1000 次抽样，得到如图 12-2 所示的检验结果。

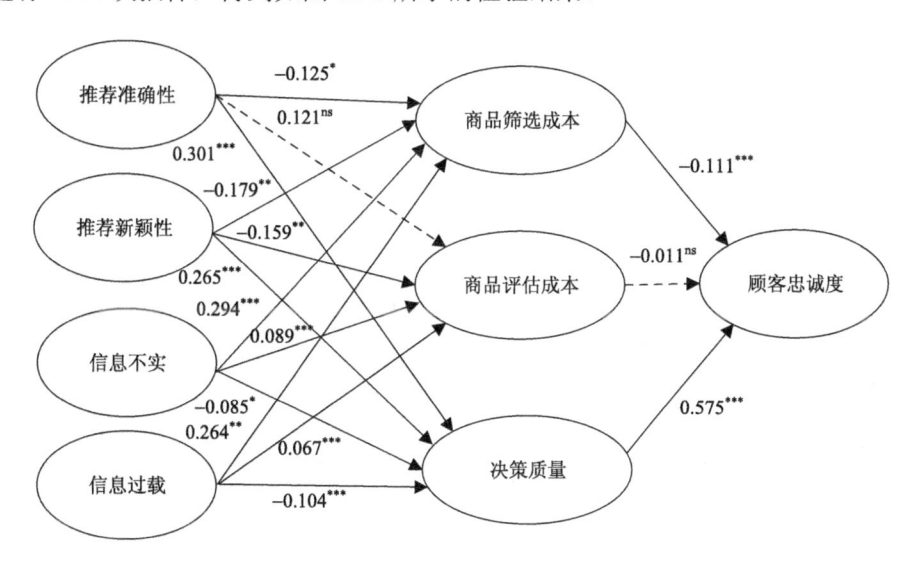

图 12-2　研究模型检验结果

图中虚线表示路径不显著，*表示 $p<0.05$，**表示 $p<0.01$，***表示 $p<0.001$，ns 表示不显著

图 12-2 中的实证分析结果表明：在促进因素方面，推荐准确性对商品筛选成本有显著的负面影响，对决策质量有积极的影响，但对商品评估成本影响不显著。推荐新颖性对商品筛选成本和商品评估成本有显著的负面影响，对决策质量有正向影响。因此，假设 H12-1a、H12-1c 和 H12-2c 得到支持，H12-2a、H12-2b、H12-1b 不成立。在抑制因素方面，信息不实和信息过载正向影响商品筛选成本和商品评估成本，对决策质量有显著的负面影响。因此，假设 H12-3a、H12-3b、H12-3c、H12-4a、H12-4b 和 H12-4c 得到支持。

如表 12-4 所示，信息不实（$\beta=0.294$）和信息过载（$\beta=0.264$）比推荐准确性（$\beta=-0.125$）和推荐新颖性（$\beta=-0.179$）对商品筛选成本有更大的影响（$t_{\text{ID-RA}}=58.18$，$t_{\text{ID-RN}}=25.87$；$t_{\text{IO-RA}}=54.04$，$t_{\text{IO-RN}}=24.17$）。推荐准确性（$\beta=0.121$）和推荐新颖性（$\beta=-0.159$）比信息不实（$\beta=0.089$）和信息过载（$\beta=0.067$）对商品评估成本有更大的影响（$t_{\text{RA-ID}}=9.14$，$t_{\text{RA-IO}}=17.58$；$t_{\text{RN-ID}}=19.85$，$t_{\text{RN-IO}}=24.98$）。同样地，推荐准确性（$\beta=0.301$）和推荐新颖性（$\beta=0.265$）比信息不实（$\beta=-0.085$）和信息过载（$\beta=-0.104$）对决策质量有更强的影响（$t_{\text{RA-ID}}=62.58$，$t_{\text{RA-IO}}=57.07$；$t_{\text{RN-ID}}=52.59$，$t_{\text{RN-IO}}=47.04$）。因此，假设 H12-5a、H12-5b 成立，假设 H12-5c、H12-5d、H12-5e 和 H12-5f 不成立。对于顾客忠诚度，其与商品筛选成本呈负相关，与决策质量呈正相关。然而，商品评价成本没有显著影响顾客忠诚度。因此，假设 H12-6 和 H12-8 成立，H12-7 不成立。

表 12-4　比较促进因素和抑制因素对商品预购买效率影响的结果

项目	推荐准确性（RA）	推荐新颖性（RN）	信息不实（ID）	信息过载（IO）
商品筛选成本（SC）	−0.125[*]	−0.179[**]	0.294[***]	0.264[**]
t 值			58.18[***]ID-RA	54.04[***]IO-RA
			25.87[***]ID-RN	24.17[***]IO-RN
商品评估成本（EC）	0.121[ns]	−0.159[**]	0.089[***]	0.067[***]
t 值	9.14[***]RA-ID	19.85[***]RN-ID		
	17.58[***]RA-IO	24.98[***]RN-IO		
决策质量（DQ）	0.301[***]	0.265[***]	−0.085[*]	−0.104[***]
t 值	62.58[***]RA-ID	52.59[***]RN-ID		
	57.07[***]RA-IO	47.04[***]RN-IO		

*表示 $p<0.05$，**表示 $p<0.01$，***表示 $p<0.001$，ns 表示不显著

12.4 研 究 结 论

12.4.1 结果分析

本章提出了一些有趣的发现。首先，关于促进因素，推荐准确性与商品筛选成本负相关，推荐新颖性与商品筛选成本和商品评估成本负相关。推荐准确性和推荐新颖性对决策质量都产生积极影响。关于抑制因素，信息不实和信息过载对商品筛选成本和商品评估成本产生积极影响，对决策质量产生负面影响。此外，促进因素和抑制因素对商品预购买效率的影响也存在显著差异。关于商品预购买效率对顾客忠诚度的影响，结果表明，商品筛选成本和决策质量会显著影响顾客忠诚度。同样，决策质量（$\beta= 0.575$）在影响顾客忠诚度方面比商品筛选成本（$\beta= -0.111$）发挥更大的作用。

尽管本章的大多数假设都得到了支持，但是有一些假设是不成立的。研究结果表明，推荐准确性与商品评估成本之间没有显著的积极关系，较高的商品评估成本也不会显著影响客户忠诚度。一个解释是，顾客可能认为商品筛选成本在电商导购平台的控制范围内，而商品评估成本在他们自己的控制范围内。高推荐准确性的电商导购平台有助于消费者寻求建议、积累知识，达到更高质量的购买决策，这使他们实现了一种授权感，从而灌输了对商品选择过程的强烈控制感（Zhang et al.，2014b）。另一个合理的解释是，这可能是与电商导购平台中充斥着的大量 UGC 有关，消费者在平台中与其他消费者有着自发的社会互动，这些社会互动产生了相关的社交和享乐主义价值观（Zhang et al.，2015）。虽然顾客可能会花费更多的时间来评估其他消费者提出的建议，从而产生更高的商品评估成本，但这并不太可能造成对平台的负面影响，因为消费者愿意花额外的时间和努力来买到自己想要的商品。在促进因素和抑制因素的差异效应中，与本章的假设不同，促进因素对商品评估成本和决策质量的影响更大。这也说明顾客对于电商导购平台的推荐以及这个知识积累的过程是更加重视的，他们所感受到的社交和享乐价值高于信息不实和信息过载带给他们的消极感受。这也可能与顾客已经了解和习惯了如今线上商品质量良莠不齐的现象有关，他们在购买商品前已经做好了心理准备。

12.4.2 研究意义

本章基于双因素理论反映了在线商品推荐质量的关键特征，并考察了它们对消费者决策的不同影响。在三个方面不同于现有的研究：①从综合的角度确定了在线商品推荐的特征，并验证了它们在影响商品预购买效率方面的重要作用。尽管本章研究的因素不是详尽的，但这些发现增加了我们对在线商品推荐的理解，并阐明了如何有效地为电商导购平台设计个性化推荐。②在前人的研究模型基础上，提出了新的电商导购平台在网购中对顾客决策和忠诚度的作用研究模型，证实了在线商品推荐质量通过影响预购买效率来影响顾客忠诚度，丰富了电商导购平台对用户决策和忠诚度影响作用的理论体系。③扩展了双因素模型的可推广性，与双因素理论相一致，本章认为在线商品推荐的质量应该通过分离出积极和消极的因素来更系统地考察，因为这些因素对消费者购买决策过程有明显的影响。研究结果表明，抑制因素对商品筛选成本有较强的影响，而促进因素对商品评估成本和决策质量的影响比两种抑制因素更强。

本章的研究结果为在线商品推荐的质量如何通过它的功利价值影响顾客忠诚度提供了丰富的见解，对于电商导购平台的经营管理和更好的建设也具有一定的实践指导意义：①研究结果告知从业人员，在线商品推荐具有通过提高顾客预购买效率来提高顾客忠诚度的潜力。而重中之重，是要做好对商品准确性和新颖性的精准评估，这就离不开平台大数据体系的建立，以此来高效、全面地预测与评估顾客的偏好，提高顾客的购物体验，节约顾客的时间成本和购买效益，也能提高网站的效益。但目前国内在线网络大数据平台还处于起步阶段，对顾客偏好以及市场细分还不够成熟，因此应将为顾客提供优质的信息服务作为平台改进的重点。②尽可能提高顾客在平台中感知到的社交和享乐价值，降低商品筛选成本，让他们做出高质量的购买决策，这样能有效地提高顾客的忠诚度。要让顾客在使用平台时觉得享受这些推荐信息，而不是感觉被平台操控，被广告包围。③为了防止信息不实和信息过载的发生，管理者在提供和审核信息时需要特别谨慎。因此，管理人员应严格监视和衡量信息的质量和数量，以确保信息的完整性而又不隐瞒或扭曲商品信息，并检查是否提供了太多的推荐信息，如组织、管理产品信息，并提供定性和定量总结，如平均星级评分等。这样的措施能够减少顾客的决策成本，大大提高决策的效率，以提高网站的效益。

本章研究还存在一些不足，今后仍需进一步研究：①在线商品推荐已出现诸多新的特征，电商导购平台下顾客忠诚度的关键影响因素远不止于本章所探讨的这些，在今后的研究中需要进行探索性的定性研究，引入最能够反映出在线商品推荐质量特征的新变量。②今后的研究可以扩展本章的模型，将网站的基本特征和 UGC 水平作为变量评估在线商品推荐特征，比较网站基本特征和 UGC 水平的影响效果，并寻找这两种服务之间的平衡关系。③由于本章只选取了一个有代表性的电商导购平台，其结果可能不能推广到不同文化的其他平台中，今后的研究还可以在不同的电商导购平台中测试本章的研究模型。此外，本章的样本数量有限。在未来的研究中，将大数据添加到研究中，可以得出更客观的结论。

12.5 本章小结

本章反映了在线商品推荐质量的主要设计特点，探讨了电商导购平台在消费者决策中所扮演的角色，有助于电商导购平台管理者制定出更符合消费需求的针对性策略和管理对策。本章根据双因素理论，构建在线商品推荐对顾客忠诚度影响因素的研究模型，通过调查问卷的方式采集 379 份有效问卷，运用偏最小二乘法对研究模型和假设进行验证。结果表明，顾客的商品筛选成本和决策质量显著影响顾客忠诚度；商品筛选成本与推荐准确性和推荐新颖性呈负相关，与信息不实和信息过载呈正相关；商品评估成本与推荐新颖性呈负相关，与信息不实和信息过载呈正相关；决策质量与推荐准确性和推荐新颖性呈正相关，与信息不实和信息过载呈负相关。顾客的商品筛选成本受到抑制因素的影响大于促进因素，商品评估成本和决策质量受到促进因素的影响大于抑制因素。

第三篇 社交网络中用户消极行为研究

本篇从用户行为规律、倦怠行为影响因素、摇摆行为的影响因素、知识隐藏行为的影响因素、潜水者在线体验以及用户信息暂避行为等多个角度，进行深入分析社交网络中用户消极行为。

首先，通过对知乎用户信息行为数据的抓取和分析，揭示了用户从初步接触到彻底退出的整体阶段变化规律，特别是用户减少使用或间歇性中辍的行为特点。多数用户行为时间间隔服从幂律分布，时间序列和使用频次表现出弱阵发性和周期性，这为社交网络平台制定针对性措施提供了依据。

其次，运用元分析技术整合了多项研究中的效应值，探讨了用户倦怠行为的影响因素。研究发现，认知性因素、情感体验性因素、态度性因素、社会性因素和技术性因素均对用户倦怠行为产生正向影响。这一发现有助于社交平台更全面地理解用户倦怠行为的成因。

再次，通过半结构化访谈和扎根理论编码框架，探究了多社交网络平台环境下用户摇摆行为的影响因素和作用机理。研究发现，平台因素、用户因素、社交因素和情境因素共同作用于用户的摇摆行为。这一研究为社交平台吸引和留住用户提供了理论和实践指导。

此外，研究还关注了社会化问答社区中用户知识隐藏行为的影响因素。通过模糊集定性比较分析法，发现需求匹配对用户知识隐藏行为起到关键影响作用，并提出了降低用户知识隐藏行为的策略。

最后，针对在线问答社区中的潜水者，研究了不同社会支持与社区信息如何影响其在线体验。本篇构建了信息效价与社会支持之间的匹配模型，并验证了社会支持在信息效价影响过程中的调节作用。同时，还探讨了信息暂避行为对社交网络用户的作用，揭示了角色压力影响信息暂避意愿的复杂机制。

这些研究从不同角度深入探讨了社交网络中用户消极行为，为社交平台理解用户行为、优化用户体验和制定针对性策略提供了重要参考。同时，也为相关领域的研究提供了丰富的理论和实践基础。

第13章 社交网络中用户消极使用行为规律研究

13.1 用户消极使用行为

社交网络平台是人们生成内容和分享彼此经验、观点和知识的工具,从杨善林等(2015)、Peng等(2018)和Akram等(2022)的研究可知,社交网络用户行为的研究主要分为两个思路:一是探讨用户对社交网络的采纳与接受;二是对用户个体与群体间的一系列互动进行分析和预测。方滨兴等(2015)聚焦分析社交网络的结构属性及其演化规律、社交群体及其互动规律、网络信息及其传播方式。随着传统研究热点渐趋成熟,新问题不断出现,学者对社交网络平台的研究已转变思路,用户后使用阶段的行为和负面效应、用户信息行为模式在社交网络平台中如何演化等问题逐渐受到学者的极大关注。

13.1.1 不持续使用和转移行为

对不持续使用和转移行为的研究,信息行为学领域主要借鉴心理学、人类学等学科的理论和方法,研究网络社区中用户信息搜寻行为、信息贡献行为和信息采纳行为之间的转化。在社会化问答社区平台上,用户提问属于信息搜寻行为,用户回答问题、发表文章、参与知乎Live等属于信息贡献行为(Yan et al.,2016;付少雄等,2017),这是用户信息行为模式之间产生的转移和不持续使用行为。而每一种行为模式在社交网络平台中的不持续使用和转移则是另一个研究角度,主要有:Zhang等(2016)认为社交网络疲劳和不满都会影响用户的不持续使用行为。卢珈璟等(2018)搭建了信息质量、疲惫、用户满意度以及不持续使用意愿之间的关系框架。牛静和常明芝(2018)认为社交过载、信息过载和隐私关注会通过影响社交网络倦怠进而影响社交网络不持续使用意向。Luqman等(2017)采用刺激-有机体-反应的范式来研究用户不持续使用Facebook的意图。张敏等(2019a)通过实证研究对社交网络中用户间歇性中缀行为的影响因素进行综述。赵笑笑(2017)研究娱乐性移动APP用户非持续使用行为的影响机制。巴志超等(2018)认为微信群会话过程由话题的延续、迁移、转换及回逆构成,同一话题的演化遵循启动、保持、沉默及终结的生命周期。Peng等(2016)探讨移动即时通信背景下影响用户切换意愿的内外部因素。

13.1.2 社交网络中的消极使用行为

Maier 等（2015a）着重对信息系统生命周期的后使用阶段进行研究，指出社交超负荷的心理和行为后果包括用户的社交网络服务疲劳感、低水平的用户满意度和减少甚至停止使用社交网络服务的意愿。Bright 等（2015）指出当用户被信息淹没时，倾向于远离社交网络的参与。国内刘鲁川教授团队对在线社交中的用户消极使用行为的研究较多，主要有：社交网络用户倦怠的影响因素及其与消极使用行为间的交互关系（刘鲁川等，2017）；从心理契约违背视角，解释社会化阅读用户不持续使用的发生机理（李旭等，2018）；梳理了社交网络中用户倦怠、焦虑等负面情绪和隐藏、回避、忽略、退出等细分的消极使用行为的研究脉络（刘鲁川等，2018a）。

文献多从用户行为模式的影响因素、产生机理、使用意向等角度研究用户的消极使用行为，用户是否继续使用或停止使用，一方面原因在于用户对信息采纳的满意度，另一方面是用户对平台活动的满意度和选择。对行为规律的分析主要从行为轨迹、时间特性进行笼统分析（Schneider et al., 2013；赵志丹等，2014；文长江，2018；张大勇等，2019），较少针对用户信息行为的某一阶段重点研究，总结其变化规律。但是，学者对用户的消极使用行为和在线行为模式的研究对本章研究有重要的借鉴意义，对我们进一步探究用户消极使用行为的时间特性奠定了基础。

13.2 研 究 设 计

13.2.1 问题定义与描述

本章在前人研究结果和用户使用情况分析的基础上，将社交网络平台中用户表现出的不持续使用、暂时退出、减少使用、间歇性中辍等行为统称为消极使用行为，这是用户信息行为在社交网络平台中演化必然会经历的阶段。已有研究对用户行为模式进行分析，多数采用动力学模型揭示人类行为规律，缺少针对用户行为整体过程中用户间歇性中辍后再次使用这种消极使用行为的研究。而对这种负面行为的研究主要集中在对用户不持续使用行为、转移行为和间歇性中辍行为的影响因素、特征进行分析，缺少对其时间特性和演化规律的分析。故本章将两者结合起来，研究用户消极使用行为的时间特性规律。

用户在社交网络平台中的流动性决定了平台需要根据用户行为特征，研究用户的行为变化轨迹和演化规律，从而实现更好地运营和管理。通过对社交网络平台中的用户信息行为进行时间序列、使用频次和时间间隔的分析，将用户行为分成初步接触—频繁使用—减少使用—间歇性中辍—再次使用或者彻底退出这几个阶段,并将其当作一个完整的用户行为过程,重点关注用户信息行为阶段的后半段,有利于社交网络平台读懂用户,根据用户偏好和行为规律进行精准和动态网络运营,推出吸引用户的新功能,增加用户黏性和提升用户使用深度。

13.2.2 研究方法

通过文献回顾和分析发现,对用户消极使用行为的研究,采用结构化问卷未必有效,通过计算机编程抓取用户的客观数据,更能反映出用户的行为轨迹和活动规律。而一些社交网络平台开放的应用程序接口(application programming interface,API)满足了研究者获取数据的需求,本章针对用户行为时间特性分析这一研究问题,采用 Python 编写爬虫代码,对社交网络平台中的用户行为数据进行采集,并按照一定的标准初步清洗数据。虽然数据量达不到上万级别,但是根据采集到的数据分析用户的时间序列、使用频次和时间间隔的结果图,反映出来的用户行为规律仍然具有普适性。在数据分析过程中,拟借助 R 语言对数据进行统计分析,并对活跃用户和整体用户进行对比,得到用户消极使用行为的时间特性规律。

13.2.3 数据来源

张宝生和张庆普(2018)的研究指出,用户的知识贡献是社会化问答社区的核心价值,对社会化问答社区的发展有很重要的作用,而对于用户行为规律的研究有助于合理度量和引导用户的知识贡献。作为国内互联网知名知识分享平台,知乎围绕问答社区这一核心定位,逐渐演变成开放式知识平台,既包括问答、文章专栏、想法、知乎圆桌等社区产品,也包括知乎书店、知乎 Live 等知识市场产品,且两者之间连接紧密,以多场景的知识产品,与用户达成深度互动。知乎作为 UGC 基地,话题分布广泛,既有大众热门的互联网、电影、科技等话题,也包括专业的自然科技话题,覆盖全行业的话题分类。

故本章选取知乎的实际用户作为研究样本,以某一特定用户作为根节点,爬取该用户关注的其他用户标识放到待爬列表里,进行顺序爬取,收集了 7264 条知乎用户的样本数据,包括用户 Id(user_id,唯一标识某一用户)、用户名(user_name)、用户关注的用户 Id(favorite_user_id)、用户的粉丝 Id(followed_user_id)、回答问题的时间(answer_time)、提问的时间(question_time)、发表文章的时间(article_time)、知乎 Live 的时间(live_time,参与知乎 Live 活动的用户行为数据)等数据。对采集到的数据进行初步处理,选择 2017 年 1 月 1 日 00:00:00 到 2018 年 8 月 31 日 23:59:59 20 个月的数据做研究。

13.3 数据分析与处理

社交网络平台已嵌入人们生活的每个角落，不仅是给人们提供休闲娱乐的平台，更是学习和交流知识、讨论想法、了解社会热点的平台。人们所有的活动都会表现出来一定的规律性，如用户在一天中哪个时间会使用社交网络平台，以及他们在进行什么活动，都是有规律可循的；从人们使用社交网络平台的时间间隔特性，探究用户从初期接触到频繁使用再到退出或者再次使用的这一规律；研究人们每天的使用频次是怎样的，侧面反映出社交网络平台的受欢迎程度以及用户活跃程度。本章从个体和群体角度，分别分析用户信息行为的时间序列、使用频次和时间间隔特性，以此研究用户行为阶段的演变过程，更好地理解用户消极使用行为的变化规律和特征。

13.3.1 用户个体行为分析

1. 用户个体时间序列分析

为探究知乎平台个体用户使用的时间规律，避免单个用户数据的偏差，笔者从得到的 7264 条数据集中选取 25 位比较活跃的用户（活跃用户的行为时间数据量大，活跃时间跨度够长，足以体现用户行为的整体变化规律），既使用知乎付费板块，也经常回答问题，发表文章等，统计其 2017 年 1 月到 2017 年 12 月每天使用知乎的时间序列，时间精确到秒，把 5 分钟以内的时间视为该用户一次连续的使用，以小时为单位，统计一小时内的使用频次。

由图 13-1、图 13-2、图 13-3 和图 13-4 可知，活跃用户发表文章，集中在 10 点~12 点和 15 点~18 点的上班时间，说明该用户的主要工作是进行知乎的内容创作，是知乎高质量内容的提供者。而内容原创需要大量的思考和相关资料的收集，所以发表文章有一定的滞后性。这里所分析的用户并非普通的一般用户，而是知乎专栏用户，比较活跃，经常在知乎上发表文章，或者举办知乎 Live，所以他们在工作时间和非工作时间都会经常使用该平台。活跃用户回答问题的活动除了夜间睡觉的时间，相对比较分散，使用知乎并没有特别的时间限制。用户回答问题不需要经过太多的准备和思考，根据自身的经验回答即可，有更多的人通过回答问题参与到知乎中，所以分布较为均匀，主要集中在上午 10 点~凌晨 2 点。知乎活跃用户提问的时间大多集中在 20 点~24 点，这与发表文章和回答问题的行为有很大差异，这个时候的用户处在一天工作学习的闲暇时段，他们开始进行信息搜寻行为，通过提问与其他用户交流，获得自己想要的信息，进行网上社交活动。知乎 Live 是知乎推出的实时语音问答产品，主讲人对某个主题分享知识、经验或见解，听众自愿参与，可以实时提问并获得解答。因其实时交流的特殊性，以及知乎 Live 场次的持续性（一般为 1 h 左右），最活跃的时间点在 15 点和 18 点，大部分是知乎 Live 场次需要付费才能查看，其作用并不是娱乐，而是有偿的学习知识和便捷高效的交流。知乎 Live 的时间序列与其他版块活动的时间序列有很大不同，全部集中在白天时段，用户只能在固定的时间段内参与知乎 Live 活动。

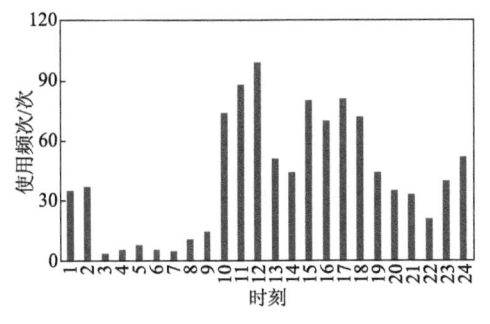

图 13-1　活跃用户发表文章的时间序列图

图 13-2　活跃用户回答问题的时间序列图

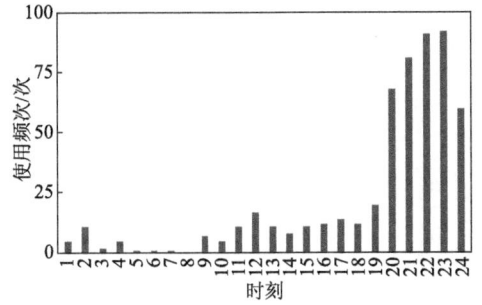

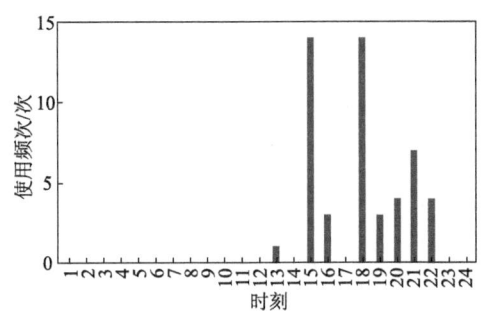

图 13-3　活跃用户提问的时间序列图

图 13-4　活跃用户参与知乎 Live 的时间序列图

2. 用户个体使用频次分析

用户频次的分析，以 10 天为一个计量周期，记录 20 个月（2017 年 1 月 1 日 00：00：00 到 2018 年 8 月 31 日 23：59：59）内 25 名活跃用户的使用频次，绘制频次图。由图 13-5、图 13-6、图 13-7 和图 13-8 可知，整体有多次波峰和波谷，说明用户的行为在小范围和整体范围内都呈现波动的状态。每两个月，就有一次或多次下降，然后再上升，用户行为多次表现出初步接触—频繁使用—减少使用—间歇性中辍—再次使用或者彻底退出的行为规律。对大部分人来说，社交网络平台主要供人们在碎片化时间使用，在忙碌时会减少这种行为。这种行为可以让用户在信息繁杂的社交网络中暂时抽身出来，然后再继续使用平台，并创作内容，是一种良性循环。活跃用户发表文章的频次有升有降，整体处于较为平稳的状态。

回答问题的频次在整体呈现下降趋势，说明用户使用知乎足够长时间后，开始渐渐退出或减少该平台的使用，可能是因为用户回答问题过多造成倦怠，对在平台中回答别人的问题已经没有新鲜感和挑战性，所以会减少该行为的发生。提问的频次只经历了一次波峰，其他时间都较为平缓且频次不多。活跃用户参与知乎 Live 的频次是骤然下降后趋于平缓，由于知乎 Live 本身的特殊性，只有有需求时才会有人参与，所以总体频次较低且平稳。中间有几次波峰，可能是由于该时段推出了用户感兴趣的知乎 Live 场次。

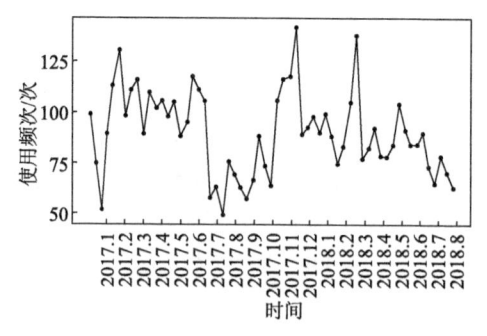

图 13-5　活跃用户发表文章的使用频次图

图 13-6　活跃用户回答问题的使用频次图

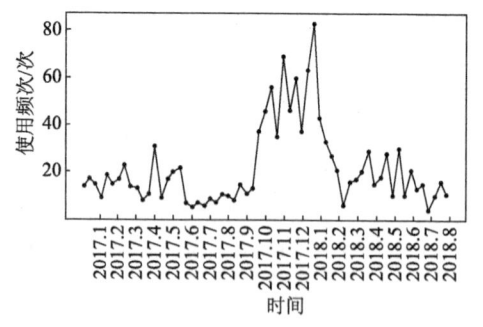

图 13-7　活跃用户提问的使用频次图

图 13-8　活跃用户参与知乎 Live 的使用频次图

3. 用户个体时间间隔分析

同样选取 20 个月（2017 年 1 月 1 日 00：00：00 到 2018 年 8 月 31 日 23：59：59）内 25 名活跃用户的数据，将时间间隔小于 5 分钟的当作一次登录，计算用户的时间间隔，并做时间间隔频次图，其阵发性可用公式（13-1）（Goh and Barabási，2008）计算。

$$B = \frac{\sigma_\tau - m_\tau}{\sigma_\tau + m_\tau} \tag{13-1}$$

其中，σ_τ 为标准差；m_τ 为平均值，得到活跃用户发表文章、回答问题和提问行为的阵发性指数在 0.5~0.6，说明用户在使用知乎平台时，并非短时间内密集发生，之后长时间的空档期，而是相对比较随机地使用，时间分布较为均匀。而参与知乎 Live 的阵发性指数为 0.279，具有弱阵发性特征，说明知乎 Live 场次的活动具有其独特的性质，用户不可以随时参与，而是周期性的举办。

由图 13-9、图 13-10、图 13-11 和图 13-12 可知，参与知乎 Live 的时间间隔服从 0.502 的分布，参与次数都小于 5 次，其拟合优度为 0.581，举办知乎 Live 需要主讲人和参与者的实时互动耗时长、有固定时间。因其付费和持续参与的特性，用户流动性很大，并非所有用户都愿意加入知乎 Live 讨论和学习中。活跃用户在发表文章、回答问题和提问行为上分别服从幂指数为 2.698、2.862 和 2.789 的分布，幂指数接近于 3。其时间间隔较多处在曲线拐角处，即集中在 $10 \sim 10^3$ 分钟，这里是间隔较短的频次点，说明用户在知乎上进行发表文章、回答问题和提问等活动的时间间隔较短，相对持续，并不会长时间不使用社交网络，但是会间歇性中辍后再次使用。

图 13-9　活跃用户发表文章的时间间隔图　　图 13-10　活跃用户回答问题的时间间隔图

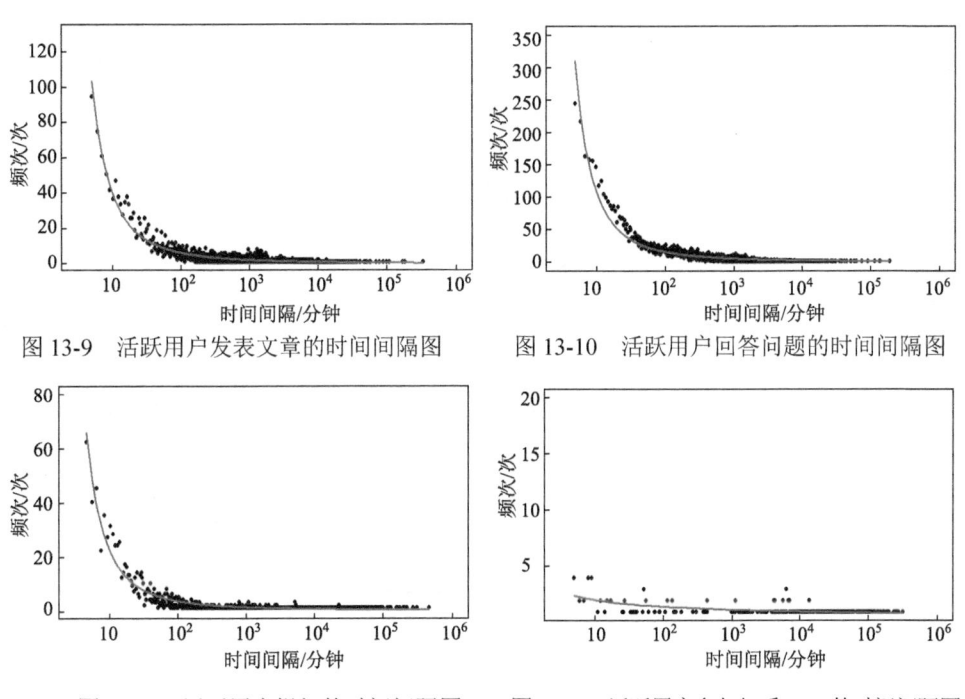

图 13-11　活跃用户提问的时间间隔图　　图 13-12　活跃用户参与知乎 Live 的时间间隔图

13.3.2　用户群体行为分析

知乎离不开专业的内容生产者，积累了大量贡献高质量内容的用户群体，他们是知乎的种子用户，在整个知乎群体中发挥作用，通过发表文章、回答感兴趣的问题和知乎 Live 等形式与粉丝深度互动,将自身的知识扩散到大众用户,促进平台的良好有序发展。对知乎平台的群体行为进行分析,了解多数用户在平台中的使用情况,有利于对用户的整体行为规律进行分析。

1. 用户群体时间序列分析

由图 13-13、图 13-14、图 13-15 和图 13-16 可知,用户群体发表文章的次数和回答问题的次数在数量上有很大差异,因为发表文章需要经过较长时间的斟酌及撰写,对用户来说,有更高的知识储备要求,甚至要查相关资料,所以耗费时间较长。而回答问题是即兴而写作,不需要太多的思考,根据现有的知识经验进行回答即可,这与用户个体行为的规律相似。虽然大多数也集中在非睡眠时间,对于一般用户来说,在碎片时间浏览知乎并进行回答,这一过程不需要太多时间,不会影响到自己的工作。用户群体发表文章次数最多的两个点在 12 点和 17 点,并且在 9 点~24 点分布比较均匀,说明他们大部分是知乎专栏用户,其工作就是在知乎上发表文章,而且时间不受限制。而回答问题在时间分布上比较均匀,与活跃用户的时间序列有相同特性。知乎群体用户提问集中在 20 点~24 点,与活跃用户的时间序列规律类似,都集中在晚上时段。这个时间段是用户的休闲时段,大部分用户有时间在网上浏览自己感兴趣的东西,用户在知乎上提问,希望得到其他人的回答和帮助,并且持续时间较长,不需要花费自身太多精力,更愿意参与其中,与他人讨论交流。

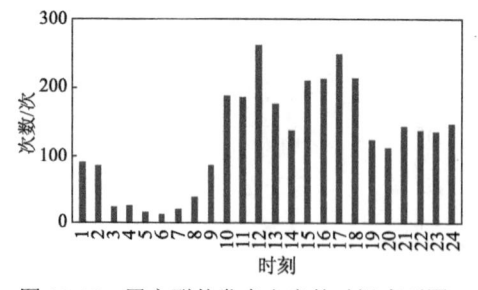

图 13-13 用户群体发表文章的时间序列图

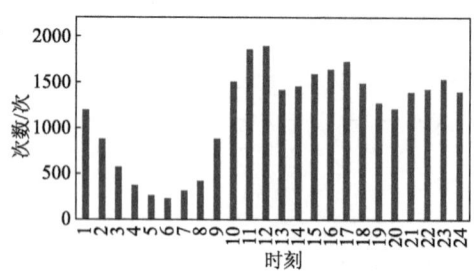

图 13-14 用户群体回答问题的时间序列图

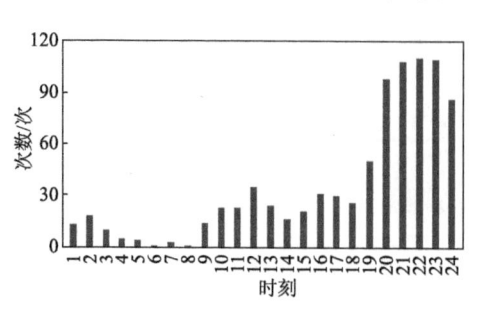

图 13-15 用户群体提问的时间序列图

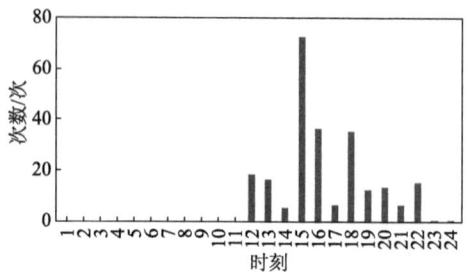

图 13-16 用户群体举办知乎 Live 的时间序列图

知乎Live板块是知识市场产品,供用户参加课程、实时交流以及学习相关知识所设置。根据图13-16所示,举办知乎Live分布在12点~22点,在15点达到顶峰,因为举办的知乎Live大多集中在15点、16点和18点,说明知乎Live板块的设置有其独特性,需要用户持续参与较长时间,而不是进行碎片化的浏览和访问,他们更有机会成为深度使用用户。

2. 用户群体使用频次分析

对用户群体发表文章、回答问题、提问和参与知乎Live的频次进行分析和比较,如图13-17、图13-18、图13-19和图13-20所示。

图13-17 用户群体发表文章的频次图

图13-18 用户群体回答问题的频次图

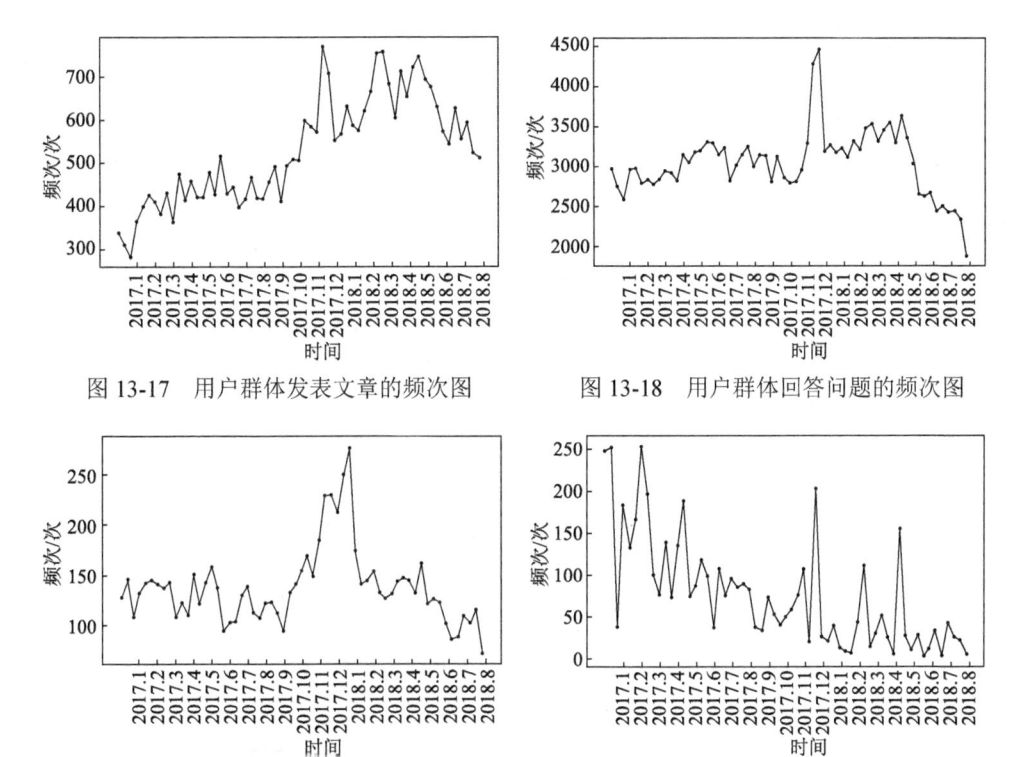

图13-19 用户群体提问的频次图

图13-20 用户群体参与知乎Live的频次图

其共同点在于,用户群体发表文章、回答问题和提问的数量最大点在2017年11月和12月之间,可能是这段时间发生了社会上比较关注的热点事件,社交网络平台有大量的用户参与讨论,写文章发表自己的观点,这是特例。区别在于,在某段时间内,用户群体发表文章的频次呈现先缓慢增加再减少的趋势。但是,发表文章总体趋势是上升的,而回答问题和提问的频次是相对平缓的。可能由于有更多专栏用户和知乎认证用户加入,现在的知乎不仅仅是一个知识共享和交流平台，同时也是一种多样化的知识交流渠道，大量用户深度参与并且贡献高质量内容。知乎中的文章种类包含专业知识、情感话题、社会热点、趣味科普等方面。而且有各领域具有创造力和影响力的人群加入知乎，他们是高质量内容的生产者，关注他们的人极多，所以形成了一种良好的社区氛围。但是用户群体回答问题和提问的频次，总体没有明显的波动，趋势较平缓。知乎 Live 板块的应用频次，呈下降趋势，说明用户在起初接触知乎 Live 功能模块时，具有较强的好奇心和求知欲，愿意更多地尝试和参与其中，后期用户由费用或者知乎平台运营不善造成用户部分退出该模块的使用。与个体用户行为类似，群体用户行为的规律也经历了初步接触—频繁使用—减少使用—间歇性中辍—再次使用或彻底退出的过程。

3. 用户群体时间间隔分析

由公式（13-1）计算可知，用户群体发表文章、回答问题和提问行为的阵发性指数在 0.3~0.6，说明用户群体行为并非短时间内密集发生，是相对比较随机的发生，时间分布较为均匀，在任何时候都有可能发生。而参与知乎 Live 的阵发性指数为 0.203，具有弱阵发性特征，与个体用户行为的规律相似，具有一定的周期性。从拟合指数来看，用户群体发表文章、回答问题、提问服从幂指数为 2.996、3.317、2.770 的幂律分布，接近于 3，而参与知乎 Live 活动服从幂指数为 1.647 的幂律分布，两者有较大差异，因知乎 Live 推出时间靠后，用户需要长时间的参与，大多集中在下午时段，所以只有少量用户是经常参与的，这些人可能是知乎 Live 的主讲者，而其他用户是间接参加知乎 Live。

由图 13-21、图 13-22、图 13-23 和图 13-24 可知，知乎用户活动的时间间隔符合重尾特征，说明用户并未一直持续使用社交网络平台，时间间隔较短的频次比较少，原因是用户某段时间在频繁使用，大部分时间是偶尔或者停用，即处于消极使用行为的状态，但是大多时间处在 $10 \sim 10^{3.5}$ 分钟，说明间歇性中辍行为不会持续很长时间。社交网络平台自身娱乐、交流知识的特性以及相似应用的增多，使用户有更多选择去获取所需信息，以及参与娱乐休闲活动，分散了用户的注意力。

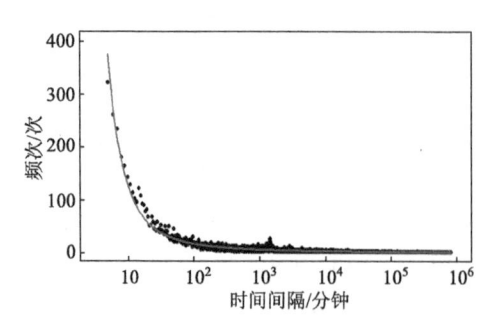

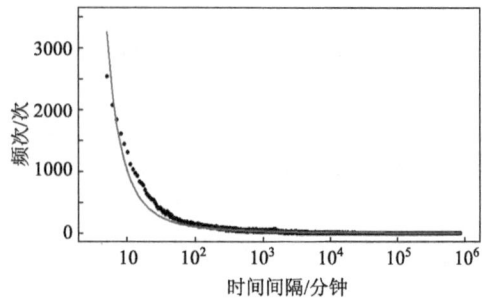

图 13-21 用户群体发表文章的时间间隔图　　图 13-22 用户群体回答问题的时间间隔图

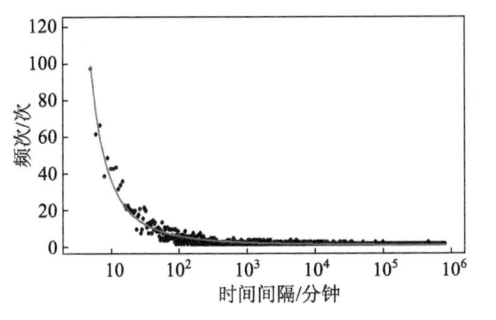

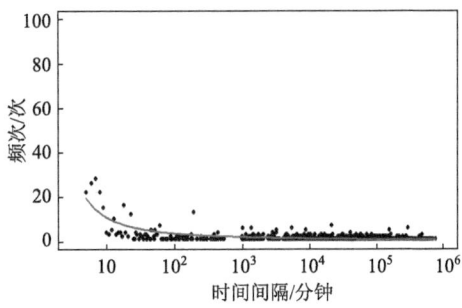

图 13-23　用户群体提问的时间间隔图　　图 13-24　用户群体参与知乎 Live 的时间间隔图

13.4　结　果　讨　论

13.4.1　研究结论

本章以知乎为例，对社交网络平台中的用户进行个体行为和群体行为的时间特性分析，结果表明：活跃用户和总体样本用户在时间间隔、时间序列和使用频次上都有一定的相似性，发表文章、回答问题、提问、参与知乎 Live 等不同的活动在时间序列上有差别，有些活动适合在上班时间进行，有些活动是利用碎片化时间进行的。庞大的知乎用户群体，无法通过获取全部用户数据来研究用户行为规律，但是通过获取一定数量的用户数据进行分析，可以反映出用户行为的某些共性，结论具有普适性。

1. 对用户行为时间序列的分析

用户活动除了睡眠时间外，其他时间都可能会访问社交网络平台。说明社交网络平台的使用已不再是单纯的娱乐消遣的需要，而是融入了用户的工作、学习和生活中，每一种行为都有一定规律性。发表文章的行为集中在白天上班时间，提问行为集中在下班时间，回答问题则分布比较均匀，参与知乎 Live 的时间取决于平台的时间，活跃用户和普通用户在信息行为上具有类似的分布形式，其规律适用于所有用户。但是，知乎平台与其他社交网络平台的用户行为时间序列特征有所差异，并非都是利用碎片化时间使用，因为知乎平台具有明显的特色，话题覆盖广泛，包含互联网、电影、科技和自然科技等符合大众兴趣的话题，造成很多用户在工作时间使用知乎平台。

2. 对用户行为的使用频次分析

可以将用户行为过程分为五个阶段：初步接触—频繁使用—减少使用—间歇

性中辍—再次使用或者彻底退出。Leung（2013）研究表明人们在不同的社交需求下会选择不同的社交网络平台，这是由平台属性和用户自身需求决定的，所以应该重点关注用户后使用阶段出现的消极使用行为。对用户来说，社交网络平台并非一味持续推送相关内容才是最好的，应该定期、有规律地给用户推送其感兴趣的内容，让用户有时间和精力去阅读，避免用户使用疲劳。而用户作为内容消费者时，出现了间歇性中辍行为、暂停使用等消极使用行为，平台应该反思其推送方式，推送内容、时间是否合理，有没有对用户产生较大的负担，会不会让用户觉得长期沉溺其中从而产生愧疚感。用户作为内容生产者时，定期、定量地产出高质量的内容，而非轰炸式地持续生产内容，对其他用户和自身来说都是有利的，从长远来看，有利于增加用户黏性，形成一种良性循环。

3. 对用户群体行为的时间间隔分析

用户群体发表文章、回答问题和提问行为的阵发性指数为 0.3~0.6，阵发性刻画了用户活动在短时期内集中爆发，然后伴随长时间静默的现象。结果表明，用户群体行为不具备强阵发性特征，这与已有研究的结果有一定差异。虽然其时间间隔具有重尾特征，但是分布在 $10 \sim 10^3$ 分钟居多，说明用户群体使用社交网络平台的时间间隔越来越短，大多数用户并不会长时间处于静默状态，即使有短暂的离开，但很快会恢复使用。知乎平台中的用户并非集中在某个时间段进行活动，而是较为均匀地分布在一天中除睡眠时间之外的其他所有时间段，这与人们处在各类社交网络平台充斥的环境中有很大关系，人们通过社交网络平台了解社会热点和动态，与其他人交流，是由自身内部动机导致或者外部因素促发的，具有很大的非均匀性，造成其行为也是随机的。同时，网络也影响着人们的生活方式，很多社交网络平台更是成为一些人的谋生渠道。正因如此，用户的消极使用行为不可避免，但其并不是不利的，对于用户来说，需要时间去沉淀和消化。对社交网络平台来说，应该重点关注用户短暂离开或间歇性中辍后会不会再次使用，抓住用户感兴趣的点，保持其创新性，吸引用户深度参与和创作高质量内容，进而引发其他用户的跟踪关注，这些是社交网络平台持续发展的关键。

本章以知乎为例，对社交网络平台用户消极使用行为的规律进行分析，揭示用户行为的整体过程，侧重分析用户后使用阶段的行为，用户行为并非一成不变或持续使用的，而是会经历初步接触—频繁使用—减少使用—间歇性中辍—再次使用或者彻底退出的这种消极使用的过程，这是由内外部因素导致的，本章对研究用户在进入社交网络平台后不同时段的行为状态有一定的参考价值。

13.4.2 管理启示

人们参与在线社交活动已成为一种生活方式，本章探究了社交网络平台中的用户行为，着重关注用户消极使用行为的演化规律，同时对用户信息行为中的贡献行为和搜索行为数据进行的时间序列、使用频次和时间间隔等进行分析，研究发现，用户消极使用行为是一种常态，并非不使用，而是间歇性中辍和暂时停止，这个规律对平台管理具有重要的现实意义和价值。

首先，平台在运营过程中，为了吸引更多的广告商进入，需要尽可能多的用户参与其中，通过活跃用户引导一般用户，这就导致平台会根据用户偏好，不断推送相关资讯，以此方式增加用户黏性和参与度。但是用户行为并非持续时间越长越好，而是存在着一个平衡，适当地推送，适当地使用社交网络平台，才能保证用户的长期留存率。平台在引导用户时，必须把握一个度，否则会过犹不及。

其次，在信息爆炸的数据时代，从海量使用行为数据中分析用户活动规律，可以促进对人类行为驱动的复杂现象的机制理解，研究社交网络平台中的用户消极使用行为的规律，重点关注用户的暂时退出、再次使用等行为，平台根据用户的偏好和活动周期适时推送，不仅有助于发挥 UGC 的积极性，同时对强化精准服务、进行个性化推荐、宣传正能量有重要的价值。

最后，用户作为平台的重要一部分，明确自己的活动规律和信息行为需求，能有效管理使用社交网络平台的时间，避免产生用户倦怠和使用疲劳等消极情绪，用户对社交网络平台的贡献不能单从其实际参与行为来衡量，正因为有潜水者的存在，活跃用户生产的内容才变得更有价值，应该正确看待用户不同类别的行为，适时引导和管理，达到社交网络平台与用户的和谐共赢。

13.4.3 研究展望

在本章的研究中，选择知乎作为数据获取渠道，爬取部分用户发表文章、提问、回答问题、参与知乎 Live 的信息行为数据，对其进行时间特性的分析，研究结论对平台管理有一定参考价值。本章只研究了时间特性，缺少对用户在网络空间和物理空间中移动过程的分析，这也是后面要继续研究的方向。另外，由于情感反应对人类行为有一定影响（Zhang，2013），用户的情感态度会影响对某一事物的行为选择。现实中不断有相似功能的平台的出现，用户会面临如何选择社交网络平台的问题，而这与用户对该平台的情感态度密切相关，后续可以将情感因素考虑进去，研究情感与用户行为之间的联系，情感因素如何影响用户在社交网络平台中的参与状态。虽然用户行为存在周期性的波动，但从长远来看，呈现下降趋势，下一步可从平台和用户角度研究这种趋势出现的原因，用户暂停使用后再次使用的机理，什么因素导致用户再次使用该平台等。

13.5 本章小结

本章分析社交网络平台中用户消极使用行为规律，探索用户从初步接触—频繁使用—减少使用—间歇性中辍—再次使用或者彻底退出的整体阶段的变化规律，重点针对用户使用频次的下降过程，即用户减少使用或间歇性中辍行为进行分析。选取知乎作为数据获取平台，爬取用户信息行为中发表文章、回答问题、提问和参与知乎 Live 活动的公开时间数据，进行时间序列、使用频次和时间间隔分析。在个体和群体层面，用户行为具有相似的规律，多数用户行为时间间隔服从幂指数为 2～3 的幂律分布，时间序列和使用频次表现出弱阵发性和周期性。对社交网络平台来说，用户在后使用阶段可能会再次使用，也可能停止使用，需要制定针对性的措施，引导用户继续使用和深度创作。

第 14 章　社交网络中用户倦怠行为的影响因素研究

14.1　用户倦怠行为

大数据时代的环境下，社交网络如微博、微信、Facebook 等平台的兴起使用户间信息交流的方式发生了变化，让用户行为成为众多学者的研究焦点。然而，随着社交平台功能不断地推陈出新，社交网络平台之中渐渐产生大量的碎片化信息，如时间碎片化、空间碎片化、行为碎片化等，在这种情况下，用户面临着在分散的时间处理数量庞大、内容宽泛的信息，与此同时，一些负面效应也逐渐显现，这就导致了用户倦怠行为的形成。

在社交网络中，当用户遇到大量的信息、过多的好友等情况时会逐渐产生社交网络倦怠情绪（即对社交网络活动产生负面、消极的心理反映），过长的时间被耗费在社交关系的维持上就使得用户产生厌倦和逃离社交网络的想法，进而表现为倦怠行为（Karr-Wisniewski and Lu，2010；Ravindran et al.，2014）。李旭和刘鲁川等（2018）将不持续使用行为统称为消极使用行为；Cao 和 Sun（2018）等指出信息过载会增加社交网络用户的疲惫情绪，进而降低用户的使用意愿；Takahashi 等（2003）将那些只获取对自己有用的信息却几乎不发表观点、不生产内容的用户的行为定义为潜水行为；Ravindran 等（2014）认为用户使用 Facebook 等社交网络平台所产生的负面情绪与消极行为有关；Zhang 等（2016）基于过载视角探索了用户倦怠行为的过程，表示用户消极情绪正向显著影响不持续使用意愿；邱佳青等（2016）把用户在"熟人"社交网络环境下所采取的主动屏蔽或隐藏好友发布的信息的行为称为信息屏蔽行为。

综上所述，本章将用户倦怠行为定义为在社交网络的背景下，社交网络平台用户因受内部因素或外部因素的影响逐渐产生倦怠意图而导致消极使用、不持续使用、社交疲劳、潜水、信息屏蔽等行为。用户倦怠行为是一个动态且连续的过程，倦怠并非退出，它是建立在使用社交网络平台的前提之上产生的效应，其结果具有双刃剑效应：一方面，从单一用户的角度出发，当用户产生了倦怠行为，势必会使社交网络平台的用户黏性下降，造成用户流失、平台商业价值降低等不良后果；另一方面，从用户群体间的交互来看，部分用户的倦怠意味着他们不愿意主动地付出信息搜寻成本，而是被动地接受意见领袖生成的内容，这种消极的基础是对其他活跃用户的信任。从营销推广的角度看，增加了平台的商业价值。

本章仅对消极不利后果进行讨论。

目前，已存在大量文献对社交网络用户倦怠行为的影响因素进行了研究，通过系统梳理国内外相关实证文献之后发现，在诸多研究成果之中，一部分仍然存在影响强度、影响方向或者统计显著性上的差异，并未达到较为一致的结论。例如，石婷婷（2019）认为信息过载对用户的不持续使用意愿几乎没有影响，而李旭和刘鲁川等（2018）认为信息过载对用户的消极使用行为具有较强的影响。Logan等（2018）认为社交网络自我效能能够刺激用户产生社交网络倦怠的消极情绪，从而导致用户消极行为的出现，而牛静和常明芝（2018）认为社交网络自我效能在社交网络倦怠与不持续使用意愿之间起到调节作用。另外，关于用户倦怠行为的概念界定较为模糊，研究中的影响因素也存在不够统一的情况。

为了探讨这些差异，一些学者对用户倦怠行为的相关研究进行了描述性的文献综述，试图从多个方面对相关变量与用户倦怠行为之间的关系进行归纳总结。这些综述性研究对后续研究的确是一种必不可少的有效帮助，因此，本章将借助元分析方法对相关实证研究成果进行文献定量综述分析，主要探讨以下两大问题：第一，哪些因素影响了社交网络中用户的倦怠行为，这些因素是如何影响用户倦怠行为的；第二，哪些调节因素影响了用户倦怠行为，这些因素是如何对用户倦怠行为进行调节影响的。通过对上述问题的解决，在一定程度上不仅能够反映社交网络用户倦怠行为的成因，也能更合理地表明并预测用户心理、行为的动态变化过程，从而促进社交网络运营服务商解决相应问题，为社交网络的长远可持续发展提供一定的理论指导。

14.2 研 究 假 设

14.2.1 影响因素的界定

社会心理学之父库尔特·卢因（Kurt Lewin）提出的人类行为一般公式 $B=f(P,E)$[①]以及社会心理学家阿尔伯特·班杜拉（Albert Bandura）提出的社会认知理论明确表示，人的行为是人内部的自身因素和外部的环境因素综合作用所产生的结果（代宝和邓艾雯，2018）。综合考虑大多数学者的观点，本章将把影响社交网络用户倦怠行为的因素分为两大类，分别是内部因素和外部因素。其中，内部因素包含用户的认知性因素、情感体验性因素和态度性因素，外部因素包括社会性因素和技术性因素（代宝和邓艾雯，2018）。

从内部视角来探究用户倦怠行为，主要聚焦于认知、情感体验、态度三个方

---

① 表示社会行为（B）是个体的人格（P）和环境（E）的函数。

面。大多学者借助认知负荷理论（李旭等，2018）、扎根理论（张敏等，2019b）、压力源-应变-结果框架（the stressor-strain-outcome framework）（Dhir et al.，2018）、心理契约理论（psychological contract theory）（刘鲁川等，2018b）、计划行为理论（彭丽徽等，2018）等理论基础来探究影响过程。例如，Kim 和 Park（2015）认为孤独感、隐私顾虑、信息过载等对用户倦怠行为有正向影响作用；Turel（2015）的研究表明，用户自我效能感会正向影响倦怠行为；Nawaz 等（2018）认为用户的不满意以及后悔等情感态度正向影响倦怠行为。从外部视角来探究用户倦怠行为，主要聚焦于社会和技术两个方面。例如，Kim 和 Park（2015）的研究表明，来自社交网络的人际因素和来自大众媒体的外部因素对用户倦怠行为产生正向影响；Maier 等（2015b）认为用户倦怠行为受到社交网络过度使用、好友数、关系类型等因素的影响。上述研究如表 14-1 所述。

表 14-1　研究变量的度量及定义

影响因素	度量及定义
认知性因素	自我效能感：人们对自己产生指定绩效水平的能力的信念，这些水平对影响其生活的事件产生影响（Kim and Park，2015）
	隐私顾虑：隐私顾虑是指个人将其数据提供给某个组织后，对组织如何使用及保护个人信息的一般顾虑（Kim and Park，2015）
情感体验性因素	疲惫：社交网络在日常生活中的过度整合侵入人们的日常生活，复杂的社交网络带来了不受控制的信息、通信和社会支持请求，使用户陷入了疲惫的境地（Cao and Sun，2018）
	遗憾：指当我们意识或想象目前的情况会更好时所经历的一种基于认知的负面情绪（Zeelenberg，1999）
态度性因素	满意：用户通过使用社交网络所获得的满足感会减少停止使用意图（Lo et al.，2018）
社会性因素	来自大众媒体的影响：Cha 和 Lee（2015）基于社交网络极大便利了用户间的社会比较，研究了社会比较经由负面情绪和疲劳对社交网络用户非持续使用意愿的影响
	来自社会公众的影响：如社交网络用户的站内好友数、关系类型和主观社会支持规范等社会因素对用户社交过载、耗竭、不满意和不持续使用意愿的影响（Maier et al.，2015b）
技术性因素	信息过载：指当个人接触到超出其容纳和处理能力的信息时就会发生信息过载（Karr-Wisniewski and Lu，2010）
	社交过载：指当用户收到太多社交支持请求并感觉到他们向嵌入在其社交网络中的其他个人提供过多社交支持时对社交网络使用的负面看法（Maier et al.，2015b）
	系统功能过载：指社交网络平台提供的功能超出用户需求（Karr-Wisniewski and Lu，2010）

综上所述，从内部因素来看，认知性因素包括自我效能感、隐私顾虑等；情感体验性因素包括疲惫、遗憾；态度性因素包括满意。从外部因素来看，社会性因素包括来自大众媒体和社会公众的影响；技术性因素（technical factors）包括信息过载、社交过载、系统功能过载。基于前文，提出以下假设。

H14-1：认知性因素正向影响用户倦怠行为。
H14-2：情感体验性因素正向影响用户倦怠行为。
H14-3：态度性因素正向影响用户倦怠行为。
H14-4：社会性因素正向影响用户倦怠行为。
H14-5：技术性因素正向影响用户倦怠行为。

14.2.2 潜在的调节变量

元分析中存在的潜在调节变量即有助于解释更多方法差异的任何变量（Arthur et al., 2001）。通常，调节变量包括情境因素和测量因素两大方面，通过对 57 篇实证文献的详细分析归纳出以下几种可能影响用户倦怠行为与其影响因素之间关系的潜在调节变量，即情境因素（文化属性、平台类型）和测量因素（测量对象）。

1）情境因素

（1）文化属性。选择文化属性作为调节变量之一，原因在于用户倦怠行为的形成及产生可能会受到不同地域、不同国家的影响，文化差异可能会对用户倦怠行为及其影响因素之间的关系起到一定程度的调节作用。自古以来，东西方文化始终存在着较为显著的差异，本章欲通过东方、西方文化的差异来对文化属性进行划分。基于此，提出如下假设。

H14-6：文化属性可以调节用户倦怠行为及其影响因素之间的关系，并且二者间的相关性在东方文化下强于西方文化。

（2）平台类型。选择平台类型作为调节变量之一，原因在于针对用户倦怠行为的实证研究所选择的研究对象来自各类不同的社交网络平台，如微信、Facebook、Twitter、QQ 空间（Qzone）、微博、虚拟健康社区等，因此，本章将平台类型划分为社交网络平台和社会服务平台两类来进行研究，其中社交网络平台包括 Facebook、Twitter、Snapchat（色拉布）、QQ、WeChat 等，社会服务平台包括图书馆微信公众号、电子银行等。基于此，提出如下假设。

H14-7：平台类型可以调节用户倦怠行为及其影响因素之间的关系，并且二者间的相关性在社交网络平台下强于社会服务平台。

2）测量因素

选择测量对象作为调节变量之一，原因在于不同的实证研究会针对不同的调查环境选择不同的测量对象，本章根据众多实证文献的研究设计将测量对象划分为学生群体和社会群体两类。基于此，提出如下假设。

H14-8：测量对象可以调节用户倦怠行为及其影响因素之间的关系，并且当测量对象为社会群体时二者间的相关性强于学生群体。

本章的研究模型如图 14-1 所示。

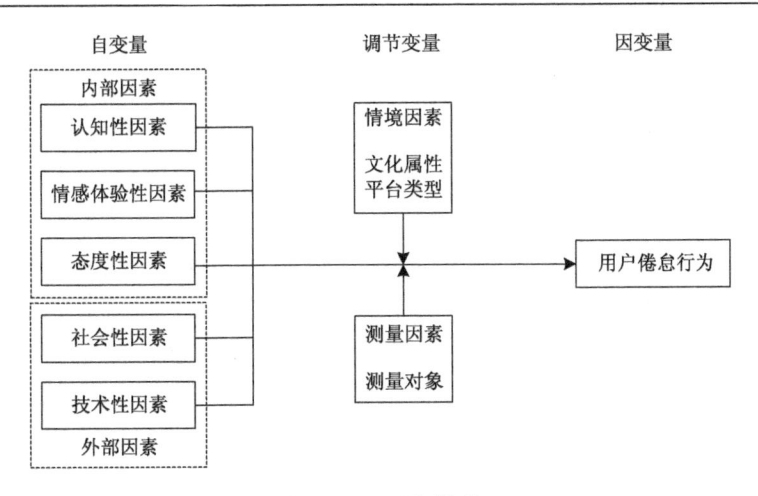

图 14-1　研究模型

14.3　研 究 设 计

14.3.1　研究方法

本章所研究的是社交网络用户倦怠行为的影响因素的强弱关系，将选择皮尔逊相关系数作为效应值进行元分析。选择元分析作为研究方法主要有以下几点原因：首先，用户倦怠行为的影响因素在不同研究中存在不同强弱甚至不同方向的结论；其次，关于社交网络用户倦怠行为的实证研究数量充分，可以通过该方法合理归纳总结定量结论，促进精准识别用户倦怠行为的影响因素，进而补充和完善社交网络平台对于用户倦怠行为的应对机制和管理模式。通过对研究问题和研究方法的确定，以下制订了较为细致的研究方案。

14.3.2　文献检索

为达到全面且系统地进行文献收集的目的，本节制定了以下文献检索策略：①以"社交媒体"或"社交网络"并且包含"（用户）倦怠"或"消极"或"不持续使用"或"忽略"或"潜水行为"或"信息屏蔽"为主题或关键词，对中文数据库（中国知网、万方、维普）进行中文文献的检索；②以"social media"或"Facebook"或"SNS"或"WeChat"或"Twitter"并且包含"user negative behavior(s)"或"fatigue"或"exhaustion"或"discontinuous usage"或"discontinuous intention"为主题或关键词，对外文数据库（Elsevier ScienceDirect、EBSCO、Springer、Wiley Online Library、Web of Science、谷歌学术搜索）进行外文文献的检索；③为避免因某些相关研究未被收录在以上数据库中而造成重要文献的遗漏，把已收集到的文献与这些文献的参考文献进行对比，特别是综述性文献中提到的文献，进行进一步的查缺补漏。

综合考虑研究主题与文献内容的相关程度，根据元分析的基本要求，制定以下文献筛选标准：①文献应当是研究用户倦怠行为影响因素的，剔除不符合本章研究主题的文献；②文献应当是实证研究，同时包含样本量、变量相关系数或能够转换成相关系数的其他效应值（β 值、路径系数、t 值）等信息，剔除定性研究和缺失所需信息的实证研究；③文献中的研究样本应相互独立，倘若一篇文献中含有两个或两个以上的独立样本均应被纳入研究对象，倘若不同文献使用同一样本，则只纳入其中一篇文献，倘若不同文献出现样本交叉的情况，则纳入样本量偏大的文献。

文献检索时间为 2019 年 10 月，初步检索后共得到 335 篇文献。按照以上三点标准，从所获文献中经过严格筛选，最终选出 57 篇中、英文文献。其中，中文文献 20 篇，英文文献 37 篇，涵盖期刊论文、学位论文、会议论文等不同形式的文献。从这 57 篇文献的 58 个独立样本中得到了 171 个效应值以及 26 479 个总样本量。

14.3.3 数据编码

本章的数据编码对象包括文献研究描述项和效应值统计项。其中，研究描述项主要涵盖作者、出版年份、文献类型等基本信息，效应值统计项主要涵盖变量的皮尔逊相关系数 r（没有相关系数的研究则选择能够转化成相关系数的效应值进行计算）、信度值以及独立样本数 N 等信息。

通过对已纳入的 57 篇实证研究文献进行仔细阅读，从中收集社交网络用户倦怠行为的影响因素作为自变量的效应值，并根据前文描述的对影响因素进行整合分类预处理，以便对各影响因素的综合效应进行分析。在整个数据编码的流程中，以独立研究为编码单位，若相关系数来自同一个样本，则计算简单算术平均数作为整体效应值，若一个研究中有多个来自不同样本的相关系数，则进行多次编码以得到多个效应值。

数据编码工作首先由三位研究者根据 Lipsey 和 Wilson（2000）的编码步骤对筛选的文献进行编码，为了达到排除主观性的目的还参考了其他元分析研究的编码流程，整个过程是独立进行的。其次，对三位研究者的编码结果逐一进行交叉核对，编码的一致性比例为 85.9%，经过进一步地商讨与复核后，针对存在分歧的部分进行修正后达成一致。

14.4 研究过程

本节采用 Hunter 和 Schmidt（2006）的分析方法对数据进行处理与分析。

14.4.1 效应值转化

效应值是元分析方法中必不可少的一部分，因此，本节采用相关系数作为效应值，并且对多个独立研究的效应值进行合并处理。对从每篇实证研究中获取的效应值进行信度修正，然而由于一些研究中存在缺失部分变量信度的情况，则利用对其他相似研究样本的信度加权平均的处理方式来获取信度值（崔小雨等，2018）。用户倦怠行为影响因素元分析结果如表 14-2 所示，下面分四部分对结果进行分析。

表 14-2　用户倦怠行为影响因素元分析结果

影响因素	模型	K	N	Q	I^2	τ^2	r	rc	95%置信区间 低	95%置信区间 高	failsafe-N
内部因素											
认知性因素	随机	22	8 439	306.623***	0.925	0.035	0.228	0.268	0.188	0.347	330
情感体验性因素	随机	32	12 964	726.824***	0.957	0.056	0.419	0.441	0.374	0.509	890
态度性因素	随机	14	6 361	479.136***	0.973	0.080	0.459	0.485	0.368	0.602	161
外部因素											
社会性因素	随机	15	9 371	87.380***	0.840	0.009	0.270	0.335	0.281	0.388	131
技术性因素	随机	29	12 186	421.675***	0.934	0.034	0.394	0.430	0.371	0.490	675

注：K 为独立研究数；N 为独立样本数；Q 为统计量；I^2 为异质性部分在效应量（effect size）总变异中所占的比重；τ^2 为研究间变异有多少可用于计算权重；r 为未修正加权的平均效应值；rc 为修正加权的平均效应值；failsafe-N 为失效安全系数

***表示 $p < 0.001$

14.4.2 出版偏倚分析

出版偏倚（publication bias）描述的是在学术研究和出版过程中，具有统计学显著性意义的研究结果（阳性结果）比无显著性意义和无效的研究结果（阴性结果）更容易被报告和发表的现象。这种现象可能导致科学研究的结论出现偏差，因为未发表的阴性结果可能与已发表的阳性结果同样重要，甚至在某些情况下可能更加重要。通常用失效安全系数（failsafe-N）来检验出版偏倚问题，失效安全系数满足大于 5K+10（K 指独立研究数）的条件时可以认为不存在出版偏倚问题。

如表 14-2 所示，各类影响因素与用户倦怠行为之间的失效安全系数分别为330、890、161、131、675，远大于临界值 120（K=22）、170（K=32）、80（K=14）、85（K=15）、155（K=29），均满足大于 5K+10 的条件，因此，不存在出版偏倚的问题，本章从总体上来看结果具有良好的稳定性。

14.4.3 效应值异质性检验

效应值异质性检验通常以 Q 统计量、I^2 和 τ^2 的值作为衡量研究之间异质性的标准，Q 统计量服从自由度为 K–1 的卡方分布（Huang et al.，2009）。Q 值及显著性检验反映的是各效应值的异质性程度，I^2 反映异质性部分在效应量总变异中所占的比例，τ^2 表示研究间变异有多少可用于计算权重（崔淼等，2019）。Huang 等（2009）表示随机效应模型通常在 Q 值大于相应卡方值的条件下采用，此时的效应值分布呈现异质性特征，反之则采用固定效应模型。

如表 14-2 所示，认知性因素与用户倦怠行为的效应值异质性检验结果中，Q 值为 306.623，（$p=0.000$，$p<0.001$），自由度（自由度=独立研究数–1）为 21，查表得知在 95%的置信水平下对应的卡方值为 41.40，Q 值大于卡方值，即表明研究之间存在异质性；I^2 的值为 92.50%，表明有 92.50%的观察变异是由效应值的真实差异造成的，有 7.50%的观察变异是由效应值的随机差异引起的；τ^2 的值为 0.035，表明研究间变异有 3.5%可用于权重计算。根据表 14-2 中的效应值异质性检验结果，五种影响因素与用户倦怠行为之间均存在不同程度的异质性，因此，都将采用随机效应模型。

14.4.4 主效应检验

用户倦怠行为影响因素元分析结果包括独立研究数 K、独立样本数 N、各类影响因素与用户倦怠行为之间的相关系数、双尾检验的 Z 值与 P 值、95%的置信区间以及失效安全系数。如表 14-2 所示，五类影响因素的 rc 分别为 0.268、0.441、0.485、0.335 和 0.430，并且其对应的 95%置信区间内都不包含 0，也就是说有 95%的把握认为该值显著。因此，认知性因素、情感体验性因素、态度性因素、社会性因素、技术性因素均与社交网络用户倦怠行为正相关，即 H14-1、H14-2、H14-3、H14-4 和 H14-5 均得到支持。

根据相关系数的评估方法，当|rc|＞0.4 时，相关关系为强相关；当 0.25＜|rc|≤0.4 时，相关关系为中等相关；当|rc|≤0.25 时，相关关系为弱相关。因此，由表 14-2 可知，情感体验性因素、态度性因素、技术性因素与社交网络用户倦怠行为强相关，认知性因素、社会性因素与用户倦怠行为中等相关。

14.4.5 调节效应分析

本节分别从情境因素和测量因素两个角度检验了调节作用,如表 14-3 所示。

表 14-3 用户倦怠行为调节变量元分析结果

调节变量			K	N	Q	I^2	τ^2	r	rc	95%置信区间 低	95%置信区间 高	failsafe-N
情境因素	文化属性	东方文化	34	12 899	932.9122***	0.965	0.073	0.378	0.426	0.343	0.509	876
		西方文化	24	13 580	387.2923***	0.941	0.029	0.381	0.409	0.353	0.465	477
	平台类型	社交网络平台	47	21 630	942.4599***	0.951	0.043	0.410	0.435	0.384	0.486	1 911
		社会服务平台	11	4 849	341.7512***	0.971	0.079	0.239	0.336	0.182	0.490	50
测量因素	测量对象	学生群体	19	9 020	513.4933***	0.965	0.061	0.334	0.376	0.272	0.481	265
		社会群体	39	17 185	783.6910***	0.952	0.044	0.401	0.437	0.380	0.493	1 245

注:K 为独立研究数;N 为独立样本数;Q 为统计量;I^2 为异质性部分在效应量(effect size)总变异中所占的比重,τ^2 为研究间变异有多少可用于计算权重;r 为未修正加权的平均效应值;rc 为修正加权的平均效应值;failsafe-N 为失效安全系数

***表示 $p<0.001$

1. 情境因素

文化属性。根据表 14-3 对文化属性的划分,从东方文化和西方文化两种属性检验了其对用户倦怠行为及其影响因素之间的关系的调节作用。元分析结果显示,属于东方文化的独立研究样本数有 34 个,属于西方文化的独立研究样本数有 24 个,并且两个属性的修正加权平均效应值(rc 东方文化=0.426,rc 西方文化=0.409)较为相近,且两者 95%置信区间相似且相互重叠,表明文化属性对用户倦怠行为及其影响因素之间的关系调节作用不显著,H14-6 未得到支持。

平台类型。根据前文对平台类型的划分,从社交网络平台和社会服务平台两种类型检验了其对用户倦怠行为及其影响因素之间的关系的调节作用。元分析结果显示,属于社交网络平台的独立研究样本数有 47 个,属于社会服务平台的独立研究样本数有 11 个,并且社交网络平台的修正加权平均效应值(rc=0.435)明显

大于社会服务平台的修正加权平均效应值（rc=0.336），表明平台类型对用户倦怠行为及其影响因素之间的关系具有显著的调节作用，且社交网络平台的调节作用更强，H14-7得到支持。

2. 测量因素

测量对象。根据前文对测量对象的划分，从学生群体和社会群体两种类型检验了其对用户倦怠行为及其影响因素之间的关系的调节作用。元分析结果显示，属于学生群体的独立研究样本数有19个，属于社会群体的独立研究样本数有39个，并且社会群体的修正加权平均效应值（rc=0.437）明显大于学生群体的修正加权平均效应值（rc=0.376），表明社会群体对用户倦怠行为及其影响因素之间的关系具有显著的调节作用，且社会群体的调节作用更强，H14-8得到支持。

14.5 研究结论

14.5.1 结果分析

本章通过元分析技术对用户倦怠行为影响因素的分析得出如下结论。

从内部因素的角度来看：①认知性因素正向影响用户倦怠行为，两者之间存在中等相关关系。有限理性使得人们通常会对某件事的行为后果和代价进行等可能性评估，进而决定是否采取某种行动，从不断实践中获得学习经验而对未来的行为产生一定程度的影响，如自我效能感、隐私顾虑等认知性因素对用户倦怠行为有着较强的影响。②情感体验性因素正向影响用户倦怠行为，两者之间存在强相关关系。"情感"在维持亲密关系的过程中起到了举足轻重的作用，用户在双方的交往过程中所获得的情感体验对其持续与否有较大影响，因此，情感体验性因素若是起到负向的推动作用，社交网络用户会有极大的可能性产生倦怠行为。③态度性因素正向影响用户倦怠行为，两者之间存在较强的相关关系。满意作为一种态度性因素，是影响关系发展的重要因素，倘若用户对其之间的关系感到满意，则更加可能会倾向于继续维持这段关系，也就是通过社交网络的持续使用行为来体现，反之，不满意会影响用户之间的相处关系，用户倦怠行为也就成为社交网络的必然结果。

从外部因素的角度看：①社会性因素正向影响用户倦怠行为，两者之间存在中等相关关系。社交网络具有极强的网络外部性、巨大的用户数量、活跃的用户群体等特点使得用户个体在使用过程中倾向于获得社交价值，然而这些特点对用户来说产生了消极的影响，用户倦怠行为似乎不可避免。②技术性因素正向影响用户倦怠行为，两者之间存在较强的相关关系。众多类型的社交网络本身的技术属性渐渐成为决定用户实际使用体验的根本因素，然而实际使用需要根据事后评价来获得，社交过载、系统功能过载、信息过载等技术性因素在当前的信息爆炸时代无疑促使了用户倦怠行为的产生。

14.5.2 讨论

基于以往众多学者对社交网络用户倦怠行为领域实证研究不断探索的基础上，本章采用元分析技术对用户倦怠行为的影响因素进行了定量综合研究，通过分析总结国内外学者的实证研究，区分了各类影响因素的相对重要性，得出了用户倦怠行为与各类影响因素之间较为精确的效应值以及相关关系强度，并根据相关关系强度判断标准对各类影响因素的重要程度进行了划分。

本章存在以下理论贡献：①借鉴了代宝和邓艾雯（2018）等关于社交网络用户倦怠行为的影响因素的分类，归纳总结出与用户倦怠行为相关的典型影响因素，通过元分析方法梳理了一些研究中关于用户倦怠行为影响因素存在差异的结论与观点，得出了较为一致的结论，通过精确的估计更加具体且全面地阐释了用户倦怠行为与其影响因素之间的关系。②以往的研究并未利用元分析技术来探究用户倦怠行为与其影响因素之间的关系，本章研究实现了这一点，并且严格遵循 Hunter 和 Schmidt（2006）的元分析原理对数据进行处理与分析，整个流程以及所得结果更加规范且可靠性更强，在丰富社交网络用户行为的研究内容的同时也扩展了该领域的研究思路。

本章存在以下实践意义：①对于用户，可以通过积极管理行为，选择性地对待网络信息，以避免受到社交网络的负面影响。例如，提高隐私保护意识；采取不同策略对待社交信息等。②对于社交网络平台，用户作为其主体，管理者应意识到用户倦怠行为的刺激因素并及时采取积极措施提升用户黏性。例如，设计社交网络平台时可以提供更高的匿名性以降低用户隐私顾虑；提供信息筛选机制以减少过度信息干扰，进而降低用户遭遇信息过载等情况；提供个性化信息服务以增强平台灵活性，让用户有良好的处理信息途径和方式，增强用户持续使用意图等。

本章研究还有一些研究局限：①本章所纳入的实证文献数量较少。由于近年来关于用户倦怠行为的实证研究数量仍然相对较少，同时受到客观条件及语言能力等条件的限制，而并未纳入除中英文以外的实证文献，未来随着相关实证研究越来越丰富，可以进行较大样本的元分析以寻求更加稳定与可靠的结果。②丰富自变量的类型。本章将用户倦怠行为影响因素该自变量划分为两个大类，其中共有五个类型，在未来实证文献得到扩充的基础上可以细化影响因素的类型。在未来的研究中定会持续关注，不断补充相关实证文献，研究更加多元的因素对社交网络用户倦怠行为的影响。

14.6 本章小结

针对用户倦怠行为影响因素的相关研究在不同学者的观点下存在一定的差异，从内部因素和外部因素两个角度分析哪些因素对用户倦怠行为产生何种程度的影响，揭示用户倦怠行为的前因。本章运用元分析技术对 57 篇文献中的 58 个独立样本中的 171 个效应值进行整合分析，通过严格的数据编码过程对众多影响因素进行归纳合并以探究影响程度，并从情境因素和测量因素两个方面讨论影响因素与用户倦怠行为之间的调节效应。结果表明，认知性因素、情感体验性因素、态度性因素、社会性因素和技术性因素对用户倦怠行为产生不同程度的正向影响。本章所纳入的实证文献数量较少，自变量的类型有待丰富。

第 15 章　社交网络中用户摇摆行为的影响因素研究

15.1　用户摇摆行为

近年来,社交网络服务在人们日常生活中的应用越来越普遍,各种社交网络平台呈现出爆炸式增长状态,可供用户选择和使用的平台数量增多(Wang et al.,2021)。用户会出于各种原因同时使用多个社交网络平台,通过不断的比较和调整,利用平台之间的差异来管理社交关系,将多社交网络平台环境视为一个整体,在这些平台之间进行摇摆使用(Tandoc et al.,2019)。目前多数研究关注单个社交网络平台,有关多平台使用与用户转移行为的研究没有将用户所使用的多个社交网络平台视为一个整体的综合环境,来分析用户在这些平台之间摇摆使用的过程。Huang 和 Chang(2020)指出,不同平台的特征不同,用户在使用过程中会结合媒体特征因素、社会因素和情境因素,选择不同的社交网络组合与朋友进行互动。因此,用户在使用多个社交网络平台的过程中,并不仅仅是单纯地进行切换或转移,而是摇摆在多个平台之间。Tandoc 等(2019)对多社交网络环境下用户的摇摆行为进行定义和现象描述,指出了在平台之间摇摆会给用户带来关系管理和自我呈现的满足感,但没有深入分析用户产生摇摆行为的原因。因此本章旨在以往研究的基础上,更深入地了解社交网络用户在多社交网络平台环境中的摇摆行为,并试图回答以下问题:①社交网络用户的摇摆行为如何界定?②哪些因素会导致社交网络用户产生摇摆行为?基于对已有文献的整理和分析,对摇摆行为进行界定。同时,基于扎根理论,利用半结构化访谈来收集社交网络用户摇摆行为的相关数据资料,通过对数据资料进行编码分析来确定摇摆行为的影响因素。

15.1.1　社交网络用户多平台使用

随着社交网络平台的数量增长,用户通常面临各种各样的社交网络平台,同时使用多个社交网络平台已经成为一种普遍现象,一些学者开始关注并研究用户的多平台使用行为。Davenport 等(2014)研究指出大多数用户在其日常生活中同时使用两个或多个平台。Boczkowski 等(2018)也发现绝大多数的阿根廷社交网络用户都同时使用多个社交网络平台,并且每个平台的使用方式不同。即使有些社交网络平台所提供的功能具有相似性,如国内的微信和 QQ,国外的 Facebook 和 WhatsApp 等,但是用户仍会选择同时使用两个甚至多个平台。Karapanos 等

（2016）对 Facebook 和 WhatsApp 提供的类似功能进行了研究，揭示了不同社交网络平台在功能设计上存在一些细微差异，能够为社交网络用户提供不同的社交实践，进而会导致用户在使用过程中拥有不同的沟通体验。Waterloo 等（2018）通过比较 Facebook、Twitter、Instagram 和 WhatsApp 的在线情感表达规范，分析了不同平台之间的差异。

此外，一些学者结合使用与满足理论探究了用户多平台使用的动机。Alhabash 和 Ma（2017）基于使用与满足理论，对上述四个社交网络平台进行了比较，分析了用户使用每个平台的动机。研究表明，用户会基于不同的动机来选择使用不同的平台。Huang 和 Chang（2020）结合媒体剧目的概念，从媒体特征、社会影响和情境因素三个方面分析了用户如何以及为何选择使用多个社交网络平台，研究发现，用户使用特定的社交网络集合是为了满足特定的目的。因此，用户并非仅仅使用单一平台，而是使用一个社交网络集合，该集合包含多个平台，每个平台对于用户而言都是必要且重要的。从感知互补性和个性特征两个方面，Gu 等（2016）发现不同的社交网络平台在满足用户各种需求方面的互补性是用户同时使用多个社交网络平台的主要原因。Wang 和 Zheng（2022）也在研究中指出，满足用户不同心理需求的社交应用程序在大多数情况下都是互补的，而满足类似心理需求的应用也是相互补充，而不是相互替代的。由此可见，对于用户而言，各个社交网络平台之间不是相互替代的关系，而是需求层面的互补关系。

15.1.2　社交网络用户摇摆行为

在多社交网络平台环境中，用户倾向于使用多个平台来满足不同的需求（Boczkowski et al.，2018；Alhabash and Ma，2017）。同时，用户在多个平台中的使用行为本身更多的是一种摇摆和轮换，而不是因为使用某一平台而完全放弃另一平台的使用。已有研究基于利基理论和渠道互补理论表明，不同的渠道可以整合到更为广泛的媒体生态系统中，发挥互补的功能（Lai，2014；Ramirez et al.，2008）。Gu 等（2016）、Wang 和 Zheng（2022）在研究中指出，同质化与非同质化的社交网络平台之间都具有一定的互补性，能够满足用户不同的需求。这解释了为什么用户在使用社交网络的过程中，会同时使用多个社交网络平台并且存在平台间摇摆使用的现象。Tandoc 等（2019）在研究中首次提出平台摇摆的概念，认为社交网络平台是整个社交网络环境的一部分，用户会在日常生活中同时使用多个社交网络平台，并且会出于各种不同的目的在这些平台之间进行轮换使用。同时，该研究也指出平台摇摆行为能够帮助用户克服结构性、社区性和规范性障碍，获得自我呈现和关系管理的满足。Liao 等（2022）将平台摇摆的概念拓展到品牌社区摇摆，指出信息价值、社会互动价值和自我呈现价值三个维度的渠道互补性对品牌社区摇摆有显著影响，并且会进一步提升用户的品牌忠诚度。李颖彦

(2020)对平台摇摆的概念进行了验证性检验,回答了中老年用户在不同类型的社交平台中如何处理社交关系,以及如何进行自我形象管理的问题。

综合前人研究,本章对社交网络用户摇摆行为的概念进行界定。广义上看,用户摇摆行为是指用户在两个或两个以上的社交网络平台之间进行轮换使用的行为,同时不会因为使用某一平台而放弃使用其他平台,如用户会在微信、微博、抖音和知乎等多个社交网络平台之间轮换使用。狭义上看,摇摆行为通常指用户在两个或两个以上相同类型或功能同质化的平台间轮换使用的行为,并且不会因为使用其中一个或多个平台而停止或放弃使用另外一个或多个平台。以国内的微信与 QQ 为例,用户通常会在两个平台之间摇摆使用,不会因为使用微信而完全不用 QQ,也不会因为使用 QQ 而完全不用微信。

综上所述,在社交网络平台蔚然成风的时代背景下,用户同时使用多个社交网络平台渐趋普遍化,用户在使用过程中会产生在多个不同平台之间摇摆使用的行为。但经过对国内外的研究文献梳理发现,当前研究对于摇摆行为的理解仅限于对行为本身进行概念界定和现象描述,并没有对用户产生摇摆行为的前因进行深入探索与阐释。因此,本章拟在已有研究的基础上,利用扎根理论,深入挖掘促使用户产生摇摆行为的原因,构建社交网络用户摇摆行为的影响因素模型,以期丰富有关社交网络用户摇摆行为的理论与实践。

15.2 研究设计

15.2.1 研究方法

当前学术界对社交网络用户摇摆行为的研究仅停留在现象描述和概念界定上,缺乏相对成熟的理论框架。因此,作为一种在信息系统研究中得到普遍认可和广泛使用,且以构建理论为主要目标的扎根理论(Urquhart et al., 2010)非常适合于本章的研究。本章首先对社交网络用户进行半结构化访谈,获取原始访谈资料;其次,采用程序化扎根理论方法(Strauss and Corbin, 1997; Glaser and Strauss, 1965),以 NVivo 11 软件作为辅助编码工具,对访谈得到的原始资料进行充分挖掘和分析,通过三级编码和理论饱和度检验,逐步构建了社交网络用户摇摆行为的影响因素模型。

15.2.2 样本选择

考虑到用户使用社交网络平台的多样性以及本章研究目的的导向性,在访谈样本选择的过程中遵循以下原则:①受访对象必须是同时使用两个或多个社交网络平台的活跃用户;②受访对象的男女比例应均衡,同时在学历、职业以及受教育程度等统计特征上具有一定差异性。受访对象选取的总体原则是保证调查样本具有典型性与多样性,从而保证研究能够获取丰富且翔实的访谈数据。此外,《2020—2021 年中国移动社交行业研究报告》(艾媒咨询,2021)显示,20~35 岁的用户社交网络平台使用率最高,达到 43.9%。同时,因为社交网络用户中学生群体比率比较高,再考虑到访谈对象对本章研究问题的理解能力,本章选取的访谈样本多是大学生群体,其年龄范围主要分布在 20~35 岁,他们较其他用户群体而言具有较高的网络参与度和社交网络平台使用经历。在经过相关调查之后,本章最终确定了 29 名受访对象,其统计信息见表 15-1。

表 15-1 受访对象统计信息

项目	描述	人数/人	百分比/%
性别	男	14	48
	女	15	52
年龄	20~24 岁	16	55
	25~29 岁	12	42
	30~35 岁	1	3
教育程度	本科	4	14
	硕士	16	55
	博士	9	31
职业	学生	21	72
	教师	4	14
	企业职工	4	14
经常使用的社交媒体平台数	2 个	1	3
	3 个	3	10
	4 个	5	17
	5 个	8	28
	6 个	4	14
	7 个及以上	8	28
访谈方式	面对面访谈	22	76
	电话访谈	7	24

注:为使百分比合计为 100%,有些数据的修约不符合四舍五入原则

15.2.3 数据收集与整理

半结构化访谈是按照粗线条式的访谈提纲而进行的非正式访谈,经常用于人类行为的研究,该方法的优势在于能够及时有效地获得富有个性化和全面的一手资料。因此本章研究采用半结构化访谈的方式,对选定的社交媒体用户展开访谈

工作。为保证访谈结果的可信度和效果，研究从访谈整体设计与访谈内容把控两个方面着手解决访谈过程中可能出现的偏误与诱导性问题。在访谈整体设计上，访谈形式分为线上电话访谈和线下面对面访谈两种。为实现对访谈对象个性化信息的充分挖掘，访谈时长拟定在 30 分钟左右，以便深入了解用户的使用行为。访谈周期跨度为从 2021 年 7 月 5 日至 2021 年 7 月 30 日，以尽量避免因连续访谈导致的访谈低质与偏误问题。在访谈内容把控上，研究人员在访谈开始前，先结合现实生活中的实例向受访对象解释摇摆行为的概念，确保受访者准确理解摇摆行为的含义。在访谈过程中，研究人员努力营造轻松自然的氛围，给予受访对象充分的思考和表达时间，并且适时地鼓励受访对象畅所欲言，同时注意避免对其进行诱导。

访谈提纲的核心围绕以下三类问题：①受访对象平时使用哪些社交网络平台？②受访对象使用这些社交网络平台来做什么，觉得这些平台对自己的日常生活有什么用处？③受访对象在生活中是否有在多个平台之间进行摇摆使用的行为，有哪些原因导致用户产生这种行为？设置访谈提纲的主要目的是启发受访对象能够根据自己的实际使用感受，准确描述在社交网络平台使用过程中产生摇摆使用行为的原因。具体访谈问题在访谈过程中会根据受访者的回答以及访谈进度做相应的调整，确保能够根据研究问题得到多个维度的回答。

在访谈的过程中，征得访谈对象的同意后，本章研究采用录音的形式对整个访谈内容进行记录，之后利用录音转文本的软件将其转化为文本形式，最后，研究人员通过反复听取录音文件，对软件转录的文本做了进一步地检查和整理，形成了最终的访谈原始文本，共计 10 万余字。研究人员将原始文本存储为"A**-访谈日期-原始访谈文稿"的文档（A**代表第**位访谈对象），作为编码的原始资料。针对最终获得的 29 份有效的数据样本，本章借助内容分析软件 NVivo 11 对数据进行处理，并随机选取 25 份样本用于扎根理论分析，剩余 4 份用于理论饱和度检验。

15.2.4 数据分析

程序化扎根理论主要包括开放性编码、主轴编码、选择性编码和理论饱和度检验四个步骤。对用户摇摆行为的影响因素的研究即按照这四个步骤进行相关因素的提炼。为保证研究的信度，在编码过程中，首先，由两位研究人员分别对访谈原始材料独立进行编码；其次，对两位研究人员的编码结果利用 NVivo 11 软件进行比较、分析和整合，形成最终的编码结果。结果显示，两位研究人员的编码一致性均高于 0.8。对于编码不一致的部分，向第三位专业的研究人员进行咨询，经过不断比较、思考和讨论，直至所有研究人员的编码意见基本达成一致。

1. 开放式编码

开放式编码是扎根理论的第一步，主要是围绕研究主题和目的，对收集的原始资料进行逐字逐句阅读和抽取，从中产生初始概念并提炼出范畴。在开放式编码过程中，要以开放、客观的态度，尽量避免受个人因素和已有研究的影响。本章对收集的原始资料进行分析、提炼和归纳，最终形成35个概念和10个范畴。开放式编码具体结果见表15-2。由于篇幅原因，本章仅列举访谈资料的部分代表性初始语句。

表15-2 用户摇摆行为影响因素的开放式编码结果

范畴	概念	代表性初始语句
平台数量	平台数量多	……现在平台数量很多……（A21）……我有这么多的平台，我得都利用起来……（A22）
功能互补	功能类型差异	……主要我觉得跟这个平台的那种特性有关系，因为对我来说，这几个平台就是，各有各的作用……（A28）
	功能优势差异	……平台之间的特性越来越同质化，但是还是会倾向于去一开始做得好的这种平台去，会选更优质的平台……（A3）
	功能易用差异	……有时候在一个情境下使用这个平台会更方便，更好一些，由此产生的平台摇摆行为……（A25）
信息互补	信息类型差异	……每个平台针对的东西也是不同的……抖音的话，它更多是视频的一个剪辑，微信的话，大部分东西以照片为主……（A17）
	信息质量差异	……在微博上看到有一个地方，想去那边旅行的话，那我不会在微博上实现做攻略，那我要去内容稍微丰富、专业一些的小红书上……（A15）
	信息时效差异	……微信资讯更新得要慢一点，所以为了满足更新的要求的话，基本上就去微博上面……微博更新资讯比较及时……（A2）
	信息数量差异	……微博，它很快，然后它内容就相对比较少……微信它那个公众号的推文会延时……但是它信息会多很多……（A28）
	信息重要性差异	……微信的信息就是对于自己的重要程度会比较高……QQ跟微博的信息相对来说弱一点……（A1）
多样化需求	社交需求	……满足自己的社交，通过平台去联系一下其他人……QQ和微信，它不仅仅是满足社交的需要……（A14）
	信息需求	……我想看一些大家对某个社会事件、各种评价之类的，我可能会看知乎、看豆瓣这些平台……看一些社会上的信息，或者说老师同学朋友之间这些信息……（A20）
	娱乐需求	……就为了满足自己对娱乐的需求……（A6）

续表

范畴	概念	代表性初始语句
多样化需求	工作需求	……一些工作上、学习上或生活上一些对接,可能我需要两个软件都得要有……(A26)
	学习需求	……有的是因为学习……一些专业性的问题,我会去从微信到别的 APP,就比如说知乎……(A14)
	生活需求	……生活上一些对接可能我需要两个软件都得要有……(A26)
用户习惯	时间利用	……回过消息之后,就是微信……你觉得别人可能回复得会比较慢,你就会刷到一个微博,去看看最近有什么新闻,或者,在小红书看一下最近的一些什么穿搭……想把时间利用起来……(A17)
	使用习惯	……每天第一反应是去看QQ,然后再去微信看一下……(A23)
	使用偏好	……它那个软件在某一个方面做的比较符合我的个人喜好的时候,我就会去用它……(A9)
	个人兴趣	……对我来说很重要,因为我会有一些兴趣……围绕是因为某一个喜欢的主题或者项目的兴趣……(A1)
情感感知	感知有用性	……我觉得使用多个平台会更加有用……每个平台都对我而言是有用的,相反我觉得可能只使用一个平台可能会造成很多的缺失……(A7)
	自我效能感	……我觉得很好啊……每个平台使用都比较简单……我能够很好地利用各个平台处理问题……(A16)
关系管理	好友亲疏差异	……QQ 的话,可能主要是虚拟的网友,就是你可能现实中跟他不会有接触……微信的话,多用于你可能会平时会跟他有所接触的一些熟人、家人……(A23)
	好友数量差异	……我觉得朋友圈人很杂……微博就是好友圈的话,都还好,人比较少……QQ加的人要多一些……(A25)
	好友动态差异	……都要看一下,看一下别人动态……有的好友,你有他的微信、QQ,但是还有可能,这个东西他就只发微信,这个只发 QQ……(A24)
	好友群体差异	……QQ 和微信,他们的好友群体也是不一样的,所以可能摇摆也是因为有这个原因在……(A19)
主观规范	好友推荐	……室友说小红书上有什么东西,然后我就会去看一看就是有什么,然后我比较容易被鼓动去……(A15)
	群体影响	……我经常在微博上分享我的生活,然后我的朋友然后也经常在微博上,就是增加了他们微博的使用时间……(A27)
	获得好友点赞	……我可能会通过微信朋友圈,或者是知乎创作了一些东西,然后也会获得别人点赞……(A14)
	获得好友评论	……别人去评论一个东西的话,我也会去不断地摇摆去使用……(A14)
任务特征	任务特点	……我是根据任务特点,然后选择平台……(A2)
	任务类型	……你聊一些很正经的事情的时候,你肯定是用微信去聊了……然后就是说你只是想单纯地找个人聊聊天,水水群?那肯定就是去 QQ 里面和那些网友们一起随便聊一聊,然后放松一下,娱乐一下……(A23)
	消息弹窗	……最主要的就是消息弹窗,然后就会出现这种摇摆行为……(A19)

续表

范畴	概念	代表性初始语句
消极体验	信息过载	……刷视频刷累了,你就有什么不会再想刷的欲望,可能就会有疲劳感,这个时候可能会去找 QQ 里面找些人聊天之类的……(A20)
	功能过载	……微信朋友圈红点……肯定会产生影响,没到不想用的地步,但是会产生一种厌烦感,我会去其他 APP……(A1)
	身体不适	……眼睛盯着屏幕时间太长了,或者跟别人聊天打字时间太长了,然后可能就有点累了,休息一下。比如,在哔哩哔哩刷了一些视频,就可能累了,就会歇一会儿,然后再看,就这种歇会儿再玩,完了再刷……(A12)

2. 主轴编码

主轴编码是指对开放式编码得到的概念进行进一步分析,挖掘概念之间的更深层的潜在关系,归纳总结形成更高层次的主范畴。本节通过对开放式编码得到的 35 个概念和 10 个范畴进行进一步整合和提炼,最终总结出 4 个主范畴,分别为平台因素、用户因素、社交因素以及情境因素。主轴编码结果见表 15-3。

表 15-3 用户摇摆行为影响因素的主轴编码结果

主范畴	子范畴	内涵
平台因素	平台数量	可供用户选择和使用的社交网络平台的数量较多
	功能互补	不同的平台功能类型、易用性程度、功能专业化程度存在差异
	信息互补	不同的平台呈现的信息类型、内容、重要性程度等存在差异
用户因素	多样化需求	用户需求比较多样化,如信息需求、工作需求、学习需求等
	用户习惯	用户在使用平台的过程中会形成自己的使用习惯,会利用不同的平台干不同的事
	情感感知	用户因为感知使用多个平台更加有用,并且认为使用多个平台是很容易的,因此会在多个平台之间摇摆使用
社交因素	关系管理	用户在使用不同平台的过程中,不同平台的好友群体不一样,亲疏程度也不一样,这样可以帮助用户对自己的好友关系进行管理
	主观规范	用户在使用平台的过程中,会受到好友、家人或者其他群体的影响,需要使用不同的平台
情境因素	任务特征	有些任务的特点以及类型等,需要用户使用两个或多个平台
	消极体验	用户在平台使用过程中会产生消极体验,但是没达到放弃使用该平台的程度,因此会促使用户产生摇摆行为,从一个平台摇摆到另一个平台,来缓解消极体验

3. 选择性编码

选择性编码也称核心编码,是提炼核心范畴的重要阶段。该阶段主要是对主范畴进行系统分析之后，进一步挖掘核心范畴，进而分析核心范畴和各个主范畴之间的逻辑关系，并经过分析和验证，构建一个可以反映原始数据的理论框架。经过反复归纳、总结和整理，最终确定了平台因素、用户因素、社交因素和情境因素四个主范畴，并确定核心范畴是摇摆行为。通过分析和梳理主范畴和核心范畴之间的关系，建立了范畴之间的作用路径，最终构建了社交网络用户摇摆行为的影响因素模型。选择性编码结果见表15-4。

表15-4 用户摇摆行为影响因素的选择性编码结果

典型关系结构	关系结构	关系结构内涵
平台因素—摇摆行为	因果关系	平台数量、功能互补和信息互补等平台因素是引发社交网络用户产生摇摆行为的重要因素
用户因素—摇摆行为	因果关系	多样化需求、用户习惯和情感感知等用户因素是引发社交网络用户产生摇摆行为的重要因素
社交因素—摇摆行为	因果关系	关系管理、主观规范等社交因素是引发社交网络用户产生摇摆行为的重要因素
情境因素—摇摆行为	因果关系	任务特征、消极体验等情境因素是引发社交网络用户产生摇摆行为的重要因素

4. 理论饱和度检验

根据扎根理论的饱和度检验要求，访谈和分析在研究过程中是相互促进、密不可分的。因此，在访谈过程中，每次访谈结束后，研究人员对该次访谈资料进行整理和分析，并尝试理清思路和提取核心概念。然后根据初步分析结果，进一步完善访谈方案，直到访谈中从受访对象处获取的信息开始重复后，又继续进行了几次访谈。在正式进行数据处理分析时，又按照开放式编码、主轴编码和选择性编码的开发过程，对随机选择的4份访谈资料编码，进行理论饱和度检验。结果显示，检验样本编码产生的范畴均可归入之前编码的编码结果中，未能进一步挖掘出新的概念与范畴，满足理论饱和原则。因此，认定本章构建的社交网络用户摇摆行为的影响因素模型已达到理论饱和。

15.3 模型构建与阐释

15.3.1 模型构建

依据以上的分析结果，社交网络用户摇摆行为受到平台因素、用户因素、社交因素和情境因素的影响。本节尝试根据各因素间的相互影响关系，归纳并构建社交网络用户摇摆行为的影响因素模型，见图 15-1。

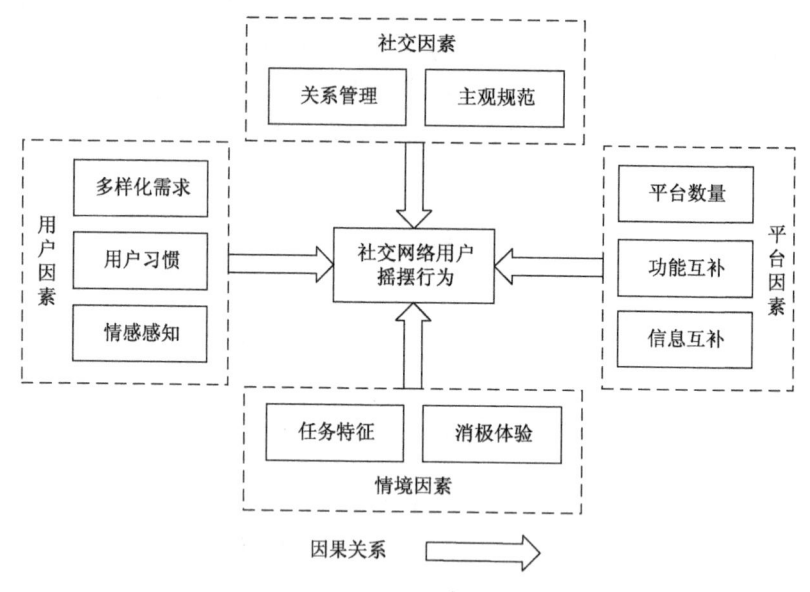

图 15-1　社交网络用户摇摆行为影响因素模型

15.3.2　模型阐释

1. 平台因素

平台因素包括平台数量、功能互补和信息互补。研究发现，平台因素是促使社交网络用户产生摇摆行为的最重要因素，29 名访谈对象均谈到平台数量、功能互补和信息互补是促使其产生摇摆行为的关键原因。

首先，随着技术的不断发展，可供用户选择和使用的社交网络平台数量越来越多，用户同时使用两个或者两个以上的社交网络平台已经成为较为普遍的现象。据受访对象回答可知，正在使用的社交网络平台数量多是促使其产生摇摆行为的重要原因。用户表示可供选择的社交网络平台的数量较多，为用户产生摇摆行为提供可能。

其次，虽然部分社交网络平台的核心功能相同，但是不同平台的功能在类型、优势和易用性方面都会存在差异。用户在使用的过程中，会根据需要在不同的平台之间摇摆使用，获取互补的功能。渠道互补理论认为，不同渠道具有互补功能（Dutta-Bergman，2004，2010），不同的渠道可以提供不同且独特的满足感（Chen，2011）。Betancourt 和 Gautschi（1992）在研究中也指出用户同时使用多个社交网络平台比只使用一个社交网络平台获得的价值更多。

最后，随着网络的发展，各种各样的信息充斥在用户的生活中，不同的社交网络平台提供的信息资源在类型、质量、时效、数量和重要性方面都不相同。Lin和Dutta（2017）研究表明，用户不是简单地用新的渠道取代传统渠道，而是通过不同的渠道互补地获取感兴趣的内容。不同平台之间的信息互补意味着不同的平台提供的异质信息可以集成，改善信息多样性带来的差异，用户使用单个社交网络平台不能满足自己的信息需求（Hu et al.，2021）。因此，社交网络用户为了获取更加全面的信息，会同时使用多个社交网络平台，并在不同的平台之间进行摇摆。

2. 用户因素

除了平台因素之外，社交网络用户的平台使用行为还受到用户自身因素的影响，主要包括多样化需求、用户习惯和情感感知。研究表明，用户将使用的多个社交网络平台视为综合环境，会因为不同需求在不同的平台之间进行摇摆，并且感到使用多个平台比只使用一个平台能够更加有价值。同时，在此过程中用户会形成自己的使用习惯。

首先，随着社会的发展，社交网络用户的需求渐趋多样化。受访对象均指出，用户会因为信息、工作、学习以及生活等不同类型的需求来选择使用不同的平台。Brandtzæg（2012）和Pelletier等（2020）指出每个社交网络都有独特的功能并能满足用户不同方面的需求。因此，社交网络用户在平台使用过程中会根据自己不同的需求来选择不同的平台。

其次，用户在使用社交网络平台的过程中，会形成自己的使用习惯。已有的研究表明，兴趣是推动用户使用多个渠道的一个重要因素（Lin and Dutta，2017）。受访对象也在访谈中表明如果自己新购入一部手机，会第一时间下载一些APP，而且也会每天固定打开并连续使用一些APP。因此，用户的使用习惯会促使用户自主选择在不同平台之间进行摇摆使用。

最后，情感感知主要包括感知有用性和自我效能感。在访谈过程中，多位用户都表明在多个平台间摇摆使用比只使用单个平台能获得更多的价值。并且，对用户而言，使用多个社交网络平台并在平台之间摇摆，既有助于用户顺利解决问题，又从侧面反映出用户能够很好、很方便地利用多个社交网络平台。

3. 社交因素

随着社交网络的发展，用户依靠社交网络平台来维系大多数的社交关系。研究发现，社交因素是用户产生摇摆行为的影响因素之一，主要包括关系管理和主观规范两个方面。

一方面，社交网络平台是用户维系社交关系、进行社会联系的基础。在此过程中，用户的社交关系渐趋复杂化，也面临着更大的社交压力。用户在使用社交网络平台的过程中，会主动将自己的社交关系分散在不同的平台上。对用户而言，在不同的平台间摇摆使用，既能达到管理社交关系的目的，又能减轻社交压力。已有的研究表明，不同的社交网络可以满足用户多重社交需求（Lindley et al., 2013）。Vitak 和 Kim（2014）指出，当用户想要接触不同的社会群体时，会切换使用不同的通信渠道。

另一方面，即使社交网络用户可以因为不同的动机或需求访问同一网站，用户的使用行为也会受到其他人的行为的影响（Ellison et al., 2006）。某些行为在特定的环境中是不合适的，因此主观规范约束了社交网络用户在平台上的行为（Zhao et al., 2016）。主观规范指的是用户的家人、朋友、恋人等对用户而言重要的人的观点和行为，对用户是否采取某种行为的影响作用大小。研究表明，社交网络用户使用社交网络平台的行为会受到主观规范的影响。同时，据受访对象表示，自己会因为家人、朋友等使用不同的平台，因而自己也需要使用不同的平台，并在不同的平台之间进行摇摆，以维系社交关系。

4. 情境因素

研究表明，用户使用社交网络平台时会根据不同的任务特征在不同平台间进行摇摆。同时，用户在使用社交网络平台时也会存在消极体验的现象，这也会促使用户在平台之间进行摇摆。

首先，Sleeper 等（2016）在研究中指出，为了完成某一紧迫性的任务，用户会选择同时使用多个渠道，来提醒沟通对象。因此，用户会根据不同的任务特征选择不同的社交网络平台。同时，受访对象表示，有些任务必须通过不同的平台才可完成。比如，用户在微信上完成特定任务的过程中，有时需要通过其他平台来上传文件或者了解更多信息，因而必须要在多个平台之间进行摇摆。

其次，随着社交网络平台的发展，平台消极体验的现象也愈演愈烈。部分受访对象表明，在使用社交网络平台时会出现信息过载、功能过载和身体不适等烦恼，导致在平台上的体验感比较消极。同时，大部分受访者表明，这种消极体验的现象并不足以让用户放弃这个平台的使用，用户通常会选择暂时去其他平台，缓解自己的消极体验，而不是完全弃用这个平台。

15.4 管理启示

本章根据访谈的结果揭示了多社交网络平台环境下影响用户产生摇摆行为的各种因素。本章期望基于以上分析的结果，为众多社交网络平台在多社交网络平台环境下，提高平台服务质量，优化用户使用体验，进一步扩大平台用户群体规模以及为相互竞争的社交网络平台实现共同发展提供借鉴和参考。

1. 制定多元化的竞争与合作策略

本章通过研究发现，平台数量、功能互补和信息互补是影响用户产生摇摆行为的重要因素。因此，平台服务商需要从功能互补与信息互补两方面来制定多元化的竞争与合作策略，以优化用户平台使用体验，从而扩大用户群体规模、促进用户使用口碑的提升。在平台功能上，需要发挥平台的优势功能去吸引用户，并通过辅助性功能合理完善平台功能体验。比如，微信所提供的视频号服务在一定程度上减少了用户由微信使用到短视频平台的摇摆。在信息方面，可以通过平台间的相互合作，打破平台间存在的信息获取壁垒，使得不同类别、不同属性的社交网络平台实现跨平台的信息推送与信息服务。比如，在微信公众号推文底部的相似信息推送中，可以引入微博或是抖音等平台中的热搜榜、短视频等综合信息，从而以多种呈现方式丰富用户对同一主题信息的感知。

2. 提高用户对平台的使用兴趣

对平台服务商而言，用户既是平台赖以生存的基础，也是推进平台持续发展的核心动力。因此，满足用户的多样化、差异化需求，契合用户使用习惯以及注重用户情感因素，是平台吸引并扩大用户群体的关键。平台服务商一方面可以在不涉及隐私侵犯的情况下，利用大数据、云计算、人工智能等技术建立用户个性化画像，通过技术赋能努力实现对用户需求及使用习惯的精确把握，进而提供更加优质多样的服务来优化用户使用体验。另一方面，各类社交网络平台也需要尝试在用户情感感知方面做出努力，既要改善平台功能来提升用户感知有用性，也要通过一系列人性化、情感化举措来提高用户对平台的使用兴趣。

3. 优化平台管理功能

研究发现，用户在不同的平台上维系不同的社交关系，主要是基于隐私方面的考虑，需要将不同的社交关系分散在不同的平台上。比如，用户会将一些内心不愿意向熟人公布的想法，发布在现实好友相对较少的个人微博中，而不会发在朋友圈或是QQ空间。对于平台服务商而言，既要采取提高平台隐私保护的措施，也需要注重改善平台好友关系管理功能，从而优化功能。

4. 改善用户在平台上的使用体验

对于平台方而言，平台自身要积极开发或采纳新的功能，满足用户的使用需求，从而降低用户在完成任务时的耗费成本。比如，开发微信传送大文件的功能，来解决用户为完成相应任务需要进行多平台摇摆的问题。同时，虽然大多受访者表示不会因为信息过载、同质化推荐等问题完全放弃平台使用，但这也侧面反映出用户对平台优化服务提供的期许。因此，平台应深入了解用户产生消极体验的原因，对平台中存在的缺陷和不足进行改善，以此来改善用户的平台使用体验。比如，短视频平台可以通过设置使用时长阈值的方式，来应对用户对同质化内容推送的不适。具体而言，平台通过用户使用习惯来判断用户平均使用时长，继而根据时长设置使用阈值，一旦用户浏览内容同质化、个性化内容时长超出阈值，就可以推送其他方面内容，来缓解用户的消极使用体验。

15.5 讨论

本章采用程序化扎根理论的质性研究方法，利用半结构化访谈来获取原始资料，探究多社交网络平台环境下影响用户摇摆行为的因素及其相互之间的关系，构建用户摇摆行为的影响因素模型。研究发现，平台因素、用户因素、社交因素和情境因素是促使社交网络用户产生摇摆行为的重要因素。

本章的研究重点主要集中在以下方面：①基于已有的研究文献，对用户摇摆行为的含义进行了更深层次的解释。②基于扎根理论方法，对访谈资料进行归纳，较为清晰地还原了用户产生摇摆行为的真实体验与感受，深入探究了用户产生摇摆行为的原因，并基于此对平台服务者提出了相应的建议。此外，本章也存在一定的局限性。首先，因为社交网络用户摇摆行为是一个比较复杂的过程，所以本章所得的结论还需要针对更多的情况进行检验来加以印证和补充。其次，由于部分受访对象的回答不够清晰，在提炼访谈资料核心要素的过程中或许存在一些偏差。

15.6 本章小结

探究多社交网络平台环境下用户摇摆行为的影响因素和作用机理，既能为社交网络平台深入了解用户的使用行为提供理论基础，也能为各平台吸引和留住用户提供建议和参考。本章通过半结构化访谈收集了29名用户摇摆使用行为相关的数据资料，基于程序化扎根理论编码框架，并使用NVivo 11进行数据分析，通过开放性编码、主轴编码、选择性编码与理论饱和度检验四个步骤，揭示了导致用户产生摇摆行为的因素，并构建了用户摇摆行为的影响因素模型。研究发现，平台因素、用户因素、社交因素和情境因素都会对用户的摇摆行为产生重要影响。

第 16 章　社交网络中用户知识隐藏行为的影响因素研究

16.1　用户知识隐藏行为

Connelly 等（2012）最早对知识隐藏行为进行了明确的定义，他将知识隐藏行为描述为个人对他人所要求的知识进行隐瞒的一种故意的行为，并将其划分为推脱隐藏、回避性隐藏和合理化隐藏三个维度。组织成员的知识隐藏行为受到知识特性、人际关系和组织因素的影响，这种行为会伤害到隐藏者和隐藏对象之间的人际关系质量，并且会使隐藏对象产生知识隐藏的意图（Connelly and Zweig，2015）。

对知识隐藏行为的研究起源于企业和组织，自 Connelly 等（2012）对知识隐藏行为进行了明确定义后，国内外许多学者便针对该行为前因（Chen et al.，2020b；Bhattacharya and Sharma，2019；Ma and Zhang，2022；Yao et al.，2020；Banagou et al.，2021）、后果（Chen et al.，2020b；Wang et al.，2019；Jiang et al.，2019）进行了跟踪研究，其对应的研究成果比较丰富。相比较下，在线社区属于新兴事物，与之相关的知识隐藏行为的研究也较少（张敏等，2018a）。一些学者对用户在不同类型的在线社区中的知识隐藏行为给予了关注。例如，甘文波和沈校亮（2015）基于心理学研究框架，分析了影响虚拟品牌社区中用户知识隐藏行为的关键因素；Fang（2017）等探究了移动社交网络应用的用户如何使用知识共享、知识隐藏和知识贡献缺失这三种应对策略，来应对恐惧和内疚两种情绪；张敏等（2018b）对在线健康社区中用户主观知识隐藏行为的形成路径进行了探究；翟雪松和束永红（2019）探索了学习者专业承诺及导师变革型指导风格与在线学习社区中知识隐藏行为的关系；Lv 等（2021）则通过实证考察发现了知识隐藏行为给在线旅游社区带来的口碑破坏、反生产行为等负面影响。而对于用户获取、分享知识的重要平台——社会化问答社区，目前学者还未给予足够的重视。

有研究表明，在线社区中 90%的用户都是潜水者（陈爱辉和鲁耀斌，2014），而用户作为社会化问答社区内容的主要生产者，其知识隐藏行为必然会影响到社区的发展。一方面，隐藏者的知识隐藏行为会伤害知识寻求者的感情，引起知识寻求者的不信任（Černe et al.，2014），进而影响用户再次提问的意愿；另一方面，也会使得隐藏者自身的创造力下降。最终造成社区中大量问题得不到回答，形成恶性循环。因此，了解用户知识隐藏行为产生的原因，一方面可以丰富社会化问答社区用户的知识行为相关理论，另一方面可以为社区的优化提供参考借鉴，促进社区的健康发展。

综上可知，目前对于知识隐藏行为的研究仍然较少，而已有的研究也多采用传统的结构方程模型方法研究变量之间的净效应，而在线社区中的用户行为本质上是复杂的，尤其是对于兼具社交和问答功能的社会化问答社区，其用户行为的产生更是涉及多种潜在的因果机制（Khansa et al.，2015）。相较于采用传统的自变量相互独立、单向线性关系和因果对称性的统计分析方法，采取组态视角的定性比较分析方法更适合分析用户的知识隐藏行为，能够更全面地解释自变量相互依赖等复杂的因果关系（卢新元等，2019）。因此，本章采用模糊集定性比较分析法来研究社会化问答社区中知识隐藏行为。

16.2 理论基础与模型设定

16.2.1 个人-环境匹配理论

个人-环境匹配的概念最早可以追溯到 Parsons（1909）的职业选择三重理论，该理论首次提出了人与环境交互的视角。接着该理论在管理学领域得到了发展，Murray（1938，1951）和 Lewin（1935，1951）引入个人-环境匹配理论，提出个体的行为由人与环境共同塑造。而 Schneider（1987）提出的 ASA（attraction-selection-attrition，吸引-选择-摩擦）模型成为该理论在组织情景的标志性进展。之后众多学者对个人-环境匹配理论进行运用和开发，使得该理论成为解释个体行为和态度最重要的理论之一。

目前，对个人-环境匹配理论的定义主要有三个方向：维度论、内涵论和综合论。维度论关注个体与哪个层面的环境相匹配（Kristof-Brown et al.，2005）；内涵论则根据"匹配"的定义提出了一致性匹配和互补性匹配（Muchinsky and Monahan，1987），而综合论则是对上述两种划分方式进行了整合。Beasley 等（2012）经过实验总结出了一般环境适应量表（general environment fit scale，GEFS），从组织角度制定了个人-环境匹配度（person-environment fit，PEF）的衡量标准。该模型认为，个人-环境匹配可以细分为价值观一致性、人际相似性、环境需求与个人能力匹配（简称能力匹配）、个人需求与环境供给匹配（简称需求匹配）及个人在环境中的独特角色。相较于基于特定情境的个人-环境匹配类型，该模型更具有一般性，因而应用范围更广泛，且已被证明具有良好的解释力。

社会化问答社区是信息社区和社交网站的综合体，长期积累的问答环境和文化氛围对用户的知识贡献行为意向有着重要的影响（张宝生和张庆普，2018）。根据班杜拉的社会认知理论（Bandura，1986），个体、环境、行为之间存在相互作用，环境作为个体存在的外部条件，会对个体的行为产生影响。而社会化问答社区作为用户知识行为产生的载体，所具有的特征与属性也会影响到用户的行为。当个人与环境相匹配时，他们的态度和行为可能是积极的，相反，当个人与环境不匹配时，则可能会产生消极的态度和行为（Pee and Min，2017）。

由上可知，环境对个人的行为产生重要的影响，并且，已有研究指出用户本就可以看作社区的"半个员工"（陈爱辉和鲁耀斌，2014），更会受到所处环境的影响。因此，本章将个人-环境匹配理论作为理论基础，根据问答社区的特点，结合内涵论与 GEFS，探究价值观一致性、人际相似性、能力匹配和需求匹配对知识隐藏行为的影响。其中，价值观一致性与人际相似性的研究受个人与社区的一致性的影响，而能力匹配和需求匹配则关注个人与社区之间的互补性。

16.2.2 变量设定

本节以个人-环境匹配理论的内涵论与 GEFS 为基本研究框架，利用模糊集定性比较分析法，从匹配的视角对知识隐藏行为的影响因素进行分析，研究的前因变量包括价值观一致性、人际相似性、外部需求匹配、内部需求匹配和能力匹配这五个维度，结果变量为知识隐藏行为。知识隐藏行为研究的概念模型如图 16-1 所示。

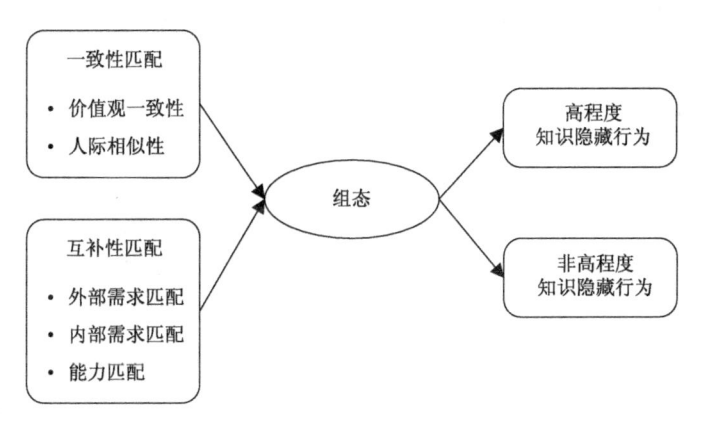

图 16-1　知识隐藏行为研究的概念模型图

1. 前因变量

（1）价值观一致性。价值观一致性指的是个体与组织环境的目标或价值观的匹配程度。研究员工与组织之间一致性匹配最常见的是价值观一致性匹配和个体-文化匹配（Pee and Min，2017）。对于价值观一致性对个体在组织中的表现已经有比较充分的研究，个体与组织价值观的一致性能够促进员工有效地沟通和对组织资源分配的理解（王玮，2017）。因此本节认为，在虚拟的社会化问答社区中，当用户与社区的价值观或目标一致时，能够增强用户参与互动的愉悦感，影响用户的知识隐藏行为。

（2）人际相似性。人际相似性指的是组织内的用户与其他用户在背景上的相似性。研究表明，当用户在人口统计或心理背景上相似时，能够降低人际交往的风险，促进沟通（Beasley et al.，2012）。研究组织中知识隐藏行为的学者认为人际关系会对员工的行为产生关键的影响（Connelly et al.，2012）。虽然社会化问答社区中的用户之间都是弱关联的关系，但是用户在问答平台中进行知识搜寻或者共享等知识行为时，是基于对某类知识的专长或者兴趣，这种相似性能够增加彼此的亲密度，会使得互动的过程变得有趣，进而影响用户的知识隐藏的行为。

（3）需求匹配。需求匹配是指环境所提供的资源满足个体的需求。与在组织中不同，用户在问答社区中的行为均是自主的。根据自我决定理论，个体的决定是指在充分认识个人需要和环境信息的基础上，对行为做出选择的行为（Kasser and Ryan，1996）。该理论把行为的动机分为三种：内在动机、外在动机和无动机。内在动机是指个人出于对活动本身的内在欲望、思想和情感引发的动机，如兴趣、互惠、自我成就等。外在动机则是由活动外部刺激或达到某种期望的结果而引发的动机，如收益、奖励、声誉等（Ryan and Deci，2000）。本节根据需求产生的动机的不同，将需求匹配分为基于内在动机的需求匹配和基于外在动机的需求匹配，即内部需求匹配和外部需求匹配。本节认为，用户的需求是否得到满足与用户的知识隐藏行为有着重要的联系。

（4）能力匹配。能力匹配是指个人具有的技能满足环境对他的要求。在本章研究中，则是指知识寻求者或者平台向用户发起的请求与用户具有的知识相匹配的程度。组织行为学的研究表明，当个人的能力满足组织的需求时，个体更能体验到自身的价值和更强的胜任感，进而增强个体参与社区活动的动机。在问答社区中，当用户具有的知识与他人所需要的知识相匹配时，用户参与知识共享的意愿更强（沈校亮和厉洋军，2018），其知识隐藏的水平会更低。

2. 结果变量

本章探究的是社会化问答社区中知识隐藏行为的影响因素，因此结果变量为知识隐藏行为的程度。知识隐藏行为是指个体面对知识寻求的请求时进行隐瞒的行为，在社会化问答社区中，表现为用户在面对其他用户的邀请时，采取回避作答或者仅提供片面的信息等策略。

16.3 数据收集

16.3.1 问卷设计

本章的测量指标均来源于国内外已有的文献，结合国内当前社会化问答社区的使用情况进行部分修改。问卷主要分为两个部分，第一部分为人口统计变量，包括被调查者的性别、年龄、学历、使用知乎的频率等，第二部分则根据研究所涉及的变量进行调查。问卷采用七级利克特量表，"1"表示"完全不同意"，"7"表示"完全同意"，变量及测量项目见表16-1。本章以目前中国活跃度较高的研究平台——知乎上的用户为数据采集样本，通过问卷调查法来进行数据搜集。

表 16-1 变量及测量项目

变量	指标	测量项目	参考来源
价值观一致性	VC1	我的个人价值观与知乎是一致的	Beasley 等（2012）
	VC2	我的价值观让我很容易融入知乎	
	VC3	知乎的价值观体现了我的价值观	
人际相似性	IS1	我认为知乎社区中存在很多与我在某方面相似的成员	Beasley 等（2012）
	IS2	我觉得知乎中有和我年纪相仿、兴趣相投的成员	
	IS3	我认为我与知乎中其他成员没有太大不同	
外部需求匹配	EMNS1	参与知乎的过程可以让我获得某些我需要的奖励	Beasley 等（2012）
	EMNS2	我可以通过参与知乎来满足提升个人声誉的需要	
	EMNS3	参与知乎的过程中，我期望并获得了他人的回报	
内部需求匹配	IMNS1	我可以在参与知乎的过程中获得满足感/成就感	Beasley 等（2012）
	IMNS2	我在知乎与别人互动的过程中感到很愉快	
	IMNS3	知乎邀请我参与的问题都是我的兴趣所在	
能力匹配	DA1	我的个人能力和所受的教育与知乎对我的要求非常匹配	Beasley 等（2012）
	DA2	我具有的知识能够满足知乎的要求	
	DA3	知乎对我的要求和我的个人技能非常匹配	
知识隐藏行为	KH1	在知乎社区中，当其他用户邀请我回答问题时，我经常采取回避回答的策略	Connelly 等（2012）
	KH2	在知乎社区中，当其他用户邀请我回答问题时，我经常只提供部分信息而不是详细回答	
	KH3	在知乎社区中，当其他用户邀请我回答问题时，我会假装不知道或者表示对该话题不熟悉	

16.3.2 样本收集

本章的数据采集通过网络问卷平台见数进行问卷发放，调查对象是知乎的用户。为了保证问卷的信效度，先进行了预测试，并邀请了该领域的学者对问卷的措辞、模糊不清的地方进行修改，最后进行问卷的二轮投放，共收回问卷 203 份，剔除无效问卷后，最终获得有效问卷 157 份，问卷的有效率为 77.3%，样本的人口统计学特征如表 16-2 所示。

表 16-2 样本的人口统计学特征

变量	类别	频数/人	百分比/%	变量	类别	频数/人	百分比/%
性别	男	79	50.3	平均每周使用次数/次	0	3	1.9
	女	78	49.7		1~3	66	42.0
年龄/岁	18 岁以下	5	3.2		4~6	54	34.4
	18~25 岁	98	62.4		大于 6	34	21.7
	26~30 岁	38	24.2	平均每次使用时长/分钟	小于 10	17	10.8
	31~40 岁	13	8.3		10~30	96	61.1
	40 岁以上	3	1.9		30~60	41	26.1
学历	高中/中专及以下	9	5.7		大于等于 60	3	1.9
	大专	8	5.1	平均每周发帖数/个	0	56	35.7
	本科	88	56.1		1~10	83	52.9
	硕士及以上	52	33.1		10~20	16	10.2
职业	企业及个体户	42	26.8		大于等于 20	2	1.3
	行政机关及事业单位	25	15.9	使用社区经验	小于 6 个月	13	8.3
	学生	82	52.2		6 个月至 1 年	35	22.3
	其他	8	5.1		1~2 年	39	24.8
					2 年及以上	70	44.6

16.3.3 信效度检验

利用 SPSS Statistics 22 来检验问卷中各测量项目的信度和效度，通过 Cronbach's α 和 CR 来测量量表的信度，用 AVE 来检验量表的聚合效度。所有的 Cronbach's α 和 CR 均大于 0.7，表明该量表具有较好的信度，而所有的 AVE 均大于 0.5，表明量表的聚合效度良好。此外，每个变量 AVE 的平方根均大于相关系数，这说明量表具有较好的区别效度，因此测量项的结果均达满意水平。信效度检验具体结果见表 16-3。

表 16-3 信效度检验

变量	Cronbach's α	CR	AVE	VC	IS	EMNS	IMNS	DA	KH
价值观一致性（VC）	0.912	0.849	0.652	0.807					
人际相似性（IS）	0.850	0.837	0.632	0.486	0.795				
外部需求匹配（EMNS）	0.924	0.808	0.585	0.589	0.555	0.764			
内部需求匹配（IMNS）	0.940	0.776	0.536	0.624	0.615	0.719	0.732		
能力匹配（DA）	0.939	0.805	0.580	0.635	0.587	0.695	0.725	0.762	
高程度知识隐藏行为（KH）	0.918	0.824	0.610	−0.651	−0.454	−0.658	−0.695	−0.657	0.781

16.3.4 条件和结果校准

由于采用的是七级利克特量表，而模糊集定性比较分析要求隶属值范围在 0～1，因此，在数据分析之前，需要将数据转换为 0～1 刻度的数值。数据校准的第一步就是求取各测度项之间的均值，将其作为变量的反映值。根据已有文献（池毛毛等，2017），选取选项中的最大值 7、中间值 4、最小值 1 分别为完全隶属点、交叉点以及非完全隶属点的校准值。使用 fsQCA 3.0 软件的校准功能对条件变量 VC、IS、EMNS、IMNS、DA 和结果变量 KH 的样本数据进行校准后，得到校准后的模糊隶属值。

16.4 知识隐藏行为定性比较分析结果

16.4.1 必要条件分析

在对模糊集进行分析之前需要对条件变量的必要性进行分析。表 16-4 为所有单前因变量的一致性与覆盖度。必要性分析是指单一前因变量对结果变量的解释程度，如表 16-4 所示，对于高程度知识隐藏行为（KH），所有单前因变量的一致性均小于 0.9，不构成必要条件。除 IS、IMNS、DA 外的各个单项前因条件影响非高程度知识隐藏行为（~KH）的必要性均未超过 0.9，利用条件变量和结果变量的 XY 散点图进一步判断发现，这几项条件均为无关紧要的必要条件（张明和杜运周，2019）。因此，KH 与～KH 均不存在必要条件。

表 16-4 单前因变量的必要性

变量	一致性		覆盖度	
	KH	～KH	KH	～KH
价值观一致性（VC）	0.625 017	0.891 950	0.486 590	0.795 977
～VC	0.737 936	0.424 687	0.856 282	0.564 880
人际相似性（IS）	0.760 356	0.924 507	0.522 254	0.727 887
～IS	0.603 828	0.393 202	0.874 654	0.652 871
外部需求匹配（EMNS）	0.514 970	0.845 676	0.448 026	0.843 364
～EMNS	0.819 959	0.446 511	0.822 545	0.513 439
内部需求匹配（IMNS）	0.601 504	0.914 490	0.455 345	0.793 543
～IMNS	0.727 273	0.372 331	0.881 232	0.517 144
能力匹配（DA）	0.632 536	0.908 288	0.475 490	0.782 654
～DA	0.710 868	0.391 294	0.871 168	0.549 673

注：～代表非

16.4.2 组态分析

利用 fsQCA 3.0 软件，分析 5 个前因变量构成的条件组合对社会化问答社区中用户知识隐藏行为的影响。模糊集定性比较分析的结果包括三类解：复杂解、简约解和中间解。如果前因条件同时出现在简约解和中间解，那么该条件则为核心条件，对结果产生重要的影响；若前因条件仅出现在中间解，那么该条件为边缘条件，对结果起到辅助的作用。

1. 高程度知识隐藏行为组态分析

如表 16-5 所示，共有 6 条不同的组合路径导致高程度知识隐藏行为，每条路径的一致性均大于 0.9，总体一致性约为 0.864，总体覆盖率约为 0.823，表明得到的前因组合对结果的解释力度较强。这 6 条路径可以归纳成 3 类。

表 16-5 高程度知识隐藏行为组合路径

变量	高程度知识隐藏行为					
	Ha1	Ha2	Hb1	Hb2	Hb3	Hc
价值观一致性（VC）		⊗			●	⊗
人际相似性（IS）			●	⊗		●
外部需求匹配（EMNS）	⊗	⊗	⊗			
内部需求匹配（IMNS）			⊗	⊗	⊗	

续表

变量	高程度知识隐藏行为					
	Ha1	Ha2	Hb1	Hb2	Hb3	Hc
能力匹配（DA）	⊗			●	⊗	⊗
原始覆盖度	0.657 827	0.655 639	0.656 186	0.447 574	0.384 552	0.499 522
唯一覆盖度	0.019 002	0.035 817	0.015 311	0.028 161	0.001 094	0.019 959
一致性	0.913 960	0.911 441	0.900 056	0.904 170	0.926 548	0.919 940
总体覆盖率	0.822 693					
总体一致性	0.864 034					

注："●"和"•"表示核心因果条件与边缘因果条件的存在，"⊗"和"⊗"表示核心因果条件与边缘因果条件的缺席，空白表示该条件存在与否对结果不产生影响

类型1：包括路径Ha1（~EMNS*~DA）和Ha2（~VC*~EMNS），表明当用户的外部需求与社区供应不匹配时，此时的外部需求缺失作为核心因果条件，若能力匹配或者价值观一致性作为核心条件缺失，便会导致知识隐藏行为。

类型2：包括路径Hb1（~IMNS*~EMNS）、Hb2（IS*~IMNS*DA）和Hb3（VC*~IS*~IMNS*~DA），该类型以内部需求匹配缺失为核心因果条件，边缘因果条件不同而出现三条路径。路径Hb1表达了当用户的内、外部需求与社区的供应均不匹配时，用户会产生知识隐藏行为。路径Hb2中，虽然人际相似性和能力匹配都得到了满足，但是由于内部需求匹配作为核心条件的缺失，用户依然会产生高程度的知识隐藏行为，而当三者均缺失时，即使用户与社区价值观保持一致（Hb3），用户仍呈现出高程度的知识隐藏行为。

类型3：即路径Hc（~VC*IS*~DA），当价值观一致性和能力匹配作为核心条件缺失时，即使存在人际相似性匹配，也会导致高程度的知识隐藏行为。

2. 非高程度知识隐藏行为组态分析

非高程度知识隐藏行为组合路径如表16-6所示，共有4条不同的组合路径：L1（VC*IS*EMNS*IMNS）、L2（IS*EMNS*IMNS*DA）、L3（VC*~IS*~EMNS*IMNS）和L4（VC*~IS*EMNS*~IMNS*~DA）。这4条路径的总体一致性约为0.888，总体覆盖率约为0.833。当价值观一致性、人际相似性、外部需求匹配与内部需求匹配同时存在（L1），或人际相似性、外部需求匹配、内部需求匹配与能力匹配同时存在（L2），用户呈现出非高程度知识隐藏行为，当人际相似性与外部需求匹配缺失，而价值观一致性与内部需求匹配作为核心条件存在时（L3），或当价值观一致性与外部需求匹配作为核心条件存在，而其他条件均缺席时，用户也表现为非高程度知识隐藏行为（L4）。

表 16-6 非高程度知识隐藏行为组合路径

变量	非高程度知识隐藏行为			
	L1	L2	L3	L4
价值观一致性（VC）	●		●	●
人际相似性（IS）	•	•	⊗	⊗
外部需求匹配（EMNS）	•	●	⊗	●
内部需求匹配（IMNS）	•	●	●	⊗
能力匹配（DA）		●		⊗
原始覆盖度	0.766 845	0.778 771	0.312 105	0.267 024
唯一覆盖度	0.012 522 4	0.031 007 6	0.022 540 3	0.010 614 2
一致性	0.935 001	0.926 373	0.886 217	0.912 388
总体覆盖率	0.832 558			
总体一致性	0.887 942			

注："●"和"•"表示核心因果条件与边缘因果条件的存在，"⊗"和"⊗"表示核心因果条件与边缘因果条件的不存在，空白表示该条件存在与否对结果不产生影响

进一步比较高程度与非高程度的知识隐藏行为组合路径，发现如下。

（1）较少条件的缺失就可导致高程度知识隐藏行为，而非高程度知识隐藏行为对于个体与环境的匹配要求更高。如表 16-5、表 16-6 所示，存在一项核心因果条件的缺失便可导致高程度的知识隐藏行为，而在非高程度知识隐藏行为的路径中，至少两项核心因果条件的存在。知识作为一种宝贵的资源，需要花费大量的时间与精力去学习，个体也会因此产生知识是其个人所有物的想法（Pierce et al.，2003）。而知识共享意味着放弃自己的优势地位，会让人产生消极的情绪（Peng，2013）。因此，如果没有足够的条件匹配，用户可能更加倾向于知识隐藏。

（2）只有当一致性匹配（包括价值观一致性和人际相似性）和用户互补性匹配（包括需求匹配和能力匹配）均存在时，用户的知识隐藏行为才会减少，且一致性匹配难以弥补互补性匹配的缺失。价值观一致性和人际相似性分别描述了用户与社区环境以及环境中的人的一致性程度，两者的匹配能够促进社区的成员进行高效的沟通（王玮，2017），进而能增加成员的互动。而互补性匹配描述则是用户与社区的相互满足的程度，根据社会交换理论，个体会对行为结果的收益与成本进行分析（黄梦梅等，2021），如果用户能够通过参与知识互动获得所需的奖励，那么其采取知识隐藏行为的可能性就会减少。而能力的匹配则是通过用户增强自主感和胜任感而提升其知识共享的意愿（王玮，2017）。

16.5 研究结论

当前对知识隐藏行为的研究多采用结构方程模型的方法，而本章从组态视角出发，基于个人-环境匹配理论，运用模糊集定性比较分析法，研究了高程度、非高程度知识隐藏行为的组态前因。根据结果可知，不同条件匹配的组合可以产生相同的行为。从高程度知识隐藏行为的组合前因发现，需求匹配是导致该行为产生的核心因素。通过对比发现，高程度知识隐藏行为会因为核心条件的缺失更容易形成，而想要用户降低该行为，则需要加强个体与环境多方面的匹配程度。此外，用户知识隐藏行为的减少，需要一致性匹配与互补性匹配同时存在。

本章结论具有一定的理论意义和实践意义。从理论上来看，基于个人-环境匹配理论对问答社区中的知识隐藏行为进行组态分析。以往的研究主要利用统计分析法和结构方程模型等来探讨单个因素的影响，而本章利用模糊集定性比较分析法来关注不同因素之间的组合及其对问答社区中知识隐藏行为的影响，这进一步加深了对问答社区中用户知识隐藏行为的理解。而从实践上来说，结论可以为平台方制定策略以促进用户的知识共享行为提供理论指导。首先，平台应该关注用户的需求匹配的缺失对用户知识隐藏行为的关键影响，需要对用户的需求进行调查并分析匹配缺失产生的原因；其次，平台应该意识到无论是一致性匹配还是互补性匹配，都是不可或缺的，一方面，平台方应该加强文化建设与价值观的宣传，营造良好的社区氛围，并且强化社交功能，增进社区成员之间的亲密度，才能吸引用户、让用户产生归属感并积极地参与社区、进行知识共享。另一方面，社区应该优化激励功能和问答推送功能的设计，如可以开展问答比赛增加社区的趣味性、推送与用户能力相匹配的问答帮助用户增强胜任感，引导用户积极参与知识互动。

本章不可避免地存在一定的局限性。第一，将知乎平台用户作为研究对象，研究结果对于其他问答平台的普适性还有待考究；第二，研究数据通过问卷获得，用户自我报告个人知识隐藏的行为特征，与实际行为存在一定的差距，且无法深入探究该行为的机理。因此，为了进一步深化研究，需要从两个方面着手。第一，进一步获取多个平台的数据，探究研究结果适用性，增强研究可信度；第二，后期通过实验法等获得用户的实际行为数据，或采用访谈的方式定性探究知识隐藏行为的原因和机理。

16.6 本章小结

用户知识隐藏行为的产生不仅不利于个体知识的产生，也会对社会化问答社区的健康发展造成影响。探究社会化问答社区中用户知识隐藏行为产生的原因，对丰富社会化问答社区用户行为相关理论，引导平台进行优化具有重要意义。本章从组态视角出发，基于个人-环境匹配理论，运用模糊集定性比较分析法对问卷采集的157份有效样本进行分析，探究价值观一致性、人际相似性、外部需求匹配、内部需求匹配以及能力匹配共5个变量对用户知识隐藏行为的组合影响。获得高程度、非高程度知识隐藏行为产生的组合路径，发现需求匹配对知识隐藏行为起到关键影响作用，并通过对比分析发现用户更倾向于知识隐藏，而想要降低知识隐藏行为，则需要加强多方面条件的匹配。

第 17 章　社交网络中社会支持对用户潜水行为的影响

17.1　用户潜水行为

在线问答社区是一种典型的社交网络，其是用户在自身需求和收益驱动下，以问答的方式进行信息生产、交换和实践的平台。很大一部分参与者在网络社区中可能会经常登录并浏览阅读相关信息内容，却不主动参与讨论。定义这种行为称为潜水行为，而这部分用户则被称为网络潜水者（刘江等，2012）。大部分用户均处于潜水状态，即主要从社区获取知识和信息，而缺乏分享的动机和意愿。问答社区中用户进行社会交互，是用户在平台上的主要活动。其中，单个用户的行为决策不仅受到其自身因素如感知价值的影响（张向先等，2018），还可能受到其他用户的态度或观点（李娟娟等，2022），或者与其他用户之间的交互（Keenan and Shiri，2009）的影响。问答社区中问与答的互动实质上是社会支持互动，解决如何引导用户积极参与社区讨论的问题，有必要考察社会支持因素对用户参与问答知识分享行为的作用（方陈承和张建同，2018）。因此，本章从潜水者（第三方观察者）视角出发，基于最优匹配理论框架，结合社会支持理论，探讨问答社区中的问答信息效价与社会支持的匹配如何影响潜水受试者的满意度进而影响其参与表现，并探究信息效价与社会支持是否具有交互效应以及对潜水受试者的参与体验产生差异性影响。

研究表明，自我效能、用户信任、共同愿景和社区忠诚度对潜水者向知识贡献者的转变有显著作用（Zeng et al.，2014）。自我价值感、体验流和帮助别人所获得的满足感是促进知识寻求者向知识贡献者转化的重要因素（Yan and Davison，2013）。张海涛等（2020）对社会化问答社区用户角色进行定义，从用户对社区的知识贡献程度、用户的身份进行划分，分为提问者、回答者和潜水者。本章依据用户的问答行为，将前人研究中的寻求支持者、支持者和第三方观察者均归纳到潜水者。

17.2　理论基础与研究假设

17.2.1　理论基础

社会支持互动是一个过程，支持信息从支持提供者传达到寻求支持者

（Armstrong and Hagel，1998），而且还涉及第三方观察者（Meng et al.，2017）。在社交网络的背景下，第三方观察者是指在不发表评论的情况下阅读帖子的人。这些人被称为"潜水者或者浏览者"。相比之下，那些经常发表评论的人称为"贡献者"（Bartikowski and Walsh，2014）。为了衡量社会支持互动的影响，先前的研究主要从寻求支持者和支持提供者的角度来衡量结果，如接收到感知的社会支持关系强度（Zeng et al.，2014）、社会支持影响的生活满意度（Haber et al.，2007）。很少有研究在社会支持互动中探究第三方观察者的反应。尽管先前的研究已经讨论了可以解释个体参与问答的几个因素，但是在线观察提问者和回答者的社会支持互动如何影响一个人对参与问答的意愿仍然未知。本章旨在研究作为潜在参与者的第三方观察者如何应对提问者和回答者之间的社会支持互动。选择两个特定的因变量——第三方观察者对提问者和回答者之间关系的满意度和对该讨论的参与意向进行检查。选择这两个变量是因为它们衡量了不同级别的社会支持互动的质量，一个是认知方面，另一个是行为方面。因此，本章将问答社区中的社会支持分为信息支持和情感支持两个维度。

最优匹配理论是在研究社会支持互动时使用最广泛的理论框架之一（Trepte et al.，2015）。根据最优匹配理论，如果这三方观察者认为支持者提供的支持信息满足寻找支持者的需求，则可以认为这样的社会支持是有效的（Cutrona and Suhr，1992）。比如，面对无法控制和令人痛苦的事件情感支持可能会有所帮助，而遇到可控制的事件信息支持也许会更有用。社会支持是否产生效果，取决于一个人遇到的事件的可控制性与提供的支持类别之间的匹配。先前的研究表明，在可控制压力事件之后，以问题为中心的社会支持（如信息支持）更有益，而以情绪为中心的支持（如情感支持）对无法控制的压力更有用（Cutrona，1990）。一方面，当提问者提供负面信息时，这种情况可能是压力过大，令人不快的。另一方面，提问者在平台上提问和寻求支持的行为需要回答者提供具体可行的建议时信息支持会更加合适。

在最优匹配理论中，区分感知支持和接受支持是非常重要的。感知支持是"个体相信在需要时会有人为其提供帮助"，而接受支持是"个体真正得到的帮助"（Uchino et al.，2011）。个体需要的支持与得到的支持相匹配时，社会支持才可以充分有效发挥其作用。支持不足（得到的支持比需要的少）和支持过度（得到的支持比需要的多）都是不良的支持，而且支持过度可能比支持不足的后果更加糟糕。Goldsmith 等（2000）认为当提供支持者给出适当类型的社会支持与寻求支持者提供信息的效价相匹配时，可以预期获得最优效果。一方面是提供支持，另一方面是寻求支持者和第三方观察者如何解读支持信息，并通过感知有用性、感知支持感和感知敏感性来测量社会支持的效果。

综上，本章提出图 17-1 的研究框架，描述了信息效价（积极 vs 负面）及社会支持（信息支持 vs 情感支持）如何对受试者的满意度产生影响，并且也会影响参与意愿。

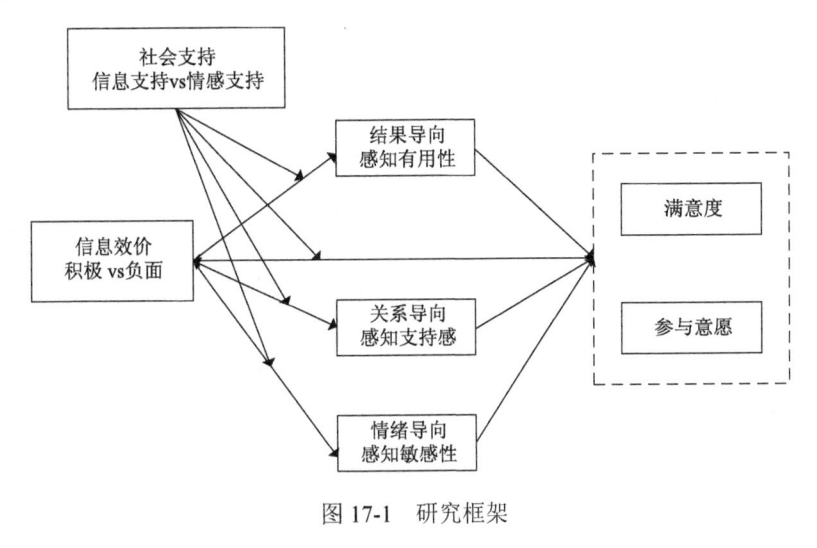

图 17-1 研究框架

17.2.2 研究假设

1. 信息效价对用户满意度和参与意愿的影响

近年来，网络评论对社区用户行为的影响越来越大，郑春东等（2015）认为网络水军的言论对使用者的购买意愿也产生了不同程度的影响。在实际社区使用中，评论信息往往带有一定的情感倾向，可以是正面的、中立的或负面的。在已有的研究中，效价一词常常被用来定义评论的方向（Purnawirawan et al.，2012）。已有关于评论效价对行为意向影响的研究结论并不统一，张昊和张斓（2019）认为消费者在负面评论中得到消极的情感体验，为了规避风险和损失而选择减少或放弃购买决策。消费者在正面评论中得到积极的情感体验，为了争取机会和收益而选择尝试或增加购买决策。但 Berger 等（2010）认为负面评论对图书销量有积极的正面影响，因为负面评论使消费者对知名度较低产品的认知程度增加，从而对产品的销量有了正面的促进作用；负面评论的有用性显著高于正面评论的有用性（杜晓梦等，2015）。哪种类型的信息（积极与负面）会带来更好的交互的结果？提出如下假设。

H17-1：与负面信息相比，用户观察到积极信息效价能够引起更高的满意度。
H17-2：与负面信息相比，用户观察到积极信息效价能够引起更强的参与意愿。

2. 用户感知的中介作用

在信息系统中，感知有用性是一个影响用户行为的强大和直接的决定因素，感知有用性显著影响满意度和持续使用意愿（Venkatesh and Davis, 2000）。Teo 等（2003）研究发现，社区不仅是知识共享的场所，也是用户发展社交关系的场所。本节拓展了感知有用性的概念，将其定义为用户在认知和情感层面认为系统有用。因此假设如下。

H17-3a：用户感知有用性在信息效价和满意度之间起中介作用。

H17-4a：用户感知有用性在信息效价和参与意愿之间起中介作用。

组织支持感是指员工对组织在重视成员贡献程度以及关心成员福利程度的总体体验和看法（Eisenberger et al., 1986）。类似地，当问答社区为成员提供高质量的内容和优质的服务时，也能促进成员产生社区支持感。故本章中，问答社区支持感是指社区成员对社区在重视成员贡献、关心成员福利程度等方面的总体体验和看法。Ye 等（2015）认为虚拟品牌社区支持感以及意见领袖支持感会正向影响顾客的知识共享行为。因此假设如下。

H17-3b：用户感知支持感在信息效价和满意度之间起中介作用。

H17-4b：用户感知支持感在信息效价和参与意愿之间起中介作用。

信息性影响反映了一种内化过程，意味着个体通过从他人那里获得信息从而增加有关的知识（Clark and Goldsmith, 2006）。个体对知识的选择和使用受他人意见影响的程度与感知敏感性水平高度相关（Chen et al., 2016）。感知敏感性高的用户会跟随其他用户的引导，从而获得安全感。感知敏感性高的用户由于对相关知识了解较少，可能很难具备自己做出正确决定的能力，并能感知到更高的风险（Hoffmann and Broekhuizen, 2009），因此为了降低这种风险，他们可能更倾向于向其他知识渊博的人寻求建议。因此假设如下。

H17-3c：用户感知敏感性在信息效价和满意度之间起中介作用。

H17-4c：用户感知敏感性在信息效价和参与意愿之间起中介作用。

3. 社会支持的调节作用

在线社会支持被视为一种人际关系，处在支持的个体感觉到被群体关注、尊重和激励，将个体与个体、个体与社区以及个体与信息有机连接起来（Rosenbaum and Massiah, 2007）。个体获得实质性信息帮助的同时，会愿意留在用户社区继续互动，对在线用户社区平台会产生认同感和归属感。除了信息传递，社区互动过程中传递的接纳、关心、信任和鼓励等让接收者感觉自己是受关注的、受人尊重的和有价值的（Madjar, 2008）。社会支持最优匹配效果影响用户感知到的情感和压力来产生正向的效果，在已有信息效价的影响下用户之间特有的支持满足人们的心理需求。回答者的支持与社区提供信息相匹配时，第三方观察者会认为特定的支持更有帮助，从而产生了更高的问答互动者满意度和参与意向（陈星等，2019）。

H17-5a：社会支持在信息效价对感知有用性影响过程中起调节作用。

根据最优匹配理论，当社区提供的正面信息与回答者提供的情感支持相匹配时，或者当负面信息与信息支持相匹配时，第三方观察者的眼中已制定的社会支持将被视为更加支持第三方观察者。由于对支持的认识增加人们感到更有支持感，并且参与意向更强（Cutrona and Suhr，1992）。

H17-5b：社会支持在信息效价对感知支持感影响过程中起调节作用。

感知敏感性源于富有同情心、理解和体贴的品质（Goldsmith et al.，2000）。提问者提供的信息效价与回答者提供的社会支持相互匹配时，第三方观察者会感觉达到更高的感知满意度和参与意向。

H17-5c：社会支持在信息效价对感知敏感性影响过程中起调节作用。

在线用户社区中个体用户贡献行为属于主动的自愿行为，用户间通过实时信息交流，自愿分享个人体验、专业知识以及意见反馈，这种互帮互助的支持氛围让个体成员感受到被重视、被关注，从而激发社区成员产生对社区有益处的主动行为（Madjar，2008）。在已有信息效价的影响下社区用户之间特定的支持满足了人们的心理需求，减小了在社区互动中的压力。但何种类型的信息效价和社会支持的组合能够有效产生影响，从而对平台满意度和参与意愿产生正向效果。提出假设如下。

H17-6：社会支持在信息效价对满意度的影响过程中起调节作用。

H17-7：社会支持在信息效价对参与意愿的影响过程中起调节作用。

本章的假设模型如图 17-2 所示。

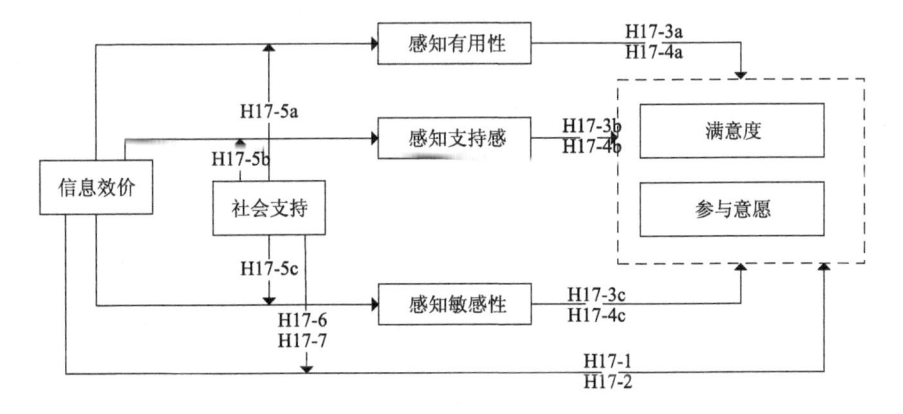

图 17-2 假设模型

17.3 研究设计

17.3.1 预实验：用户问答比较

为了更好地构建符合现实情景的实验问答集，本章将内容类型划分为积极和负面信息效价。在实证检验前先进行预研究，利用 Python 爬虫技术抓取问答社区网站的问答数据，通过文本分析对用户问题中的两种信息效价进行分类，为本章实验设定合理的信息效价。

通过 Python 编程爬取 10 000 余条知乎平台中数码话题下的用户问答文本，包括问题与相应的回答。为进行后续的情感分析，先对实验文本进行去噪处理。情感倾向分析已成为目前研究的热点课题，尤其是自动化检测文本的情绪、态度或者其他情感状态的任务（通常较为广泛地划分为积极情感倾向和消极情感倾向）。经调研，发现百度公司已将基于双向长短时记忆神经网络的文本情感分析方法做成开源的程序接口，即文本情感倾向类库 Aip-Nlp，该工具包情感倾向性分析准确率比较高且训练语料丰富，百度自建数据集上分类准确率为 90%。文本采用百度情感分析模型对用户问答的文本特征数据进行情感分类（徐红霞等，2020）。通过计算用户发帖文本的情感得分度量用户情绪，情感得分高于 5，代表该信息的积极情绪更高。

17.3.2 实证检验：社会支持与信息效价对潜水者的影响

采用 2×2 受试者间实验设计来检验提出的假设，包括提问者提供的问题信息效价（积极 vs 负面）和回答者的社会支持（信息支持 vs 情感支持）。基于前文假定，本节设计 2（提问者提供的信息效价：积极与负面）×2（社会支持：情感支持和信息支持）的情景实验（Huang et al.，2017）。本章选择知乎平台作为实验情景，主要原因有：知乎作为较大的社会问答社区用户数量庞大、问答功能完善、问答主题丰富。

1. 前测实验

为了保证用户问答的真实性，控制问题信息效价和回答社会支持的影响，首先从前文爬取的问答数据中筛选出 100 条特征明确的两种内容类型；其次邀请两名专家，针对回答类型进行归类校正得到 16 条支持性回答。在见数众包平台上将受试者随机分配到积极或负面信息的问题类目下，问题的主体是相似的，但是其情感词是相反的，是根据在爬取的问题中的信息效价分类创建的。在任何一种情况下，受试者都会查看到积极或负面信息效价的问题以及其他用户对该问题的 16

条支持性回答；他们对问题信息效价进行评分，同时也会评估每个回答的情感和信息支持程度（郑春东等，2015）。

对信息效价进行了两尾独立样本 t 检验（预测试中使用的所有度量均基于 7 分制，1 为非常不同意，7 为非常同意）。积极信息（M=6.42，SD=0.81）[①]被认为明显比负面信息（M=2.88，SD=1.36）更积极，$t(48)$=11.31，p<0.001，因此，在主要实验中采用了这两种效价信息。在 16 条评论中，基于两次方差分析测算结果，选择了 4 条作为主要实验，其中 2 条为情感支持，另 2 条为信息支持。具体来说，第一次方差分析测算是以感知的情感水平作为因变量进行的（p<0.001）。使用 Bonferroni（邦费罗尼）方法进行事后分析表明，两个选定的情感支持评论比两个选定的信息支持评论都被认为情感程度更高（两对组间比较，p<0.001）。进行第二次方差分析测试，将感知的信息支持作为因变量（p<0.001）。同样，两个信息支持评论都比两个情感支持评论都被认为具有更高的信息参考价值（两对组间比较，p<0.001）。

2. 实验过程

本章研究正式实验开始于 2021 年 1 月 5 日，结束于 2021 年 1 月 15 日，共招募被试者 100 人，被试者由见数众包问卷平台提供的真实样本库招募组成。将被试者随机分配到 4 组实验情景，平均每组 25 名被试者。请被试者仔细阅读实验情景介绍，浏览知乎平台问答后回答相应问卷，为了检测实验操纵情况，邀请被试者对问题的信息效价以及回答的情感和信息支持水平进行了评估，实验结束后给予被试者一定数额的奖励。使用知乎的场景多发生于手机端，因此本章问卷的填写均在被试者手机上完成。为了更加贴近现实场景，本章的用户问答页面均来自知乎手机端的真实图片，人口统计信息在调查表的结尾处收集。实验主要采用虚拟场景，模拟知乎平台创建四个虚拟的问答情景，分别为"积极问题-信息支持回答""积极问题-情感支持回答""负面问题-信息支持回答""负面问题-情感支持回答"。

被试者使用实验场景后，填写用户的感知有用性、感知支持感和感知敏感性来反映用户在匹配后的感知程度。参考 Goldsmith 等（2000）的三因素（感知有用性 Cronbach's α=0.71；感知支持感 Cronbach's α=0.72；感知敏感性 Cronbach's α=0.7）感知语义量表测量，每个因素分别由四对形容词来衡量。感知的满意度的测度改编自 Hendrick 等（1988）和 Hong 等（2006）（Cronbach's α=0.86），同时参考 Huang 等（2014）的参与意向的度量（Cronbach's α=0.80）。主要实验中使用的所有度量均基于七级利克特量表（1 为非常不同意，7 为非常同意）。

[①] M 为均值，SD 为标准差。

17.4 研究结果

17.4.1 样本特征

通过见数平台在主要实验中获得了 91 个样本。这些参与者均未参加预测试。平均年龄段集中在 20~30 岁，男性略多[占比为 57.14%，n=52（n 为频数，此处表示男性 52 人）]。此样本结构与知乎等问答社区的现实情况基本吻合，且大多数被试者都有问答社区使用经验，有助于保证问卷的质量。由于性别和年龄等人口特征均被证实不显著影响问答社区的满意度与参与意愿，因此后续分析不再讨论以上变量。为了检查三种中介变量（即感知有用性、感知支持感和感知敏感性）并确保它们各自代表唯一的结构，使用 Mplus 8 进行了验证性因子分析。发现了验证性因子分析模型拟合结果通过（RMSEA=0.075，90%，CI=[0.037，0.108]，CFI=0.912，TLI=0.88，SRMR=0.076）。根据表 17-1，所有测量项目均与其相应的介体显著正相关，p<0.01。

表 17-1 相关系数

变量	性别	年龄	感知有用性	感知支持感	感知敏感性	满意度	参与意愿
性别	1.00						
年龄	−0.04	1.00					
感知有用性	−0.07	0.06	1.00				
感知支持感	0.02	0.08	0.45**	1.00			
感知敏感性	0.02	−0.06	0.44**	0.42**	1.00		
满意度	−0.08	0.06	0.45**	0.32**	0.39**	1.00	
参与意愿	−0.04	0.16	0.50**	0.34**	0.52**	0.56**	1.00

**表示 p<0.01

操纵检验结果表明，与分配信息支持条件的参与者（M=5.03，SD=1.26）相比，分配情绪支持条件的参与者对评论的评价显著更高（M=5.51，SD=1.12，t(91)=2.24，p=0.027）。同时，分配到信息支持回答的参与者对回答的评价比分配到情感支持条件的参与者（M=4.64，SD=1.57）的回答要多得多（M=5.52，SD=1.23，t(91)=3.51，p=0.001）。最后，分配积极信息效价的参与者认为该效价比分配负面信息效价的参与者（M=3.47，SD=1.60）更积极，证明社会支持和信息效价的操纵是成功的。

17.4.2 信息效价与满意度和参与意愿的直接效应分析

在不考虑调节中介影响的情况下，通过两组研究，考察了自变量和调节变量（即提问信息效价和社会支持）对因变量（即满意度与参与意愿）的影响，而未考虑中介变量的影响。方差分析表明，当感知的满意度作为因变量时，信息效价存在显著的主要影响，$F(1,91)=5.590$，$p<0.050$（积极信息效价：$M=5.70$；负面信息效价：$M=5.32$），以及社会支持，$F(1,91)=2.77$，$p=0.09$（情感支持：$M=5.38$；信息支持：$M=5.65$）。信息效价和社会支持之间的相互作用对感知的满意度的影响显著，$F(1,91)=8.1$，$p<0.01$。当参与意愿是因变量时，信息效价 $F(1,91)=0.69$，$p=0.4$，同时社会支持 $F(1,91)=0.42$，$p=0.52$ 都不显著。两者之间的相互作用效果也不显著，$F(1,91)=0.372$，$p=0.77$。所以 H17-1 得到支持。

17.4.3 信息效价与满意度和参与意愿中介效应分析

在控制性别、年龄等变量的情况下，本节采用自助法重复抽样 5000 次以建立偏差校正的 95%置信区间，从而对中介效应进行检验。具体而言，将信息效价（负面信息效价=−1，积极信息效价=1）、社会支持（信息支持=−1，情感支持=1）以及三个中介变量（感知有用性、感知支持感和感知敏感性）同时纳入模型进行分析。满意度和参与意愿分别作为因变量，调节变量和因变量在分析中均已标准化。有调节的中介模型检验结果如表 17-2 所示。

表 17-2 有调节的中介模型检验结果

因变量	预测变量	B	se	t	R^2
回归 1（DV=满意度）	信息效价	0.122	0.0537	2.2725*	0.310***
	社会支持	−0.0376	0.0627	−0.5991	
	信息效价×社会支持	0.0904	0.0568	1.5927	
	感知有用性	0.1517	0.1376	3.7918***	
	感知支持感	0.1281	0.1553	0.8247	
	感知敏感性	0.2072	0.1457	1.4218	
回归 2（DV=参与意愿）	信息效价	−0.0556	0.0472	−1.1787	0.406***
	社会支持	−0.0693	0.0551	−1.2579	
	信息效价×社会支持	−0.0898	0.0499	−1.7998	
	感知有用性	0.3396	0.1385	2.4522*	
	感知支持感	0.1621	0.1364	1.1877	
	感知敏感性	0.5195	0.128	4.0579***	

注：B 为标准化系数，se 为标准误差，DV 为因变量

*表示 $p<0.05$；***表示 $p<0.001$

（1）当感知满意度是因变量时，发现可以通过感知有用性（$B=0.1517, p<0.001$）这个变量显著预测到。同时信息效价（$B=0.122, t=2.2725$）效果也有显著影响。此外，表 17-3 中的中介效应值在感知有用性（95%置信区间为[0.0213,0.2476]）和感知敏感性的中介效应值（95%置信区间为[0.0064,0.1748]）也很显著，表明感知有用性和感知敏感性在信息效价和社会支持对感知满意度起到明显的中介作用。所以 H17-3a、H17-3c 得到支持。

表 17-3 被调节的中介效应检验结果

调节变量	路径：信息效价—感知有用性—满意度			路径：信息效价—感知有用性—参与意愿		
	中介效应	95%置信区间 下限	上限	中介效应	95%置信区间 下限	上限
信息支持	0.0263	−0.104	−0.0016	0.0245	−0.0947	0.0026
情感支持	0.0413	0.0086	0.1682	0.042	0.0001	0.1645
差异	0.0575	0.0213	0.2476	0.0584	0.0021	0.2335

调节变量	路径：信息效价—感知支持感—满意度			路径：信息效价—感知支持感—参与意愿		
	中介效应	95%置信区间 下限	上限	中介效应	95%置信区间 下限	上限
信息支持	0.0145	−0.043	0.0164	0.0149	−0.0484	0.0074
情感支持	0.0276	−0.0237	0.0894	0.0246	−0.014	0.0839
差异	0.0376	−0.0373	0.1177	0.035	−0.0187	0.119

调节变量	路径：信息效价—感知敏感性—满意度			路径：信息效价—感知敏感性—参与意愿		
	中介效应	95%置信区间 下限	上限	中介效应	95%置信区间 下限	上限
信息支持	0.0214	−0.0583	0.0291	0.034	−0.0868	0.0475
情感支持	0.0351	0.0086	0.1459	0.0414	0.0407	0.2016
差异	0.0436	0.0064	0.1748	0.0539	0.0337	0.2470

（2）当参与意愿是因变量时，感知有用性（$B=0.3396, t=2.4522$）、感知敏感性（$B=0.5195, t=4.0579$）能够显著正向预测因变量。结果显示，表 17-3 中中介效应值在感知有用性（95%置信区间为[0.0021,0.2335]）和感知敏感性（95%置信

区间为[0.0337,0.2470]）是显著的，表明感知有用性和感知敏感性在信息效价和社会支持对参与意愿起到中介作用。所以 H17-4a、H17-4c 得到支持。

17.4.4 社会支持的调节效应分析和被调节的中介效应分析

以感知有用性、感知支持感、感知敏感性为结果变量，分析信息效价和社会支持的影响。分析结果如表 17-4 所示。

表 17-4 调节效应分析结果

回归方程		拟合指标		系数显著性	
结果变量	预测变量	R^2	F	B	t
感知有用性	信息效价	0.2044	7.3656***	0.0369	0.8355
	社会支持			−0.1417	−3.2061**
	信息效价×社会支持			0.1543	3.4931***
感知支持感	信息效价	0.0971	3.0831*	0.0368	0.8453
	社会支持			0.1112	2.555*
	信息效价×社会支持			0.1125	2.586*
感知敏感性	信息效价	0.1251	4.0974**	0.087	1.9973*
	社会支持			0.0274	0.63
	信息效价×社会支持			0.1229	2.8238**

*表示 $p<0.05$；**表示 $p<0.01$；***表示 $p<0.001$

社会支持的主要影响对于感知有用性（$B=-0.1417$，$p<0.01$）和感知支持感（$B=0.1112$，$p<0.05$）是显著的，又因为社会支持是调节变量（信息支持=−1，情感支持=1），这意味着情感支持比信息支持更有支持感，而信息支持比情感支持的有用性更强。此外，信息效价和社会支持之间的交互项用对感知有用性和感知敏感性都是显著的。按照实验分组进行简单效应分析，结果显示，情感支持对积极信息产生更高水平的感知有用性和感知敏感性，而信息支持则对负面信息的感知有用性和感知敏感性产生更强的影响，见图 17-3 和图 17-4。

通过中介效应之差的显著性来检验社会支持对信息效价和满意度与参与意愿的调节作用，结果如表 17-3 所示。

在"信息效价—感知有用性—满意度"的作用路径中，信息支持用户的信息效价中介效应为 0.0263，95%的置信区间不包含 0，中介效应显著；情感支持用户信息效价中介效应为 0.0413，95%的置信区间不包含 0，中介效应显著。同时，在不同类型的社会支持影响下，中介效应的差值也达到显著水平（$\beta=0.0575$，95%置信区间为[0.0213，0.2476]），表明社会支持能够调节感知有用性在信息效价与

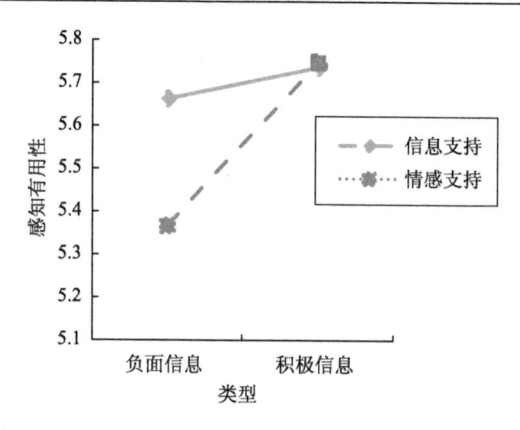

图 17-3　信息效价与社会支持对感知有用性的交互效应

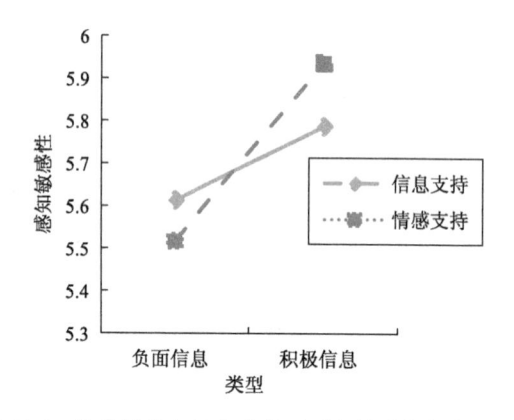

图 17-4　信息效价与社会支持对感知敏感性的交互效应

满意度之间的中介作用。类似地，在不同的类型的社会支持下，"信息效价—感知有用性—参与意愿"（β=0.0584，95%的置信区间为[0.0021，0.2335]）、"信息效价—感知敏感性—满意度"（β=0.0436，95%的置信区间为[0.0064，0.1748]）、"信息效价—感知敏感性—参与意愿"（β=0.0539，95%的置信区间为[0.0337，0.2470]）的中介效应均有显著差异。上述表明，社会支持对感知有用性、感知敏感性的中介效应起到了调节作用，从而支持 H17-5a、H17-5c。在"信息效价—感知支持感—满意度"的作用路径中，不同类型的社会支持影响下，中介效应的差值为 0.0376，95%的置信区间[−0.0373，0.1177]，包含 0，表明社会支持不能显著调节这一中介效应。同理，社会支持也不能显著调节"信息效价—感知支持感—参与意愿"的作用路径（中介效应差值的 95%置信区间包含 0），即 H17-5b 不支持。

根据这些中介和调节分析结果，可以得出结论：H17-1、H17-3a、H17-3c、H17-4a、H17-4c、H17-5a、H17-5c 支持，但不支持其他假设。本章假设检验结果汇总见表 17-5。

表 17-5 假设结果汇总

序号	假设	结论
H17-1	与负面信息相比，用户观察到积极信息效价能够引起更高的满意度	支持
H17-2	与负面信息相比，用户观察到积极信息效价能够引起更强的参与意愿	拒绝
H17-3a	用户感知有用性在信息效价和满意度之间起中介作用	支持
H17-3b	用户感知支持感在信息效价和满意度之间起中介作用	拒绝
H17-3c	用户感知敏感性在信息效价和满意度之间起中介作用	支持
H17-4a	用户感知有用性在信息效价和参与意愿之间起中介作用	支持
H17-4b	用户感知支持感在信息效价和参与意愿之间起中介作用	拒绝
H17-4c	用户感知敏感性在信息效价和参与意愿之间起中介作用	支持
H17-5a	社会支持在信息效价对感知有用性影响过程中起调节作用	支持
H17-5b	社会支持在信息效价对支持感影响过程中起调节作用	拒绝
H17-5c	社会支持在信息效价对感知敏感性影响过程中起调节作用	支持
H17-6	社会支持在信息效价对满意度的影响过程中起调节作用	拒绝
H17-7	社会支持在信息效价对参与意愿的影响过程中起调节作用	拒绝

17.5 研究结论

17.5.1 结论与贡献

之前的大多数社会支持研究都集中在直接参与社会支持互动的两个方面：寻求支持者和支持提供者。但是，第三方观察者对支持性互动的评估在社会支持研究中也很重要（常李艳等，2019）。社交网络中的潜水者具有第三方观察者的属性。与经常在网上表达意见的发布者不同，潜水者是"沉默的多数"，他们阅读信息但几乎不发表意见。他们根据自己的观察做出自己的判断和决定，而没有公开表达自己的想法。这项研究通过要求参与者阅读问答双方的帖子，将其视为第三方观察者或潜水者。他们对提问者和答题者之间互动的评估在当前研究中可能反映了沉默的多数人的观点、反应和行为意图。

研究表明，潜水者对社会支持互动的看法很大程度上取决于所提供的支持是否与寻求支持者的需求相匹配。在之前的研究中，社交支持信息是否有效取决于提供支持者和被支持者的看法。本章探究的是当社会支持与寻求支持者的需求相匹配时，第三方观察者认为支持信息往往是有用且敏感的，从而引起更有利的感知和行为结果。感知的有用性、感知敏感性在信息效价对满意度和参与意愿影响过程起中介作用，社会支持起到调节作用。不同的调节可能解释是，感知有用性主要涉及问答的有用程度，因此更直接地与实际的行为意图相关，而感知敏感性则反映问答双方的互动影响第三方观察者的情绪。此外，信息影响感知支持感的中介作用对感知满意度或参与意愿均不显著，这可能是因为问答双方的关系并不是亲密的。

17.5.2　研究局限与展望

鉴于社交网络上存在大量潜水者及其具有参与内容创造潜力，对于平台而言，重要的是不断优化社会化问答的呈现方式，以保持"匹配的"社交支持互动。平台不能强迫个人在其社交网络帖子上发表特定评论。但是通过有效的消息策略，能够引起其浏览者的"匹配"响应。例如，在负面信息中包含明确的建议信息可能会引起更多的用户反馈，注重建立问答社区的情感氛围建设，平台可以鼓励用户产生积极信息。同时在用户问答中，相关企业可以对在线问答社区平台提供实质性产品信息、营造社会支持性氛围和良好口碑。

本章研究仍存在一定局限性。首先，本章重点在于揭示在线问答社区用户参与行为的形成。尽管该研究满足了基于功效分析的最低要求，但其样本规模相对较小。未来的研究将采用类似的设计，但更多的参与者将增强该研究结果的推广性。其次，这项研究的实验性刺激来自设计好的虚构问答。假设受试者对问答没有任何先验知识，他们的知觉和行为意向响应是基于单个刺激信息的。未来的研究可能会考虑使用真实的问题数据来进行研究，将个人对实际问答环境参与行为进行比较研究。另外，本章中对参与意向的测量并未反映实际的参与，未来需要二手数据进行验证。

17.6　本章小结

本章研究在线问答社区中潜水者在线体验，即社区中不同社会支持与社区信息如何影响"潜水中"社区成员的认知与行为，以提高社区活跃度。构建提问信息效价与回答社会支持之间的匹配对第三方观察者的平台满意度和参与意向的影响模型，采用2（信息效价：积极 vs 负面）×2（社会支持：情感 vs 信息）组间实验验证社会支持在信息效价影响过程的调节作用以及用户感知（即感知有用性、感知支持感和感知敏感性）的中介效应。从潜水者视角分析，情感支持倾向于对积极信息产生更高水平的感知有用性和感知敏感性且有更高的满意度和参与意愿，信息支持对负面信息的产生类似的作用。

第18章　社交网络中角色压力对用户信息暂避行为的影响

18.1　用户信息暂避行为

用户信息暂避行为是社交网络中用户消极行为的主要形式之一。在社交网络中，用户的信息暂避行为普遍存在，表现为用户对特定类型信息的忽视、避免或延迟接收。本章基于 CAC 框架，从角色压力视角探究用户信息暂避行为的形成机制。鉴于直接观测或记录社交网络中用户实际信息暂避行为的复杂性与挑战性，本章通过考察信息暂避意愿来理解信息暂避行为。虽然信息暂避意愿并不等同于实际的信息暂避行为，但它提供了一个重要的视角来理解和预测用户的行为模式。许多心理学理论，如计划行为理论，均强调意愿作为行为发生的关键前兆变量，认为行为意愿能够有效预测个体的实际行动路径。因此，通过测量与分析信息暂避意愿，不仅符合学术界研究行为模式的通行做法，也为揭示社交网络中用户信息暂避行为的深层动因提供了新的视角与方法。

18.1.1　CAC 框架

CAC 框架作为重要的认知心理学理论，揭示了认知、情感和行为意愿之间的交互关系，表明个体的行为意愿受到认知与情感的共同影响（Fishbein and Ajzen, 1977）。该范式已被应用于一系列社交网络用户行为的研究中，如 Dai 等（2020）揭示了认知（感知信息超载）通过对负面情感（疲劳、后悔和不满意）的直接影响，进而影响信息回避意愿；程慧平等（2020）揭示了认知（期望不一致）引起负面情感（不满意），从而导致不持续使用意愿。现有研究为我们采用 CAC 框架探讨用户心理层面的变化对行为意愿的影响奠定了一定的理论基础，也证实了认知、情感对使用意愿的影响。

本章构建了如图 18-1 所示的信息暂避意愿的形成机制。CAC 框架的三个概念是一个逐渐递进、互相激发的过程，即感知到的信息（认知）催生了某种心理状态（情感），在这种情感的作用下，个体产生某些行为意图（意愿）。具体而言，角色压力源自用户由于无法满足角色期望而产生的认知，这一不协调的认知很容易造成用户的心理状态发生动荡或转变，可能会分别在自我内心和人际关系层面产生不同的情感反应,即形成自我和关系路径,进而引起用户的信息暂避意愿。根据理论的关联性,本章选择心理脱离表征用户的自我情感反应,印象管理动机表征关系情感反应。一方面,角色压力会对个体资源造成持续损耗,出于保存心理资源的考虑,用户希望借助"心理状态的脱离"带来资源的恢复,进而强化信息暂避意愿;另一方面,角色压力普遍存在于人际交往过程中,为了塑造和加深他人对自己的良好印象,用户愿意投入资源以寻求资源增益,这种动机激发了信息暂避意愿。因此,从认知的变化及其引发的情感来分析信息暂避意愿的成因符合 CAC 框架的理论范畴。

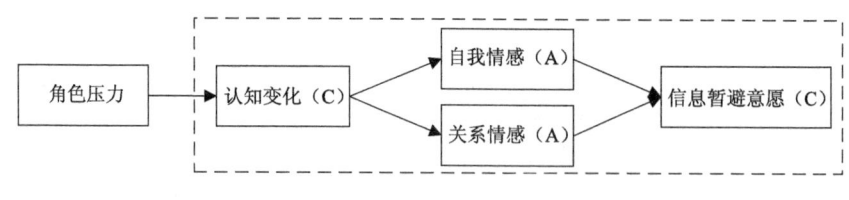

图 18-1　信息暂避意愿的形成机制

18.1.2　角色压力

根据角色理论的观点(Solomon et al.,1985),我们每个人都担任着各种各样的社会角色,而每种角色相应的行为准则就是角色期望,当个体不能有效地满足角色期望时,角色压力便随之产生。学者将角色压力划分为三种表现形式,即角色冲突、角色超载和角色模糊(Peterson et al.,1995)。角色冲突是指个体无法满足不一致的角色期望时所产生的心理压力;角色超载是指由于个体能力和资源的限制,不足以满足各种角色期望;角色模糊是指个体对其所扮演的角色以及如何实现角色期望缺乏清晰的理解(Rizzo et al.,1970;House and Rizzo,1972)。

社交网络扩展了用户的互动能力,如微信中聚集了各种类型的好友,我们不得不在多个不同的社交群落中扮演多元的角色。但随着社交关系增多及社交领域扩大,用户承担的角色也越来越多,不可避免地疲于应对复杂的人际关系,在与不同群体中的好友互动时的自我表现难免会与相应的角色期望有所不符。因此,当人们感知到扮演的角色过多,角色间的差异过大,或是对角色的认识不清晰时,就容易产生角色压力,觉得难以达到预期的要求。基于 CAC 框架的作用机理,一旦用户感知到的角色压力超过了一定的阈值,在情感的激发下很容易产生一些强烈的行为意图,在本章研究中体现为信息暂避的意愿。

18.1.3　信息暂避

本章认为信息暂避和信息回避通常都是用户主动采取的行动,但二者存在显著区别。首先，信息暂避突出了回避过程的暂时性，信息暂避并非对信息置若罔闻、弃之不理，而是基于预期损失最小化或收益最大化做出的选择。其次，Dai等（2020）认为信息回避是控制接收信息的数量，而本章认为，信息暂避不仅是对信息数量的控制，更是对信息处理与否的控制，即用户有选择地回应某些信息。

过往研究将信息暂避视为信息回避的类型之一，但只有少量外国文献对信息暂避及其前因进行了探讨。例如，Sweeny等（2010）认为，如果个体预期信息会带来负面结果，或认为暂时回避某些信息可能获得更多收益，便会采取信息暂避行为。Golman等（2017）基于效用理论阐述了信息暂避的两类原因：延迟处理信息的同时可能获得其他有价值的信息，这些互补的信息会产生更大价值；延迟对不确定信息做出决策，可能会增加享乐价值，获得更大的满足感。概言之，研究者认为人们"趋利避害"的心理是信息暂避的主要成因，然而也有研究指出，信息暂避会带来一定的负面影响。Huang（2018）认为人们会为了消除与他人进行社会比较带来的不良影响，进而回避竞争对手的任务进展情况，但信息暂避也会造成个体缺乏动力、停滞不前。总的来说，已有研究主要是从行为的价值视角剖析信息暂避的成因，即信息暂避行为的产生取决于个体对这一行动是否符合自身利益的预先评估，但对行为背后暗含的情感和心理的关注尚不充分。

本章聚焦于社交网络用户的信息暂避意愿，是指个体在社交网络使用过程中选择性、预见性的暂时忽视收到的信息，对信息延迟查看或处理的意愿。以微信平台为例，繁多的社交关系使得用户不可避免地疲于应对日益复杂的人际关系及信息，极大增加了用户受到角色压力侵扰的机会。一方面，用户不愿被大量联系人的信息所淹没，否则会长期处于疲惫状态；另一方面，用户担忧自身的心理资源无法满足相应的角色期望，甚至对双方关系产生消极判断。也就是说，角色压力激活了用户的社会信息处理过程，强化了保持资源存量、维护积极形象等动机，从而增强了信息暂避意愿。综上所述，本章认为信息暂避是个体主动采取的行为，意味着用户期望在他人面前拥有良好的自我表现并获得他人的积极评价，是缓冲压力的一种有效手段。

18.2 研究假设与理论模型

18.2.1 "自我"路径：心理脱离的中介作用

心理脱离，是指个体在非工作时间里，从心理上停止对工作相关事务的思考与关注，这一过程是恢复个人情感体验的重要环节（Sonnentag and Fritz，2007）。从"自我"角度来看，心理脱离创造了一个暂时放松身心、恢复稳定状态的空间，能帮助个体消除跨角色活动带来的不利影响，如减少疲劳感（Sonnentag and Fritz，

2015；吴伟炯等，2012）。社交网络用户的角色转换不受时间和空间的约束，发生频次更高，时间间隔更短，无形中加剧了人们的角色压力，因此，本节认为心理脱离意味着社交网络用户在扮演某一角色时心理资源不会被其他角色占用。

首先，角色压力会消耗个体大量的心智资源，使其内在的稳定状态面临被打破的威胁。具体而言，角色冲突和角色超载给用户带来巨大的疲劳感和紧张感，角色模糊要求用户付出更多努力寻求与获取与角色相关的信息（House and Rizzo, 1972）。根据资源保存理论（Hobfoll, 2001），为避免资源的进一步损耗，用户可能尝试通过心理脱离遏制资源流失的局势，进而避免角色压力的消极影响。

其次，心理脱离强化了用户的信息暂避意愿。Gaudiino 和 Stefano（2023）指出，心理脱离不仅能够防止资源消耗和消除压力的负面影响，还能让个体从积极、专注的投入状态中获益。由此可以推断，心理脱离能为用户提供丰富的心理和情感资源，帮助用户回到基准状态，进而激发其信息暂避意愿。基于此，本节提出假设如下：

H18-1a：角色压力对心理脱离存在显著正向影响。

H18-1b：心理脱离对信息暂避意愿存在显著正向影响。

H18-1c：心理脱离在角色压力和信息暂避意愿之间存在中介作用。

18.2.2 "关系"路径：印象管理动机的中介作用

印象管理动机是指，个体试图控制他人对自身印象的一种心理倾向（Bolino et al., 2008），主要分为积极型和防御型两类。本节所关注的积极印象管理动机是指为了提升自己在他人心目中的形象所做出的努力（Morrison and Bies, 1991），从"关系"角度来看，这意味着人们从个人利益出发，渴望向他人传达积极的自我形象以获得可能的资源回报。用户承担的角色越多，就越发需要调整自己的行为，尤其是面对重要联系人时，他们往往对感知到的负面反馈过度恐惧，所以留给他人的印象至关重要（Zhu and Bao, 2018）。

首先，角色压力增强个体的印象管理动机。根据资源保存理论（Hobfoll, 2001），当个体意识到自身资源面临损失威胁时，会激发其进一步获取资源的动机，通过投入资源以寻求或扩大资源的增益。已有研究表明，角色压力促使社交网络用户发展和维护社交关系（Zhang et al., 2019b）。具体而言，角色冲突和角色超载促进用户通过印象管理动机构建出更多的社会和关系资源，使其造成的损失降低；经历角色模糊的用户即使对角色期望知之甚少，也会出于树立积极形象的需要，迫使自己恰当地回应他人的信息请求。

其次，一旦用户的印象管理动机被激发，就可能促进用户对双方关系的积极预期和评价，愿意积极表现自己以迎合相应的角色期望，进而为信息暂避意愿的产生提供了保障，这也能进一步丰富自身资源、提升资源存量。基于此，本节提出假设如下。

H18-2a：角色压力对印象管理动机存在显著正向影响。

H18-2b：印象管理动机对信息暂避意愿存在显著正向影响。

H18-2c：印象管理动机在角色压力和信息暂避意愿之间存在中介作用。

18.2.3 认知需要的调节作用

认知需要是指，个体从深入思考认知活动的过程中获得满足感和享受的程度（Cacioppo et al.，1996），反映了个体在信息加工过程中努力思考的倾向。本节将认知需要定义为，社交网络用户愿意对社交活动进行细致周密的思考，并从中获得满足与享受的信念。用户的认知需要越高，则处理信息的门槛越低，主动思考的动机越强，因此，他们能够对社交活动形成更清晰的认识与理解，也更容易感知到享乐价值。

本节认为，认知需要的高低直接影响个体心理脱离的质量与效果。高认知需要的用户能够合理运用心理脱离提供的心理资源，善于搜集、分析和评估已有社交互动信息，积极主动地思考如何参与社交活动（Wu et al.，2014），从而为打破社交困境提供依据。这一过程又反过来促进正常的心理脱离过程，保障资源的恢复。相反，低认知需要的用户倾向于回避思考，可能做出简单的回应以最大程度地减少其认知努力。因此，这类用户难以唤起对社交互动的积极性，也就难以有效利用现有资源，无形中削弱了恢复体验，这反过来又导致个体长期处于资源紧张状态，进而导致资源分配的失衡。基于此，本节提出假设如下。

H18-3：认知需要调节了心理脱离对信息暂避意愿的正向影响，认知需要越高，心理脱离对信息暂避意愿的正向影响越强，反之越弱。

回顾已有研究（程慧平等，2020），本节将社交网络平台联系人数量（简称好友数量）、社交网络平台使用年限（简称使用年限）作为控制变量，最终构建如图18-2的理论模型。

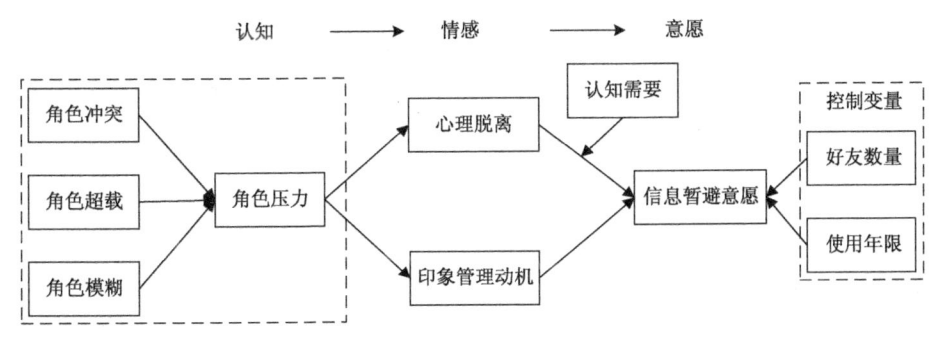

图 18-2 研究模型

18.3 研究设计

本节除了利用 PLS-SEM 对研究假设进行验证，还采用必要条件分析对前因条件的必要性进行检验。必要条件指实现某一结果变量所必需的条件，该前因条件不存在时结果不会发生，必要条件分析能够定量地分析达到某一结果所需的前因条件水平（Dul，2015），在近年来得到了很多应用（杜运周等，2020；池毛毛等，2022），因此，本节利用必要条件分析技术对 PLS-SEM 方法进行有效补充。

18.3.1 研究样本与数据收集

本节采用问卷调查方法收集数据，研究对象是将微信作为主要社交平台的青年群体（Guo et al.，2020），因为青年群体社交圈层多样、社交活动丰富，其行为具有一定的代表性。通过微信群、微信朋友圈等方式发放网络问卷，进行"滚雪球"式的样本采集。为保证问卷质量，本节采取以下措施：①在问卷开头详细介绍了角色及角色期望的概念并举例说明，确保被试者不会出现理解偏差；②向每位参与调研的被试者给予 10 元人民币作为报酬；③声明问卷仅用于学术研究且对调查信息严格保密，减少被试者的顾虑。

本次调查历时 2 周，共发放问卷 394 份，剔除无效问卷后，共获得 359 份有效数据，问卷有效率为 91.1%。有效样本中的男性、女性用户分别占比 51.8%、48.2%。从年龄来看，大部分（59.1%）用户的年龄位于 20～27 岁。与此同时，拥有本科及以上学历背景的用户占比 86.7%。从使用特征来看，使用微信 5 年以上的用户占 51.2%，使用 3～<5 年的用户占 38.4%，可见大部分调查对象的社交网络平台使用经验相当丰富；另外，微信好友数量主要集中在 201～500 人，占 50.1%，好友数量在 200 人及以下的占 33.7%。研究对象的描述性统计结果见表 18-1。

表 18-1 研究对象的描述性统计结果

指标	类别	频数/人	百分比/%
性别	男	186	51.8
	女	173	48.2
年龄	20 岁以下	9	2.5
	20～<28 岁	212	59.1
	28～<35 岁	27	7.5
	35 岁及以上	111	30.9
学历	大专及以下	48	13.4
	大学本科	155	43.2

续表

指标	类别	频数/人	百分比/%
学历	硕士研究生	141	39.3
	博士研究生及以上	15	4.2
使用年限	3 年以下	37	10.3
	3~<5 年	138	38.4
	5~<8 年	115	32.0
	8 年及以上	69	19.2
好友数量	200 人及以下	121	33.7
	201~500 人	180	50.1
	501~800 人	46	12.8
	801~1100 人	7	1.9
	1100 人以上	5	1.4

注：表中数据进行过修约，存在合计不等于100%的情况。

18.3.2 变量测度

本章的测量项目均采用或改编自现有成熟量表，在进行大规模问卷调查前，采取了如下措施（Heggestad et al., 2019）：首先，对英文量表采用"翻译-回译"的方法进行核准；其次，邀请3位信息系统领域的专家审查量表，对量表进行符合本章情境的修改；最后，通过预实验修改部分测量项目，形成正式的中文研究量表。本章所有题项均采用五级利克特量表测量，其中"1"表示非常不符合，"5"表示非常符合。

角色冲突和角色模糊的测量采用 House 和 Rizzo（1972）编制的量表，均包含3个题项；角色超载的测量借鉴 Peterson 等（1995）的量表，包含3个题项；心理脱离的测量参考 Sonnentag 和 Fritz（2007）的研究，包含3个题项；印象管理动机的测量采用 Lam 等（2007）的研究，包含3个题项；认知需要的测量借鉴 Cacioppo 等（1984）的研究，包含3个题项；信息暂避意愿的测量改编自 Dai 等（2020）和 Guo 等（2020）的研究，包含3个题项。

18.4 数据分析与结果

本节采用 PLS-SEM 进行数据分析。原因如下：首先，PLS-SEM 适用于形成型构念（如角色压力）的检验；其次，PLS-SEM 对数据的正态分布没有严格限制；最后，PLS-SEM 在探索性研究方面具有优势（Hair et al., 2019）。

18.4.1 信效度分析

采用 Cronbach's α 和组合信度（CR）来测量信度，所有变量的 Cronbach's α 在 0.773~0.898，远大于 0.7 的限制性水平，CR 在 0.865~0.936（表 18-2）。表明本节的量表具有良好的信度。然后，对所有变量的构念进行验证性因子分析。结果显示，所有题项标准因子载荷均高于 0.7（表 18-2）；各潜变量的 AVE 在 0.682~0.831，超过 0.5 的标准，另外，AVE 的平方根均大于交叉变量的相关系数（表 18-3）。表明量表具有较高的收敛效度和区别效度。

表 18-2　信度、收敛效度和共线性分析结果

变量	测量题项	标准因子载荷	VIF	Cronbach's α	CR	AVE
角色冲突（RC）	RC1	0.794	1.626	0.800	0.881	0.713
	RC2	0.866	1.793			
	RC3	0.870	1.751			
角色超载（RO）	RO1	0.880	2.158	0.867	0.919	0.790
	RO2	0.898	2.438			
	RO3	0.888	2.225			
角色模糊（RA）	RA1	0.934	2.627	0.898	0.934	0.826
	RA2	0.910	2.886			
	RA3	0.881	2.790			
心理脱离（PD）	PD1	0.918	2.914	0.898	0.936	0.831
	PD2	0.911	2.968			
	PD3	0.905	2.519			
印象管理动机（IM）	IM1	0.894	1.658	0.773	0.865	0.682
	IM2	0.780	1.562			
	IM3	0.799	1.551			
认知需要（NFC）	NFC1	0.899	2.486	0.865	0.917	0.787
	NFC2	0.908	2.345			
	NFC3	0.854	2.023			
信息暂避意愿（TIA）	TIA1	0.856	1.788	0.811	0.888	0.726
	TIA2	0.840	1.736			
	TIA3	0.859	1.805			

表 18-3　区别效度分析结果

变量	RC	RO	RA	PD	IM	NFC	TIA
RC	**0.844**						
RO	0.458	**0.889**					
RA	0.159	0.445	**0.909**				
PD	0.405	0.372	0.177	**0.911**			
IM	0.253	0.270	0.019	0.249	**0.826**		
NFC	0.199	0.375	0.263	0.466	0.251	**0.887**	
TIA	0.352	0.298	−0.003	0.497	0.410	0.458	**0.852**

注：对角线上加粗为各测量项的 AVE 的平方根

18.4.2 同源方差检验

本节采用 Harman 单因子检验方法来检验共同方法偏差的影响。对问卷所有题项进行因子分析，得到的第一个主成分解释了 12.69%的变异量，未超过门槛值 50%，说明本章研究不存在严重的共同方法偏差。而且各潜变量之间的相关系数均小于 0.9，进一步表明本章研究同源偏差问题较小。

18.4.3 假设检验

1. 充分性与必要性检验

对于前因变量的充分性，借助 SmartPLS 3.0 软件采用 5000 个子样本通过自助法进行假设验证，结果如图 18-3 所示。其中，信息暂避意愿的方差解释率为 42.9%，而心理脱离和印象管理动机的方差解释率分别为 19.8%、10.1%。结果表明，角色压力显著正向影响心理脱离（$\beta=0.445$，$p<0.001$），验证了 H18-1a；角色压力显著正向影响印象管理动机（$\beta=0.317$，$p<0.001$），验证了 H18-2a；心理脱离（$\beta=0.796$，$p<0.01$）和印象管理动机（$\beta=0.250$，$p<0.001$）均对信息暂避意愿存在显著正向影响，H18-1b、H18-2b 成立。

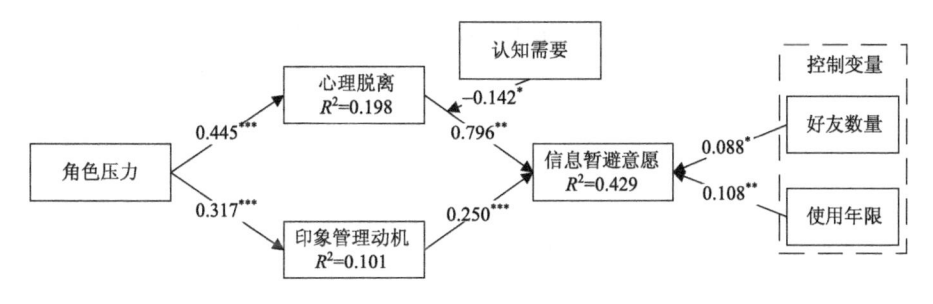

图 18-3　结构模型检验结果

*表示 $p<0.05$，**表示 $p<0.01$，***表示 $p<0.001$

对于前因变量的必要性，本节采用 R 软件的必要条件分析包进行必要性检验。必要条件分析包括上限回归—自由处置式（ceiling regression-free disposal hull，CR-FDH）与包络上限—自由处置式（ceiling envelopment-free disposal hull，CE-FDH）两种方法，分别适用于处理连续变量和离散变量。根据本章研究特点，我们选择 CR-FDH 方法生成上限包络线，进行效应量信息暂避意愿分析（表18-4）。结果显示：印象管理动机是信息暂避意愿的必要条件，效应量在 0.2 左右，达到中等水平效应值，而且达到显著性水平（$p<0.001$）（Dul et al.，2020）。此外，角色冲突、角色超载和心理脱离虽然显著，但效应量不足 0.1，而角色模糊和认知需要没有达到显著性水平，因此不能视为信息暂避意愿的必要条件。

表 18-4　必要条件分析方法必要条件分析结果

前因	方法	精确度	上限区域	范围	效应量（d）	p 值
RC	CR-FDH	99.2%	0.974	14.667	0.066	0.000
	CE-FDH	100%	1.444	14.667	0.098	0.000
RO	CR-FDH	100%	0.333	14.667	0.023	0.003
	CE-FDH	100%	0.667	14.667	0.045	0.000
RA	CR-FDH	100%	0.000	14.667	0.000	1.000
	CE-FDH	100%	0.000	14.667	0.000	1.000
PD	CR-FDH	99.4%	0.965	14.667	0.066	0.001
	CE-FDH	100%	1.444	14.667	0.098	0.000
IM	CR-FDH	97.2%	2.720	13.444	0.202	0.000
	CE-FDH	100%	3.444	13.444	0.256	0.000
NFC	CR-FDH	100%	0.222	14.667	0.015	0.700
	CE-FDH	100%	0.444	14.667	0.030	0.700

注：效应量 d，$0.0 \leqslant d < 0.1$：低水平；$0.1 \leqslant d < 0.3$：中等水平。p 值采用必要条件分析中的置换检验（permutation test，重抽次数 = 10 000）

我们还对必要条件进行瓶颈水平（bottleneck level）分析（表18-5），它代表实现特定结果所需某一必要条件的最低水平。结果表明：要达到30%的信息暂避意愿，需要0.3%水平的角色冲突，1.3%水平的心理脱离；而印象管理动机、角色超载和认知需要分别在40%、80%和100%水平上的信息暂避意愿时，才存在瓶颈水平；角色模糊不存在瓶颈水平。

表 18-5　必要条件分析方法瓶颈水平分析结果　　　　　　　　　　单位：%

TIA	RC	RO	RA	PD	IM	NFC
0	NN	NN	NN	NN	NN	NN
10	NN	NN	NN	NN	NN	NN

TIA	RC	RO	RA	PD	IM	NFC
20	NN	NN	NN	NN	NN	NN
30	0.3	NN	NN	1.3	NN	NN
40	2.9	NN	NN	3.6	2.7	NN
50	5.6	NN	NN	5.9	13.0	NN
60	8.2	NN	NN	8.2	23.4	NN
70	10.8	NN	NN	10.5	33.7	NN
80	13.4	4.4	NN	12.8	44.0	NN
90	16.0	10.6	NN	15.1	54.3	NN
100	18.7	16.7	NN	17.4	64.6	33.3

注：使用 CR-FDH 方法，NN 表示不必要

2. 中介作用检验

为进一步检验中介效应，参考了 Zhao 等（2010）提出的中介效应检验方法。如表 18-6 所示，首先，角色压力通过心理脱离对信息暂避意愿的间接影响是显著的（$\beta=0.355$，$p<0.01$）；其次，角色压力对信息暂避意愿的直接影响显著（$\beta=0.141$，$p<0.05$）；最后，直接效应和中介效应的作用方向一致，因此，心理脱离在角色压力对信息暂避意愿的影响中起到互补中介作用。同样由表 18-6 可知，角色压力通过印象管理动机对信息暂避意愿的间接影响显著（$\beta=0.079$，$p<0.001$），且直接效应和中介效应的作用方向一致，故印象管理动机在角色压力对信息暂避意愿的影响中起到互补中介作用。综上分析，H18-1c 和 H18-2c 得到验证。

表 18-6 中介效应检验结果

假设	路径	标准化路径系数	t 值	结论
	直接效应			
	RS—TIA	0.141	2.268[*]	
H18-1a	RS—PD	0.445	7.929[***]	支持
H18-1b	PD—TIA	0.796	3.000[**]	支持
H18-2a	RS—IM	0.317	7.253[***]	支持
H18-2b	IM—TIA	0.250	5.312[***]	支持
	中介效应			
H18-1c	RS—PD—TIA	0.355	2.832[**]	支持
H18-2c	RS—IM—TIA	0.079	3.930[***]	支持

注：RS 表示角色压力（role stress）

*表示 $p<0.05$；**表示 $p<0.01$；***表示 $p<0.001$

3. 调节作用检验

本节采用层级回归的方法对认知需要的调节作用进行检验。由表 18-7 中模型 4 可知，认知需要和心理脱离的交互项显著负向影响信息暂避意愿（$\beta=-0.100$，$p<0.05$），这与本章的预期不符，故 H18-3 没有得到支持。

表 18-7　层次回归结果

类别	信息暂避意愿			
	模型 1	模型 2	模型 3	模型 4
好友数量	0.070	0.087*	0.064	0.085*
使用年限	0.120**	0.090*	0.086*	0.080*
心理脱离		0.374***	0.264***	0.632***
认知需要			0.302***	0.594***
认知需要×心理脱离				−0.100*
常数项	3.518	2.189	1.723	0.466
ΔR^2	0.031	0.265	0.320	0.011

*表示 $p<0.05$；**表示 $p<0.01$；***表示 $p<0.001$

认知需要在心理脱离与信息暂避意愿间的调节效应如图 18-4 所示，结果表明，当认知需要水平较低时，心理脱离对信息暂避愿的正向影响较强。

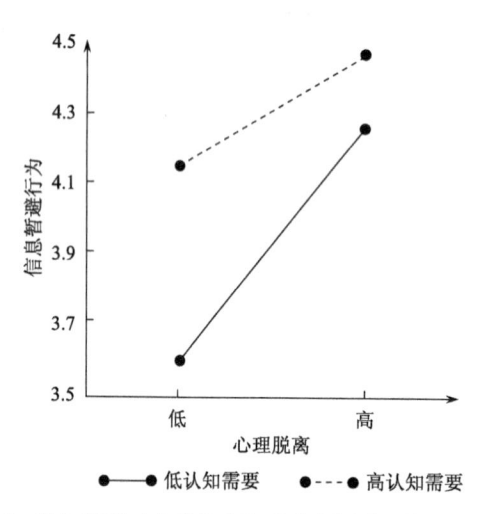

图 18-4　认知需要对心理脱离与信息暂避意愿的调节效应图

18.4.4 控制变量的作用分析

社交网络平台使用年限（$\beta=0.108$，$p<0.01$）和社交网络平台的好友数量（$\beta=0.088$，$p<0.05$）对信息暂避意愿的正向控制作用均显著。而 Guo 等（2020）针对信息回避的研究指出，使用年限的作用并不显著。本章研究与前人研究结论存在差异的可能原因是：前人仅关注信息回避行为，而信息暂避行为显然更加复杂，随着使用年限的增加，用户必须维系的社交联系也随之增加，他们被大量无法回避的信息淹没的风险更加严重，所以为了缓和角色压力，其信息暂避意愿会更强烈。

18.5 研究结论与讨论

18.5.1 研究结论

本章以微信平台用户为研究对象剖析了角色压力对信息暂避意愿的作用机制，具体验证了心理脱离与印象管理动机在角色压力与信息暂避意愿间的中介作用，以及认知需要在心理脱离与信息暂避意愿间的调节作用。

本章得出以下结论：第一，角色压力对心理脱离和印象管理动机均存在正向影响。说明体验到角色压力的用户并不会"随波逐流"，而是借助"自我"和"关系"两条情感路径积极构建内外部资源，应对角色压力的潜在威胁。第二，心理脱离与印象管理动机在角色压力和信息暂避意愿之间存在中介作用，且前者对结果变量的路径系数更大。凸显了"自我"层面的情感对行为意愿的影响具有不容忽视的作用。第三，认知需要负向调节心理脱离与信息暂避意愿的关系。以往研究表明，认知需要与某些方面的智力、解决复杂问题的能力正相关（Hill et al.，2013；Rudolph et al.，2018），因为高认知需要群体频繁投入认知活动，促进了认知能力的提升。因此，这一结果与预期相反的原因可能是：高认知需要的用户具有更强的信息处理能力，面对大多数社交需求能够游刃有余地给予恰当回应，最终表现出更低水平的信息暂避意愿。第四，必要性条件分析的结果表明，印象管理动机是用户形成信息暂避意愿的必要条件，起到重要的限制作用。因此，个人信息暂避意愿的产生很大程度上依赖于用户对自己与联系人双方关系的认知和判断。

18.5.2 理论贡献

本章的理论贡献主要包括：第一，丰富了角色压力的结果变量研究，探索了角色压力对信息暂避意愿的解释机制，社交网络研究中率先提出并验证了信息暂避这种"温和"策略的作用,扩展了对信息暂避的理论研究,强化了对信息暂避的进一步认识,同时为完善和发展角色压力的正面影响提供了新思路和新见解。

第二,基于 CAC 框架,验证了心理脱离和印象管理动机在角色压力和信息暂避意愿之间发挥中介作用,完整地剖析了角色压力对信息暂避意愿的作用过程。心理脱离反映了个体的心理状态变化,是一种主观感受,而印象管理动机反映了社会关系的需要,受客观情境影响较大。对上述两条情感路径进行整合研究,在理论上有助于深入理解角色压力对信息暂避意愿的激活机制,进一步丰富了 CAC 研究框架的成果。

第三,验证了认知需要在心理脱离对信息暂避意愿作用路径中的负向调节效应,响应了学者对未来研究应更细化地探讨暂时性回避与永久性回避差异的呼吁(Sweeny et al.,2010;Dai et al.,2020)。通过考察认知需要的权变作用,证明认知需要是信息暂避意愿的一个重要解释变量,同时为探索 CAC 框架影响机制的边界条件奠定了一定的理论基础。

第四,通过整合结构方程模型与必要条件分析的混合方法对于前因变量的充分性与必要性进行了分析,尤其是对印象管理动机必要条件的验证,有效弥补了已有研究缺乏必要条件分析的不足。证明了"关系"层面的情感在角色压力激发信息暂避意愿过程中扮演的重要角色,拓展了对两者关系的认识,对于有效识别与控制信息暂避意愿水平,防止信息暂避向消极使用行为演变也具有重要的理论意义。

18.5.3 实践启示

首先,鉴于"自我"和"关系"两条情感路径在缓解角色压力过程中的重要作用,社交网络用户需客观对待不同联系人在社交网络中发布的各类信息,积极引导内心的情感路径,意识到可以通过积极管理自己的行为,避免角色压力带来的消极影响。其次,我们的研究结果表明,信息暂避是角色压力情境下防止心理资源耗竭的重要策略。因此,社交网络服务商应该高度关注用户的信息暂避行为,尝试开发强大的消息过滤机制和个性化的消息提醒设置,帮助用户更好地管理消息的接收与处理。例如,针对不同类型的好友或内容分别设置不同的提醒强度;优化内容智能识别功能让用户自主决定信息的查看频率等。此外,不断增加的社会联系导致用户经常受到角色压力的侵扰,社交网络服务商还应该为用户提供智能化的情境感知和关系管理工具,帮助他们管理复杂的社会关系,分离不同的角色。例如,开发人工智能应用程序,根据用户对社交关系的预设以及对用户行为的学习,为当前聊天场景提供定制服务。

18.5.4 研究局限与展望

本章探索了社交网络用户信息暂避意愿的成因,但仍存在一定的不足,需要进一步探讨。首先,以微信用户为调查对象,而微信中的社交网络在很大程度上是基于熟人关系建立起来的,未来可考虑研究其他社交网络,提高研究结果的稳健性。其次,仅从整体上研究了角色压力对用户信息暂避意愿的作用机理,但角色压力包括角色冲突、角色过载和角色模糊三个维度,未来的研究可进一步探讨角色压力各维度对用户行为或意愿的影响,并考虑引入其他中介机制。再次,只讨论了认知需要一种个人因素的调节作用,未来亦可考虑其他的边界效应。最后,如何防止用户从信息暂避行为转向消极使用行为也是未来值得关注的研究方向。

18.6 本章小结

信息暂避是抵御消极情绪和缓解社交压力的低成本手段,然而关于信息暂避对社交网络用户有何作用缺乏深入探讨。本章基于 CAC 框架,整合结构方程模型与必要条件分析的混合方法,从"自我"和"关系"的路径构建了角色压力影响信息暂避意愿的有调节的双中介模型。分析 359 份微信用户的调查数据,结果表明:心理脱离和印象管理动机在角色压力和信息暂避意愿之间起中介作用;认知需要负向调节了心理脱离对信息暂避意愿的影响。本章丰富与拓展了信息暂避的相关研究,加深了对社交网络用户行为模式的理解。

参 考 文 献

艾媒咨询. 2021. 2020—2021年中国移动社交行业研究报告. https://www.iimedia.cn/c400/76205.html. [2023-04-21].

艾瑞咨询. 2016. 2016年中国网络社群研究报告. https://www.idigital.com.cn/report/detail?id=2638. [2023-04-21].

艾瑞咨询. 2018. 2018年中国在线知识付费市场研究报告. https://www.iresearch.com.cn/Detail/report?id=3191&isfree=0. [2023-04-21].

巴志超, 李纲, 毛进, 等. 2018. 微信群内部信息交流的网络结构、行为及其演化分析: 基于会话分析视角. 情报学报, 37(10): 1009-1021.

蔡舜, 石海荣, 傅馨, 等. 2019. 知识付费产品销量影响因素研究: 以知乎Live为例. 管理工程学报, 33(3): 71-83.

曹高辉, 虞松涛, 张煜轩, 等. 2017. 消费者持续参与在线评论意愿实证研究. 管理评论, 29(11): 148-158.

曹树金, 王志红. 2018. 虚拟社区知识共享意愿与行为的影响因素及其调节变量: 元分析研究. 图书情报工作, 62(8): 74-83.

常李艳, 华薇娜, 刘婧, 等. 2019. 社交网站(SNS)中在线社会支持的研究现状与趋势分析. 现代情报, 39(5): 166-176.

常梦婷. 2020. 基于区块链内容社区中用户积极参与行为研究. 大连: 大连理工大学.

常亚平, 刘兴菊, 阎俊, 等. 2011. 虚拟社区知识共享之于消费者购买意向的研究. 管理科学学报, 14(4): 86-96.

常亚平, 陆志愿, 朱东红. 2015. 在线社会支持对顾客公民行为的影响研究: 基于品牌社区的实证分析. 管理学报, 12(10): 1536-1543.

常亚平, 朱东红, 张金隆. 2009. 虚拟社区知识共享与消费者品牌转换的关系研究. 管理学报, (11): 1536-1540, 1554.

车诚, 吴国华, 张志红. 2024. 社会比较倾向对消费者购买决策的影响: 基于情感—理性决策视角. 中国管理科学, 32(3): 257-265.

陈爱辉, 鲁耀斌. 2014. SNS用户活跃行为研究: 集成承诺、社会支持、沉没成本和社会影响理论的观点. 南开管理评论, 17(3): 30-39.

陈搏. 2007. 知识距离与知识定价. 科学学研究, (1): 14-18.

陈福集, 游丹丹. 2015. 基于系统动力学的网络舆情事件传播研究. 情报杂志, (9): 118-122.

陈昊, 焦微玲, 李文立. 2019. 消费者知识付费意愿实证研究: 基于试用视角. 现代情报, 39(2): 136-144.

陈昊, 李文立, 柯育龙. 2016. 社交媒体持续使用研究: 以情感响应为中介. 管理评论, 28(9):

61-71.

陈明红, 吴颖儿, 李晶. 2021. 信息回避行为研究进展与理论框架. 情报资料工作, 42(3): 82-93.

陈莫凡, 黄建华. 2019. 基于 SEIQR 演化博弈模型的突发网络舆情传播与控制研究. 情报科学, 37(3): 60-68.

陈星, 张星, 肖泉. 2019. 在线健康社区的用户持续知识分享意愿研究: 一个集成社会支持与承诺—信任理论的模型. 现代情报, 39(11): 55-68.

陈业华, 张晓倩. 2018. 网络突发群体事件网民群体情绪传播模型及仿真研究. 情报科学, 36(3): 151-156.

成吉. 2018. 社交媒体倦怠及其成因分析. 南京: 南京大学.

程慧平, 苏超, 王建亚. 2020. 社交媒体用户不持续使用行为模型构建及实证研究. 情报学报, 39(9): 963-978.

池毛毛, 王俊晶, 王伟军. 2022. 数字化转型背景下企业创新绩效的影响机制研究: 基于 NCA 与 SEM 的混合方法. 科学学研究, 40(2): 319-331.

池毛毛, 叶丁菱, 王俊晶, 等. 2020. 我国中小制造企业如何提升新产品开发绩效: 基于数字化赋能的视角. 南开管理评论, (3): 63-75.

池毛毛, 赵晶, 李延晖, 等. 2017. 企业平台双元性的实现构型研究: 一项模糊集的定性比较分析. 南开管理评论, 20(3): 65-76.

崔洪成, 陈庆果. 2020. 移动健身 App 用户持续使用意愿研究. 首都体育学院学报, 32(1): 75-81, 96.

崔淼, 肖咪咪, 王淑娟. 2019. 组织创新氛围研究的元分析. 南开管理评论, 22(1): 98-110.

崔小雨, 陈春花, 苏涛. 2018. 高管团队异质性与组织绩效的关系研究: 一项 Meta 分析的检验. 管理评论, 30(9): 152-163.

代宝, 邓艾雯. 2018. 社交媒体用户不持续使用和转移行为的影响因素分析. 情报科学, 36(5): 64-70, 89.

代宝, 杨泽国. 2023. 基于扎根理论的社交媒体用户信息规避动机研究: 以微信为例. 情报理论与实践, 46(6): 118-126.

邓胜利, 刘瑾. 2016. 基于文本挖掘的问答社区健康信息行为研究: 以"百度知道"为例. 信息资源管理学报, 6(3): 25-33.

邓文天, 黎树俊, 陈珂. 2018. 微信网络信息传播模型仿真研究. 广东石油化工学院学报, 28(1): 43-47.

丁瑛, 杨晨. 2021. 社会拥挤如何影响炫耀性消费: 基于自我表达需求的中介作用. 南开管理评论, 24(4): 161-173.

董庆兴, 周欣, 毛凤华, 等. 2019. 在线健康社区用户持续使用意愿研究: 基于感知价值理论. 现代情报, 39(3): 3-14, 156.

杜晓梦, 赵占波, 崔晓. 2015. 评论效价、新产品类型与调节定向对在线评论有用性的影响. 心理学报, 47(4): 555-568.

杜运周, 刘秋辰, 程建青. 2020. 什么样的营商环境生态产生城市高创业活跃度? ——基于制度组态的分析. 管理世界, 36(9): 141-155.

范哲, 赵宇翔, 朱庆华. 2017. 元分析方法在社会化媒体采纳和使用中的应用探索. 情报理论与实践, 40(9): 112-118.

方爱华, 陆朦朦, 刘坤锋. 2018. 虚拟社区用户知识付费意愿实证研究. 图书情报工作, 62(6): 105-115.

方滨兴, 贾焰, 韩毅. 2015. 社交网络分析核心科学问题、研究现状及未来展望. 中国科学院院刊, (2): 187-199.

方陈承, 张建同. 2018. 社会化问答社区中用户研究的述评与展望. 情报杂志, 37(9): 185-193.

方文侃, 周涛. 2017. 社会交互对社会化商务用户行为作用机理研究. 情报杂志, 36(1): 167-172.

付少雄, 陈晓宇, 邓胜利. 2017. 社会化问答社区用户信息行为的转化研究: 从信息采纳到持续性信息搜寻的理论模型构建. 图书情报知识, (4): 80-88.

甘春梅, 林晶晶, 肖晨. 2021. 社交网络用户间歇性中辍行为的影响因素研究. 情报理论与实践, 44(1): 118-123.

甘文波, 沈校亮. 2015. 虚拟社区用户知识隐藏行为影响因素研究. 情报杂志, 34(11): 168-174.

宫秀双, 张红红. 2020. "别人家的孩子" vs.平庸的自己: 社会比较对独特性寻求行为的影响. 心理学报, 52(5): 645-658.

郭博, 赵隽瑞, 孙宇. 2018. 社会化问答社区用户行为统计特性及其动力学分析: 以知乎网为例. 数据分析与知识发现, 2(4): 48-58.

郭佳, 曹芬芳. 2018a. 倦怠视角下社交媒体用户不持续使用意愿研究. 情报科学, 36(9): 77-81.

郭佳, 曹芬芳. 2018b. 图书馆微信公众号不持续使用意愿研究. 数字图书馆论坛, (5):25-31.

郭佳杭. 2016. 角色压力对社会化媒体潜水意向的影响研究: 以微信朋友圈为例. 大连: 大连理工大学.

郝喜玲, 张玉利, 刘依冉, 等. 2018. 创业失败情境下的反事实思维研究框架构建. 外国经济与管理, 40(4): 3-15.

何静, 郭进利, 徐雪娟. 2013. 微博用户行为统计特性及其动力学分析. 数据分析与知识发现, 29(7/8): 94-100.

洪红, 徐迪. 2015. 移动社交应用的持续使用意愿影响因素研究: 探讨网络外部性和羊群行为的共同作用. 经济管理, 37(5): 40-50.

胡昌平, 万莉. 2015. 虚拟知识社区用户关系及其对知识共享行为的影响. 情报理论与实践, 38(6): 71-76.

胡珍苗, 程岩, 崔华玉. 2016. 在线内容用户服务升级意愿研究: 基于增值体验的心理惯性视角. 管理评论, 28(11): 116-128.

黄梦梅, 卢新元, 王雪霖, 等. 2021. 基于fsQCA的差异化用户在线知识付费意愿联动效应研究. 情报科学, 39(7): 169-176, 192.

黄敏学, 李奥旗. 2022. 数智时代基于消费社会化的社会化商业模式. 社会科学辑刊, (5): 154-163.

黄微, 李瑞, 孟佳林. 2015. 大数据环境下多媒体网络舆情传播要素及运行机理研究. 图书情报工作, 59(21): 38-44.

金晓玲, 房园, 周中允. 2016. 探究微博用户原创信息分享行为: 基于冲动行为视角. 情报学报,

35(7): 739-748.

金晓玲, 汤振亚, 周中允, 等. 2013. 用户为什么在问答社区中持续贡献知识?: 积分等级的调节作用. 管理评论, 25(12): 138-146.

金晓彤, 宋伟, 赵太阳, 等. 2020. 公共卫生事件对居民非理性消费行为的影响. 西安交通大学学报(社会科学版), 40(4): 50-60.

靳闵, 王全胜. 2020. 产品稀缺性对消费者说服的研究综述与展望. 管理现代化, 40(3): 127-129.

雷静, 吴晓伟, 杨保安. 2012. 虚拟社区中的公共知识与知识共享网络. 情报杂志, (3): 145-150, 144.

黎琳, 徐光兴, 迟毓凯, 等. 2007. 社会比较对大学生社交焦虑影响的研究. 心理科学, (5): 1218-1220.

李宝库, 刘莹. 2021. 被动性社交网站使用对用户地位商品偏好的作用机制研究. 信息资源管理学报, 11(1): 98-111.

李宝库, 姚若羲, 南亚峰. 2022. 消费者购后认知失调对重复购买意愿的影响: 基于网红特质的调节. 经济与管理, 36(2): 43-49.

李彩娜, 马田雨, 张豪. 2019. 社交网络中的社会比较: 研究现状及展望. 北京师范大学学报(社会科学版), (6): 22-31.

李常洪, 高培霞, 韩瑞婧, 等. 2014. 消极情绪影响人际信任的线索效应: 基于信任博弈范式的检验. 管理科学学报, 17(10): 50-59.

李丹妮. 2015. 社会性消费如何影响品牌形象?——基于消费情理的评价研究. 武汉: 武汉大学.

李钢, 卢艳强, 滕树元. 2018. 用户在线知识付费行为研究: 基于计划行为理论. 图书馆学研究, 429(10): 49-60.

李贺, 张世颖. 2015. 移动互联网用户生成内容质量评价体系研究. 情报理论与实践, 38(10): 6-11, 37.

李红云. 2017. 新浪微博不持续使用影响因素的实证研究. 大连: 大连理工大学.

李嘉欣, 唐燕飞, 王良燕. 2022. 机器人服务员对炫耀性消费决策的影响. 系统管理学报, 31(2): 362-373.

李剑南, 李永强, 史亚莉. 2014. 基于个人即时通信增值业务的免费顾客付费意愿影响因素研究. 管理学报, 11(11): 1711-1719, 1726.

李娟娟, 郭顺利. 2022. 认知视域下社会化问答社区用户知识采纳行为的影响因素: 基于扎根理论的探索性分析. 情报科学, 40(2): 91-98.

李雷, 赵先德, 简兆权. 2016. 网络环境下平台企业的运营策略研究. 管理科学学报, 19(3): 15-33.

李力, 丁宁. 2015. 国内外移动社交类应用用户信息行为研究进展. 图书情报工作, (10): 137-144.

李倩倩, 范雅雯, 宋文静. 2021. 社交情境对体验型消费参与兴趣的影响研究. 南开管理评论, 24(3): 4-17.

李旭, 刘鲁川, 张冰倩. 2018. 认知负荷视角下社交媒体用户倦怠及消极使用行为研究: 以微信为例. 图书馆论坛, 38(11): 94-106.

李旭, 刘鲁川. 2018. 信息过载背景下社会化阅读 APP 用户的忽略与退出行为: 心理契约违背视角. 图书馆, (2): 75-84.

李颖彦. 2020. "复媒体"环境下中老年用户的社交型构与形象自塑: 基于一个地方性社区的考察. 广州: 暨南大学.

廖洪强. 2005. 消费者品牌选择行为的实证研究. 现代管理科学, (11): 45-48.

林家宝, 林顺芝, 郭金沅. 2019. 社交媒体超载对用户不持续使用意愿的双刃剑效应. 管理学报, 16(4): 587-594.

林瑶瑶, 魏雪蕊. 2019. 运动健身类 APP 用户持续使用意愿影响因素的研究. 数学的实践与认识, 49(4): 61-65.

刘百灵, 夏惠敏, 李延晖. 2017. 移动购物用户信息披露意愿影响因素的实证研究: 基于公平理论和理性行为理论视角. 情报理论与实践, 40(5): 87-93.

刘聪. 2020. 运动健身 APP 持续使用意愿研究. 成都: 成都体育学院.

刘江. 2013. 数字原住民网络潜水动因实证研究. 南京: 南京大学.

刘江, 赵宇翔, 朱庆华. 2012. 互联网环境下潜水者及其潜水动因研究综述. 图书情报工作, 56(18): 65-72.

刘鲁川, 李旭. 2018. 心理契约视域下社会化阅读用户的退出、建言、忠诚和忽略行为. 中国图书馆学报, 44(4): 89-108.

刘鲁川, 李旭, 张冰倩. 2017. 基于扎根理论的社交媒体用户倦怠与消极使用研究. 情报理论与实践, 40(12): 100-106, 51.

刘鲁川, 李旭, 张冰倩. 2018a. 社交媒体用户的负面情绪与消极使用行为研究评述. 情报杂志, 37(1): 105-113.

刘鲁川, 张冰倩, 李旭. 2018b. 社交媒体用户焦虑和潜水行为成因及与信息隐私关注的关系. 情报资料工作, (5): 72-80.

刘双庆, 芮牮. 2021. 社交媒体接触对用户运动规范感知与健身意向影响机制研究. 新闻记者, (6): 53-64.

刘小洋, 唐婷, 何道兵. 2019. 融合社交网络用户自身属性的信息传播数学建模与舆情演化分析. 中文信息学报, 33(9): 115-122.

刘砚. 2008. 新媒体营销变革: 社会性媒体的营销传播. 上海: 复旦大学.

刘征驰, 马滔, 申继禄. 2018. 个性定制、价值感知与知识付费定价策略. 管理学报, 15(12): 1846-1853.

卢珈璟, 唐可月, 闵庆飞. 2018. 社会化媒体不持续使用意向影响因素的实证研究. 情报科学, 36(8): 94-100.

卢新元, 王雪霖, 代巧锋. 2019. 基于 fsQCA 的竞赛式众包社区知识共享行为构型研究. 数据分析与知识发现, 3(11): 60-69.

陆娟, 张东晗. 2004. 消费者品牌忠诚影响因素实证分析. 财贸研究, (6): 39-46.

牛更枫, 孙晓军, 周宗奎, 等. 2016. 基于 QQ 空间的社交网站使用对青少年抑郁的影响: 上行社会比较和自尊的序列中介作用. 心理学报, 48(10): 1282-1291.

牛静, 常明芝. 2018. 社交媒体使用中的社会交往压力源与不持续使用意向研究. 新闻与传播评论, 71(6): 5-19.

潘定, 谢菡, 刘子瑛, 等. 2022. 社会比较对生产性消费的影响: 补偿性消费视角. 管理评论, 34(4): 162-172.

彭川, 李元香. 2016. 在线社交网络信息传播问题研究综述. 计算机与数字工程, 44(11): 2198-2203, 2262.

彭丽徽, 李贺, 张艳丰, 等. 2018. 用户隐私安全对移动社交媒体倦怠行为的影响因素研究: 基于隐私计算理论的 CAC 研究范式. 情报科学, 36(9): 96-102.

彭泽余, 刘丛加, 张倩茜, 等. 2018. 理性+情感: Apple Pay 使用意愿的实证研究. 管理科学, 31(4): 79-90.

祁小波, 张凤华, 张德鹏. 2021. 创新顾客情绪、专业认同对网络口碑推荐行为的影响: 专业地位和社会地位的调节作用. 中国流通经济, 35(8): 103-113.

乔琳, 李东进, 张宇东. 2022. 享乐体验下世俗理性对放纵消费的溢出效应研究. 管理学报, 19(4): 555-564.

邱佳青, 裴雷, 孙建军. 2016. 社交网络背景下的用户信息屏蔽意向研究. 情报理论与实践, 39(11): 43-48.

曲霏, 张慧颖. 2016. 关系型虚拟社区用户持续使用意向的影响机制研究: 人际信任的调节作用. 情报学报, 35(4): 415-424.

冉晓斌, 刘跃文, 姜锦虎. 2017. 社交网络活跃行为的大数据分析: 网络外部性的视角. 管理科学, 30(5): 77-86.

冉雅璇, 刘佳妮, 方成婷. 2020. "力求相同"还是"与众不同"? 偶发焦虑情绪对从众消费的影响. 南大商学评论, (4): 119-137.

任佳佳, 王念新, 葛世伦. 2015. 基于人类行为动力学的信息系统用户访问规律. 计算机与现代化, (10): 10-15.

单子丹, 陈晓利. 2017. 移动社交平台中知识获取行为与获取绩效的关系研究. 情报理论与实践, 40(3): 53-59.

沈校亮, 厉洋军. 2017. 智能健康硬件用户间歇性中止行为影响因素研究. 管理科学, 30(1): 31-42.

沈校亮, 厉洋军. 2018. 虚拟品牌社区知识贡献意愿研究: 基于动机和匹配的整合视角. 管理评论, 30(10): 82-94.

施佳烨, 冯缨, 孙晓阳. 2016. 社会化媒体信息质量的系统动力学分析. 情报理论与实践, 39(7): 114-121.

施亮, 鲁耀斌. 2014. 微博用户行为意向及平台的调节作用研究. 管理学报, 11(2): 278-282.

石婷婷. 2019. 图书馆微信公众号用户不持续使用意愿的实证研究. 图书馆研究, 49(1): 1-8.

苏鹭燕, 李瀛, 李文立. 2019. 用户在线知识付费影响因素研究: 基于信任和认同视角. 管理科学, 32(4): 90-104.

孙晋海, 蔡捷, 李拓键. 2019. 基于双因素理论的运动健身 APP 用户使用意愿研究. 体育学刊, 26(5): 71-78.

孙莉玲. 2017. 基于传染病模型的网络谣言传播与控制研究. 南京财经大学学报, (6): 70-78.
孙悦, 张向先, 韩晓宏. 2018. 在线医疗社区知识贡献行为的关键影响因素识别与分析. 图书情报工作, 62(11): 43-52.
唐洪婷, 李志宏, 张延林, 等. 2023. 区块链通证对知识共享行为的激励作用研究: 以 Steemit 社区为例. 管理评论, 35(6): 146-159, 170.
万君, 王慧. 2019. 社交媒体用户倦怠及消极使用行为研究. 情报探索, (5): 1-8.
万莉, 程慧平. 2015. 虚拟知识社区用户知识贡献行为影响因素研究: 贡献者和潜水者比较. 情报理论与实践, (12): 93-97.
王高山, 于涛, 张新. 2014. 电子服务质量对用户持续使用的影响: 顾客契合的中介效应. 管理评论, 26(10): 126-137.
王建明, 王丛丛, 吴龙昌. 2017. 绿色情感诉求对绿色购买决策过程的影响机制. 管理科学, 30(5): 38-56.
王林, 胡梦迪, 朱文静. 2017. 运动社交平台对用户使用智能手环行为的影响研究. 信息资源管理学报, 7(3): 5-14, 44.
王茜. 2018. 社交化、认同与在场感: 运动健身类 App 用户的使用动机与行为研究. 现代传播（中国传媒大学学报）, 40(12): 149-156.
王松, 王瑜, 李芳. 2019. 社会化电子商务情境下信息过载对用户消极使用行为的影响: 基于倦怠和抗拒的中介. 企业经济, 38(3): 50-57.
王松, 王瑜, 李芳. 2020. 匹配视角下社会化商务用户消极使用行为形成机理研究: 基于认知失调的中介. 软科学, 34(10): 136-142.
王玮. 2017. 虚拟社区知识共享意愿影响因素研究. 蚌埠: 安徽财经大学.
王筱莉, 赵来军, 谢婉林. 2015. 无标度网络中遗忘率变化的谣言传播模型研究. 系统工程理论与实践, 35(2): 458-465.
王曰芬, 王一山. 2018. 传播阶段中不同传播者的舆情主题发现与对比分析. 现代情报, 38(9): 28-35, 144.
王忠义, 张鹤铭, 黄京, 等. 2018. 基于社会网络分析的网络问答社区知识传播研究. 数据分析与知识发现, 2(11): 80-94.
魏静, 黄阳江豪, 朱恒民. 2019. 基于耦合网络的社交网络舆情传播模型研究. 现代情报, 39(10): 110-118.
魏娜. 2017. 藏族大学生反事实思维方式与英语学习成就动机相关性研究. 西藏民族大学学报（哲学社会科学版）, 38(4): 137-141.
温丹丹, 杨岚, 张建华. 2015. 知识传播中基于参与者环境和行为的信任评价机制研究. 情报科学, 33(3): 85-89.
文长江. 2018. 基于社交数据用户行为的时空特性分析. 成都: 电子科技大学.
文凤华, 肖金利, 黄创霞, 等. 2014. 投资者情绪特征对股票价格行为的影响研究. 管理科学学报, 17(3): 60-69.
吴江, 李姗姗. 2017. 在线健康社区用户信息服务使用意愿研究. 情报科学, 35(4): 119-125.
吴伟炯, 刘毅, 谢雪贤. 2012. 国外恢复体验研究述评与展望. 外国经济与管理, 34(11): 44-51.

吴雪. 2021. 健康传播视域下运动类APP用户社交行为研究. 郑州: 河南财经政法大学.

相鹏, 耿柳娜, 徐富明, 等. 2017. 沉没成本效应的产生根源与影响因素. 心理科学, 40(6): 1471-1476.

向燕辉, 何佳丽, 李清银. 2022. 嫉妒与幸福感因果机制: 基于追踪和日记法研究. 心理学报, 54(1): 40-53.

肖璇, 王铁男, 郝凡浩. 2017. 社会影响理论视角的社交媒体持续使用研究. 管理科学学报, 20(11): 49-60.

谢菊兰, 刘小妹, 李见, 等. 2020. 社交电商中的社交-消费转换机制. 心理科学进展, 28(3): 405-415.

谢新洲, 安静. 2015. 社会化媒体用户社会比较倾向特征分析. 图书情报知识, (3): 107-112.

邢淑芬, 俞国良. 2006. 社会比较: 对比效应还是同化效应?. 心理科学进展(6): 944-949.

徐春雨. 2018. 感知过载对社交媒体倦怠的影响机制研究. 杭州: 浙江工商大学.

徐红霞, 于倩倩, 钱力. 2020. 基于主题模型和情感分析的话题交互数据观点对抗性分析. 数据分析与知识发现, 4(7): 110-117.

严贝妮, 叶宗勇. 2017. 环境因素对虚拟社区用户知识共享行为的作用机制研究. 情报理论与实践, 40(10): 74-79.

严承希, 王军. 2018. 高校学生网络行为时序特征的可视化分析. 情报学报, 37(9): 890-904.

杨善林, 王佳佳, 代宝, 等. 2015. 在线社交网络用户行为研究现状与展望. 中国科学院院刊, 30(2): 200-215.

杨湘浩, 段哲哲, 王筱莉. 2019. 考虑遗忘机制的企业隐性知识传播SIR模型研究. 中国管理科学, 27(7): 195-202.

姚志臻, 张斌. 2021. 激励机制下在线健康社区用户参与行为演化博弈分析. 情报科学, 39(8): 149-155, 163.

叶阳, 王涵. 2018. 有声阅读平台用户内容付费意愿影响因素研究. 图书馆学研究, (1): 82-88.

易成, 周密. 2017. 用户控制权对视频广告效果的影响. 中国管理科学, 25(2): 139-146.

游新年, 刘群. 2016. 基于传染病模型的微博信息传播预测研究. 计算机应用与软件, 33(5): 53-56.

于玲玲, 周密, 赵西萍, 等. 2016. 移动社交网络用户内容创造与分享行为研究: 社会网络与自恋的交互效应. 情报学报, 35(9): 1000-1008.

翟雪松, 束永红. 2019. 在线学习社区中的知识隐藏行为及影响机制研究: 基于专业承诺和变革型指导风格的视角分析. 远程教育杂志, 37(5): 85-94.

翟羽佳, 张鑫, 王芳. 2017. 在线健康社区中的用户参与行为: 以"百度戒烟吧"为例. 图书情报工作, 61(7): 75-82.

张安淇, 陈敬良. 2015. 社会化媒体管理的创新途径研究. 管理世界, (10): 176-177.

张宝生, 张庆普. 2018. 基于扎根理论的社会化问答社区用户知识贡献行为意向影响因素研究. 情报学报, 37(10): 1034-1045.

张大勇, 景东, 卜巍. 2019. 融合多源数据的微信用户信息分享行为特征研究. 情报科学, 37(2): 83-88.

张海涛, 孙彤, 张鑫蕊, 等. 2020. 社会化问答社区用户角色转变的动力机理研究. 现代情报, 40(9): 32-41.

张昊, 张澜. 2019. 微信朋友圈中人际关系对好友评论效果的影响. 管理科学, 32(5): 87-101.

张克永, 李贺. 2017. 网络健康社区知识共享的影响因素研究. 图书情报工作, 61(5): 109-116.

张李义, 李慧然. 2018. 基于互动视角的在线医疗问答患者用户使用研究. 数据分析与知识发现, 2(1): 76-87.

张蒙, 刘国亮, 毕达天. 2017. 多视角下的虚拟社区知识共享研究综述. 情报杂志, (5): 175-180.

张敏, 马臻, 张艳. 2018a. 用户知识隐藏行为综述: 研究内容、知识体系与前沿主题分析. 图书馆学研究, (14): 2-9, 30.

张敏, 马臻, 张艳. 2018b. 在线健康社区中用户主观知识隐藏行为的形成路径. 情报理论与实践, 41(10): 111-117, 53.

张敏, 孟蝶, 张艳. 2019a. 逃离还是回归? ——用户社交网络间歇性中辍行为实证研究的影响因素综述. 图书馆论坛, 39(6): 43-52.

张敏, 孟蝶, 张艳. 2019b. 强关系社交媒体用户消极使用行为形成机理的概念模型: 基于使能和抑能的双重视角的扎根分析. 现代情报, 39(4): 42-50.

张敏, 孟蝶, 张艳. 2020. "使用-满足"分析框架下社交媒体用户持续使用行为的概念模型研究. 信息资源管理学报, 10(1): 92-101.

张敏, 郑伟伟. 2015. 基于信任的虚拟社区知识共享研究综述. 情报理论与实践, 38(3): 138-144.

张明, 杜运周. 2019. 组织与管理研究中QCA方法的应用: 定位、策略和方向. 管理学报, 16(9): 1312-1323.

张鹏, 赵动员, 谢毛迪, 等. 2019. 基于强关系的移动社交网络信息传播机理建模与仿真研究. 情报科学, 37(3): 105-111.

张向先, 李中梅, 郭顺利. 2018. 社会化问答社区用户知识需求及其动态演化研究. 情报理论与实践, 41(11): 38-44, 50.

张星, 吴忧, 夏火松, 等. 2018. 基于S-O-R模型的在线健康社区知识共享行为影响因素研究. 现代情报, 38(8): 18-26.

张亚军, 张金隆, 刘文兴, 等. 2015. 信息系统前实施阶段用户抵制影响因素的实证分析. 管理评论, 27(5): 82-91.

张亚明, 唐朝生, 李伟钢. 2015. 在线社交网络谣言传播兴趣衰减与社会强化机制研究. 情报学报, 34(8): 833-844.

张艳丰, 李贺, 彭丽徽. 2017. 移动社交媒体倦怠行为的影响因素模型及实证研究. 现代情报, 37(10): 36-41.

张永云, 张生太, 吴翠花. 2017. 嵌入还是卷入: 众包个体缘何贡献知识?. 科研管理, 38(5): 30-37.

赵保国, 姚瑶. 2017. 用户持续使用知识付费APP意愿的影响因素研究. 图书馆学研究, (17): 96-101.

赵菲菲, 渠性怡, 周庆山. 2019. 在线问答社区用户知识付费意愿影响因素实证研究. 情报资料工作, 40(1): 89-97.

赵健宇. 2016. 知识创造行为对知识网络演化的影响：以知识贬值和知识活性为参数. 系统管理学报, 25(1): 175-184.

赵文军, 易明, 王学东. 2017. 社交问答平台用户持续参与意愿的实证研究：感知价值的视角. 情报科学, 35(2): 69-74.

赵笑笑. 2017. 娱乐性移动 Apps 用户非持续使用行为影响机制研究. 南京：南京理工大学.

赵杨, 袁析妮, 李露琪, 等. 2018. 基于社会资本理论的问答平台用户知识付费行为影响因素研究. 图书情报知识, (4): 15-23.

赵宇翔, 刘周颖, 宋士杰. 2018. 新一代知识问答平台中提问者付费意愿的影响因素探究. 数据分析与知识发现, 2(8): 16-30.

赵志丹. 2014. 人类行为时空特性的分析、建模及动力学研究. 成都：电子科技大学.

郑春东, 韩晴, 王寒. 2015. 网络水军言论如何左右你的购买意愿. 南开管理评论, 18(1): 89-97.

郑晓莹, 孙鲁平. 2018. 陈列方式对消费者新产品评价的影响：品牌质量的调节作用. 管理评论, (12): 142-153.

周军杰. 2016. 用户在线参与的行为类型：基于在线健康社区的质性分析. 管理案例研究与评论, 9(2): 173-184.

周涛, 檀齐, 邓胜利. 2019a. 基于 IS 成功模型的知识付费用户行为研究. 现代情报, (8): 59-65.

周涛, 檀齐, Takirova B, 等. 2019c. 社会交互对用户知识付费意愿的作用机理研究. 图书情报工作, 63(4): 94-100.

周涛, 王盈颖, 邓胜利. 2019b. 在线健康社区用户知识分享行为研究. 情报科学, 37(4): 72-78.

周心怡. 2020. 运动社交类 APP "Keep" 的内容生产研究. 南宁：广西大学.

周晔, 郭雅倩. 2016. 社会比较视阈下的微信朋友圈影响度研究. 情报杂志, 35(2): 145-150.

朱慧, 刘洪伟, 陈丽, 等. 2014. 移动商务中消费者对网络信息隐私感知风险的实证研究：基于威胁规避行为动机视角. 科技管理研究, 34(16): 216-222.

朱鹏, 朱星圳, 刘子溪. 2017. 微信学术检索用户行为分析与实证研究. 情报学报 36(8): 843-851.

Agnihotri R, Dingus R, Hu M Y, et al. 2016. Social media: influencing customer satisfaction in B2B sales. Industrial Marketing Management, 53: 172-180.

Ajzen I. 2002. Perceived behavioral control, self-efficacy, locus of control, and the theory of planned behavior. Journal of Applied Social Psychology, 32(4): 665-683.

Akram M S, Malhotra N, Goraya M A S, et al. 2022. User engagement on global social networks: examining the roles of perceived brand globalness, identification and global identity. Technological Forecasting and Social Change, 181: 121771.

Alali H, Salim J. 2013. Virtual communities of practice success model to support knowledge sharing behaviour in healthcare sector. Procedia Technology, 11: 176-183.

Algesheimer R, Dholakia U M, Herrmann A. 2005. The social influence of brand community: evidence from European car clubs. Journal of Marketing, 69(3): 19-34.

Alhabash S, Ma M Y. 2017. A tale of four platforms: motivations and uses of facebook, twitter, instagram, and snapchat among college students?. Social Media + Society, 3(1):

205630511769154.

Ali M, Zhou L, Miller L, et al. 2016. User resistance in IT: a literature review. International Journal of Information Management, 36(1): 35-43.

Al-Saqer N S, Seliaman M E. 2018. The impact of privacy policies awareness on snapchat Saudi users discontinuous usage intention//IEEE. 2018 21st Saudi Computer Society National Computer Conference. New York: Institute of Electrical and Electronics Engineers: 1-6.

Amos C, Goddard J B, Zhang L. 2014. Investigating privacy perception and behavior on Weibo. Journal of Organizational and End User Computing, 26(4): 43-56.

Aral S, Dellarocas C, Godes D. 2013. Social media and business transformation: a framework for research. Information Systems Research, 24(1): 3-13.

Ardichvili A, Page V, Wentling T. 2003. Motivation and barriers to participation in virtual knowledge-sharing communities of practice. Journal of Knowledge Management, 7(1): 64-77.

Armstrong A, Hagel J. 1998. The real value of on-line communities. Strategic Management of Intellectual Capital, 74(3): 63-71.

Arthur W, Jr, Bennett W, Jr, Huffcutt A I. 2001. Conducting Meta-Analysis Using SAS. London: Lawrence Erlbaum Associates Publishers.

Asrar-ul-Haq M, Anwar S. 2016. A systematic review of knowledge management and knowledge sharing: trends, issues, and challenges. Cogent Business & Management, 3(1): 1127744.

Avornyo P, Fang J M, Antwi C O, et al. 2019. Are customers still with us? The influence of optimum stimulation level and IT-specific traits on mobile banking discontinuous usage intentions. Journal of Retailing and Consumer Services, 47: 348-360.

Badreddine B M, Blount Y. 2021. Understanding influential factors behind lurking behaviour in online cancer communities. Behaviour & Information Technology, 40(6): 542-564.

Banagou M, Batistič S, Do H, et al. 2021. Relational climates moderate the effect of openness to experience on knowledge hiding: a two-country multi-level study. Journal of Knowledge Management, 25(11): 60-87.

Bandura A. 1986. Social Foundations of Thought and Action: A Social Cognitive Theory. New York: Prentice-Hall.

Bandura A. 2001. Social cognitive theory: an agentic perspective. Annual Review of Psychology, 52(1): 1-26.

Bapna R, Umyarov A. 2015. Do your online friends make you pay? A randomized field experiment on peer influence in online social networks. Management Science, 61(8): 1902-1920.

Baron R M, Kenny D A. 1986. The moderator-mediator variable distinction in social psychological research: conceptual, strategic, and statistical considerations. Journal of Personality and Social Psychology, 51(6): 1173-1182.

Bartikowski B, Walsh G. 2014. Attitude contagion in consumer opinion platforms: posters and lurkers. Electronic Markets, 24(3): 207-217.

Bateman P J, Gray P H, Butler B S. 2011. The impact of community commitment on participation in online communities. Information Systems Research, 22(4): 841-854.

Beasley C R, Jason L A, Miller S A. 2012. The general environment fit scale: a factor analysis and test of convergent construct validity . American Journal of Community Psychology, 50(1/2): 64-76.

Becker H S. 1960. Notes on the concept of commitment. American Journal of Sociology, 66(1): 32-40.

Benlian A, Titah R, Hess T. 2012. Differential effects of provider recommendations and consumer reviews in e-commerce transactions: an experimental study. Journal of Management Information Systems, 29(1): 237-272.

Berger J, Sorensen A T, Rasmussen S J. 2010. Positive effects of negative publicity: when negative reviews increase sales. Marketing Science, 29(5): 815-827.

Betancourt R R, Gautschi D. 1992. The demand for retail products and the household production model: new views on complementarity and substitutability. Journal of Economic Behavior & Organization, 17(2): 257-275.

Beyens I, Frison E, Eggermont S. 2016. "I don't want to miss a thing": adolescents' fear of missing out and its relationship to adolescents' social needs, Facebook use, and Facebook related stress. Computers in Human Behavior, 64: 1-8.

Bhardwaj D, Bharadwaj S S. 2017. Understanding the impact of social media on marketing strategies of organizations in India//Bandi R K, Kishore R K. Proceedings of the 2017 ACM SIGMIS Conference on Computers and People Research. New York: Association for Computing Machinery: 105-108.

Bhattacharya S, Sharma P. 2019. Dilemma between 'it's my or it's my organization's territory': antecedent to knowledge hiding in indian knowledge base industry. International Journal of Knowledge Management, 15(3): 24-44.

Bhattacherjee A. 2001. Understanding information systems continuance: an expectation-confirmation model. MIS Quarterly, 25(3): 351-370.

Bickart B, Schindler R M. 2001. Internet forums as influential sources of consumer information. Journal of Interactive Marketing, (3): 31-40.

Bilgihan A, Barreda A, Okumus F, et al. 2016. Consumer perception of knowledge-sharing in travel-related online social networks. Tourism Management, 52: 287-296.

Blohm I, Bretschneider U, Leimeister J M, et al. 2011. Does collaboration among participants lead to better ideas in IT-based idea competitions? An empirical investigation. International Journal of Networking and Virtual Organisations, 9(2): 106-122.

Boczkowski P J, Matassi M, Mitchelstein E. 2018. How young users deal with multiple platforms: the role of meaning-making in social media repertoires. Journal of Computer-Mediated Communication, 23(5): 245-259.

Bolino M C, Kacmar K M, Turnley W H, et al. 2008. A multi-level review of impression management motives and behaviors. Journal of Management, 34(6): 1080-1109.

Brandtzæg P B. 2012. Social networking sites: their users and social implications: a longitudinal study. Journal of Computer-Mediated Communication, 17(4): 467-488.

Brandtzæg P, Følstad A, Mainsah H. 2012. Designing for youth civic engagement in social media. Lisbon: The IADIS International Conference of Web Based Communities and Social Media: 65-73.

Bright L F, Kleiser S B, Grau S L. 2015. Too much Facebook? An exploratory examination of social media fatigue. Computers in Human Behavior, 44: 148-155.

Bright L F, Logan K. 2018. Is my fear of missing out (FOMO) causing fatigue? Advertising, social media fatigue, and the implications for consumers and brands. Internet Research, 28(5): 1213-1227.

Butler B, Sproull L, Kiesler S, et al. 2002. Community effort in online groups: who does the work and why?//Weisband S P. Leadership at A Distance: Research in Technologically Supported Work. Mahwah: Lawrence Erlbaum Associates Publishers: 171-194.

Cacioppo J T, Petty R E, Feinstein J A, et al. 1996. Dispositional differences in cognitive motivation: the life and times of individuals varying in need for cognition. Psychological Bulletin, 119(2): 197-253.

Cacioppo J T, Petty R E, Kao C F. 1984. The efficient assessment of need for cognition. Journal of Personality Assessment, 48(3): 306-307.

Cao X F, Khan A N, Ali A, et al. 2019. Consequences of cyberbullying and social overload while using SNSs: a study of users' discontinuous usage behavior in SNSs. Information Systems Frontiers, 22: 1343-1356.

Cao X F, Khan A N, Zaigham G H K, et al. 2018. The stimulators of social media fatigue among students: role of moral disengagement. Journal of Educational Computing Research, 57(5): 1083-1107.

Cao X F, Sun J S. 2018. Exploring the effect of overload on the discontinuous intention of social media users: an S-O-R perspective. Computers in Human Behavior, 81: 10-18.

Capasso V, Serio G. 1978. A generalization of the Kermack-McKendrick deterministic epidemic model. Mathematical Biosciences, 42(1/2): 43-61.

Cavusoglu H, Phan T Q, Cavusoglu H, et al. 2016. Assessing the impact of granular privacy controls on content sharing and disclosure on facebook. Information Systems Research, 27(4): 848-879.

Celebi S I. 2015. How do motives affect attitudes and behaviors toward Internet advertising and Facebook advertising?. Computers in Human Behavior, 51: 312-324.

Cenfetelli R T, Schwarz A. 2011. Identifying and testing the inhibitors of technology usage intentions. Information Systems Research, 22(4): 808-823.

Černe M, Nerstad C G L, Dysvik A, et al. 2014. What goes around comes around: knowledge hiding, perceived motivational climate, and creativity . Academy of Management Journal, 57(1): 172-192.

Cha K J, Lee E. 2015. An empirical study of discontinuous use intention on SNS: from a perspective of society comparison theory. The Journal of Society for e-Business Studies, 20: 59-77.

Chang C M, Hsu M H, Hsu C S, et al. 2014. Examining the role of perceived value in virtual communities continuance: its antecedents and the influence of experience. Behaviour & Information Technology, 33(5): 502-521.

Chang H, Chen S W. 2008. The impact of online store environment cues on purchase intention: trust and perceived risk as a mediator. Online information review, 32(6): 818-841.

Chang H H, Chuang S S. 2011. Social capital and individual motivations on knowledge sharing: participant involvement as a moderator . Information & Management, 48(1): 9-18.

Chao C M. 2019. Factors determining the behavioral intention to use mobile learning: an application and extension of the UTAUT model. Frontiers in Psychology, 10: 1652.

Charband Y, Navimipour N J. 2016. Online knowledge sharing mechanisms: a systematic review of the state of the art literature and recommendations for future research. Information Systems Frontiers, 18(6): 1131-1151.

Chaumont M , van de Borne P, Bernard A, et al. 2019. Fourth generation e-cigarette vaping induces transient lung inflammation and gas exchange disturbances: results from two randomized clinical trials. American Journal of Physiology Lung Cellular and Molecular Physiology, 316(5): L705-L719.

Chen A H, Lu Y B, Chau P Y K, et al. 2014. Classifying, measuring, and predicting users' overall active behavior on social networking sites. Journal of Management Information Systems, 31(3): 213-253.

Chen G M. 2011. Tweet this: a uses and gratifications perspective on how active Twitter use gratifies a need to connect with others. Computers in Human Behavior, 27(2): 755-762.

Chen J, Teng L F, Yu Y, et al. 2016. The effect of online information sources on purchase intentions between consumers with high and low susceptibility to informational influence. Journal of Business Research, 69(2): 467-475.

Chen J H, Lan Y C, Chang Y W, et al. 2020a. Exploring doctors' willingness to provide online counseling services: the roles of motivations and costs. International Journal of Environmental Research and Public Health, 17(1): 110.

Chen J V, Tran A, Nguyen T. 2019. Understanding the discontinuance behavior of mobile shoppers as a consequence of technostress: an application of the stress-coping theory. Computers in Human Behavior, 95: 83-93.

Chen W, Wei X H, Zhu K X. 2018. Engaging voluntary contributions in online communities: a hidden Markov model. MIS Quarterly, 42(1): 83-100.

Chen X Y, Wei S B, Rice R E. 2020b. Integrating the bright and dark sides of communication visibility for knowledge management and creativity: the moderating role of regulatory focus. Computers in Human Behavior, 111: 106421.

Chen Y B, Fay S, Wang Q. 2011. The role of marketing in social media: how online consumer reviews evolve. Journal of Interactive Marketing, 25(2), 85-94.

Chen Y H, Wu J J, Chang H T. 2013. Examining the mediating effect of positive moods on trust repair in e-commerce. Internet Research, 23(3): 355-371.

Chen Z F, Hong C, Li C. 2017. The joint effect of association-based corporate posting strategy and eWOM comment valence on social media. Internet Research, 27(5): 1039-1057.

Cheon Y J, Choi S K, Kim J, et al. 2015. Antecedents of relational inertia and information sharing in SNS usage: the moderating role of structural autonomy. Technological Forecasting and Social Change, 95: 32-47.

Cheung C M K, Lee M K O. 2010. A theoretical model of intentional social action in online social networks. Decision Support Systems, 49(1): 24-30.

Chin W W, Marcolin B L, Newsted P R. 2003. A partial least squares latent variable modeling approach for measuring interaction effects: results from a Monte Carlo simulation study and an electronic-mail emotion/adoption study. Information Systems Research, 14(2): 189-217.

Chiu C, Wang E T G, Shih F, et al. 2011. Understanding knowledge sharing in virtual communities. Decision Support Systems, 42(3): 1872-1888.

Chiu C M, Hsu M H, Wang E T G. 2006. Understanding knowledge sharing in virtual communities: an integration of social capital and social cognitive theories. Decision Support Systems, 42(3): 1872-1888.

Cho V. 2017. A study of negative emotional disclosure behavior in social network media: will an unexpected negative event and personality matter?. Computers in Human Behavior, 73: 172-180.

Clark R A, Goldsmith R E. 2006. Interpersonal influence and consumer innovativeness. International Journal of Consumer Studies, 30(1): 34-43.

Compeau D, Higgins C A, Huff S. 1999. Social cognitive theory and individual reactions to computing technology: a longitudinal study. MIS Quarterly, 23(2): 145-158.

Connelly C E, Zweig D. 2015. How perpetrators and targets construe knowledge hiding in organizations. European Journal of Work and Organizational Psychology, 24(3): 479-489.

Connelly C E, Zweig D, Webster J, et al. 2012. Knowledge hiding in organizations. Journal of Organizational Behavior, 33(1): 64-88.

Craig A W, Loureiro Y K, Wood S, et al. 2012. Suspicious minds: exploring neural processes during exposure to deceptive advertising. Journal of Marketing Research, 49(3): 361-372.

Cramer E M, Song H, Drent A. 2016. Social comparison on Facebook: motivation, affective consequences, self-esteem, and Facebook fatigue. Computers in Human Behavior, 64: 739-746.

Cremonesi P, Garzotto F, Negro S, et al. 2011. Comparative evaluation of recommender system quality. ACM Transactions on Recommender Systems, 2: 1-36.

Curran J M, Lennon R. 2011. Participating in the conversation: exploring usage of social media networking sites. Academy of Marketing Studies Journal, 15(1): 21-38.

Cutrona C E. 1990. Stress and social support—in search of optimal matching. Journal of Social and Clinical Psychology, 9(1): 3-14.

Cutrona C E, Suhr J A. 1992. Controllability of stressful events and satisfaction with spouse support behaviors . Communication Research, 19(2): 154-174.

Dai B, Ali A, Wang H W. 2020. Exploring information avoidance intention of social media users: a cognition-affect-conation perspective. Internet Research, 30(5): 1455-1478.

Darke P R, Ritchie R J B. 2007. The defensive consumer: advertising deception, defensive processing, and distrust. Journal of Marketing Research, 44(1): 114-127.

Davenport S W, Bergman S M, Bergman J Z, et al. 2014. Twitter versus Facebook: exploring the role of narcissism in the motives and usage of different social media platforms. Computers in Human Behavior, 32: 212-220.

Davenport T H, Prusak L. 1998. Working Knowledge: How Organizations Manage What They Know. Boston: Harvard Business Press.

Davis F D. 1989. Perceived usefulness perceived ease of use, and acceptance of information technology. MIS Quarterly, 13(3): 340-391.

de Sordi J O, Meireles M, de Azevedo M C. 2014. Information selection by managers: priorities and values attributed to the dimensions of information. Online Information Review, 38(5): 661-679.

de Vries D A, Möller A M, Wieringa M S, et al. 2018. Social comparison as the thief of joy: emotional consequences of viewing strangers' instagram posts. Media Psychology, 21(2): 222-245.

Delone W H, Mclean E R. 2003. The Delone and McLean model of information systems success: a ten-year update. Journal of Management Information Systems, 19(4): 9-30.

Dhanesh G S, Duthler G. 2019. Relationship management through social media influencers: effects of followers' awareness of paid endorsement. Public Relations Review, 45(3): 101765.

Dhir A, Yossatorn Y, Kaur P, et al. 2018. Online social media fatigue and psychological wellbeing: a study of compulsive use, fear of missing out, fatigue, anxiety and depression. International Journal of Information Management, 40: 141-152.

Dholakia U M, Bagozzi R P, Pearo L K. 2004. A social influence model of consumer participation in network- and small-group-based virtual communities. International Journal of Research in Marketing, 21(3): 241-263.

Diel K, Broeker L, Raab M, et al. 2021. Motivational and emotional effects of social comparison in sports. Psychology of Sport and Exercise, 57: 102048.

Doka A, Pavlov P A, Davis F D. 2007. NeuroIS: the potential of cognitive neuroscience for information systems research. Information Systems Research, 21(2): 122.

Donovan R J, Rossiter J R. 1982. Store atmosphere: an environmental psychology approach. Journal of Retailing, 58(1): 34-57.

Dou W Y, Krishnamurthy S. 2007. Using brand websites to build brands online: a product versus service brand comparison. Journal of Advertising Research, 47(2): 193-206.

Duggan M, Smith A. 2013. Social Media Update 2013. https://search.issuelab.org/resource/social-media-update-2013.html[2024-09-12].

Dul J. 2015. Necessary condition analysis (NCA): logic and methodology of "necessary but not sufficient" causality. Organizational Research Methods, 19(1): 10-52.

Dul J, van der Laan E, Kuik R. 2020. A statistical significance test for necessary condition analysis. Organizational Research Methods, 23(2) : 385-395.

Dutta M J. 2005. The antecedents of community-oriented Internet use: community participation and community satisfaction. Journal of Computer-Mediated Communication, (1): 97-113.

Dutta-Bergman M J. 2004. Complementarity in consumption of news types across traditional and new media. Journal of Broadcasting & Electronic Media, 48(1): 41-60.

Dutta-Bergman M J. 2010. The antecedents of community-oriented internet use: community participation and community satisfaction. Journal of Computer-Mediated Communication, (1): 97-113.

Ebbinghaus H. 2013. Memory: a contribution to experimental psychology. Annals of Neurosciences, 20(4): 155-156.

Eisenberger R, Huntington R, Hutchison S, et al. 1986. Perceived organizational support. Journal of Applied Psychology, 71(3): 500-507.

Elfenbein H A. 2007. Emotion in organizations: a review and theoretical integration. The Academy of Management Annals, 1(1): 371-457.

Ellison N, Heino R, Gibbs J. 2006. Managing impressions online: self-presentation processes in the online dating environment. Journal of Computer Mediated Communication, 11(2): 415-441.

Erz A, Christensen A-B H. 2018. Transforming consumers into brands: Tracing transformation processes of the practice of blogging. Journal of Interactive Marketing, 43: 69-82.

Fan M, Li M Y, Wang K. 2001. Global stability of an SEIS epidemic model with recruitment and a varying total population size. Mathematical Biosciences, 170(2): 199-208.

Fang Y H. 2017. Coping with fear and guilt using mobile social networking applications: knowledge hiding, loafing, and sharing. Telematics and Informatics, 34(5): 779-797.

Farrell D. 1983. Exit, voice, loyalty, and neglect as responses to job dissatisfaction: a multidimensional scaling study. Academy of Management Journal, 26(4): 596-607.

Festinger L. 1954. A theory of social comparison processes. Human Relations, 7(2): 117-140.

Fink L, Geldman D. 2017. The effects of consumer participation in product construction and design on willingness to pay: the case of software. Computers in Human Behavior, 75: 903-911.

Fishbein M, Ajzen I. 1977. Belief, attitude, intention and behavior: an introduction to theory and research. Contemporary Sociology, 6(2): 244.

Fornell C, Larcker D. 1981b. Structural equation models with unobservable variables and measurement error: algebra and statistics. Journal of Marketing Research, 18(3): 382-388.

Fornell C, Larcker D F. 1981a. Evaluating structural equation models with unobservable variables and measurement error. Journal of Marketing Research, 18(1): 39-50.

Foster G M, Apthorpe R J, Bernard H R, et al. 1972. The anatomy of envy: a study in symbolic behavior and comments and reply. Current Anthropology, 13(2): 165-202.

Fukubayashi N, Fuji K. 2021. Social comparison on social media increases career frustration: a focus on the mitigating effect of companionship. Frontiers in Psychology, 12: 720960.

Furnari S, Crilly D, Misangyi V F, et al. 2021. Capturing causal complexity: heuristics for configurational theorizing . Academy of Management Review, 46(4): 778-799.

Ganley D, Moser C, Groenewegen P. 2012. Categorizing behavior in online communities: a look into the world of cake bakers//IEEE. Proceedings of the 2012 45th Hawaii International Conference on System Sciences. New York: IEEE Computer Society: 3457-3466.

Gao G G, Greenwood B N, McCullough J, et al. 2012. A Digital Soapbox? the information value of online physician ratings. Academy of Management, (1): 11-12.

Gao W, Liu Z P, Guo Q Q, et al. 2018. The dark side of ubiquitous connectivity in smartphone-based SNS: an integrated model from information perspective. Computers in Human Behavior, 84: 185-193.

Garaus M, Wagner U, Manzinger S. 2017. Happy grocery shopper: The creation of positive emotions through affective digital signage content. Technological Forecasting and Social Change, 124: 295-305.

Gaudiino M, Di Stefano G. 2023. To detach or not to detach? The role of psychological detachment on the relationship between heavy work investment and well-being: a latent profile analysis. Current Psychology, 42: 6667-6681.

Ge M Z, Delgado C A D M, Jannach D. 2010. Beyond accuracy: evaluating recommender systems by coverage and serendipity//Amatriain X, Torrens T. Proceedings of the 2010 ACM Conference on Recommender Systems. New York: Association for Computing Machinery: 26-30.

Gentile D A, Sweet D M, He L M. 2020. Caring for others cares for the self: an experimental test of brief downward social comparison, loving-kindness, and interconnectedness contemplations. Journal of Happiness Studies, 21(3): 765-778.

Gerber J P, Wheeler L, Suls J. 2018. A social comparison theory meta-analysis 60+ years on. Psychological Bulletin, 144(2): 177-197.

Gist M E, Mitchell T R. 1992. Self-efficacy: a theoretical analysis of its determinants and malleability. Academy of Management Review, 17(2): 183-211.

Glaser B G, Strauss A L. 1965. Discovery of substantive theory: a basic strategy underlying qualitative research. American Behavioral Scientist, 8(6): 5-12.

Gligor D, Bozkurt S, Russo I. 2019. Achieving customer engagement with social media: a qualitative comparative analysis approach. Journal of Business Research, 101: 59-69.

Godes D, Mayzlin D. 2004. Using online conversations to study word-of-mouth communication. Marketing Science, 23(4): 545-560.

Goh K I, Barabási A L. 2008. Burstiness and memory in complex systems. Europhysics Letters, 81(4): 48002.

Goldsmith D J, McDermott V M, Alexander S C. 2000. Helpful, supportive and sensitive: measuring the evaluation of enacted social support in personal relationships . Journal of Social and Personal

Relationships, 17(3): 369-391.

Golman R, Hagmann D, Loewenstein G. 2017. Information avoidance. Journal of Economic Literature, 55(1): 96-135.

Gomez M, Klare D, Ceballos N, et al. 2022. Do you dare to compare?——The key characteristics of social media users who frequently make online upward social comparisons. International Journal of Human-Computer Interaction, 38(10): 938-948.

Graf L. 2010. Conceptualizing envy for buisiness research. Advance in Business-Related Scientific Research Journal, 1: 129-133.

Grebitus C, Roosen J. 2018. Influence of non-attendance on choices with varying complexity. European Journal of Marketing, 52(9/10): 2151-2172.

Gu R, Oh L B, Wang K L. 2016. Multi-homing on SNSs: the role of optimum stimulation level and perceived complementarity in need gratification. Information & Management, 53(6): 752-766.

Guan T, Wang L, Jin J H, et al. 2018. Knowledge contribution behavior in online Q&A communities: an empirical investigation. Computers in Human Behavior, 81: 137-147.

Guntuku S C, Yaden D B, Kern M L, et al. 2017. Detecting depression and mental illness on social media: an integrative review. Current Opinion in Behavioral Sciences, 18: 43-49.

Guo Y Y, Lu Z Z, Kuang H B, et al. 2020. Information avoidance behavior on social network sites: information irrelevance, overload, and the moderating role of time pressure. International Journal of Information Management, 52: 102067.

Gvili Y, Levy S. 2016. Antecedents of attitudes toward eWOM communication: differences across channels. Internet Research, 26(5): 1030-1051.

Haber M G, Cohen J L, Lucas T, et al. 2007. The relationship between self-reported received and perceived social support: a meta-analytic review. American Journal of Community Psychology, 39(1/2): 133-144.

Hagel J. 1999. Net gain: Expanding markets through virtual communities. Journal of Interactive Marketing, 13(1): 55-65.

Hair J F, Henseler J, Dijkstra T K, et al. 2014. Common beliefs and reality about partial least squares: comments on rnkk and evermann. Organizational Research Methods, 17(2): 182-209.

Hair J F, Risher J J, Sarstedt M, et al. 2019. When to use and how to report the results of PLS-SEM. European Business Review, 31(1): 2-24.

Hair J F, Sarstedt M, Ringle C M, et al. 2012. An assessment of the use of partial least squares structural equation modeling in marketing research. Journal of the Academy of Marketing Science, 40(3): 414-433.

Hajli N, Sims J, Zadeh A H, et al. 2017. A social commerce investigation of the role of trust in a social networking site on purchase intentions. Journal of Business Research, 71: 133-141.

Hamari J, Hanner N, Koivisto J. 2017. Service quality explains why people use freemium services but not if they go premium: an empirical study in free-to-play games. International Journal of Information Management, 37(1): 1449-1459.

Hampton-Sosa W. 2019. The access model for music and the effect of modification, trial, and sharing usage rights on streaming adoption and piracy. Journal of Theoretical and Applied Electronic Commerce Research, 14(3): 126-155.

Han E K, Song S J, Lim H N. 2011. The motives for using social commerce and satisfaction, repurchase intention based on the uses and gratification theory. The Korean Journal of Advertising and Public Relations, 13(3): 298-325.

Hara N, Hew K. 2007. Knowledge sharing in an online community of health-care professionals. Information Technology & People, 20(3): 235-261.

Harridge-March S. 2006. Can the building of trust overcome consumer perceived risk online?. Marketing Intelligence & Planning, 24(7): 746-761.

He W, Guo L, Shen J, et al. 2016. Social media-based forecasting: a case study of tweets and stock prices in the financial services industry. Journal of Organizational & End User Computing, 28(2): 74-92.

Heggestad E D, Scheaf D J, Banks G C, et al. 2019. Scale adaptation in organizational science research: a review and best-practice recommendations. Journal of Management, 45(6): 2596-2627.

Hendrick S S. 1988. A generic measure of relationship satisfaction. Journal of Marriage and the Family, 50(1): 93-98.

Henseler J, Dijkstra T K, Sarstedt M, et al. 2014. Common beliefs and reality about PLS: Comments on Rönkkö and Evermann (2013). Organizational Research Methods, 17(2): 182-209.

Henseler J, Hubona G, Ray P A. 2016. Using PLS path modeling in new technology research: updated guidelines. Industrial Management & Data Systems, 116(1): 2-20.

Henseler J, Ringle C M, Sarstedt M. 2015. A new criterion for assessing discriminant validity in variance-based structural equation modeling. Journal of the Academy of Marketing Science, 43(1): 115-135.

Hill B D, Foster J D, Elliott E M, et al. 2013. Need for cognition is related to higher general intelligence, fluid intelligence, and crystallized intelligence, but not working memory. Journal of Research in Personality, 47(1): 22-25.

Hjetland G J, Finseras T R, Sivertsen B, et al. 2022. Focus on self-presentation on social media across sociodemographic variables, lifestyles, and personalities: a cross-sectional study. International Journal of Environmental Research and Public Health, 19(17): 11133.

Ho S M, Hancock J T, Booth C, et al. 2016. Computer-mediated deception: strategies revealed by language-action cues in spontaneous communication. Journal of Management Information Systems, 33(2): 393-420.

Hobfoll S E. 2001. The influence of culture, community, and the nested-self in the stress process: advancing conservation of resources theory. Applied Psychology, 50(3): 337-421.

Hoffmann A O I, Broekhuizen T L J. 2009. Susceptibility to and impact of interpersonal influence in an investment context. Journal of the Academy of Marketing Science, 37(4): 488-503.

Holland J, Baker S M. 2001. Customer participation in creating site brand loyalty. Journal of Interactive Marketing, 15(4): 34-45.

Holsapple C W, Singh M. 2001. The knowledge chain model: activities for competitiveness. Expert Systems with Applications, 20(1): 77-98.

Hong S J, Tam K Y. 2006. Understanding the adoption of multipurpose information appliances: the case of mobile data services. Information Systems Research, 17(2): 162-179.

House R J, Rizzo J R. 1972. Role conflict and ambiguity as critical variables in a model of organizational behavior. Organizational Behavior and Human Performance, 7(3): 467-505.

Hsu C L, Lin J C C. 2008. Acceptance of blog usage: the roles of technology acceptance, social influence and knowledge sharing motivation. Information & Management, 45(1): 65-74.

Hsu C L, Lin J C C. 2015. What drives purchase intention for paid mobile apps?——An expectation confirmation model with perceived value. Electronic Commerce Research and Applications, 14(1): 46-57.

Hsu C L, Yu C C, Wu C C. 2014. Exploring the continuance intention of social networking websites: an empirical research. Information Systems and e-Business Management, 12(2): 139-163.

Hu L T, Bentler P M. 1999. Cutoff criteria for fit indexes in covariance structure analysis: conventional criteria versus new alternatives. Structural Equation Modeling: A Multidisciplinary Journal, 6(1): 1-55.

Hu M, Zhang M L, Luo N. 2016. Understanding participation on video sharing communities: the role of self-construal and community interactivity. Computers in Human Behavior, 62(9): 105-115.

Hu Y, Zhao L, Luo X R, et al. 2021. Trialing or combining? Understanding consumer partial switching in mobile application usage from the variety seeking perspective. Internet Research, 31(5): 1769-1802.

Hu Y T, Liu Q Q, Ma Z F. 2022. Does upward social comparison on SNS inspire adolescent materialism? Focusing on the role of self-esteem and mindfulness. Journal of Psychology, 157(1): 32-47.

Huang J, van den Brink H M, Groot W. 2009. A meta-analysis of the effect of education on social capital. Economics of Education Review, 28(4): 454-464.

Huang L Y, Hsieh Y J, Wu Y C J. 2014. Gratifications and social network service usage: the mediating role of online experience. Information&Management, 51(6): 774-782.

Huang N, Hong Y, Burtch G. 2017. Social network integration and user content generation: evidence from natural experiments. MIS Quarterly, 41(4): 1035-1058.

Huang S C. 2018. Social information avoidance: when, why, and how it is costly in goal pursuit. Journal of Marketing Research, 55(3): 382-395.

Huang S L, Chang C Y. 2020. Understanding how people select social networking services: media trait, social influences and situational factors. Information & Management, 57(6): 103323.

Huang S L, Chen C T. 2018. How consumers become loyal fans on Facebook. Computers in Human Behavior, 82: 124-135.

Hunter J E, Schmidt F L. 2006. Methods of meta-analysis: correcting error and bias in research findings. Evaluation and Program Planning, 29(3): 236-237.

Hussain S, Guangju W, Jafar R M S, et al. 2018. Consumers' online information adoption behavior: motives and antecedents of electronic word of mouth communications. Computers in Human Behavior, 80: 22-32.

Islam A N, Whelan E, Brooks S. 2018. Social media overload and fatigue: the moderating role of multitasking computer self-efficacy. New Orleans: 24th Americas Conference on Information Systems.

Jabr W, Zheng Z. 2014. Know yourself and know your enemy. MIS Quarterly, 38(3): 635-A10.

Jacques J T, Perry M, Kristensson P O. 2015. Differentiation of online text-based advertising and the effect on users' click behavior. Computers in Human Behavior, 50: 535-543.

Jiang Z, Hu X W, Wang Z M, et al. 2019. Knowledge hiding as a barrier to thriving: the mediating role of psychological safety and moderating role of organizational cynicism. Journal of Organizational Behavior, 40(7): 800-818.

Jin J H, Li Y J, Zhong X J, et al. 2015. Why users contribute knowledge to online communities: an empirical study of an online social Q&A community. Information & Management, 52(7): 840-849.

Johnson L W, Soutar G N, Sweeney J C. 2000. Moderators of the brand image/perceived product quality relationship. Journal of Brand Management, 7(6): 425-433.

Jones M A, Mothersbaugh D L, Beatty S E. 2000. Switching barriers and repurchase intentions in services. Journal of Retailing, 76: 259-274.

Jung H S, Yoon H H. 2016. What does work meaning to hospitality employees? The effects of meaningful work on employees' organizational commitment: the mediating role of job engagement. International Journal of Hospitality Management, 53(1): 59-68.

Kamarova S, Papaioannou A, Chatzisarantis N. 2021. Editorial: current perspectives on social comparisons and their effects. Frontiers in Psychology, 12: 739783.

Kang J W, Namkung Y. 2019. The information quality and source credibility matter in customers' evaluation toward food O2O commerce. International Journal of Hospitality Management, 78: 189-198.

Kankanhalli A, Tan B C Y, Wei K. 2005. Contributing knowledge to electronic knowledge repositories: an empirical investigation. MIS Quarterly, 29(1): 113-143.

Karapanos E, Teixeira P, Gouveia R. 2016. Need fulfillment and experiences on social media: a case on Facebook and WhatsApp. Computers in Human Behavior, 55: 888-897.

Karr-Wisniewski P, Lu Y. 2010. When more is too much: operationalizing technology overload and exploring its impact on knowledge worker productivity. Computers in Human Behavior, 26(5): 1061-1072.

Kasser T, Ryan R M. 1996. Further examining the American dream: differential correlates of intrinsic and extrinsic goals. Personality and Social Psychology Bulletin, 22(3): 280-287.

Keaveney S M, Huber F, Herrmann A. 2007. A model of buyer regret: selected prepurchase and postpurchase antecedents with consequences for the brand and the channel. Journal of Business Research, 60(12): 1207-1215.

Keaveney S M, Parthasarathy M. 2001. Customer switching behavior in online services: an exploratory study of the role of selected attitudinal, behavioral, and demographic factors. Journal of the Academy of Marketing Science, 29(4): 374-390.

Keenan A, Shiri A L. 2009. Sociability and social interaction on social networking websites. Library Review, 58(6): 438-450.

Kelly L, Kerr G, Drennan J. 2010. Avoidance of advertising in social networking sites. Journal of Interactive Advertising, 10(2): 16-27.

Khansa L, Ma X, Liginlal D, et al. 2015. Understanding members' active participation in online question-and-answer communities: a theory and empirical analysis. Journal of Management Information Systems, 32(2): 162-203.

Kietzmann J H, Hermkens K, McCarthy I P, et al. 2011. Social media? Get serious! Understanding the functional building blocks of social media. Business Horizons, 54(3): 241-251.

Kim G, Shin B, Lee H G. 2006. A study of factors that affect user intentions toward email service switching. Information & Management, 43(7): 884-893.

Kim H M. 2022. Social comparison of fitness social media postings by fitness app users. Computers in Human Behavior, 131: 107204.

Kim H W, Kankanhalli A. 2009. Investigating user resistance to information systems implementation: a status quo bias perspective. MIS Quarterly, 33(3):567-582.

Kim N, Kim W. 2018. Do your social media lead you to make social deal purchases? Consumer-generated social referrals for sales via social commerce. International Journal of Information Management, 39(2): 38-48.

Kim S, Park H. 2013b. Effects of various characteristics of social commerce (s-commerce) on consumers' trust and trust performance. International. Journal of Information Management, 33(2): 318-332.

Kim S, Park H. 2015. Empirical study on antecedents and consequences of users' fatigue on SNS and the moderating effect of habit. Journal of the Korea Society of IT Services, 14(4): 137-157.

Kim S H, Park H S. 2013a. Social group factors impacting the customer satisfaction, trust and intention to re-purchase in social commerce and the moderating effects of utilitarian value. The Journal of Information Systems, 22(2): 1-24.

Ko H, Kim H, Yoon C G, et al. 2018. Social capital as a key determinant of willingness to join community-based health insurance: a household survey in Nepal. Public Health, 160: 52-61.

Koh J, Kim Y G. 2004. Knowledge sharing in virtual communities: an e-business perspective. Expert Systems with Applications, 26(2): 155-166.

Kokkodis M, Lappas T, Ransbotham S. 2020. From lurkers to workers: predicting voluntary contribution and community welfare. Information Systems Research, 31(2): 297-652.

Kordzadeh N, Warren J, Seifi A. 2016. Antecedents of privacy calculus components in virtual health communities. International Journal of Information Management, 36(5): 724-734.

Krasnova H, Wenninger H, Widjaja T, et al. 2013. Envy on Facebook: a hidden threat to users' life satisfaction?. Leipzig: International Conference on Wirtschaftsinformatik.

Kristof-Brown A, Zimmerman R D, Johnson E. 2005. Consequences of individuals' fit at work: a meta-analysis of person-job, person-organization, person-group, and person-supervisor fit. Personnel Psychology, 58(2): 281-342.

Kucukyazici B, Verter V, Mayo N E. 2011. An analytical framework for designing community-based care for chronic diseases. Production and Operations Management, 20(3): 474-488.

Kuem J, Khansa L, Kim S S. 2020. Prominence and engagement: different mechanisms regulating continuance and contribution in online communities. Journal of Management Information Systems, 37(1): 162-190.

Kwon K H, Gruzd A. 2017. Is offensive commenting contagious online? Examining public vs interpersonal swearing in response to Donald Trump's YouTube campaign videos. Internet Research, 27(4): 991-1010.

Lai C H. 2014. An integrated approach to untangling mediated connectedness with online and mobile media. Computers in Human Behavior, 31(31): 20-26.

Lam W, Huang X, Snape E. 2007. Feedback-seeking behavior and leader-member exchange: do supervisor-attributed motives matter?. Academy of Management Journal, 50(2): 348-363.

Lange J, Crusius J. 2015. Dispositional envy revisited: unraveling the motivational dynamics of benign and malicious envy. Personality & Social Psychology Bulletin, 41(2): 284-294.

Larson R. 2006. Positive youth development, willful adolescents, and mentoring. Journal of Community Psychology, 34(6): 677-689.

Latif K, Weng Q X, Pitafi A H, et al. 2021. Social comparison as a double-edged sword on social media: the role of envy type and online social identity. Telematics and Informatics, 56: 101470.

Lee A R, Son S M, Kim K K. 2016. Information and communication technology overload and social networking service fatigue: a stress perspective. Computers in Human Behavior, 55: 51-61.

Lee C C, Chou S T H, Huang Y R. 2014. A study on personality traits and social media fatigue-example of Facebook users. Lecture Notes on Information Theory, 2(3): 249-253.

Lee E J. 2002. Factors that enhance consumer trust in human-computer interaction: an examination of interface factors and the moderating influences. Knoxville: The University of Tennessee.

Lee J, Lee J N. 2009. Understanding the product information inference process in electronic word-of-mouth: an objectivity–subjectivity dichotomy perspective. Information & Management, 46(5): 302-311.

Lee K, Lee B, Oh W. 2015. Thumbs up, sales up? The contingent effect of facebook likes on sales performance in social commerce. Journal of Management Information Systems, 32(4): 109-143.

Lee S K, Lindsey N J, Kim K S. 2017. The effects of news consumption via social media and news information overload on perceptions of journalistic norms and practices. Computers in Human

Behavior, 75: 254-263.

Lee Y W, Chen F C, Jiang H M. 2006. Lurking as participation: a community perspective on lurkers' identity and negotiability//Barab S, Hay K, Hickey D. Proceedings of the 7th International Conference on Learning Sciences. Paris: International Society of the Learning Sciences: 404-410.

Leung L. 2013. Generational differences in content generation in social media: the roles of the gratifications sought and of narcissism. Computers in Human Behavior, 29(3): 997-1006.

Lewin K. 1935. Dynamic Theory of Personality: Selected Papers. New York: McGraw-Hill.

Lewin K. 1951. Field theory in social science: selected theoretical papers. American Journal of Sociology, 57(1): 86-87.

Li D, Browne G J, Chau P Y K. 2006. An empirical investigation of web site use using a commitment-based model. Decision Sciences, 37(3): 427-444.

Li G F, Liu H L, Li G X. 2014. Payment willingness for VIP subscription in social networking sites. Journal of Business Research, 67(10): 2179-2184.

Li J, Zhang S, Wang W T, et al. 2017. Research on the influencing factors of user's online knowledge consumption behavior. Procedia Computer Science, 122: 174-179.

Li Y, Wu R J, Li D J, et al. 2019. Can scarcity of products promote or restrain consumers' word-of-mouth in social networks? The moderating roles of products' social visibility and consumers' self-construal. Computers in Human Behavior, 95: 14-23.

Liang C C. 2018. Discontinuous adoption of social media platform. International Journal of Electronic Commerce Studies, 9(1).

Liang T P, Lai H J, Ku Y C. 2006. Personalized content recommendation and user satisfaction: theoretical synthesis and empirical findings. Journal of Management Information Systems, 23(3): 45-70.

Liao J Y, Chen J W, Dong X B. 2022. Understanding the antecedents and outcomes of brand community-swinging in a poly-social-media context: a perspective of channel complementarity theory. Asia Pacific Journal of Marketing and Logistics, 34(3): 506-523.

Lim C, Park J, Iijima J, et al. 2017. A study on social overload in SNS: a perspective of reactance theory. Langkawi: 21st Pacific Asia Conference on Information Systems: Societal Transformation Through IS/IT, PACIS 2017.

Lim M, Yang Y. 2015. Effects of users' envy and shame on social comparison that occurs on social network services. Computers in Human Behavior, 51: 300-311.

Lim M S, Choi S B. 2017. Stress caused by social media network applications and user responses. Multimedia Tools and Applications, 76(17): 17685-17698.

Lin F R, Lin S C, Huang T P. 2008. Knowledge sharing and creation in a teachers' professional virtual community. Computers & Education, 50(3): 742-756.

Lin J L, Dutta M J. 2017. A replication of channel complementarity theory among Internet users in India. Health Communication, 32(4): 483-492.

Lin X L, Wang X Q, Hajli N. 2019. Building E-commerce satisfaction and boosting sales: the role of social commerce trust and its antecedents. International Journal of Electronic Commerce, 23(3): 328-363.

Lindebaum D, Jordan P J. 2012. Positive emotions, negative emotions, or utility of discrete emotions? Journal of Organizational Behavior, 33(7): 1027-1030.

Lindley S E, Marshall C C, Banks R, et al. 2013. Rethinking the web as a personal archive//Schwabe D, Almeida V, Glaser H. Proceedings of the 22nd International Conference on World Wide Web. New York: Association for Computing Machinery: 749-760.

Lipsey M W, Wilson D B. 2000. Practical Meta-Analysis. London: Sage Publications.

Liu H, Wu L, Li X. 2019b. Social media envy: how experience sharing on social networking sites drives millennials' aspirational tourism consumption. Journal of Travel Research, 58(3): 355-369.

Liu H X, Li G Q. 2017. To gain or not to lose? The effect of monetary reward on motivation and knowledge contribution. Journal of Knowledge Management, 21(2): 397-415.

Liu X, Feng J. 2018. Research on the Influencing Factors of the Willingness to Pay for Knowledge Consumers in the Knowledge Payment Platform. Wuhan: Wuhan International Conference on E-Business.

Liu X D, Min Q F, Wu D Z, et al. 2020. How does social network diversity affect users' lurking intention toward social network services? A role perspective. Information & Management, 57(7): 103258.

Liu Z L, Wang X Q, Min Q F, et al. 2019a. The effect of role conflict on self-disclosure in social network sites: an integrated perspective of boundary regulation and dual process model. Information Systems Journal, 29(2): 279-316.

Lloyd A E. 2003. The Role of Culture On Customer Participation in Services. Hong Kong: Hong Kong Polytechnic.

Lo J, Guo C, Bradley B. 2018. The buffer effect of receiving social support on SNS exhaustion and sns satisfaction: an exploratory study of the lonely and emotionally unstable. Hawaii International Conference on System Sciences.

Logan K, Bright L F, Grau S L. 2018. "Unfriend me, please!": social media fatigue and the theory of rational choice. Journal of Marketing Theory and Practice, 26(4): 357-367.

López-del-Pino F, Grisolia J M, et al. 2018. Pricing Beach Congestion: an analysis of the introduction of an access fee to the protected island of Lobos(Canary Islands). Tourism Economics, 24(32): 449-472.

Lu H P, Wang S M. 2008. The role of Internet addiction in online game loyalty: an exploratory study. Internet Research, 14(5): 499-519.

Lu J N, Liu C, Wei J N. 2017. How important are enjoyment and mobility for mobile applications?. Journal of Computer Information Systems, 57(1): 1-12.

Luqman A, Cao X F, Ali A, et al. 2017. Empirical investigation of Facebook discontinues usage intentions based on SOR paradigm. Computers in Human Behavior, 70: 544-555.

Lv X Y, Zhang R, Li Q Y. 2021. Value co-destruction: The influence of failed interactions on members' behaviors in online travel communities. Computers in Human Behavior, 122: 106829.

Ma B, Zhang J. 2022. Are overqualified individuals hiding knowledge: the mediating role of negative emotion state. Journal of Knowledge Management, 26(3): 506-527.

Madjar N. 2008. Emotional and informational support from different sources and employee creativity. Journal of Occupational and Organizational Psychology, 81(1): 83-100.

Maier C, Laumer S, Eckhardt A, et al. 2012. When social networking turns to social overload: explaining the stress, emotional exhaustion, and quitting behavior from social network sites' users//Association for Information Systems. Proceedings of the 20th European Conference on Information Systems, ECIS 2012. Atlanta: Association for Information Systems: 71.

Maier C, Laumer S, Eckhardt A, et al. 2015b. Giving too much social support: social overload on social networking sites. European Journal of Information Systems, 24(5): 447-464.

Maier C, Laumer S, Weinert C, et al. 2015a. The effects of technostress and switching stress on discontinued use of social networking services. Information Systems Journal, 25(3): 275-308.

Malhotra Y, Galletta D. 2005. A multidimensional commitment model of volitional systems adoption and usage behavior. Journal of Management Information Systems, 22(1): 117-151.

Mason C H, Perreault W D, Jr. 1991. Collinearity, power, and interpretation of multiple regression analysis. Journal of Marketing Research, 28(3): 268-280.

Mason M J, Zaharakis N, Benotsch E G. 2014. Social networks, substance use, and mental health in college students. Journal of American College Health, 62(7): 470-477.

Mattke J, Maier C, Reis L, et al. 2020. Herd behavior in social media: the role of Facebook likes, strength of ties, and expertise. Information & Management, 57(8): 103370.

Mehrabian A, Russell J A. 1974. An Approach to Environmental Psychology. Cambridge: MIT Press.

Meng J B, Martinez L, Holmstrom A, et al. 2017. Research on social networking sites and social support from 2004 to 2015: a narrative review and directions for future research. Cyberpsychology, Behavior, and Social Networking, 20(1): 44-51.

Menon A, Bharadwaj S G, Howell R. 1996. The quality and effectiveness of marketing strategy: effects of functional and dysfunctional conflict in intraorganizational relationships. Journal of the Academy of Marketing Science, 24(4):299-313.

Meyer J P, Allen N J, Smith C A. 1993. Commitment to organizations and occupations: extension and test of a three-component conceptualization. Journal of Applied Psychology, 78(4): 538-551.

Meyer J P, Herscovitch L. 2001. Commitment in the workplace: toward a general model. Human Resource Management Review, 11(3): 299-326.

Moorhead S A, Hazlett D E, Harrison L, et al. 2013. A new dimension of health care: systematic review of the uses, benefits, and limitations of social media for health communication. Journal of Medical Internet Research, 15(4): e85.

Morelli S A, Lee I A, Arnn M E, et al. 2015. Emotional and instrumental support provision interact to predict well-being. Emotion, (4): 484-493.

Morrison E W, Bies R J. 1991. Impression management in the feedback-seeking process: a literature review and research agenda. The Academy of Management Review, 16(3): 522.

Muchinsky P M, Monahan C J. 1987. What is person-environment congruence? Supplementary versus complementary models of fit. Journal of Vocational Behavior, 31(3): 268-277.

Murray H A. 1938. Explorations in Personality. Hoboken: John Wiley & Sons Inc.

Murray H A. 1951. Toward a classification of interactions//Parsons T, Shils E A. Toward a General Theory of Action. Cambridge: Harvard University Press: 434-464.

Nambisan S, Baron R A. 2009. Virtual customer environments: testing a model of voluntary participation in value co-creation activities. Journal of Product Innovation Management, 26(4): 388-406.

Nawaz M A, Shah Z, Nawaz A, et al. 2018. Overload and exhaustion: classifying SNS discontinuance intentions. Cogent Psychology, 5(1): 1515584.

Nettelhorst S C, Jeter W K, Brannon L A, et al. 2017. Can there be too much of a good thing? The effect of option number on cognitive effort toward online advertisements. Computers in Human Behavior, 75: 320-328.

Nguyen L T V, Conduit J, Lu V N, et al. 2016. Engagement in online communities: implications for consumer price perceptions. Journal of Strategic Marketing, (3/4): 241-260.

Nguyen N D, Cheng W. 2023. A moderated mediation model of the relationship between passive social network usages and life satisfaction. Psychology of Popular Media, 12(4): 505-511.

Nicuță E G, Constantin T. 2021. Take nothing for granted: downward social comparison and counterfactual thinking increase adolescents' state gratitude for the little things in life. Journal of Happiness Studies, 22(8): 3543-3570.

Nilashi M, Jannach D, bin Ibrahim O, et al. 2016. Recommendation quality, transparency, and website quality for trust-building in recommendation agents. Electronic Commerce Research and Applications, 19: 70-84.

Nonnecke B, Andrews D, Preece J. 2006. Non-public and public online community participation: needs, attitudes and behavior. Electronic Commerce Research, 6(1): 7-20.

Nonnecke B, Preece J, Andrews D. 2004. What lurkers and posters think of each other//IEEE. Proceedings of the 37th Annual Hawaii International Conference on System Sciences. New York: IEEE Computer Society: 9-18.

Nonnecke B, Preece J. 2000. Lurker demographics: counting the silent//Turner T, Szwillus G. Proceedings of the SIGCHI Conference on Human Factors in Computing Systems. New York: Association for Computing Machinery: 73-80.

O'Rourke D, Ringer A. 2015. The impact of sustainability information on consumer decision making. Journal of Industrial Ecology, 20(4): 882-892.

Okazaki S, Diaz-Martin A M, Rozano M, et al. 2015. Using Twitter to engage with customers: a data mining approach. Internet Research, 25(3): 416-434.

Okleshen C, Grossbart S. 1998. Usenet groups, virtual community and consumer behaviors. Advances in Consumer Research, 25: 276-282.

Olbrich R, Holsing C. 2011. Modeling consumer purchasing behavior in social shopping communities with clickstream data. International Journal of Electronic Commerce, 16(2): 15-40.

Olivos F, Olivos-Jara P, Browne M. 2021. Asymmetric social comparison and life satisfaction in social networks. Journal of Happiness Studies, 22(1): 363-384.

Osatuyi B, Passerini K, Ravarini A, et al. 2018. "Fool me once, shame on you…then, I learn." An examination of information disclosure in social networking sites. Computers in Human Behavior, 83: 73-86.

Ou C X, Pavlou P A. 2014. Swift Guanxi in online marketplaces: the role of computer-mediated communication technologies. MIS Quarterly, 38 (1) :209-230.

Park N, Yang A M. 2012. Online environmental community members' intention to participate in environmental activities: an application of the theory of planned behavior in the Chinese context. Computers in Human Behavior, 28(4): 1298-1306.

Park Y, Son H, Kim C. 2012. Investigating the determinants of construction professionals' acceptance of web-based training: an extension of the technology acceptance model. Automation in Construction, 22: 377-386.

Parrott W G, Smith R H. 1993. Distinguishing the experiences of envy and jealousy . Journal of Personality and Social Psychology, 64(6): 906-920.

Parsons F. 1909. Choosing A Vocation. Boston: Houghton Mifflin company.

Pee L G, Min J. 2017. Employees' online knowledge sharing: the effects of person-environment fit. Journal of Knowledge Management, 21(2): 432-453.

Pelletier M J, Krallman A, Adams F G, et al. 2020. One size doesn't fit all: a uses and gratifications analysis of social media platforms. Journal of Research in Interactive Marketing, 14(2): 269-284.

Peng H. 2013. Why and when do people hide knowledge?. Journal of Knowledge Management, 17(3): 398-415.

Peng X X, Zhao Y X, Zhu Q H. 2016. Investigating user switching intention for mobile instant messaging application: taking WeChat as an example. Computers in Human Behavior, 64: 206-216.

Peng Z Y, Sun Y Q, Guo X T. 2018. Antecedents of employees' extended use of enterprise systems: an integrative view of person, environment, and technology. International Journal of Information Management, 39: 104-120.

Peterson M F, Smith P B, Akande A, et al. 1995. Role conflict, ambiguity, and overload: a 21-nation study. Academy of Management Journal, 38(2): 429-452.

Pierce J L, Kostova T, Dirks K T. 2003. The state of psychological ownership: integrating and extending a century of research. Review of General Psychology, 7(1): 84-107.

Piff P K, Kraus M W, Côté S, et al. 2010. Having less, giving more: The influence of social class on prosocial behavior . Journal of Personality and Social Psychology, 99(5): 771-784.

Podsakoff P M, Organ D W. 1986. Self-reports in organizational research: problems and prospects. Journal of Management, 12(4): 531-544.

Polman E, Ruttan R L. 2012. Effects of anger, guilt, and envy on moral hypocrisy. Personality and Social Psychology Bulletin, 38(1): 129-139.

Preece J, Nonnecke B, Andrews D. 2004. The top five reasons for lurking: improving community experiences for everyone. Computers in Human Behavior, 20(2): 201-223.

Purnawirawan N, de Pelsmacker P, Dens N. 2012. Balance and sequence in online reviews: how perceived usefulness affects attitudes and intentions. Journal of Interactive Marketing, 26(4): 244-255.

Rafaeli S, Ravid G, Soroka V. 2004. De-lurking in virtual communities: a social communication network approach to measuring the effects of social and cultural capital//IEEE. Proceedings of the 37th Annual Hawaii International Conference on System Sciences. New York: IEEE Computer Society: 10-17.

Ragin C C. 2008. Redesigning Social Inquiry: Fuzzy Sets and Beyond. Chicago: the University of Chicago Press.

Ragin C C, Fiss P C. 2008. Net effects analysis versus configurational analysis: an empirical demonstration. Redesigning Social Inquiry: Fuzzy Sets and Beyond, 240, 190-212.

Ramirez A, Dimmick J, Feaster J, et al. 2008. Revisiting interpersonal media competitionthe gratification niches of instant messaging, e-mail, and the telephone. Communication Research, 35(4): 529-547.

Ratchford B T. 2001. The economics of consumer knowledge. Journal of Consumer Research, 27(4): 397-411.

Rau P L P, Gao Q, Ding Y N. 2008. Relationship between the level of intimacy and lurking in online social network services. Computers in Human Behavior, 24(6): 2757-2770.

Ravindran T Chua A, Hoe-Lian G D. 2013. Characteristics of Social Network Fatigue. Las Vegas: 2013 10th International Conference on Information Technology: 431-438.

Ravindran T, Chua A Y, Goh D H. 2014. Antecedents and effects of social network fatigue. Journal of the Association for Information Science and Technology, 65(11): 2306-2320.

Ray S, Kim S S, Morris J G. 2014. The central role of engagement in online communities. Information Systems Research, 25(3): 528-546.

Reinartz W, Haenlein M, Henseler J. 2009. An empirical comparison of the efficacy of covariance-based and variance-based SEM . International Journal of Research in Marketing, 26(4): 332-344.

Richins M L. 1991. Social comparison and the idealized images of advertising. Journal of Consumer Research, 18(1): 71-83.

Rizzo J R, House R J, Lirtzman S I. 1970. Role conflict and ambiguity in complex organizations. Administrative Science Quarterly, 15(2): 150.

Rohm A J, Milne G R. 2004. Just what the doctor: The role of information sensitivity and trust in reducing medical information privacy concern. Journal of Business Research, 57(9): 1000-1011.

Rolls K, Hansen M, Jackson D, et al. 2016. How health care professionals use social media to create virtual communities: an integrative review. Journal of Medical Internet Research, 18(6): e166.

Rong G, Grover V. 2009. Keeping up-to-date with information technology: testing a model of technological knowledge renewal effectiveness for IT professionals. Information & Management, 46(7): 376-387.

Rosenbaum M S, Massiah C A. 2007. When customers receive support from other customers: exploring the influence of intercustomer social support on customer voluntary performance. Journal of Service Research, 9(3): 257-270.

Roy C H, Mazumdar S, Ghoshal A. 2011. Conspicuous consumption orientation: conceptualisation, scale development and validation. Journal of Consumer Behaviour, 10(4): 216-224.

Rudolph J, Greiff S, Strobel A, et al. 2018. Understanding the link between need for cognition and complex problem solving. Contemporary Educational Psychology, 55: 53-62.

Ryan R M, Deci E L. 2000. Self-determination theory and the facilitation of intrinsic motivation, social development, and well-being. The American Psychologist, 55(1): 68-78.

Rye M S, Cahoon M B, Ali R S, et al. 2008. Development and validation of the counterfactual thinking for negative events scale. Journal of Personality Assessment, 90(3): 261-269.

Salovey P, Rodin J. 1988. Coping with envy and jealousy. Journal of Social and Clinical Psychology, 7(1): 15-33.

Sasaki Y, Kawai D, Kitamura S. 2016. Unfriend or ignore tweets?: a time series analysis on Japanese Twitter users suffering from information overload. Computers in Human Behavior, 64: 914-922.

Sashi C M. 2012. Customer engagement, buyer-seller relationships, and social media. Management Decision, 50(2): 253-272.

Savolainen R. 2007. Filtering and withdrawing: strategies for coping with information overload in everyday contexts. Journal of Information Science, 33(5): 611-621.

Schmuck D, Karsay K, Matthes J, et al. 2019. "Looking up and feeling down". The influence of mobile social networking site use on upward social comparison, self-esteem, and well-being of adult smartphone users. Telematics and Informatics, 42: 101240.

Schneider B. 1987. The people make the place. Personnel Psychology, 40(3), 437-453.

Schneider C M, Belik V, Couronné T, et al. 2013. Unravelling daily human mobility motifs. Journal of the Royal Society Interface, 10(84): 20130246.

Selander L, Henfridsson O. 2012. Cynicism as user resistance in IT implementation. Information Systems Journal, 22(4): 289-312.

Seven M A, Engin M C, Yıldız M, et al. 2023. The evaluation of social sharing nets users' fundamental principals according to nickname usage and time spent. Advances in Internet of Things, 13: 31-62.

Shaheen M, Zeba F, Chatterjee N, et al. 2019. Engaging customers through credible and useful reviews: the role of online trust. Young Consumers, 21(2): 137-153.

Shi X, Zheng X B, Yang F. 2020. Exploring payment behavior for live courses in social Q&A communities: an information foraging perspective. Information Processing & Management, 57(4): 102241.

Shim S, Eastlick M A, Lotz S, et al. 2001. An online prepurchase intentions model: the role of intention to search. Journal of Retailing, 77(3): 397-416.

Shokouhyar S, Siadat S H, Razavi M K. 2018. How social influence and personality affect users' social network fatigue and discontinuance behavior. Aslib Journal of Information Management, 70(4): 344-366.

Sleeper M, Melicher W, Habib H, et al. 2016. Sharing personal content online: exploring channel choice and multi-channel behaviors. https://dl.acm.org/doi/pdf/10.1145/2858036.2858170. [2024-07-30].

Smith R H, Kim S H. 2007. Comprehending Envy. Psychological Bulletin, 133(1): 46-64.

Solomon M R, Surprenant C, Czepiel J A, et al. 1985. A role theory perspective on dyadic interactions: the service encounter. Journal of Marketing, 49(1): 99-111.

Sonnentag S, Fritz C. 2007. The recovery experience questionnaire: development and validation of a measure for assessing recuperation and unwinding from work. Journal of Occupational Health Psychology, 12(3): 204-221.

Sonnentag S, Fritz C. 2015. Recovery from job stress: the stressor-detachment model as an integrative framework . Journal of Organizational Behavior, 36(S1): S72-S103.

Sonnentag S, Starzyk A. 2015. Perceived prosocial impact, perceived situational constraints, and proactive work behavior: looking at two distinct affective pathways. Journal of Organizational Behavior, 36(6): 806-824.

Spears N, Singh S N. 2004. Measuring attitude toward the brand and purchase intentions. Journal of Current Issues and Research in Advertising, 26(2): 53-66.

Srinivasan S S, Anderson R, Ponnavolu K. 2002. Customer loyalty in e-commerce: an exploration of its antecedents & consequences. Journal of Retailing, 78(1): 41-50.

Steers R M. 1977. Antecedents and outcomes of organizational commitment. Administrative Science Quarterly, 22(1): 46-56.

Stieglitz S, Dang-Xuan L. 2013. Emotions and information diffusion in social media: sentiment of microblogs and sharing behavior. Journal of Management Information Systems, 29(4): 217-248.

Stragier J, Vanden Abeele M, De Marez L. 2018. Recreational athletes' running motivations as predictors of their use of online fitness community features. Behaviour & Information Technology, 37(8): 815-827.

Straub D, Boudreau M-C, Gefen D. 2004. Validation guidelines for is positivist research. Communications of the Association for Information Systems, 13(1): 380-427.

Strauss A L, Corbin J M. 1997. Grounded theory in practice. Contemporary Sociology, 28(4): 489-490.

Su L Y, Li Y, Li W L. 2019. Understanding consumers' purchase intention for online paid knowledge: a customer value perspective. Sustainability, 11(19): 5420.

Sul H K, Dennis A R, Yuan L I. 2017. Trading on Twitter: using social media sentiment to predict stock returns. Decision Sciences, 48(3): 454-488.

Sun N, Rau P P L, Ma L. 2014. Understanding lurkers in online communities: a literature review. Computers in Human Behavior, 38: 110-117.

Susarla A, Oh J H, Tan Y. 2016. Influentials, imitables, or susceptibles? Virality and word-of-mouth conversations in online social networks. Journal of Management Information Systems, 33(1): 139-170.

Sutton A J. 2006. Publication bias in meta-analysis: prevention, assessment and adjustments. Hoboken: John Wiley & Sons.

Sweeny K, Melnyk D, Miller W, et al. 2010. Information avoidance: who, what, when, and why. Review of General Psychology, 14(4): 340-353.

Szulanski G. 2000. The process of knowledge transfer: a diachronic analysis of stickiness. Organizational Behavior and Human Decision Processes, 82(1): 9-27.

Takahashi M, Fujimoto M, Yamasaki N. 2003. The active lurker: influence of an in-house online community on its outside environment//Schmidt K, Pendergast M. Proceedings of the 2003 ACM International Conference on Supporting Group Work. New York: Association for Computing Machinery: 1-10.

Tam K Y, Ho S Y. 2005. Web personalization as a persuasion strategy: an elaboration likelihood model perspective. Information Systems Research, 16(3): 271-291.

Tandoc E C, Jr, Lou C, Min V L H. 2019. Platform-swinging in a poly-social-media context: how and why users navigate multiple social media platforms. Journal of Computer-Mediated Communication, (1): 21-35.

Taylor C L, Friedman R S. 2015. Sad mood and music choice: does the self-relevance of the mood-eliciting stimulus moderate song preference? Media Psychology, 18(1): 24-50.

Taylor S E, Lobel M. 1989. Social comparison activity under threat: downward evaluation and upward contacts. Psychological Review, 96(4): 569-575.

Teo H H, Chan H C, Wei K K, et al. 2003. Evaluating information accessibility and community adaptivity features for sustaining virtual learning communities. International Journal of Human-Computer Studies, 59(5): 671-697.

Thompson S A, Sinha R K. 2008. Brand communities and new product adoption: the influence and limits of oppositional loyalty. Journal of Marketing, 72(6): 65-80.

Trafimow D, Sheeran P, Conner M, et al. 2002. Evidence that perceived behavioural control is a multidimensional construct: perceived control and perceived difficulty. British Journal of Social Psychology, 41(1): 101-121.

Trepte S, Dienlin T, Reinecke L. 2015. Influence of social support received in online and offline contexts on satisfaction with social support and satisfaction with life: a longitudinal study.

Media Psychology, 18(1): 74-105.

Tsang M M, Ho S C, Liang T P. 2004. Consumer attitudes toward mobile advertising: an empirical study. International Journal of Electronic Commerce, 8(3): 65-78.

Tufekci Z, Wilson C. 2012. Social media and the decision to participate in political protest: observations from Tahrir square. Journal of Communication, 62(2): 363-379.

Turel O. 2014. Quitting the use of a habituated hedonic information system: a theoretical model and empirical examination of Facebook users. European Journal of Information Systems, 24(4): 431-446.

Turel O. 2015. Quitting the use of a habituated hedonic information system: a theoretical model and empirical examination of Facebook users. European Journal of Information Systems, 24(4): 431-446.

Tykocinski O E, Ortmann A. 2011. The lingering effects of our past experiences: the sunk-cost fallacy and the inaction-inertia effect. Social and Personality Psychology Compass, 5(9): 653-664.

Uchino B N, Carlisle M K, Birmingham W, et al. 2011. Social support and the reactivity hypothesis: conceptual issues in examining the efficacy of received support during acute psychological stress. Biological Psychology, 86(2): 137-142.

Urquhart C, Lehmann H, Myers M D. 2010. Putting the 'theory' back into grounded theory: guidelines for grounded theory studies in information systems. Information Systems Journal, 20(4): 357-381.

van de Ven N, Zeelenberg M, Pieters R. 2009. Leveling up and down: the experiences of benign and malicious envy. Emotion, 9(3): 419-429.

van de Ven N, Zeelenberg M, Pieters R. 2011. Why envy outperforms admiration. Personality and Social Psychology Bulletin, 37(6): 784-795.

van de Ven N, Zeelenberg M, Pieters R. 2012. Appraisal patterns of envy and related emotions. Motivation and Emotion, 36(2): 195-204.

Vargas S, Castells P. 2011. Rank and relevance in novelty and diversity metrics for recommender systems//Mobashe B, Burke R. Proceedings of the 15th ACM Conference on Recommender Systems. New York: Association for Computing Machinery: 109-116.

Venkatesh V. 2000. Determinants of perceived ease of use: integrating control, intrinsic motivation, and emotion into the technology acceptance model. Information Systems Research, 11(4): 342-365.

Venkatesh V, Davis F D. 2000. A theoretical extension of the technology acceptance model: four longitudinal field studies. Management Science, 46(2): 186-204.

Venkatesh V, Morris W, Davis F D, et al. 2003. User acceptance of information technology: toward a unified view. MIS Quarterly, 27(3): 425-478.

Verduyn P, Gugushvili N, Massar K, et al. 2020. Social comparison on social networking sites. Current Opinion in Psychology, 36: 32-37.

Verweij S, Noy C. 2013. Set-theoretic methods for the social sciences: a guide to qualitative comparative analysis. International Journal of Social Research Methodology, 16(2): 165-169.

Vigneron F. 1999. A review and a conceptual framework of prestige-seeking consumer behavior. Academy of Marketing Science Review, (1): 1-15.

Vilnai-Yavetz I, Levina O. 2018. Motivating social sharing of e-business content: intrinsic motivation, extrinsic motivation, or crowding-out effect?. Computers in Human Behavior, 79: 181-191.

Vitak J, Kim J. 2014. You can't block people offline: Examining how Facebook's affordances shape the disclosure process//Fussell S, Lutters W. Proceedings of the 17th ACM Conference on Computer Supported Cooperative Work & Social Computing. New York: Association for Computing Machinery: 461-474.

Vukadin A, Wongkitrungrueng A, Assarut N. 2018. When art meets mall: impact on shopper responses. Journal of Product and Brand Management, 27(3): 277-293.

Wallston K A, Wallston B S, Smith S, et al. 1987. Perceived control and health. Current Psychology, 6(1): 5-25.

Walton C C, Baranoff J, Gilbert P, et al. 2020. Self-compassion, social rank, and psychological distress in athletes of varying competitive levels. Psychology of Sport and Exercise, 50: 101733.

Wang C, Zheng S. 2022. Complement or substitute? Investigating the interdependence effects among mobile social apps. Information & Management, 59(5): 103362.

Wang C, Zhou R X, Lee M K O. 2021. Can loyalty be pursued and achieved? An extended RFD model to understand and predict user loyalty to mobile apps. Journal of the Association for Information Science and Technology, 72(7): 824-838.

Wang J N, Chiu Y L, Yu H Y, et al. 2017. Understanding a nonlinear causal relationship between rewards and physicians' contributions in online health care communities: longitudinal study. Journal of Medical Internet Research, 19(12): e427.

Wang M, Li D. 2019. An empirical investigation of the continuance intention using the bullet curtain: synchronicity vs information overload. Chinese Management Studies, 13(1): 235-254.

Wang R B, Gou Q L, Choi T M, et al. 2018. Advertising strategies for mobile platforms with "apps". IEEE Transactions on Systems Man and Cybernetics Systems, 48(5): 767-778.

Wang X, Jiang B. 2020. User Loyalty Analysis of Knowledge Payment Platform//Kurosu M. Human-Computer Interaction, Berlin: Springer-Verlag: 487-497.

Wang X, Zhao K, Street N. 2014. Social support and user engagement in online health communities//Zheng X, Zeng D, Chen H, et al. Beijing: International Conference on Smart Health: 97-110.

Wang Y C, Fesenmaier D R. 2003. Assessing motivation of contribution in online communities: an empirical investigation of an online travel community. Electronic Markets, (1): 33-45.

Wang Y G, Han M S, Xiang D D, et al. 2019. The double-edged effects of perceived knowledge hiding: empirical evidence from the sales context. Journal of Knowledge Management, 23(2): 279-296.

Wang Y M, Lin W C. 2019. Understanding consumer intention to pay by contactless credit cards in

Taiwan. International Journal of Mobile Communications, 17(1): 1-23.

Wang Y, Su Z, Yan M. 2023. Social metaverse: challenges and solutions. IEEE Internet of Things Magazine, 6(3), 144-150.

Wasko M L, Faraj S. 2005. Why should I share? examining social capital and knowledge contribution in electronic networks of practice. MIS Quarterly, 29(1): 35-57.

Waterloo S F, Baumgartner S E, Peter J, et al. 2018. Norms of online expressions of emotion: comparing Facebook, Twitter, Instagram, and WhatsApp. New Media & Society, 20(5): 1813-1831.

Wellman B. 1997. An electronic group is virtually a social network//Kiesler S. Culture of the Internet. Hillsdale: Lawrence Erlbaum Associates Publishers: 179-205.

Wenninger H, Cheung C M, Chmielinski M. 2021. Understanding envy and users' responses to envy in the context of social networking sites: a literature review. International Journal of Information Management, 58: 102303.

Wenninger H, Cheung C M, Krasnova H. 2019. College-aged users behavioral strategies to reduce envy on social networking sites: a cross-cultural investigation. Computers in Human Behavior, 97: 10-23.

Wolfinbarger M, Gilly M C. 2001. Shopping online for freedom, control, and fun. California Management Review, 43(2): 34-55.

Wu B P, Chang L. 2013. Envy: a social emotion characterized by hostility. Advances in Psychological Science, 20(9): 1467-1478.

Wu C, Kao S, Chiu H. 2019. Determinants of discontinuous intention of attention to mobile instant message services. Journal of Retailing and Consumer Services, 49: 219-230.

Wu C H, Parker S K, de Jong J P J. 2014. Need for cognition as an antecedent of individual innovation behavior. Journal of Management, 40(6): 1511-1534.

Wu J, Srite M. 2021. Envy on social media: the good, the bad and the ugly. International Journal of Information Management, 56: 102255.

Xiang C J, Song Y X. 2020. Research on the Adoption Intention of Users' Knowledge Payment: the Integrated Model of UGT and TAM. Wuhan: WHICEB 2020 Proceedings: 78.

Xiang L, Zheng X B, Lee M K O, et al. 2016. Exploring consumers' impulse buying behavior on social commerce platform: The role of parasocial interaction. International Journal of Information Management, 36(3): 333-347.

Xiao L, Mou J. 2019. Social media fatigue-technological antecedents and the moderating roles of personality traits: the case of WeChat. Computers in Human Behavior, 101: 297-310.

Xiao X, Wang T N. 2016. The implications of social influence theory on continuance intention for social networking among Chinese university students. Journal of Organizational and End User Computing, 28(4): 55-72.

Xu B, Li D H. 2015. An empirical study of the motivations for content contribution and community participation in Wikipedia. Information & Management, 52(3): 275-286.

Xu J, Benbasat I, Cenfetelli R T. 2014. The nature and consequences of trade-off transparency in the context of recommendation agents. MIS Quarterly, 38(2): 379-406.

Yan L, Tan Y. 2010. Feeling blue? Go online: an empirical study of social support among patients. Social Science Electronic Publishing, 25(4): 690-709.

Yan L, Wang X. 2018. Why posters contribute different content in their positive online reviews: a social information-processing perspective. Computers in Human Behavior, 82: 199-216.

Yan Y L, Davison R M. 2013. Exploring behavioral transfer from knowledge seeking to knowledge contributing: the mediating role of intrinsic motivation. Journal of the American Society for Information Science and Technology, 64(6): 1144-1157.

Yan Z J, Wang T M, Chen Y, et al. 2016. Knowledge sharing in online health communities: a social exchange theory perspective. Information & Management, 53(5): 643-653.

Yang S J, Chen I Y. 2008. A social network-based system for supporting interactive collaboration in knowledge sharing over peer-to-peer network. International Journal of Human-Computer Studies, 66(1): 36-50.

Yang X, Li G X, Huang S S. 2017. Perceived online community support, member relations, and commitment: differences between posters and lurkers. Information & Management, 54(2): 154-165.

Yao Z, Zhang X C, Luo J L, et al. 2020. Offense is the best defense: the impact of workplace bullying on knowledge hiding. Journal of Knowledge Management, 24(3): 675-695.

Ye H J, Feng Y Y, Choi B C F. 2015. Understanding knowledge contribution in online knowledge communities: a model of community support and forum leader support. Electronic Commerce Research and Applications, 14(1): 34-45.

Yen H R, Hsu S H Y, Huang C Y. 2011. Good soldiers on the web: understanding the drivers of participation in online communities of consumption. International Journal of Electronic Commerce, 15(4): 89-120.

Yen Y S. 2016. Factors enhancing the posting of negative behavior in social media and its impact on venting negative emotions. Management Decision, 54(10): 2462-2484.

Yoganathan V, Osburg V S, Akhtar P. 2019. Sensory stimulation for sensible consumption: multisensory marketing for e-tailing of ethical brands. Journal of Business Research, 96: 386-396.

Yu T K, Lin M L, Liao Y K. 2017. Understanding factors influencing information communication technology adoption behavior: the moderators of information literacy and digital skills. Computers in Human Behavior, 71: 196-208.

Yue Z, Zhang R, Xiao J. 2022. Passive social media use and psychological well-being during the COVID-19 pandemic: the role of social comparison and emotion regulation. Computers in Human Behavior, 127: 107050.

Zeelenberg M. 1999. Anticipated regret, expected feedback and behavioral decision making. Journal of Behavioral Decision Making, 12(2): 93-106.

Zeng G J, Guan H Z, Chen F H. 2014. Knowledge sharing in a virtual community of a hotel association: from free riders to active knowledge sharers. Journal of China Tourism Research, 10(1): 95-119.

Zhang F, Hu Q, Fang X. 2019. Why pay? An empirical study of paid-for SQA sites in China. Online Information Review, 43(7): 1302-1315.

Zhang H, Lu Y B, Gao P, et al. 2014b. Social shopping communities as an emerging business model of youth entrepreneurship: exploring the effects of website characteristics. International Journal of Technology Management, 66(4): 319-345.

Zhang H, Lu Y B, Gupta S, et al. 2014a. What motivates customers to participate in social commerce? The impact of technological environments and virtual customer experiences. Information Management, 51(8): 1017-1030.

Zhang H, Lu Y B, Wang B, et al. 2015. The impacts of technological environments and co-creation experiences on customer participation. Information & Management, 52(4): 468-482.

Zhang J, Zhang J L, Zhang M Y. 2019b. From free to paid: Customer expertise and customer satisfaction on knowledge payment platforms. Decision Support Systems, 127: 113140.

Zhang P. 2013. The affective response model: a theoretical framework of affective concepts and their relationships in the ICT context. Social Science Electronic Publishing, 37(1): 247-274.

Zhang S, Zhao L, Lu Y, et al. 2015. Get tired of socializing as social animal? An empirical explanation on discontinuous usage behavior in social network services. Barcelona: PACIS 2015 Proceedings: 125.

Zhang S W, Zhao L, Lu Y B, et al. 2016. Do you get tired of socializing? An empirical explanation of discontinuous usage behaviour in social network services. Information & Management, 53(7): 904-914.

Zhang T C, Agarwal R, Lucas H C. 2011. The value of it-enabled retailer learning: personalized product recommendations and customer store loyalty in electronic markets. MIS Quarterly, 35(4): 859-881.

Zhang X, Liu S, Deng Z H, et al. 2017. Knowledge sharing motivations in online health communities: a comparative study of health professionals and normal users. Computers in Human Behavior, 75: 797-810.

Zhang X, Ma L, Xu B, et al. 2019a. How social media usage affects employees' job satisfaction and turnover intention: an empirical study in China. Information & Management, 56(6): 103136.

Zhao L J, Qiu X Y, Wang X L, et al. 2013. Rumor spreading model considering forgetting and remembering mechanisms in inhomogeneous networks. Physica A: Statistical Mechanics and Its Applications, 392(4): 987-994.

Zhao L J, Wang Q, Cheng J J, et al. 2011. Rumor spreading model with consideration of forgetting mechanism: a case of online blogging LiveJournal. Physica A: Statistical Mechanics and Its Applications, 390(13): 2619-2625.

Zhao X, Lampe C, Ellison N B. 2016. The social media ecology: user perceptions, strategies and challenges//Kaye J, Druin A. Proceedings of the 2016 CHI Conference on Human Factors in Computing Systems. New York: Association for Computing Machinery: 89-100.

Zhao X, Lynch J G, Chen Q. 2010. Reconsidering baron and Kenny: myths and truths about mediation analysis . Journal of Consumer Research, 37(2): 197-206.

Zhao Y, Zhao Y, Yuan X N, et al. 2018. How knowledge contributor characteristics and reputation affect user payment decision in paid Q&A? An empirical analysis from the perspective of trust theory. Electronic Commerce Research and Applications, 31: 1-11.

Zhao Y C, Peng X X, Liu Z Y, et al. 2020. Factors that affect asker's pay intention in trilateral payment-based social Q&A platforms: from a benefit and cost perspective. Journal of the Association for Information Science and Technology, 71(5): 1-13.

Zheng C H, Zhang J, Qiu M Y, et al. 2020. From mixed emotional experience to spiritual meaning: learning in dark tourism places. Tourism Geographies, 22(1): 105-126.

Zheng X Y, Baskin E, Peng S Q. 2018. Feeling inferior, showing off: the effect of nonmaterial social comparisons on conspicuous consumption. Journal of Business Research, 90: 196-205.

Zhou M, Zhang X. 2018. Online social networking and subjective well-being: Mediating effects of envy and fatigue. Computers & Education, 140: 103598.

Zhou T. 2011. Understanding mobile Internet continuance usage from the perspectives of UTAUT and flow. Information Development, 27(3): 207-218.

Zhu X, Bao Z. 2018. Why people use social networking sites passively: an empirical study integrating impression management concern, privacy concern, and SNS fatigue. Aslib Journal of Information Management, 70(2): 158-175.